觀見

我生

壁画上的
中国史

苗子兮————

著

北京大学出版社
PEKING UNIVERSITY PRESS

图书在版编目（CIP）数据

观我生：壁画上的中国史 / 苗子兮著 . —— 北京：
北京大学出版社，2022.9
ISBN 978-7-301-33113-2

Ⅰ.①观　　Ⅱ.①苗　　Ⅲ.①中国历史－汉代－宋代
－通俗读物 Ⅳ.① K220.9

中国版本图书馆 CIP 数据核字 (2022) 第 114685 号

书　　　　名	观我生：壁画上的中国史
	GUANG WO SHENG：BIHUA SHANG DE ZHONGGUOSHI
著作责任者	苗子兮　著
责 任 编 辑	闵艳芸
标 准 书 号	ISBN 978-7-301-33113-2
出 版 发 行	北京大学出版社
地　　　址	北京市海淀区成府路 205 号　　100871
网　　　址	http://www.pup.cn　　新浪微博：@北京大学出版社
电 子 信 箱	minyanyun@163.com
电　　　话	邮购部 010-62752015　发行部 010-62750672　编辑部 010-62752824
印 刷 者	北京宏伟双华印刷有限公司
经 销 者	新华书店
	787 毫米 ×1092 毫米　16 开本　30.5 印张　529 千字
	2022 年 9 月第 1 版　2022 年 12 月第 2 次印刷
定　　　价	148.00 元

目 录

当王政君成为西王母的化身时，西王母亦上升为国家信仰。由是，江山处处奉祀，人人崇拜，这位女神的荣耀，在王莽的野心的推动下，达到了无与伦比的巅峰。

主上猜嫌，故臣子们彼此来往时，不由得如履薄冰。在此情形下，若欲示好诸人，设宴席会宾客，则可能会招人耳目。那么，有时候"夫人外交"将是一个良好的选择。

李汉又一次呼吸到边塞粗粝的空气，他遥望极远处绵延的长城和长城脚下若有若无的烟尘，感受到了自己肩头所担负的厚望的重量。

据山川之形，拥农牧之利，依坞壁之坚，加之雄霸此地的张轨家族的积极治理，河西幸运地躲过了西晋末年的大动荡，成为那个混乱时代里的一方乐土。

序

　　一日课毕，苗子兮女史嘱我帮她新书作序。感谢这个时代，可以令两个素昧平生的灵魂，不用像古人一样鱼传尺素、驿寄梅花，而是通过微信，无问东西，须臾可达。

　　最初读到苗子兮的文章，是关于西王母的一篇网文，也是本书首章。西王母在汉代美术考古中的地位崇高，研究者甚众。我很吃惊，一篇自媒体的文章，可以将这位言人人殊、形象多变的女神，以文学化的口吻置于世界艺术史的洪流中，同时兼顾了最新的艺术史研究成果，让我感觉到一种久违的酣畅。透过苗子兮，我似乎看到了在长信宫中正襟危坐、白发皓首的王政君，和远在千里之外的塔比提、伊南娜女神的身姿逐渐重合在一起。在西王母的光晕中，我产生了一些好奇，开始希望了解作者是一个怎样的人。

　　大约半年之后，在一个微信群中，我看到了这个熟悉的名字一闪而过，于是果断加了好友。后来才知道，苗子兮女史深造于北京大学历史学系，毕业后先后供职于杭州南宋官窑博物馆、浙江古籍出版社、浙江人民美术出版社，决定做自媒体之后，开始关注图像史，尤其是近年颇受关注的墓葬图像。

　　本书凝结了作者两年多的心血，重点关注了十四个墓葬美术个案，其年代跨越了千年，从东汉、魏晋南北朝，至隋唐、五代、两宋，所遴选的素材均为美术史中的杰作。我注意到，十四个案例中，近半数与华夏文明"边境"的族群有关，这就为突破时空、民族的界限，为研究中华民族"多元一体"格局的形成，了解中华文明与域外文明的互融互鉴提供了依据。

　　本书另一个非常重要的特点是大胆为主角"立传"，勾勒其人生剪影。这些墓葬艺术杰作的主人，或为王公贵胄、达官显宦，或是地方显要、里仁乡贤，也有籍籍无名的小人物，墓葬图像就是他们留给世间的人生叙述。作者展开想象的翅膀，以文学化的视角和文学的优美语言，勾勒出其人生故事、心灵世界，并融会到历史大脉络中，不由得让人产生阅读黄仁宇"大历史"的通透之感。

墓葬图像也好，美术考古也罢，其本质都是一种可供阅读的历史与图像素材，其关键在于深入发掘墓葬艺术背后的逻辑和观念。作者受过历史学的学术训练，文献功底扎实，学术观点保持了相当的前沿性。难能可贵的是，她以一种细腻的女性视角，采用散文化的叙事和优美的语言，将复杂的历史背景和丰富的图像志描述化作涓涓细流，并最终汇入中国历史的大海。苗子兮的文章，更让我坚信艺术史、历史与文学并非是相互割裂的，而是可以被一个有趣的灵魂融会贯通，进而构建一个知识与经验、理性与感性、真实与想象相结合的墓葬图像"元宇宙"。

每个人心中都有一个"大漠孤烟"的梦想。与苗子兮一样，我年少时也曾行走在丝绸之路的黄沙故道上，踏着古墓苔痕，轻抚冰冷石壁，去感受那种静谧中的壮美。古人把自己的信仰，一生的荣耀，对理想的追求以一种近乎永恒的方式固化在这方圆之地。在本书中，我们不仅可以读到"大江东去""铁马金戈"，读到"几处吹笛""何人倚剑"，读到"春闺梦里""泪湿罗巾"；更重要的是，通过阅读，我们知道这些艺术杰作并非遥不可及。它就在那里，如炬绽放。

华东师范大学美术学院教授
华东师范大学美术学院美术史论研究所副所长
《中国美术研究》杂志编辑部主任
朱浒
2022 年 1 月 22 日

前　言

　　"图像史"在史学界已被关注和讨论了许多年，这本书是我的小小尝试。

　　图像，是比文字更古老的记录形式，其历史可以追溯到六七万年前的莽荒时代。从被绘制的那一刻起，图像就被赋予了象天法地、状物拟人的功能，是它，最早叙述了先民们眼中的大千世界。

　　而世界，并不限于当下，或此生。当灵魂抛下形骸，离开此岸后，将奔向一个更辽阔且更恒久的世界，这是先民们的广泛共识。于是，安放形骸的墓葬既是此岸生命的终点，也成为新航程的起点。故先民们在墓葬中绘制的图像，也往往具有双重的意义，它是对此生的回顾，亦是对来世的展望，现实与幻想、凡间与仙境于其间交融如水乳。

　　先秦之世，墓葬多为竖穴式，空间既窄，故图像多绘于棺椁及陪葬品上，画幅有限。自汉代始，砖石墓室流行，宽阔平整的壁面为图像提供良好载体，而壁上之画，或彩绘，或雕刻，或模印，皆可统称为壁画。汉人尚厚葬，故绘图于壁、画像于石蔚然成风，此为一兴。魏晋之时，战乱频仍，盗墓猖獗，故丧事尚简薄，此为一衰。北朝直至唐五代，厚葬之风再起，墓葬壁画特受重视，乃至丹青名家亦为冥宅绘画，此为二兴。至宋代，士大夫提倡薄葬，然而民间富家犹为装饰冥宅不惜千金，契丹辽国亦续前朝豪奢。金、元为其余响，此时墓葬壁画绘制粗鄙，不复前朝风流，至于明清，遂无可观，此为二衰。故墓葬壁画的繁盛期，自汉至宋辽，一千余年耳。

　　综观此千余年间墓葬壁画的形式：在北方，以彩绘壁画为大宗，间有画像石、画像砖、浮雕等；在南方，因地气卑湿，彩绘壁画不易保存，故石刻砖印大行其道。

　　因墓葬壁画与墓主人的生命故事密切相连，故以图叙史时，回归司马迁的纪传传统是一个合适的选择。我于浩浩汤汤的图像之海中撷取十四座（组）墓葬的壁画，进而编缀出十四个故事。这十四个故事的主角（大多数是墓主人），虽然身份不一，但他们的人生起伏却能反映出更宏大时空里的壮阔波澜，而描绘他们生平与愿景的壁画也体现着那个时代艺术上的熠熠光辉。

本书名为《观我生》，该名源自《周易·观》，又北朝颜之推有《观我生赋》，不过，在此我用的就是其字面意思："观看我的一生。"通过壁画，我们观看了十四种人生，人生虽渺微，但这十四颗星辰，或许能在历史的天空串联起一段千年轨迹。

不过，以图叙史并非简单地相信图像告诉我们的一切。事实上，墓葬壁画作为一种形式化的记录体裁，它同时具有写实和虚构的特质，而这种虚构，不仅是溢美夸大，还受到当时已形成的墓葬图像程式的巨大影响，于是，同时期的墓主人可能会采取同一套图像叙事方式，而这并不意味着他们有完全相同的经历。因此，在行文中，我不得不谨慎控制着壁画可以扮演的角色，有时候，它们作为主角登场，直接告诉我们过去发生的种种；有时候，它们不过是配角，提示着墓主人跌宕生命历程背后的时代风貌。当然，对一部宏大戏剧而言，这两种角色都是不可或缺的。

现在，就让戏剧开场吧！

"祥瑞"：王莽的野心和西王母的天堂

西王母的信徒

许是近暮年了，近来，他时常沉溺于同一个梦境里。

他的身子轻了，继而飘飘然起来，飞升徘徊于苍冥之间。有御者驾四螭而来，一个眼神，他上了云霓之车。四望，仙人骑鹤于左右，皆往西天去。遥遥可见前尘中有驾鹿车、鱼车者。御者加鞭，追逐而上。他鸟瞰身下，大水浩荡无垠。

不知几时后，前方赫然有高山巍峨，仙草烂漫，三天柱立地参天。有仙乐传来，定睛时，见文豹、白虎、玉象之属鼓琴吹箫，神龙腾跃作盘舞。正谛听，有云舟荡漾而来，下车登舟，云舟直上天门之前。方见有神白发戴胜，端坐天柱上，二玉女为胁侍，羽人撑华盖，三足乌立其间，更有蟾蜍、九尾狐捣药不已。羽人献上仙药，服之，恍然若脱胎换骨，返老还童……

这是一场两千年前的幻梦，造梦者没有留下他的姓名和生平履历。直到2003年，他的墓被发掘之后，壁上之画才让我们些微知晓他曾经的生活和幻想。

为了行文方便，我们姑且称他为赵千秋吧。

赵千秋墓出土于陕西定边郝滩，在他曾经生活的两汉之交，这里属于上郡奢延县。因其墓处于一片家族墓地中[1]，故可推测他是本地人氏。

上郡属朔方刺史部，地处偏鄙，田地贫瘠，人民稀少，在湖北江陵出土的张家山汉简《二年律令》（当为吕后二年，即前186年）之《田律》中便特别提到"上

1　陕西省考古研究所、榆林市文物管理委员会：《陕西定边县郝滩发现东汉壁画墓》，《考古与文物》2004年第5期，第20页。

郡地恶"[2]，以至于当地可以享受少纳刍藁的税收优惠。汉武帝经略北地，曾多次徙民实边，仅元朔二年（前127）便"募民徙朔方十万口"[3]，故猜测赵千秋的先辈或是此时由内地徙来。

奢延县稍往西去，便是匈奴牧马之地。汉武帝时频频对匈作战，元狩二年（前121），霍去病取得对河西匈奴的一系列胜利，俘获匈奴三万余人，并迫使浑邪王率数万人归降，这些降人被安置在北方五郡边地，"乃分徙降者边五郡故塞外，而皆在河南"[4]，其中上郡便接纳了不少。故汉朝在奢延县西置匈归障，设匈归都尉，以管辖那些归附的匈奴人。甚至一些西域人也迁徙至此，奢延县东北有龟兹属国，便聚集了来自龟兹等国的西域移民。种族杂处，也使得此地颇染胡风。

到赵千秋这一辈时，赵家经过数代的经营，赫然是当地的殷富之家了。其庄园俨然，庭院四合（图1），土地连绵，耕者犁其地，牧者放其畜，闲暇之时，主人亦可驰骋山林间，游猎为乐（图2）。

赵千秋墓壁画上留下了他和妻子的画像（图3），他头戴乌帻，身着右衽乌缘朱衣，他的妻子则挽髻，着左衽素缘绿衣，看起来十分般配。赵千秋的身份或许是富民，或许是当地小官。不管怎样，看起来他过着幸福的生活，夫妻和睦，家产丰足，在奢延县这个地方，算得上是有头有脸了。

人心总是不会满足的。有了现世安稳后，他总是想着，这样幸福的人生能否延续得更长一些？

秦皇汉武自可以邀方士寻长生不老之方，炼仙丹求羽化登仙之术。而帝王之外，普通人的这个小小幻梦将寄托于何处呢？

有。在赵千秋的时代，人们纷纷传说着一位慈祥的西王母，她居住于昆仑山，拥有着不死的仙药，能赐人长生，免人灾祸。

一部由汉代焦延寿编撰的《易林》记录了汉代的4096条卜辞，人们对西王母赐福的热望，可见一斑：

> 稷为尧使，西见王母，拜请百福，赐我善子。（《坤之噬嗑》）
> 患解忧除，王母相予，与喜俱来，使我安居。（《蒙之巽》）

2　朱红林：《张家山汉简〈二年律令〉集释》，社会科学文献出版社2005年版，第159页。

3　〔汉〕班固撰，〔唐〕颜师古注：《汉书》卷六《武帝纪》，中华书局1962年版，第170页。

4　〔汉〕司马迁撰，〔南朝宋〕裴骃集解，〔唐〕司马贞索隐，〔唐〕张守节正义：《史记》卷一百一十一《卫将军骠骑列传》，中华书局1982年版，第2934页。

图 1　宅院　陕西定边郝滩新莽至东汉初期墓壁画

图 2　游猎　陕西定边郝滩新莽至东汉初期墓壁画

图3　墓主人　陕西定边郝滩新莽至东汉初期墓壁画

> 引船牵头，虽拘无忧。王母善祷，祸不成灾。（《讼之需》）
> 弱水之西，有西王母，生不知老，与天相保。（《讼之泰》）
> 中田膏黍，以享王母，受福千亿，所求大得。（《小畜之丰》）
> 王母多福，天禄所伏。居之宠光，君子有福。（《剥之观》）⁵

如此者，不胜枚举。

无意外的，赵千秋也成为西王母的信徒。

从西汉末至东汉的两百年，将是西王母的时代，这位女神居于神界巅峰，在汉代图像中，常有她端坐天界的形象，连伏羲、女娲这样的上古大神，都只能屈居陪侍。

那么，西王母究竟是何方神圣呢，她是如何一步步成为至高无上的神祇的呢？

5　〔汉〕焦延寿撰，佚名注：《焦氏易林》，《士礼居丛书》景刻陆校宋本。

图 4　**西王母**　东汉　山东滕州西户口出土画像石　山东博物馆藏

谁是西王母

如果赵千秋读过《山海经》，他就能看到西王母的前世面目，"又西三百五十里，曰玉山，是西王母所居也。西王母其状如人，豹尾虎齿而善啸，蓬发戴胜，是司天之厉及五残"[6]。看起来，这是一种半兽半人的怪物，还保持着野性未脱的原始模样（图4）。或许，她是遥远西方一支以虎豹为图腾部落的女首领，在传说的以讹传讹中，变成了这个样子。

当然，若赵千秋同时留意诸子杂史的话，他会发现一个完全不同的西王母。在《竹书纪年》中，西王母曾不止一次地踏足中原的土地，早在圣王舜的时代，她便已来朝，"九年，西王母来朝，西王母之来朝，献白环、玉玦"[7]，当然，更著名的一次是在周穆王时代，"十七年，王西征昆仑丘，见西王母。其年，西王母来朝，

6　袁珂校注：《山海经校注·山海经山经柬释》卷二《西山经》，北京联合出版公司 2014 年版，第 45 页。
7　〔南朝梁〕沈约注：《竹书纪年》卷上《帝舜有虞氏》，《四部丛刊》景明天一阁本。

宾于昭宫"[8]。

关于周穆王和西王母的会见，《穆天子传》留下了更多细节。周穆王西行，到达西王母之邦后，择吉日，"执白圭玄璧"，前去拜访，并"好献锦组百纯，□组三百纯"。[9]周穆王礼数如此周到，想来西王母之邦绝非蕞尔小邦，而是一个足以和周分庭抗礼的大邦国。与之对比的是，周穆王经行他处，往往是当地小邦献酒献食，献宝献玉，以奉天子。由此可知西王母之邦的不寻常了

在接受了周穆王的礼物后，西王母于瑶池宴请穆王。宾主尽欢之时，西王母作歌谣曰："白云在天，山陵自出。道里悠远，山川间之，将子无死，尚能复来？"

周穆王答之曰："予归东土，和治诸夏。万民平均，吾顾见汝。比及三年，将复而野。"

西王母又曰："徂彼西土，爰居其野。虎豹为群，於鹊与处。嘉命不迁，我惟帝女。彼何世民，又将去子？吹笙鼓簧，中心翔翔。世民之子，惟天之望。"[10]

西王母与周穆王的往来酬唱，非独表达了四美具二难并的颐乐与流连，也揭示了关于西王母的一些重要讯息：歌谣中的"西土"与"东土"并列，进一步显示西王母之邦可与周并称；"虎豹为群"，与《山海经》中西王母的虎齿豹尾似有呼应，可见西王母之邦亦重视这些大型猫科动物；"帝女"一名，表明了西王母的高贵身份，为天帝之女，故而周穆王如此敬重之了。

此次会面应当非常知名，太史公的《史记》亦有言及："（缪王）使造父御，西巡狩，见西王母，乐之忘归。"[11]太史公虽未以此为信史，但此故事流行于彼时，当无可疑。

西王母之邦究竟何在，道里悠远，时光久长，已难以考证，且《山海经》之西王母与《穆天子传》之西王母未必为一人，真耶伪耶，众说纷纭。西王母之真相如何，其实并不重要，重要的是她给中原人留下了缥缈且神秘的印象：西方、高贵的女性、与虎豹类大型猫科动物有关。两位西王母都有足够吸引人的地方，或是奇异怪诞，或是端庄多情，令后世人向西方遥望时，仍然不由自主地会想起她。

---

8 《竹书纪年》卷下《穆王》。

9 郑杰文：《穆天子传通解》上编《〈穆天子传〉校释》卷三，山东文艺出版社 1992 年版，第 52 页。

10 同上。

11 《史记》卷四十三《赵世家》，第 1779 页。

来自草原的讯息

远方的身影在凝视中渐渐成为神话。至晚在战国时，西王母最不可思议的性质开始成型。在1993年出土于湖北江陵的王家台秦简中，有一部分属于古易书《归藏》之《郑母经》，据考证，应为战国后期的抄本。其中有这样的文字，"昔者恒我窃毋死之□☉，☉□□奔月"[12]。而传本《归藏》作"昔常娥以西王母不死之药服之，遂奔月，为月精"[13]。

此事在《淮南鸿烈解》中有更详细的描述："羿请不死之药于西王母，恒娥窃以奔月，怅然有丧，无以续之。"[14] 此时，西王母拥有了一种世人梦寐以求的神奇方药，能使人长生不老。由此，她的性质完成了一次超越，由远方的部落或邦国女主一跃成为能战胜生命局限的神仙，这为其日后广受崇拜奠定了基础。

先秦方士虽已言长生，但方士多为燕齐之人，仙药也往往于东方海外仙山求之，如秦皇派徐福东渡蓬莱。东方的方士们并无必要、也不太可能将长生的传说加诸一位西方神仙身上。那么，西王母是如何突然拥有了不死之药的？或许，是因为西王母在史籍中跨时代地出现，使人们觉得她似乎长生不死？或许，是因为西王母所居的昆仑山产玉，这种美丽的石头被视为有延年益寿之效？或许，这其中有域外的影响？

20世纪20年代，苏联考古学家在南西伯利亚巴泽雷克谷地发现了一批公元前5至前4世纪的阿尔泰地区游牧人的墓葬，其中5号墓出土了一块挂毯（图5），毯上图案为：塔比提（Tabiti）女神坐在椅子上，手持生命树，前面是一位骑马的贵族。

塔比提女神是以斯基泰人为代表的诸多欧亚草原游牧人最崇拜的女神，地位尊贵，其所持生命树，具有生命不息之意义。她有时呈站立姿势，手握双狮。林梅村先生指出，塔比提被武士谒见的图像在斯基泰人的文物中十分流行。例如在克里米亚的库尔·奥巴（Kul-Oba）公元前4世纪的斯基泰人墓中出土的金饰牌便展现了这样的场景：塔比提女神坐在椅子上，左手持有柄铜镜，右边是站立的武士，头戴

12　王辉：《王家台秦简〈归藏〉校释（28则）》，载于刘大钧总主编：《百年易学菁华集成初编·出土易学文献》，上海科学技术文献出版社2010年版，第556页。

13　〔南朝宋〕王僧达《祭颜光禄文一首》注引《归藏》，载于〔南朝梁〕萧统编，〔唐〕李善等注：《文选》卷六十，胡克家刻本。

14　〔汉〕刘安撰，〔汉〕许慎注：《淮南鸿烈解》卷六《览冥训》，《四部丛刊》景钞北宋本。

图5　骑马贵族谒见女神　前5—前4世纪　俄罗斯阿尔泰巴泽雷克5号墓出土挂毯（摹本）

尖帽，右手持来通杯作饮酒状，[15] 而来通杯中可能盛着被视为不死甘露的豪麻汁液。相似的图景亦可见于乌克兰切尔卡瑟（Cherkasy）萨克尼夫卡（Sakhnivka）2 号墓出土的金饰牌[16]。可见，塔比提、武士、长生符号（生命树、豪麻汁）的主题常为草原游牧艺术所表现。

　　巴泽雷克毯中的塔比提女神的头饰看起来有些怪异。恰好，考古学家在同属巴泽雷克文化的阿克-阿拉哈（AK-Alakha）3 号墓地 1 号墓中发现了一具公元前 5 世纪贵族女性的遗体，其头发被剃光，头上戴着高耸的假发套，而类似的假发套在巴泽雷克墓地也有出土。以之观照毯中女神，可以推测她也戴着类似的假发套。而光头戴假发套的女性可能就是象征塔比提女神的女祭司。[17]

　　西方，地位崇高的女性，与大型猫科动物有关，戴着特殊的头饰（戴胜），塔比提的诸多特征可以与西王母相合。那么塔比提女神的故事是否流传到中原，并影

15　林梅村：《世界历史》第 16 册《中亚民族与宗教》，江西人民出版社 2012 年版，第 117 页。

16　马健：《草原霸主：欧亚草原早期游牧民族的兴衰史》，商务印书馆 2014 年版，第 82 页。

17　同上书，第 175 页。

图6　格里芬　前5—前4世纪　俄罗斯阿尔泰巴泽雷克2号墓墓主臂上的纹身（摹本）

响了西王母神话的形成呢？

答案是，很有可能。线索就在草原游牧人崇拜的一种瑞兽——格里芬（griffin）身上。

格里芬是一种广泛分布于欧亚文化中的神兽，具有多种形态，在阿尔泰地区的游牧人中，鹿角、鹰嘴、马身的格里芬是最流行也最具地方特色的。如巴泽雷克2号墓墓主人臂上，就纹有这种格里芬的形象（图6），它后腿外翻，特征十分明显。又巴泽雷克文化墓葬中殉葬的马匹也多被打扮为这种格里芬的形象。[18]

古希腊历史学家希罗多德曾在其《历史》中转述了古希腊诗人阿利司铁阿斯（Aristeas）的描述，称"在阿里玛斯波伊的那面住着看守黄金的格律普斯"[19]，"阿里玛斯波伊"的字面意思是独目人，或许因他们戴独目面具而得名，而看守黄金的格律普斯（Gryps）很可能即崇拜格里芬的阿尔泰地区游牧人（格里芬一词即源自格律普斯，故该词或许就是游牧人对这种瑞兽的称呼，又阿尔泰地区盛产黄金，有"金山"之称），可见独目人与格律普斯人比邻而居。

无独有偶，《山海经·海内北经》中也提到了一目人，"鬼国在贰负之尸北，为物人面而一目"[20]，其一目的特征与独目人一致。鬼国之旁是犬封国，该国有一种瑞兽，"有文马，缟身朱鬣，目若黄金，名曰吉量，乘之寿千岁"[21]，此文马很有可能就是马形格里芬，"吉量"，在其他古籍中又作吉良、鸡

18　《世界历史》第16册《中亚民族与宗教》，第109页。

19　〔古希腊〕希罗多德著，王以铸译：《希罗多德历史》，商务印书馆1997年版，第271页。

20　《山海经校注·山海经海经新释》卷七《海内北经》，第270页。

21　同上书，第269页。

斯，或许即格里芬之音译，那么犬封国可能即阿利司铁阿斯所说的格律普斯人。

而《海内北经》又提到"西王母梯几而戴胜杖，其南有三青鸟，为西王母取食"，"有人曰大行伯，把戈。其东有犬封国"[22]。按其叙述方式，《海内北经》当是对一幅早已亡佚的图的描述，犬封国以西的把戈大行伯（可能是游牧武士形象）和西王母，可被认为还是对这个区域的图像表达，那么"梯几戴胜"的西王母，就在犬封国一带，也许就是坐在椅子上、戴着特殊假发套的女神塔比提。

至此，我们是否可以猜想，先秦时代，在中原与北方草原的交往中，塔比提女神的故事已进入中原，中原人将其认为是西王母，并绘于《海内北经》，与目若黄金的马形格里芬绘在一起。而她掌握生命树或豪麻汁这一特质，也被中原人加诸西王母身上，由此产生出西王母拥有不死药的传说。草原游牧艺术中武士谒见塔比提女神饮豪麻汁的画面，与后羿谒见西王母求不死药的场景，真是如出一辙。

战国至西汉早期，中原与草原的交往已十分频繁，草原风格的文物往往可见。如河南永城保安山2号西汉墓1号陪葬坑出土的鎏金铜当卢（图7）上有后腿外翻的神马形象，明显具有草原因素。又湖南长沙马王堆1号墓朱漆彩绘棺（图8）上绘有昆仑山，又有虎、鸟等西王母随侍动物，而一只类似于草原格里芬的后腿外翻的瑞兽（图9），表明汉代人在向西遥望昆仑时，确实接收到了来自草原的讯息。格里芬形象尚可以翱翔千里，草原西王母情节之传来，料想并非无稽之谈。

图7　鎏金铜当卢　河南永城保安山2号西汉墓1号陪葬坑出土　永城市博物馆藏

22 《山海经校注·山海经海经新释》卷七《海内北经》，第267页。

图 8　朱地彩绘漆棺　湖南长沙马王堆 1 号西汉墓出土　湖南省博物馆藏

图 9　朱地彩绘漆棺（局部）　湖南长沙马王堆 1 号西汉墓出土　湖南省博物馆藏

张骞的打探

中原人与草原西王母邂逅的过程，已无法确证，而汉人确实比附过的，还有另一位西王母。

当大汉帝国向西方张开臂掖时，人们对西王母的兴趣被撩拨起来。博望侯张骞本人就是例证。在西域时，除了致力于鼓动大月氏联汉抗匈的公务外，张骞还不忘打探西王母的踪迹。

我们可以想象一下这样的场景，当张骞通过翻译向来自安息的长老探听西王母时，结合《山海经》和《穆天子传》的西王母的特征，他可能会如此描述这位高贵的女神："她住在遥远的西方，身份尊贵，是天帝的女儿，她戴着特殊的头饰（戴胜），与虎豹，对了，还有鸟为伴。"

安息长老听了后，极力在脑海中搜索哪一位西方女神符合这些条件，最后，他恍然大悟，原来是她！于是，他告诉张骞："在西方的条枝国，有浩荡汹涌的河流，那里就有这样的一位女神。只是我没有见过。"

当张骞回到中土，向汉武帝汇报西方风物时，自然也提到了条枝西王母之事，至于那条大河，张骞将其指认成了弱水，因为在《山海经》的另一则关于西王母的叙述中，西王母就住在弱水边[23]。

于是，曾听过张骞绘声绘色汇报的太史公在《史记·大宛列传》中下："条枝在安息西数千里，临西海。……安息长老传闻条枝有弱水、西王母，而未尝见。"[24]

安息长老的传闻并非空穴来风，因为在安息以西的条枝，真有一位符合张骞描述的女神。

条枝，即定都于安条克（Antiochia，今土耳其安塔基亚）的塞琉古帝国，原是一个地跨欧亚的强大王国，美索不达米亚原在其治下；安息强大后，与塞琉古国争夺美索不达米亚。张骞向安息长老探听西王母消息时，或许正值双方鏖战，最终，美索不达米亚被安息纳入囊中。

美索不达米亚有两条著名的大河，幼发拉底河与底格里斯河，其汪洋浩荡，很有可能就是安息长老所说、被张骞理解为弱水的大河。美索不达米亚有位古老的女神——伊南娜（Inanna），又名伊什塔尔（Ishtar），对其崇拜可追溯至苏美尔文明，一直延续到公元后的基督教时代。伊南娜之名，可拆解成 nin（小姐）-an（天、天堂或安神）-na（的），即天之女，在乌鲁克传统中她被认为是天神安的女儿，与《穆天子传》西王母的"我为帝女"描述相符。伊南娜（图 10）头戴特殊宝冠（戴胜）；有狮子为伴，或立于双狮上，或牵引狮子（狮子与虎、豹均为大型猫科动物）；伴有鸟（三青鸟），甚至自身可生双翼。这些特征均可与张骞的描述相符，故安息长

---

23 《山海经校注·山海经海经新释》卷十一《大荒西经》："西海之南，流沙之滨，赤水之后，黑水之前，有大山，名曰昆仑之丘。……其下有弱水之渊环之，其外有炎火之山，投物辄然。有人，戴胜，虎齿，有豹尾，穴处，名曰西王母。"第 344 页。

24 《史记》卷一百二十三《大宛列传》，第 3163—3164 页。

图 10　伊什塔尔浮雕　前 19—前 18 世纪　大英博物馆藏

老将其指认为西王母，亦是情有可原。

此后，随着丝绸之路的开辟，越来越多西域方物来到中土，我们猜想随着条枝大爵卵（鸵鸟蛋）和黎轩善眩人进入中原，被激起的不止有人们对西方的兴趣，还有对西王母的热望。

人人皆知，汉武帝热衷于求长生。于西王母，他未必没有动过心。司马相如之《大人赋》，描述了大人驾应龙、骖赤螭，翱翔苍冥间，终于见到西王母"皬然白首，戴胜而穴处兮"，虽然司马相如本欲表达"必长生若此而不死兮，虽济万世不足以喜"的讽谏之意，但汉武帝览之大悦，"飘飘有凌云之气，似游天地之间意"[25]，想是沉浸于那浪漫无羁的游仙幻想中了。

救世主西王母

汉武帝一定不曾料想，当他的王朝走向衰败时，他曾遥遥骋望过的西王母，将以救世主的身份降临人世。

那时，西汉王朝已经行至强弩之末，"汉世衰于元、成，坏于哀、平。哀、平之际，国多衅矣"[26]。汉哀帝时，正是多事之秋，日食月亏，星辰失序，山崩河决，饥馑遍行，盗贼蜂起。关于汉家中衰的谶语比比皆是，有的还给出了具体的时间表，"三七之厄""百六之灾阨"[27] 即将来临。

25　《史记》卷一百一十七《司马相如列传》，第 3060、3063 页。

26　《汉书》卷九十三《佞幸传·董贤》，第 3741 页。

27　《汉书》卷八十五《谷永传》："陛下承八世之功业，当阳数之标季，涉三七之节纪，遭《无妄》之卦运，直百六之灾阨。"第 3468 页。"三七之节纪"，指从汉初，即高帝元年（前 206）起，三七二百一十年后，汉室中衰。"百六之灾阨"，指从"初入元"之年，即太初元年（前 104）起，一百〇六年后，汉室遭遇灾阨。

皇帝自然是焦急的，汉哀帝下罪己诏[28]，罢免宰辅[29]，以当其祸，建平二年（前5）曾一度易号而"再受命"[30]，但这些举措在溃败的时局中无济于事。

在民间，为旱涝、饥荒、盗贼、盘剥所折磨的百姓，在现世无望后，选择拜伏在西王母脚下。

建平四年（前3）的春天，关东遭遇了持续大旱，随之，一场浩浩荡荡的传诏筹的群体性事件爆发。民众仿佛着了魔一般，四方奔走，手持木条或麻秆，互相传递，称为"行诏筹"，并且纷纷往长安奔走，路上相遇可达千人，他们披发赤足，行色匆匆，有的连夜冲击城关，有的翻墙而入，有的驾车骑马奔驰，无可阻挡。经郡国二十六，在夏季来临时，赶到京师长安。在长安，西王母的信徒们在街巷阡陌间举行祭祀，设博局，行乐舞，来拜祠西王母，甚至有夜晚持火上屋、击鼓呼号者。此外，他们还传递符书，称"佩戴此符书者，可以不死，如果不信，在门枢下可以看到白发"。如此这般，纷纷攘攘，直到秋天，事件才平息下去。[31]

在山东滕州西户口东汉墓出土的一块画像石上，有人们以击鼓（图11）、舞蹈（图12）、博局（图13）娱乐西王母的图像，由此可以想见建平四年的场景。

于此，赵千秋必定听闻过。虽然奢延县距长安有千里之遥，身居北地的他，未必曾侧身其间，但这件震动全国的大事，或许也曾令上郡的西王母信徒蠢蠢欲动。

---

28 《汉书》卷十一《哀帝纪》："［绥和二年（前7），哀帝］诏曰：'朕承宗庙之重，战战兢兢，惧失天心。间者日月亡光，五星失行，郡国比比地动。乃者河南、颍川郡水出，流杀人民，坏败庐舍。朕之不德，民反蒙辜，朕甚惧焉。已遣光禄大夫循行举籍，赐死者棺钱，人三千。其令水所伤县邑及他郡国灾害什四以上，民赀不满十万，皆无出今年租赋。'"第337页。

29 《汉书》卷八十一《孔光传》："后数月遂策免光曰：'丞相者，朕之股肱，所与共承宗庙，统理海内，辅朕之不逮以治天下也。朕既不明，灾异重仍，日月无光，山崩河决，五星失行，是章朕之不德而股肱之不良也。君前为御史大夫，辅翼先帝，出入八年，卒无忠言嘉谋。今相朕，出入三年，忧国之风复无闻焉。阴阳错谬，岁比不登，天下空虚，百姓饥馑，父子分散，流离道路，以十万数。而百官群职旷废，奸轨放纵，盗贼并起，或攻官寺，杀长吏。数以问君，君不忧惕忧惧之意，对毋能为。是以群卿大夫咸惰哉莫以为意，咎由君焉。君秉社稷之重，总百僚之任，上无以匡朕之阙，下不能绥安百姓。《书》不云乎？'毋旷庶官，天工人其代之。'於虖！君其上丞相、博山侯印绶，罢归。'"第3357—3358页。

30 《汉书》卷十一《哀帝纪》："待诏夏贺良等言赤精子之谶，汉家历运中衰，当再受命，宜改元易号。诏曰：'汉兴二百载，历数开元。皇天降非材之佑，汉国再获受命之符，朕之不德，曷敢不通！夫基事之元命，必与天下自新，其大赦天下。以建平二年（前5）为太初元将元年。号曰陈圣刘太平皇帝。漏刻以百二十为度。'"第340页。

31 《汉书》卷二十七《五行志》："哀帝建平四年正月，民惊走，持稿或樶一枚，传相付与，曰'行诏筹'。道中相过逢多至千，或被发徒践，或夜折关，或逾墙入，或乘车骑奔驰，以置驿行传，经历郡国二十六，至京师。其夏，京师郡国民聚会里巷阡佰，设张博具，歌舞祠西王母。又传书曰：'母告百姓，佩此书者不死。不信我言，视门枢下，当有白发。'至秋止。"第1476页。又关于行西王母筹运动波及的范围，〔汉〕荀悦撰，张烈点校：《汉纪》卷二十九《孝哀皇帝纪下》作"经历郡三十六所"，见《两汉纪》，中华书局2002年版，第504页。

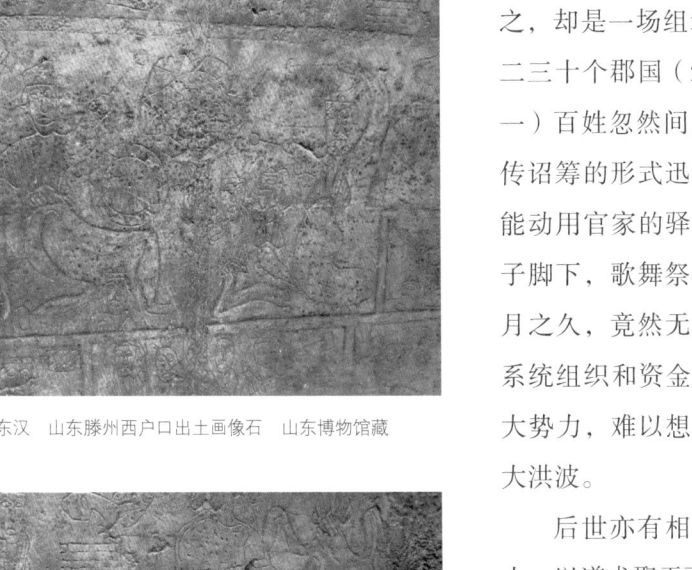

图11 **击鼓** 东汉 山东滕州西户口出土画像石 山东博物馆藏

图12 **舞蹈** 东汉 山东滕州西户口出土画像石 山东博物馆藏

图13 **博局** 东汉 山东滕州西户口出土画像石 山东博物馆藏

　　这仿佛是民间自发的宗教狂热，细究之，却是一场组织严密的政治运动，关东二三十个郡国（约占全国郡国数的三分之一）百姓忽然间为同一个信念所驱动，以传诏筹的形式迅速串联，千里奔驰，甚至能动用官家的驿站传行，齐聚长安，在天子脚下，歌舞祭祀，击鼓喧哗，闹腾达数月之久，竟然无国家机器出动遏制？若无系统组织和资金支持，若无幕后主使的强大势力，难以想象，平民可以掀起如此浩大洪波。

　　后世亦有相似情形，如东汉末张角诸人，以道术聚天下众，转而为政治暴乱。奇怪的是，这场运动却倏而来忽而逝，秋后事去无痕迹。那么，问题就来了，谁是幕后主使呢？他为何要操纵这样一场运动呢？

　　史书的记载于此晦涩不明。若观察汉哀帝建平四年前后的政治形势，或许就能寻出幕后主使的蛛丝马迹。

　　在整个汉成帝时代，因为孝元太后王政君的缘故，外戚王家摄控权力，"王氏子弟皆卿大夫侍中诸曹，分据势官满朝廷"[32]，继王凤、王音、王商、王根之后，后起之秀王莽成为这个家族的带头人。

　　但是时局变易了。汉成帝驾崩而无子，侄儿汉哀帝即位。哀帝自然亲近自己的母家，傅、丁外戚崛起，试图挑战王家。王莽不得不下野。三年间，他杜门自守，等待时

32 《汉书》卷九十八《元后传》，第4018页。

机。其间官吏上书为王莽鸣不平者仍数以百计，可见王家势力的根深蒂固。

传诏筹事件发生时，王莽在野，看似无关。

该事件后数月，元寿元年（前2），天空显示了日食的异象，哀帝下诏罪己。周护、宋崇趁机大力颂扬王莽的功德，于是，一道诏令下，王莽又回到了权力的中心。

可见，在时间轴上，传诏筹事件正坐落于王莽否极泰来的转折点上。那么，此事真的与王莽无关么？

在传诏筹事件中，有一个人的感受非常重要，那就是汉哀帝。在建平四年的大部分时间里，他感到无形的压力正在步步紧逼：郡国众人能在短时间内被号召起，破关逾墙无人敢挡，显示了主使者的强大组织能力，足以一呼百应，撼动江山；信徒在长安闹腾数月，祠舞号呼，全不顾忌京师体度，想必夜夜火光呼声，汉哀帝见之在目，闻之在耳，而执金吾者竟不敢约束之；更甚者，秋八月，定陶的恭皇园起火，恭皇园是汉哀帝父母的陵园，对汉哀帝的震动可想而知。

在第二年，被恐慌折磨的汉哀帝诏令王莽回朝。显然，在这场政治的角力中，他败下阵来。那么谁是此事件最大的受益者，谁就可能是事件的制造者，答案就是：王莽。

在野的王莽，绝不安于闲云野鹤，他一定极力寻找机会重新夺回权力。组织官吏上书鸣不平是一例，但是看起来效果并不明显。于是，民众对西王母的崇拜，成为王莽野心的助力。

从后来的作为来看，王莽是很善于组织和利用民众的，他不方便明确表达的欲望，就靠发动民众表达出来。汉平帝时，王莽想让女儿成为皇后，但他假意谦虚，不让女儿参与采选。此皇帝家事，竟然招来了大规模的上书言事，"庶民、诸生、郎吏以上守阙上书者日千余人"[33]，于是乎，王莽如愿以偿。王莽假意推辞新野的封地，其实所谋者更大，"吏民以莽不受新野田而上书者前后四十八万七千五百七十二人"[34]，于是乎，王莽获得了加九锡的荣耀。此动辄成千上万人的上书，并不代表民众的政治参与热情真的有如此之高。事实上，可能在王莽下野期间，他就开始利用王家遍天下的人脉，经营起一张遍布全国的网络，如他需要，便可号令天下。

建平四年春，大旱，王莽的时机到来了。

---

33 《汉书》卷九十九《王莽传》，第4051—4052页。
34 同上书，第4070页。

大旱之年，民不聊生，稍以利诱，最易煽动。于是，霎时传诏筹成燎原之势。

尽管传诏筹事件如野火蔓延，但王莽仍然能控制局势。在适当时候，便可收手。秋后，众人各自散去。若非究其原因，该事件就如流星划过。

传诏筹事件让王莽重回权力中心，也使他认识到西王母在民间的强大号召力，必须善加利用。当汉哀帝驾崩，汉平帝即位，王莽为了进一步巩固权力，策划了对太皇太后王政君的形象包装。

太皇太后王政君是王家这棵大树的根基。在经历了下野危机后，王莽意识到，必须要让太皇太后在国民心目中地位至高无上，令皇帝无法动摇，才能保证王家安稳。于是，他开始刻意营造王政君的形象，沙麓之兆、怀月之梦[35]，由是而生。而针对民众对西王母之虔信，王莽"令太后四时车驾巡狩四郊，存见孤寡贞妇"[36]。此时的王政君，已是七旬老妇，虽鹤发，精神犹矍铄。她在民间行走，访寒问苦，广施普惠，在百姓眼中，恍若西王母降临人间。

居摄二年（7），王莽发布《大诰》，王政君被明确地与西王母联系在一起："太皇太后肇有元城沙鹿之右，阴精女主圣明之祥，配元生成，以兴我天下之符，遂获西王母之应，神灵之征，以佑我帝室，以安我大宗，以绍我后嗣，以继我汉功。"[37]篡汉后，王莽将王政君尊为新室文母太皇太后，下诏将传诏筹事件定性为祥瑞，"哀帝之代，世传行诏筹，为西王母共具之祥"，而王政君"当为历代母，昭然著明"[38]。

当王政君成为西王母的化身时，西王母亦上升为国家信仰。《汉旧仪》曰"祭〔西〕王母于石室，皆在所二千石令长奉祠"[39]，各郡国县皆祭祀西王母，应该就是王莽执政时期的制度。由是，江山处处奉祀，人人崇拜，这位女神的荣耀，在王莽的野心的推动下，达到了无与伦比的巅峰。

天堂图景

皇命传下，一座西王母祠在奢延县建立起来。祠如石室，内奉西王母像，

---

35 《汉书》卷九十八《元后传》："昔春秋沙麓崩，晋史卜之，曰：'阴为阳雄，土火相乘，故有沙麓崩。后六百四十五年，宜有圣女兴。'""初，李亲任政君在身，梦月入其怀。"第 4014、4015 页。

36 同上书，第 4030 页。

37 《汉书》卷八十四《翟方进附子翟义传》，第 3432 页。

38 《汉书》卷九十八《元后传》，第 4033 页。

39 〔汉〕卫宏撰，〔清〕孙星衍辑：《汉旧仪·补遗》卷下，载于〔清〕孙星衍等辑，周天游点校：《汉官六种》，中华书局 1990 年版，第 100 页。

四壁皆画神兽瑞草之属，以现昆仑胜境。祠祭之日，县长为首，三老耆旧，皆礼敬参拜如仪，赵千秋便是其一。

有时候，赵千秋会遇见一些匈奴人或西域人。赵千秋惊讶地发现，在他们心灵的万神庙中也有西王母的尊贵位置，那或许是草原西王母、条枝西王母等大女神的精神余响。在与他们的交谈中，赵千秋了解到关于迢迢西方王母之境的更多细节，这些都最终幻化在他的梦里。

江山变了颜色，那位在世的西王母——太皇太后王政君的侄子取代了汉朝皇帝，坐上了皇位。赵千秋明白，祠堂里的西王母像，便是按这位新室文母的形象绘制的，但这不打紧，因为他心目中的西王母，就是这样慈眉善目的老太太。朝堂上的心计于他何干呢？他只愿，能在西王母的天堂梦里多徜徉一会儿。

近来北风紧，赵千秋感到自己的身体愈发沉重了。他意识到，在此生的时间或许不多了。子孙早已在他的授意下，于祖茔之地为他卜占吉宅。而赵千秋心里放不下的，还有一桩事。

这一天，门房报告，画师已在门外了。赵千秋扶杖而出迎迓。在宾主寒暄后，赵千秋请画师将他的梦境画出来。

画师详细听着赵千秋的描述，不时地询问一些细节，最后，画师表示，他可以一试。

一个月后，画师大功告成。当赵千秋在儿子的搀扶下，颤颤巍巍地摸索入他的永生之穴时，烛光照出了西壁上的那幅画。赵千秋浑浊的眸子立刻晶亮了。他确信，这便是他梦中所见，温热的泉竟然盈满了眼眶。

两千年后，当这幅壁画再现于世时，那被尘封久远的梦境似乎再度鲜活。

赵千秋的梦被画在墓室西壁的红色栏框内，栏框长 2.68 米，高 1.03 米，面积 2.76 平方米。于此，赵千秋曾经神游的西王母天堂（图 14）赫然在目了。

西王母的天堂，在昆仑山上。壁画之左下方五峰耸立者，就是昆仑之山（图 15）。据传，昆仑山上可通天，登之则成仙成灵，《淮南鸿烈解》曰："昆仑之丘，或上倍之，是谓凉风之山，登之而不死。或上倍之，是谓悬圃，登之乃灵，能使风雨。或上倍之，乃维上天，登之乃神，是谓太帝之居。"[40] 故昆仑作为西方名山，对

---

40 《淮南鸿烈解》卷四《坠形训》。

图14 **西王母的天堂** 陕西定边郝滩新莽至东汉初期墓壁画

图15 **昆仑山** 陕西定边郝滩新莽至东汉初期墓壁画

其的崇拜，在战国至西汉初年便已兴起了，湖南长沙马王堆1号墓朱漆彩绘棺上绘有三山，中峰高耸，左右略低，即是昆仑形象。

《山海经·大荒西经》曰"有大山，名曰昆仑之丘。有神——人面虎身，有文有尾，皆白——处之。其下有弱水之渊环之，其外有炎火之山，投物辄燃。有人，戴胜，虎齿，有豹尾，穴处，名曰西王母"[41]，即西王母居于昆仑山附近，与人面虎身神人相距不远。又按《山海经·西山经》的说法，西王母居住的是玉山，在昆仑山西千余里之外。而昆仑山上另有神居，"其神状虎身而九尾，人面而虎爪"[42]。昆仑之神与西王母印象相似，皆与虎豹相关，又昆仑山与玉山亦皆产玉，二者易混淆。后该神人与玉山较少提及，昆仑山便专为西王母居了。

昆仑山上有瑞草异树，《山海经·西山经》述："有木焉，其状如棠，黄华赤实，其味如李而无核，名曰沙棠，可以御水，食之使人不溺。有草焉，名曰薲草，其状如葵，其味如葱，食之已劳。"[43]壁画中，昆仑山间生出赤茎黑蕊者，便为仙草之状。

昆仑山上又有天柱（图16），《海内十洲记》称之为"三角"，"方广万里，形似偃盆，下狭上广，故名曰昆仑山三角"，天柱是天地的中心，所谓"天地之根纽，万度

---

41 《山海经校注·山海经海经新释》卷十一《大荒西经》，第344页。

42 《山海经校注·山海经山经柬释》卷二《西山经》，第42页。

43 同上。

之纲柄”[44]，而西王母居其上，正体现了西王母至尊之地位。

壁画中，三根蘑菇状的天柱摇曳而出，柱顶为圆台，此便是"昆仑山三角"。中央最高者，西王母坐焉，两侧有青衣玉女为胁侍（图17）。西王母白发皤然，为老妇人状，着朱缘深衣。

值得注意的是，西王母头上有一横杆状首饰，两端插以圆盘状物。《山海经》中称西王母为"蓬发戴胜"，蓬发指发蓬松，戴胜义为何？一般认为，汉代人以"胜"（勝）为"滕"，《说文解字·木部》释为"机持经者"[45]，即织布机上的卷经轴，故而在汉代图像中，以两端带机牙的卷经轴状首饰来表现西王母之戴胜。但此说法是可疑的，因为《山海经》中西王母形象相当原始，虎齿豹尾，怎会有机杼之物为头饰呢？故怀疑胜当为一种特殊头饰，但因时间久远、字义变化，难以确证了。而条枝伊南娜之宝冠、草原塔比提之假发套都是特殊头饰，或许可以提供一些想象空间。

不知王政君是否戴过这样的胜。到了东汉，胜成为太皇太后、皇太后的礼仪之饰，《后汉书·舆服志》载："太皇太后、皇太后入庙服……簪以瑇瑁为擿，长一尺，端为华胜。"[46]看来东汉的太后们亦有仿西王母之意。

西王母两侧，有二羽人，一人立于天柱台上，手擎华盖；一人立于云端，将漆豆奉于西王母身边的玉女，漆豆所盛可能就是不死药。

羽人有翼，翱翔自在，跳脱凡尘，被视为不死之民，《楚辞·远游》曰"仍羽人于丹丘兮，留不死之旧乡"[47]，《吕氏春秋·求人篇》曰"羽人、裸民之处，不死之乡"[48]，可见在先秦之时，羽人不死的观念已深入人心。故羽人多出现于升仙图景中，河南洛阳浅井头西汉墓壁画中有羽人（图18），裸身，长发后飘，肩生双翼。而当西王母信仰兴起后，不死的羽人便出现在西王母天堂里，被安排为西王母之侍

图16　西王母居天柱　山东苍山城前东汉墓画像石（拓片）

44　（传）〔汉〕东方朔：《海内十洲记》，明正德嘉靖间《顾氏文房小说》本。

45　〔汉〕许慎：《说文解字》卷六上，清文渊阁《四库全书》本。

46　《汉书》志三十《舆服志下》，第3676页。

47　〔战国〕屈原等撰，〔汉〕王逸章句，〔宋〕洪兴祖补注：《楚辞》卷五《远游》，《四部丛刊》景明翻宋本。

48　〔秦〕吕不韦撰，〔汉〕高诱注：《吕氏春秋》卷二十二《慎行论》，《四部丛刊》景明刊本。

图 17　**西王母及侍从**　陕西定边郝滩新莽至东汉初期墓壁画

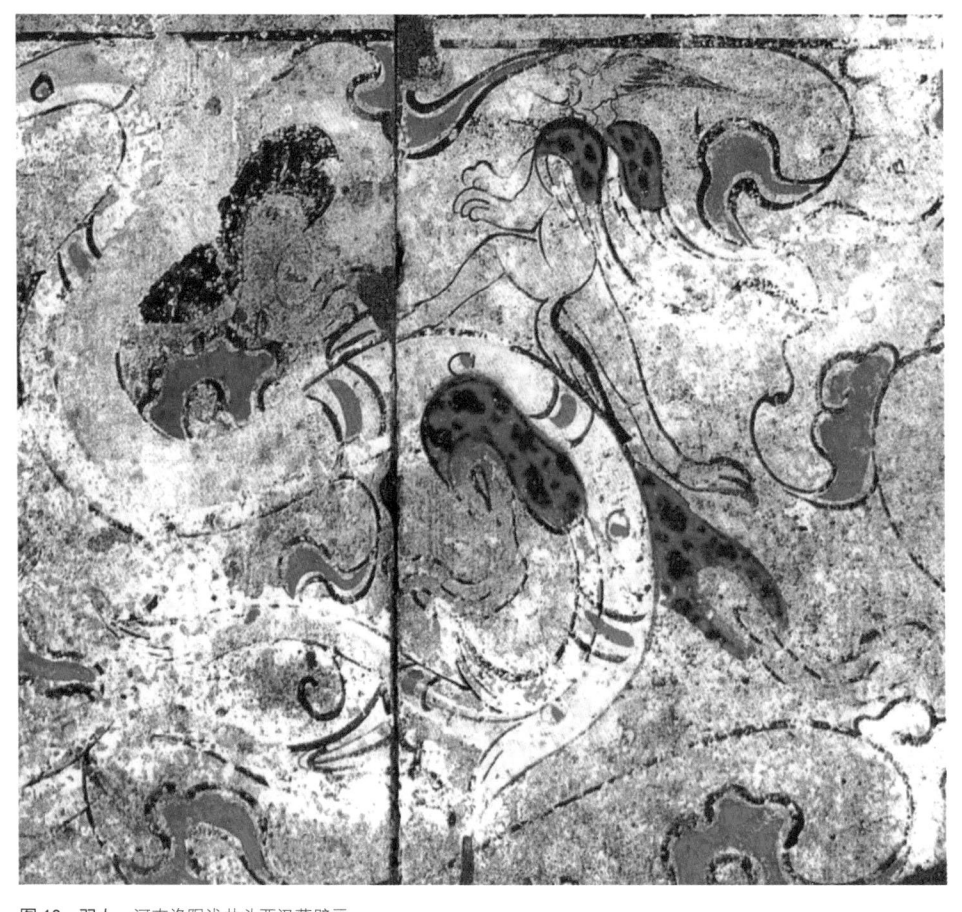

图 18　**羽人**　河南洛阳浅井头西汉墓壁画

从，以奉不死之药，也甚是贴切。

壁画中的羽人有着奇怪的相貌，长耳高于顶，长发后撇。长耳羽人于出土文物中亦可见，河南洛阳东郊出土之东汉青铜羽人（图19），就有着夸张的大长耳，高鼻，发后撇，与壁画中的羽人颇相似。又乐府《长歌行》曰"仙人骑白鹿，发短耳何长。导我上太华，揽芝获赤幢"[49]，看来长耳是羽人的一个典型特征。

西王母天堂中的带翼者非独羽人，在河南偃师辛村的新莽墓壁画中，西王母身边的玉兔、九尾狐皆生有双翼（图20），使这些走兽也似乎翱翔于苍冥间。

而张骞听闻过的条枝伊南娜，本身就是羽人，在伊南娜的一些浮雕形象中，她身生双翼，甚至足亦作鸟爪。其实将人与动物的形象拼合是西亚神怪造型的一个传统，而带翼被认为具有天空的力量，往往用来表现力量强大者，如人首带翼的公牛（图21）常常守卫在古亚述王的宫殿门口，埃兰和波斯人偏爱半狮半鹫的神兽（图22），而袄教主神阿胡拉·马兹达（图23）亦有一双舒展的巨翼。因此，有奇怪相貌的羽人是否受到异域文化的启发，是一个有趣的问题。

羽人所擎华盖，轻盈若羽，两端生花。华盖为仙人之物，传说黄帝建华盖以登仙。王莽好言神仙事，曾仿造一华盖，"九重，高八丈一尺，金瑵羽葆"[50]，比壁画中的华盖更为华丽，并载之以车，让辇者皆呼"登仙"，可见王莽于登仙之汲汲以求。

图19　鎏金铜羽人　河南洛阳东郊东汉墓出土　洛阳博物馆藏

图20　王母和兔子　河南偃师辛村新莽墓壁画

49　〔宋〕郭茂倩辑：《乐府诗集》卷三十《平调曲》，《四部丛刊》景汲古阁本。

50　《汉书》卷九十九《王莽传》，第4169页。

图 22　狮鹫形柱头　波斯阿契美尼德王朝　伊朗法尔斯波斯波利斯

图 21　人兽翼牛像　新亚述帝国　伊拉克摩苏尔杜尔—沙鲁金（Dur-Sharrukin）古城出土　法国罗浮宫藏

图 23　阿胡拉·马兹达　波斯阿契美尼德王朝　伊朗法尔斯波斯波利斯阿塔薛西斯三世（Artaxerxes Ⅲ）崖墓浮雕

华盖下有一三足乌，乌黑色，三足清晰可辨。西王母之侍从原为三青鸟，《山海经·海内北经》曰："西王母梯几而戴胜杖，其南有三青鸟，为西王母取食。"[51] 三青鸟的形象为"赤首黑目"，且各有名字，"一名大鵹，一名少鵹，一名青鸟"[52]。而三足乌是太阳神鸟，《山海经·大荒东经》称："汤谷上有扶木。一日方至，一日方出，皆载于乌。"[53] 又东汉张衡《灵宪》："日者阳精之宗，积而成鸟，象乌而

51　《山海经校注·山海经海经新释》卷七《海内北经》，第 267 页。
52　《山海经校注·山海经海经新释》卷十一《大荒西经》，第 336 页。
53　《山海经校注·山海经海经新释》卷九《大荒东经》，第 302—303 页。

图 24　日轮与月轮　湖南长沙马王堆 1 号西汉墓出土 T 形帛画（局部）　湖南省博物馆藏

有三趾。阳之类，其数奇。"[54] 今人研究，古人或因观察到太阳中有黑子，故想象为日中有三足乌。[55]

三青鸟与三足乌，形态各异，执掌不同，原本风马牛不相及，但是从汉代开始，人们便将二者混淆了，司马相如《大人赋》中称"幸有三足乌为之使"[56]，已经将西王母使者的角色加诸三足乌上。汉人的讹误使唐人愈发弄不清，张守节为此句作"正义"时，干脆认为"三足乌，青鸟也。主为西王母取食，在昆墟之北"[57]。

三青鸟与三足乌的角色混淆，可能是因为三足乌闯入了西王母天堂的图景里。仙人飞升而上天，天上有日月，故升仙主题的绘画中少不了日月。湖南长沙马王堆 1 号墓出土的非衣帛画中，最上层天界中日月双悬，日中有乌，月中有蟾蜍和兔（图 24）。又河南洛阳烧沟西汉卜千秋墓中，除了日轮中有乌（图 25）外，乘三头

54　〔南朝宋〕范晔撰，〔唐〕李贤等注：《后汉书》志十《天文志上》注引《灵宪》，中华书局 1965 年版，第 3216 页。

55　吕子方：《读山海经杂记》，浙江人民美术出版社 2018 年版，第 63 页。

56　《史记》卷一百一十七《司马相如列传》，第 3060 页。

57　《史记》卷一百一十七《司马相如列传》正义，第 3062 页。

图25 日轮 河南洛阳烧沟西汉卜千秋墓壁画

图26 男女墓主 河南洛阳烧沟西汉卜千秋墓壁画

图27 蟾蜍与九尾狐 陕西定边郝滩新莽至东汉初期墓壁画

鸟飞升的女主人手中亦捧有三足乌（图26），可见其神鸟地位。

西王母之天堂既然与升仙有关，按理说也应该有日月双悬。但在陕西定边郝滩新莽至东汉初墓壁画中，日月并未直接表现为日轮月轮，而是以三足乌、蟾蜍为象征，以动物的欢脱，使整个图像更具动态和活泼感。西王母身边有了三青鸟和三足乌两种鸟，难怪让人傻傻分不清了。

当三足乌成为西王母的陪侍时，兔和蟾蜍自然也随之而来。兔被视为月之精灵，而蟾蜍是月中嫦娥的化身，张衡《灵宪》称："月者，阴精之宗。积而成兽，象兔。……姮娥遂托身于月，是为蟾蜍。"[58] 在汉代图像中，蟾蜍和兔（有时只有其一，有时两者皆有）常在月轮中出现。和三足乌相较，西王母身边的蟾蜍和兔子多了一项职责，便是捣不死之药。此壁画中，蟾蜍与九尾狐在昆仑天柱上捣药不已（图27）。而河南偃师辛村新莽墓壁画中，手按漆豆的兔子仿佛刚完成了这项工作，正将不死药献给西王母。

月亮之所以更紧密地与不死药联系在一起，或许是因为月之阴晴圆缺，仿佛死而复生。传说中，服了西王母不死药的嫦娥所投奔的地方就是月亮。无论月中是美貌的嫦娥，还是丑陋的蟾蜍，不死药与月亮的渊源就此结下。

巧合的是，在印度-伊朗神话中，月亮也与不死药密切相关。饶宗颐指出，在波斯《阿维斯塔》经中，不死之甘露"Haoma 有许多地方简直是代表

58 《后汉书》志十《天文志上》注引〔汉〕张衡《灵宪》，第3216页。

月亮"[59]。Haoma（或作 Hauma），在梵文中作 Soma，印度神话里，Soma 除了是不死甘露外，也为月神之名。看来不同地域的人们对明明之月和不死甘露有着相似的美好联想。

西王母之不死药的成分为何？也许屈原曾给出过答案，《涉江》中提到"登昆仑兮食玉英，与天地兮同寿，与日月兮同光"[60]，可见产于昆仑的玉本身就可以用来制作不死药。至于昆仑山上各种具有神奇功效的仙花瑞草，应当也陆续被加入不死药的成分表。河南洛阳烧沟西汉卜千秋墓壁画中，一只兔子口含仙草（图 28）的形象，表明不死药应含有草木成分。正因为不死药成分复杂，故需要蟾蜍、兔子等辛勤捣药不已，才能淬炼出来。

不过陕西定边郝滩新莽至东汉初墓壁画中没有出现兔子，九尾狐成为与蟾蜍一同捣药的同事，它也跻身为西王母的主要陪侍。《逸周书》和《山海经》中都提到过青丘国有狐九尾[61]，这种九尾狐，"其音如婴儿，能食人，食者不蛊"[62]，看来并非善类。但是，九尾狐在西汉时便已进入升仙图景中，如河南洛阳烧沟西汉卜千秋墓壁画中，男女主人升仙的路途中，就有一只奔跑的九尾狐为伴。河南偃师辛村新莽墓壁画中，西王母仙界的云气缭绕里，也有九尾狐。九尾狐与升仙相联系，或许是因为其长寿，《抱朴子》曰"狐狸狸狼皆寿八百岁"[63]。

图 28　兔　河南洛阳烧沟西汉卜千秋墓壁画

59　饶宗颐：《塞种与 Soma——不死药的来源探索》，《中国学术》2002 年第 4 期，第 3 页。

60　《楚辞》卷四《九章·涉江》。

61　黄怀信：《逸周书校补注译·王会解第五十九》："青丘狐九尾。"三秦出版社 2006 年版，第 322 页。《山海经校注·山海经海经新释》卷九《大荒东经》："有青丘之国，有狐九尾。"第 297 页。

62　《山海经校注·山海经山经柬释》卷一《南山经》，第 5 页。

63　〔晋〕葛洪：《抱朴子内外篇》内篇卷三《对俗》，《四部丛刊》景明本。

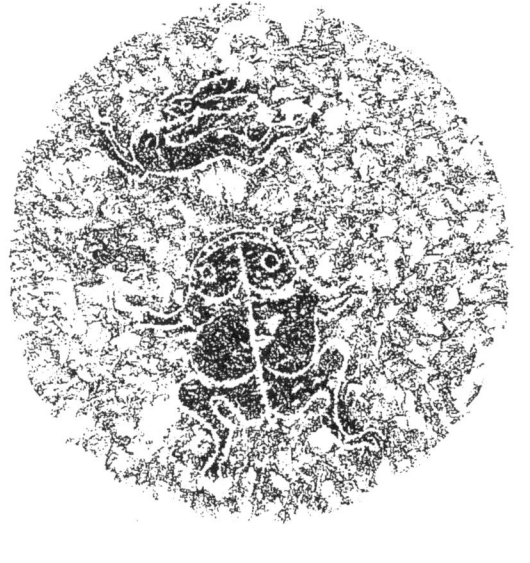

图 29　日轮　山东枣庄西集东汉早期墓画像石（拓片）　　　　图 30　月轮　山东枣庄西集东汉早期墓画像石（拓片）

　　事实上，这种罕见的狐狸也被视为一种祥瑞，《白虎通》曰："德至鸟兽，则凤皇翔，鸾鸟舞，麒麟臻，白虎到，狐九尾，白雉降，白鹿见，白乌下。"九尾狐何以为祥瑞，汉人的解释则充满儒家道德化气息，"狐九尾何？狐死首邱，不忘本也，明安不忘危也。必九尾者何？九妃得其所，子孙繁息也。于尾者何？明后当盛也"[64]。显然，这是将人们对九尾狐的朴质崇拜以冠冕堂皇的理由重新包装了。

　　九尾狐的加入，恰好弥补了日月神兽的不对称性，东汉人开始将九尾狐作为一种代表太阳的神兽，以形成"三足乌 + 九尾狐 vs 蟾蜍 + 玉兔"的组合，如山东枣庄西集东汉早期墓画像石上便绘有九尾狐和三足乌奔跑于日轮（图 29）中，与月轮中的蟾蜍玉兔（图 30）势均力敌。

　　以上诸元素构成了昆仑山的神界日常，西王母高高在上，玉女为侍，羽人劳碌其间，三足乌、蟾蜍和九尾狐为伴，不死药的生产也在正常运行。天堂的图景令人向往不已。那么，作为一名信徒，很自然的问题是，他将如何跳脱尘俗，飞升苍冥，莅临这永恒天堂之境呢？

64　〔汉〕班固撰集，〔清〕陈立疏证：《白虎通疏证》卷六《封禅·论符瑞之应》，中华书局 1994 年版，第 284、286—287 页。

升仙之旅

　　昆仑山是升仙者的目标，因为天界的大门便展开于高山之上，"如天之门在西北，升天之人宜从昆仑上"[65]。但昆仑山并不容易到达，它居于西极，上抵苍穹，百川围绕之，路极远，不可行；渊极深，不可渡。故凡人欲往昆仑，则需乘驭灵兽。

　　龙，是最常规也是最受欢迎的驾兽。这种具有神力的灵物能翱翔于天，亦能深潜于渊，故是神人的座驾。屈原在其充满瑰丽幻想的楚辞中，便不止一次地表达了乘龙升天的快感："驷玉虬以乘鹥兮，溘埃风余上征"[66]，"驾青虬兮骖白螭，吾与重华游兮瑶之圃"[67]。更令汉朝人印象深刻的应当是黄帝乘龙升天的神话，在故事中，"黄帝采首山铜，铸鼎于荆山下。鼎既成，有龙垂胡髯下迎黄帝。黄帝上骑，群臣后宫从上龙七十余人，龙乃上去"[68]。

　　至少从战国时起，龙便已经出现在死后升仙的图景中，湖南长沙子弹库1号楚墓出土的一幅引魂升天的铭旌，便表现了一名峨冠男子御龙而行的场景（图31）。而在赵千秋墓壁画中，逶迤向昆仑而去的最右边一辆云车，便以四赤龙为驾（图32）。按《后汉书·舆服志》"所御驾六，余皆驾四"，注引许慎"以为天子驾六，诸侯及卿驾四，大夫驾三，士驾二，庶人驾一"[69]，这里说的虽然是马，若换为龙亦当

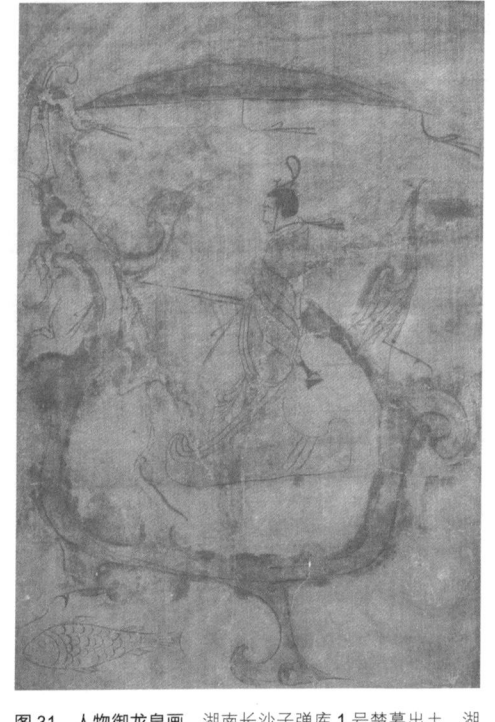

图31　人物御龙帛画　湖南长沙子弹库1号楚墓出土　湖南省博物馆藏

　　65　〔汉〕王充：《论衡》卷七《道虚篇》，《四部丛刊》景通津草堂本。

　　66　《楚辞》卷一《离骚》。

　　67　《楚辞》卷四《九章·涉江》。

　　68　《史记》卷十二《孝武本纪》，第468页。

　　69　《后汉书》志二十九《舆服志上》注引许慎，第3644—3645页。

图32　龙车　陕西定边郝滩新莽至东汉初期墓壁画

循此规制，故汉武帝欲以六龙为驾[70]。而以赵千秋的级别，赫然驾四龙，恐怕他是悄悄地僭越了。

云车上载有四人，前一青衣人为御者，中有一朱衣者，戴山形冠，些有髭须，与赵千秋的画像颇为相似，应是赵千秋本人。山形冠像仙山，为仙人所戴，可见赵千秋已意气满满地欲忝列仙班了。后有一白衣人，执吾。吾状若大棒，为防御之物，为侍者所持。内蒙古鄂托克旗凤凰山1号东汉墓壁画中，门吏所持者即为此物（图33）。至于皇家侍卫所持的金吾，则是"以铜为之、黄金涂两末"[71]的升级版。与赵千秋几乎同时代的刘秀，曾感叹"仕宦当作执金吾"[72]，便是他见执金吾（前身为中尉，汉武帝时改名）的赫赫威仪时有感而发。

在奔赴昆仑山的升仙道路上，赵千秋并不寂寞。龙车后有二人驾鹤，翩翩而

70　《汉书》卷二十二《礼乐志二·郊祀歌十九章·日出入九》："吾知所乐，独乐六龙，六龙之调，使我心若。"第1059页。

71　〔晋〕崔豹：《古今注》卷上《舆服》，《四部丛刊》三编景宋本。

72　《后汉书》卷十《皇后纪·光烈阴皇后》，第405页。

图33　持吾者　内蒙古鄂托克旗凤凰山1号东汉墓壁画

行，一人执戟，当为后卫。鹤为仙鸟，昔王子乔乘鹤登仙[73]，故可为仙人坐骑。龙车前又有鹿车和鱼车（图34），上皆有升仙者御之而西去。鹿被视为"纯善之兽"[74]，驾鹿车尚可理解，为何鱼也能成为驾兽呢？

　　鱼为水族，之所以乘鱼车，是因为升仙者接近昆仑山时，会遇见茫茫大渊。《山海经·海内北经》："昆仑虚南所，有氾林方三百里。从极之渊深三百仞，维

　　73　〔汉〕刘向：《列仙传》卷上《王子乔》："王子乔者，周灵王太子晋也，好吹笙，作凤凰鸣，游伊洛之间，道士浮丘公接以上嵩高山。三十余年后，求之于山上，见柏良曰：'告我家，七月七日待我于缑氏山巅。'至时，果乘白鹤驻山头，望之不得到，举手谢时人，数日而去。"明《正统道藏》本。

　　74　〔唐〕欧阳询撰：《艺文类聚》卷九十九《祥瑞部下·白鹿》引《瑞应图》："夫鹿者，纯善之兽。王者孝则白鹿见，王者明惠及下则见。"清文渊阁《四库全书》本。

图 34　鱼车　陕西定边郝滩新莽至东汉初期墓壁画

图 35　兔车　陕西靖边杨桥畔杨一村东汉墓壁画

冰夷恒都焉。"[75] 冰夷者，河伯也。此大渊者，被人们认为是黄河源头，《史记·大宛列传》引《禹本纪》云："河出昆仑。"[76] 因此，升仙者乘鱼车溯河而达昆仑，也是顺理成章的了。

当然，升仙者还有更多座驾选择。在离赵千秋墓不远的陕西靖边杨桥畔杨一村东汉墓壁画中，还展示了兔车（图 35）、雁车、龟车（图 36）、鹤车（图 37）、象车（图 38）和虎车（图 39）等种类丰富的云车，升仙者可依循自己的爱好择而驾

75　《山海经校注·山海经海经新释》卷七《海内北经》，第 275 页。

76　《史记》卷一百二十三《大宛列传》，第 3179 页。

图 36　**龟车**　陕西靖边杨桥畔杨一村东汉墓壁画

图 37　**鹤车**　陕西靖边杨桥畔杨一村东汉墓壁画

图 38　**象车**　陕西靖边杨桥畔杨一村东汉墓壁画

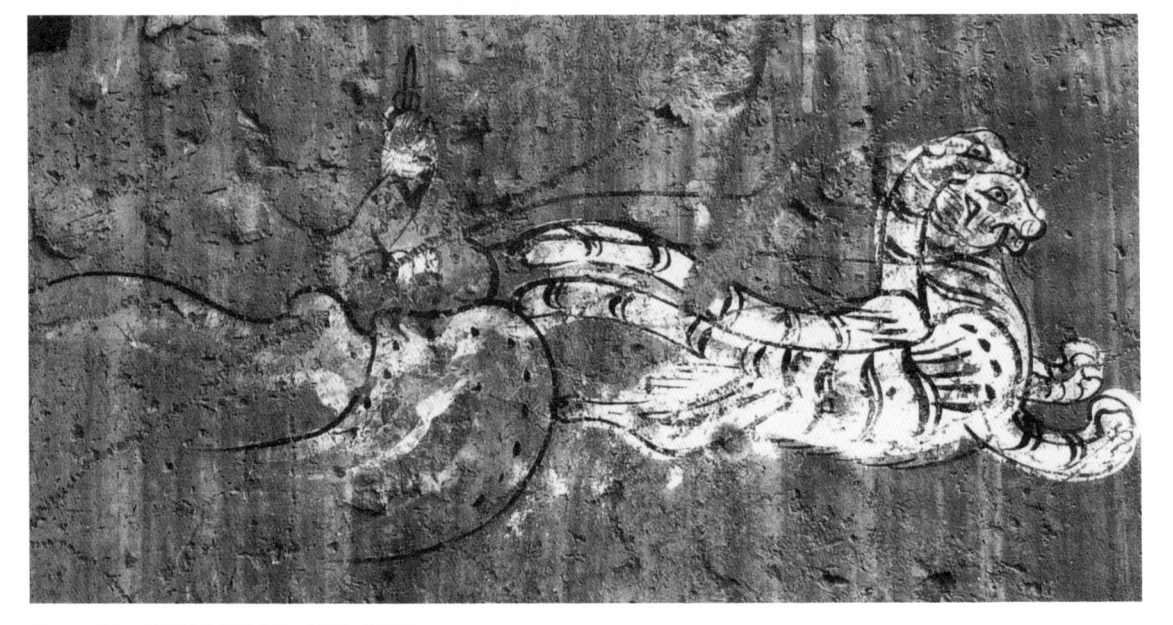

图 39　**虎车**　陕西靖边杨桥畔杨一村东汉墓壁画

图40 云舟 陕西定边郝滩新莽至东汉初期墓壁画

图41 云舟 陕西靖边杨桥畔杨一村东汉墓壁画

之。正是凭借着这些驰骋于天地间的灵兽，升仙者得以超脱沉重的大地，纵千里，越万仞，升入轻盈之空界。

　　于极高极轻之境，天门在目，此时，无须驾灵兽以疾驰了，升仙者改乘云舟（图40），欲入天门而悠游星汉。云舟两翼宛转摇曳如水草，同款云舟亦见于陕西靖边杨桥畔杨一村东汉墓壁画（图41）。

　　由车改舟，速度感被降低，也昭示着升仙者就此到达一个新的阶段，漫长的升

图 42 击鼓 陕西定边郝滩
新莽至东汉初期墓壁画

仙跋涉结束了，他已经来到了梦寐以求的西王母的天堂。

此时，一场盛大的乐舞盛会正拉开帷幕，以为初来乍到的升仙者接风洗尘，当然，也为了愉悦那高居昆仑之上的西王母，祈求她赐福，降下那长生不老的仙药来。

乐舞是娱神之作，这是从久远时代起巫师们就达成的共识。《礼记·月令》中表述的仲夏之月的雩礼就洋溢着乐舞之韵，"是月也，命乐师修鞉鞞鼓，均琴瑟管箫，执干戚戈羽，调竽笙篪簧，饬钟磬柷敔。命有司为民祈祀山川百源，大雩帝，用盛乐"[77]，由此可见鼓瑟齐鸣、戈羽并舞的盛大场面。

很显然，西王母也是乐舞的爱好者。在建平四年传西王母筹事件中，千里奔波而来的信徒们到达长安后，便是"聚会里巷仟佰，设张博具，歌舞祠西王母"[78]。而那一场隆重的祠西王母活动，其中的载歌载舞估计让许多人印象深刻。

不知画师在绘制壁画时，脑海中是否曾浮现出建平四年的情景，但显然，他蓬勃的想象力使这场欢宴的表现力更加出色，因为鼓琴吹箫的不再是人，而是天堂里的诸灵兽。

填然鼓之，宴乐开启。执桴击鼓者为一白虎（图 42）。虎豹之类，与西王母渊

77　〔汉〕郑玄注，〔唐〕陆德明音义：《礼记》卷五《月令》，南宋刻本。
78　《汉书》卷二十七《五行志》，第 1476 页。

源最深，从《山海经》中的虎齿豹尾，到《穆天子传》中的虎豹为群，草原和条枝西王母皆有狮子为伴，可见此类大型猫科动物，作为力量的象征，为人所崇拜，并被附于尊贵的女神身旁。

白虎所击，为一建鼓，鼓上有朱缨葆羽之属，装饰华美。《仪礼·大射礼》注曰："建犹树也，以木贯而载之，树之跗也。"[79]故建鼓的特征是以木柱贯穿鼓身，使鼓可悬空而立（图43）。建鼓橐橐之声如雷贯耳，常于征伐、祭祀、宴乐时鼓之。

"掌金奏"的钟师是乐队的灵魂人物，如今承担这一角色的是灰狼（图44），它正双举木槌，击奏着朱红色的钟架上悬挂着的钮钟。钟为金声，专为尊贵者所有。《周礼·春官宗伯下·大司乐》中记载的各种乐仪，往往以钟为宗，"乃奏黄钟，歌大吕，舞云门，以祀天神；乃奏大蔟，歌应钟，舞咸池，以祭地示"[80]，可见钟声承载着震天鸣地的宗教意义。

钟鼓之外，又有白象鼓琴、青猪击铙、赤龙吹箫（图45），还有击磬者，惜已残缺。这些灵兽组成的天宫伎乐，比之曾侯乙或海昏侯的乐队亦不逊色。它们演奏着钧天广乐，令初来乍到的升仙者如痴如醉。

仙乐如此动听，须舞之蹈之。主舞者为神龙（图46），其身姿摇曳、舞律灵动。那么，神龙跳的是什么舞呢？

神龙边有一蟾蜍，正手持漆盘欲掷出，神龙周身亦有漆盘若干，龙爪若将踏之而舞。考汉代有盘

图43 建鼓 山东临淄山王西汉兵马俑坑出土

79 〔汉〕郑玄注，〔唐〕陆德明音义：《仪礼》卷七《大射礼》注，《四部丛刊》景明徐氏翻宋刻本。

80 〔汉〕郑玄注，〔唐〕陆德明音义：《周礼》卷六《春官宗伯下·大司乐》，《四部丛刊》景明翻宋岳氏本。

图 44　敲钟　陕西定边郝滩新莽至东汉初期墓壁画

图 45　奏乐　陕西定边郝滩新莽至东汉初期墓壁画

图 46　龙舞　陕西定边郝滩新莽至东汉初期墓壁画

图 47　七盘舞　山东东平物资局一号新莽至东汉初墓壁画

舞,即以盘置地,舞者腾挪舞蹈其上。因盘数多为七,以应北斗七星之数,另有一鼓以象征北极星,故又称"七盘舞"(图47)。东汉张衡便曾目睹一场人间的"七盘舞",并以赋描述之。舞时,需以盘鼓布列于地,"(般)〔盘〕鼓焕以骈罗",舞者"历七盘而跕蹉"。而这种象形天象的舞蹈"以祀则神祇来格,以飨则宾主乐胥"[81],当是一种飨神之舞,亦可娱人。神龙之盘舞,自然比人间更神奇,盘飞于空中,神龙撼首弄目,张牙舞爪,腾跃盘旋,竭尽宛转之态。

　　赤豹亦起而伴舞,这种身材婀娜的灵兽,举足若应节拍,扭身似和韵律,沉浸于大和谐里,心魂俱醉。

　　这场仙界的灵兽乐舞,是对升仙者的迎迓,也是送别。欢宴中,他将获得不死之药,脱胎换骨,然后作为一位自由逍遥的仙人进入天界。天门,就是最后的阈界。

　　赵千秋墓壁画中,天门居昆仑山之上,二扇大门洞开,中有红幡书"大一坐"。"大一"即"太一",湖北荆门郭店楚简有曰:"大(太)一生水,水反辅

　　81　〔汉〕张衡:《舞赋》,载于〔清〕严可均辑:《全上古三代秦汉三国六朝文·全后汉文》卷五十四《张衡》,中华书局1958年版,第1538页。

图48　**天象**　陕西定边郝滩新莽至东汉初期墓壁画

（辅）大（太）一，是以成天。天反楠（辅）大（太）一，是以成阺（地）。天
阺（地）□□□也，是以成神明。"[82] 可见太一具有原始创世之含义。及其为神，即
为首要大神，屈原《九歌》中有《东皇太一》篇，王逸以为"太一，星名，天
之尊神"[83]。汉武帝时，太一被视为最高天神，并立祠祭祀，"亳人薄诱忌奏祠泰一
方，曰：'天神贵者泰一，泰一佐曰五帝，古者天子以春秋祭泰一东南郊，用太牢
具，七日，为坛开八通之鬼道。'于是天子令太祝立其祠长安东南郊，常奉祠如忌
方"[84]。太一在天空中有其尊贵的位置，"中宫天极星，其一明者，太一常居也"[85]。
因此，在天门之中，为太一设座，以体现太一于天界的首领之位。

穿越天门，便是太一所统领的星汉灿烂的天庭了。在赵千秋墓顶部壁画中，它
被表现为有着漫天的星宿、优游的仙人的高远玄冥之境（图48）。至此，赵千秋完
成了升仙的全过程，他将与天地同寿、与日月同辉。

82　荆门市博物馆编：《郭店楚墓竹简》，文物出版社 1998 年版，第 125 页。

83　《楚辞》卷二《九歌·东皇太一》王逸章句。

84　《史记》卷十二《孝武本纪》，第 456 页。

85　《史记》卷二十七《天官书》，第 1289 页。

图 49　西王母　山东嘉祥宋山东汉晚期墓画像石（拓片）

　　这场幻梦并不只属于赵千秋，在东汉二百年间，对西王母天堂的憧憬曾经点亮了许许多多在世者的眸子。他们在梦里与那天堂相遇，并且将梦刻画于石，绘画于壁，希冀于幽冥长眠中往生梦境。

　　在他们的梦里，有建鼓填然，有长袖舞之，有博局百戏等等仙界之乐事，以娱西王母之心，而西王母，居昆仑山巅，龙虎座上，人首蛇身之伏羲女娲胁侍左右，玉兔捣药，青鸟取食，羽人常在。（图 49）他们相信，慈悲如王母，将予虔诚者以不死仙药，使他们羽化成仙，升入莫知其终始的天堂。

　　梦，终有破灭之时。二百年后，随着东汉王朝日落西山，历史将拉开大动乱的序幕，杀人盈野将人间的许多地方变为鬼蜮世界。被现世痛苦击打得清醒的人们意识到，"神龟虽寿，犹有竟时。腾蛇乘雾，终为土灰"[86]，不死的幻梦化为泡影，西王母的天堂也重新遥不可及。人们被迫再次去寻找能够安放灵魂的净土。不过，那是下一个时代的故事了。

86　〔汉〕曹操：《神龟虽寿》，载于《乐府诗集》卷三十七《相和歌辞·瑟调曲》。

贵女的盛宴：东汉豪门的交游和宴乐

古冢的秘密

鸡始鸣，天地尚在恍惚间，令君就起身了。因今天是会宴嘉宾的大日子，作为这一家的主母，她不敢懈怠。

令侍女掌灯，更衣梳洗毕，对着那面四神纹铜镜，细细上妆，敷铅粉，匀胭脂，画黛眉，点绛唇。侍女为其盘起雍容的高髻，又以珍笄十数饰之。明月之珰、青云之佩，皆装束停当了。令君才移步到后堂来。

堂上华灯高擎，几个为首管事的仆从已候着了。令君在帐中坐下，管事者便依次上前来，汇报厅堂、庖厨、厩库、百戏各处的预备情况。令君一一聆听了，又不时指出他们的疏漏之处。各各吩咐完，令仆从们分头忙去。这时侍女奉上朝食的漆案来，令君用了些，便让退下。

令君望向庭院，阳光已斜斜沿着檐角落下一片，不觉已是食时。邻院隐约传来笙歌之声，是百戏班子在进行最后的排练。曲目是她亲自挑选的，西域的眩人、北方的斗士、楚地的舞女，技艺皆精妙绝伦，今日务必艳惊四座。

但令君还是有些不放心，亲自去了庖厨，一一过目，见牛、羊、鸡、鱼之属皆已宰杀备好，果蔬亦洗净摆盘，清酒白酒坛中斟满，她才微颔了一下。

再入正堂，只见铺墁着青砖的地面被往来的仆从们打扫得一尘不染，华美的帷幔垂下，描金绘彩的方帐正中架起，瑶席玉镇铺陈左右，鎏金博山炉正香氛氤氲。

这时，前院响起了马嘶喧哗，令君知道，宾客们的车驾已经临门了。

这场盛宴，于令君的生命中或许十分重要，那日的车马如流、衣袂如云、乐舞并作、觥筹交错，在岁月流转后，还铭记在她的心里，最终被画在她永生之宅的壁上。

那么，令君是谁，她为何要举办这样一场盛宴呢？

其实像东汉的大多数女子那样，她的名字并未被留下，当她的墓葬被发现时，时光已经吞噬了可以标识她身份的几乎所有物事。因汉代女子多以"君"为名，我们便锡之嘉名为"令君"吧。

令君与她的丈夫合葬于今河南新密打虎亭西的一片平坦台地上。两座墓各有封土，令君丈夫之墓形制宏大，封土周长约 220 米，冢顶高约 15 米，封土冢下部用规整青石砌成石墙，高达 3 米。[1] 按汉制，"列侯坟高四丈，关内侯以下至庶人各差"[2]，四丈约合 9.2 米，而此冢经风霜后仍高达 15 米，恐怕是逾制了。虽东汉尚豪奢，僭越之举往往皆是，"生死之奉多拟人主"[3]，又"今京师贵戚，衣服、饮食、车舆、文饰、庐舍，皆过王制，僭上甚矣"[4]，但拥有此规制的坟冢，令君的丈夫，若非公卿之贵，便是万钟之富了。

令君之冢形制稍小，周长约 113 米，冢顶高约 7.5 米，位于其夫坟冢之东，且有一部分封土压于夫冢之上（图 1）。[5]这说明令君逝世在其夫之后。

令君与丈夫之冢的形制在东汉是较少见的。汉代夫妇合葬，在西汉中期以前多为同茔异墓，盖当时墓制多为竖穴，一旦入殓，难以开启，故夫妇各有其墓。而西汉中期起，横穴砖石室墓流行，为夫妇同穴合葬提供了基础。[6]加之儒家道德重视夫妇一体，《诗》云："谷则异室，死则同穴。"[7]又孔子云"卫人之祔也，离之；鲁人之祔也，合之，善夫"[8]，即孔圣人称赞鲁人合葬形式。故同穴合葬蔚然成风，至东汉，除帝后陵外，遂成定制，虽王侯之尊、方伯之贵，如中山穆王墓、雷台汉墓，皆如是。若令君是一位生活在东汉的女子，却依然拥有自己独立的墓室和坟

1　河南省文物研究所编：《密县打虎亭汉墓》，文物出版社 1993 年版，第 6 页。

2　《周礼·春官宗伯上·冢人》注引《汉律》。

3　〔汉〕崔寔撰：《政论·阙题九》，载于〔汉〕崔寔、〔汉〕仲长统撰，孙启治校注：《政论校注　昌言校注》，中华书局 2012 年版，第 169 页。

4　〔汉〕王符：《潜夫论》卷三《浮侈》，《四部丛刊》景述古堂景宋钞本。

5　《密县打虎亭汉墓》，第 192 页。

6　王仲殊：《汉代考古学概说》，中华书局 1984 年版．第 102 页。

7　〔汉〕毛亨传，〔汉〕郑玄笺，〔唐〕陆德明音义：《毛诗》卷四《王黍离诂训传·大车》，《四部丛刊》景宋本。

8　《礼记》卷三《檀弓下》。

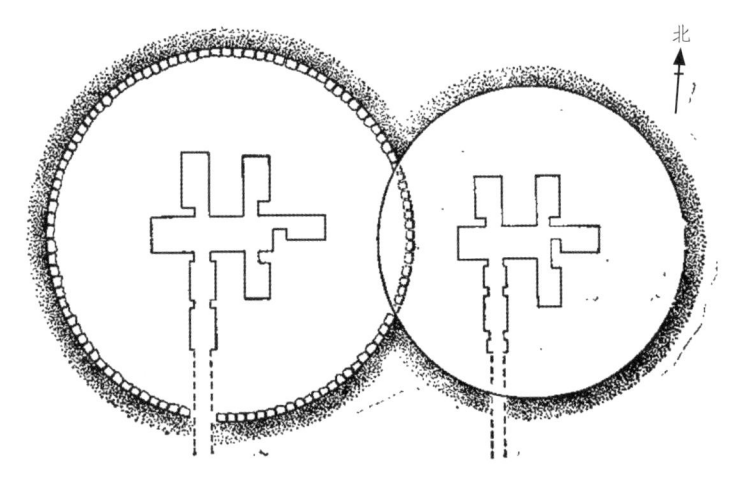

北

图 1　打虎亭汉墓平面图（采自《密县打虎亭汉墓》）

冢，只是与丈夫以冢土相连以示亲密。这不得不让人对她的身份和个性产生好奇[9]。

令君的地下世界应该并不孤单。在打虎亭周围，尚勘得有东汉墓十余座，离此不远的后土郭，还有数座形制较大的东汉墓。故令君及其夫君，当是安眠在家族茔区内，与祖先子孙相依为伴。

这一片有着隆起封土的古冢群很早就被周围百姓所注目。在民间传说中，它们是常氏十兄弟的安息之所。相传新莽时，刘秀为王莽逼迫，曾逃难于此地，遇常氏十兄弟相救，清嘉庆《密县志》云："古碑云：密人世传汉光武遭王莽之乱，常氏兄弟十人匿之，莽围急，兄弟谋代死，其最少为常十者曰：我貌颇类，斩吾首献之，可免也。如言，围解。光武即位，为立报恩寺，并营其墓，后九人皆列葬其处。"[10]县志所说的古碑云，即明代阎周民所撰《报恩寺碑记》，可见，至晚从明代起，这个故事便已在当地流传了。而打虎亭墓前立有清嘉庆十七年（1812）所立《常十冢图记》碑[11]，可见民间对此说的深信。

但以这个故事来考证古冢主人的身份将是可疑的，因为它属于一个流传广泛的王莽赶刘秀的故事谱系。在该谱系中，故事的主体情节皆为王莽派兵追杀刘秀，在

9　东汉夫妇合葬以同穴为主，然异墓合葬并未绝迹，如距打虎亭汉墓不远的后土郭 M1、M2 便可能是夫妇异穴合葬墓，又江苏南京长干里东汉龙桃杖墓也为夫妇异墓，只是此种墓制在东汉较为少见。

10　《密县志》卷十三《人物志》，清嘉庆二十二年（1817）本。

11　《密县打虎亭汉墓》，第 351—352 页。

情急中，刘秀得到神、人、动物的拯救，从而化险为夷。且这类故事的流传范围大大超出了历史上刘秀的足迹所至，河北、河南、湖北、山东、山西、陕西，甚至重庆、浙江等地皆有父老传言，并往往以当地某山川风物为证，言之凿凿。新密虽近刘秀故乡，但常十之事，恐怕只是那个故事谱系生发出的小枝而已。

北魏郦道元《水经注》曾言及绥水旁有汉弘农太守张伯雅（德）墓，文云："东南流，径汉弘农太守张伯雅墓，茔域四周，垒石为垣，隅阿相降，列于绥水之阴，庚门表二石阙，夹对石兽于阙下。冢前有石庙，列植三碑，碑云：德字伯雅，河南人也。碑侧树两石人，有数石柱及诸石兽矣。"[12]因其描述之墓与打虎亭墓位置似乎相近，又有垒石为垣情节，故河南省文物研究所在发掘报告《密县打虎亭汉墓》中，将打虎亭墓定为张伯雅及其夫人墓。[13]

然此说不成立。查清嘉庆《密县志》西南乡图，图中分别注有"常十冢""张伯雅墓"（图2），可见它们为二，非为一。[14]且《密县志》"张德"条称"汉有庙，碑冢尚存"[15]，这表明当时的人们还是清楚张伯雅墓的所在的。故将"常十冢"指为张伯雅墓，实为不妥。张伯雅墓当另有其处，尚待考古发现。

那么，令君与其丈夫究竟为何人呢？

前文已述，以二墓规制，当为豪贵之家，且家族绵延于新密。新密东汉时为河南尹密县，近京畿之地，豪族聚集，巨宦遍是。《后汉书》中载的一则小故事可为管窥。光武帝时，各郡遣使去中央奏事，光武帝发现陈留郡提交的吏牍中有张纸条，道是"颍川、弘农可问，河南、南阳不可问"。光武不解，十二岁的刘庄（后来的汉明帝）解释道："河南帝城，多近臣，南阳帝乡，多近亲，田宅逾制，不可为准。"[16]可见河南尹一带近臣贵宦之多。若具体到密县，最为显赫的当属侯氏家族。

侯氏，按东汉侯成碑所述世系，"其先出自幽岐，周文之后，封于郑，郑共仲赐氏曰侯"[17]。密县在春秋时曾为郑地，故可以推测侯氏被赐氏后的始居之地就在密县一带。汉刘邦时，有侯公，曾入项羽营，说项羽与刘邦约，中分天下，并归还

---

12 〔北魏〕郦道元著，陈桥驿校证：《水经注校证》卷二十二《洧水》，中华书局2007年版，第518页。

12 〔北魏〕郦道元著，陈桥驿校证：《水经注校证》卷二十二《洧水》，中华书局2007年版，第518页。
13 《密县打虎亭汉墓》，第357页。
14 《密县志》卷一《县境图》。
15 《密县志》卷十三《人物志》。
16 《后汉书》卷二十二《刘隆列传》，第780—781页。
17 〔宋〕欧阳修：《后汉〈金乡守长侯君碑〉跋》，载于曾枣庄主编：《宋代序跋全编》卷九十九《题跋三》，齐鲁书社2015年版，第2752页。

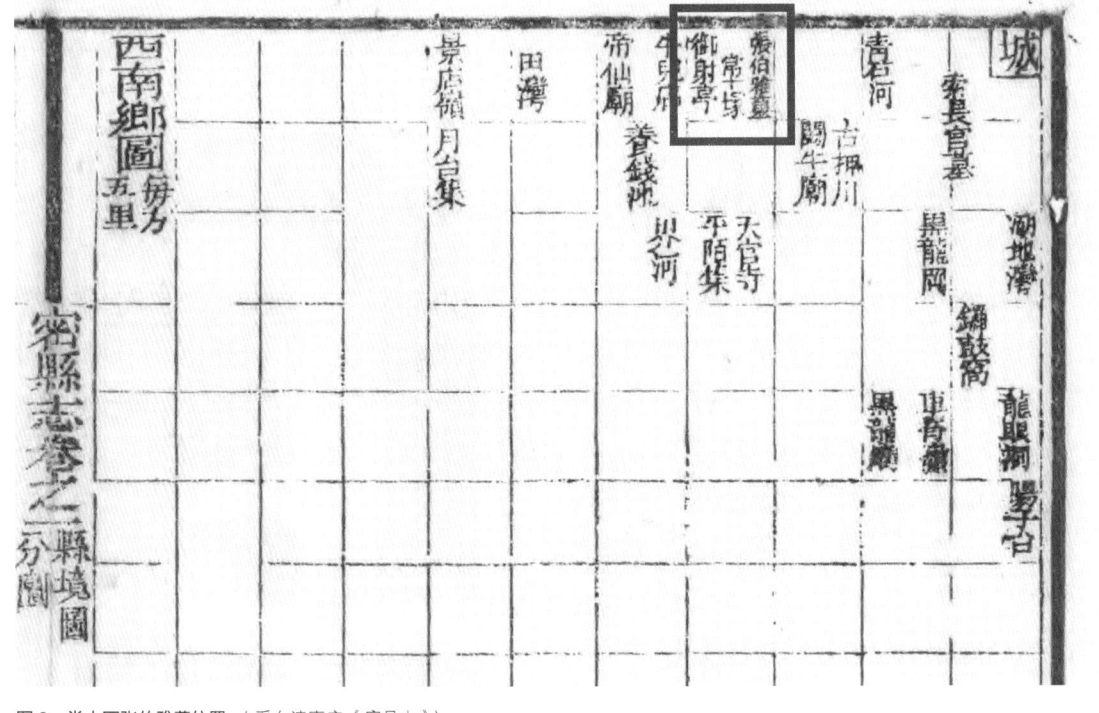

图 2　常什冢张伯雅墓位置 （采自清嘉庆《密县志》）

　　刘邦父太公及妻吕氏，因此受封平国君。[18] 两汉之际，密县侯氏已成巨族。西汉后期，侯渊"以宦者有才辩，任职元帝时，佐石显等领中书，号曰大常侍"[19]。王莽当政时，又有侯辅被封为明统侯。[20] 东汉初，以侯霸最贵，侯霸"家累千金，不事产业"[21]，可见祖业之丰厚。光武帝征召侯霸，拜尚书令，后为大司徒，封关内侯。侯霸去世后，光武帝亲自吊唁，追封则乡哀侯，食邑二千六百户，其子昱嗣侯爵。[22] 故侯氏世代簪缨，可谓是密县第一豪族。

　　亦有学者注意到侯氏可能与打虎亭墓有关，李宗寅在《打虎亭汉墓墓主人考》

　　18　《史记》卷七《项羽本纪》："汉王复使侯公往说项王，项王乃与汉约，中分天下，割鸿沟以西者为汉，鸿沟而东者为楚。项王许之，即归汉王父母妻子。军中皆呼万岁。汉王乃封侯公为平国君。"第 330—331 页。
　　19　《后汉书》卷二十六《侯霸列传》，第 901 页。
　　20　《汉书》卷十八《外戚恩泽侯表》："明统侯侯辅，［元始五年（5）］闰月丁酉封。"第 718 页。
　　21　《后汉书》卷二十六《侯霸列传》，第 901 页。
　　22　同上书，第 902 页。

一文中，认为侯霸之族父大常侍侯渊当为墓主人，其墓"常侍冢"在后世被百姓误传为"常十冢"，并由此衍生出常十故事来。[23]

然此说亦有疑点。此二墓在打虎亭周边已发现的东汉墓中，规制最高。[24]侯渊佐权臣石显，虽一时煊赫，但汉成帝即位后，石显即遭罢黜，"显与妻子徙归故郡，忧懑不食，道病死。诸所交结，以显为官，皆废罢"[25]。故同为石显党羽的侯渊怕不能免。纵然侯霸后来佐光武而显达，但侯渊只是其族父，属不同房支。以侯渊废宦之身份，又无子嗣光耀门楣，要起如此豪贵之家，纵家财殷富，怕也难得。

若非侯渊，那么侯氏家族中最有可能享有如此尊荣葬仪的，就是侯霸了。侯霸是侯氏家族的中兴之人，生前高官厚禄，死后获封侯殊荣，且子孙袭爵。以侯爵之尊，起丰隆大冢，顺理成章。之前先辈，宦途不如侯霸，之后子孙，受侯霸恩荫，故家族茔区中最豪贵的墓冢，非侯霸莫属。

那么"常十冢"之称，又从何而来呢？

确实，它可能与大常侍侯渊有关。可以推测，侯渊作为长辈，当先葬于侯氏家族茔区中，其坟或称"常侍冢"，后民间讹为"常十冢"，并生发出常氏十兄弟的故事，来解释这一片有十数坟茔的家族墓地。诸坟中最高大的侯霸墓自然突出，民间将其认为是常氏兄弟中的功劳最著的老十之墓，《常十冢图记》碑因此也被立到了它的跟前。常十救刘秀脱危难，侯霸佐光武帝安天下，在传说与历史之间，竟然冥冥中也存在巧合的机缘。

能与密县侯氏联姻的自然也是高门大族，那么侯霸之妻令君，必是一位大家闺秀，有着傲人的门第和卓荦的风范了。

官场上的交结之道

察《后汉书·侯霸列传》所载侯霸履历，可见侯霸素有嘉名，"矜严有威容""笃志好学""政理有能名"[26]，先任太子舍人，后以德行得到荐举，任随县宰，有官声，故升迁为执法刺奸、淮平大尹。到东汉建武四年（28），光武帝征召侯霸，

23　李宗寅：《打虎亭汉墓墓主人考》，《寻根》1998年第1期，第36—37页。

24　在二墓周围半公里范围内，20世纪50年代初期调查发现汉代封土冢十一个，大的封土冢周长可达100多米。参见《密县打虎亭汉墓》，第354页。但二墓的规制显然是其中最高的。

25　《汉书》卷九十三《佞幸·石显传》，第3730页。

26　《后汉书》卷二十六《侯霸列传》，第901页。

与之会面于寿春，拜尚书令，明年为大司徒，封关内侯。侯霸的宦途通达，自然因其才德卓著，而善交游或许也为其加分不少。

自汉武帝兴察举，察举遂为汉代选士任官的主要途径。三公九卿、地方郡国皆要向中央荐举人才。而对于一位有志于仕宦的士人而言，清誉嘉声远扬，并传至举主耳中，是至关重要的，那么广结善缘，交结天下名士，则是士人所应考虑的。

侯霸早年的交游情况，因缺乏史料，尚不可清楚知道，以他几次获荐举的情况看，应是官声人缘俱佳。可为管窥的是，他甚至与严光这样狷洁自好的高士有来往。严光是光武帝刘秀同学，"少有高名"，而"司徒侯霸与光素旧"[27]，即他俩是旧相识。侯霸位居显贵后，他对严光的态度也可见其待士之道。严光被光武帝以安车玄纁聘来洛阳，先是居于北军，尚未见光武帝，侯霸便捷足先登，遣使奉上书信，并派人带话给严光，言辞甚是谦恭，道："公闻先生至，区区欲即诣造，迫于典司，是以不获。愿因日暮，自屈语言。"严光对这位老朋友的顺柔个性想必也是十分了解，回答道："君房足下：位至鼎足，甚善。怀仁辅义天下悦，阿谀顺旨要领绝。"[28]

侯霸非独与严光这样的旧友交往时毕恭毕敬，对其他高名之士，也不惜屈尊纡贵，以求结纳之。名士王丹被征为太子少傅，此时侯霸已经是大司徒了，他想要与王丹交结，于是"遣子昱候于道。昱迎拜车下"，而王丹也下车回拜。侯昱曰："家公欲与君结交，何为见拜？"丹曰："君房有是言，丹未之许也。"[29]王丹的行为表示了他对侯霸的屈尊并不接受。

严光、王丹乃非常之士，故可以对侯霸的倾心结交不在乎。但以人之常情度之，侯霸的友善当获得不少士人的好感，故其知交遍布朝堂，不为虚言。在《后汉书·郭丹传》中，有一份不完全的侯霸朋友圈名单，"（郭丹）在朝廉直公正，与侯霸、杜林、张湛、郭伋齐名相善。"[30]这几位皆为光武帝时要臣，名重朝野，侯霸与之齐名相善，可想见其交往之盛了。

侯霸还多拔擢后生，钟离意、董宣等名臣皆曾为其所征辟。[31]故侯霸也在帝国的后起之秀中播下了令名。

27　《后汉书》卷八十三《逸民列传·严光》，第 2763 页。

28　同上。

29　《后汉书》卷二十七《王丹列传》，第 931 页。

30　《后汉书》卷二十七《郭丹列传》，第 941 页。

31　《后汉书》卷四十一《钟离意列传》："举孝廉，再迁，辟大司徒侯霸府。"第 1406 页。《后汉书》卷七十七《酷吏列传·董宣》："董宣字少平，陈留圉人也。初为司徒侯霸所辟，举高第，累迁北海相。"第 2489 页。

臣子们广交博纳，互相提携，可为立足朝堂提供一份保障。但在人主看来，这种行为恐怕就有营私结党之嫌。侯霸政治生涯中的最大危机，也因此而生。《后汉书·冯勤列传》载其事："司徒侯霸荐前梁令阎杨。杨素有讥议，帝常嫌之，既见霸奏，疑其有奸，大怒，赐霸玺书曰：'崇山、幽都何可偶，黄钺一下无处所。欲以身试法邪？将杀身以成仁邪？'"[32] 即因为侯霸举荐阎杨，光武帝怀疑他们勾结有奸，甚至动了杀心。若非冯勤善为解释，侯霸几乎不免。

主上猜嫌，故臣子们彼此来往时，不由得如履薄冰。在此情形下，若侯霸欲示好诸人，设宴席会宾客，则可能会招人耳目。那么，有时候"夫人外交"将是一个良好的选择。

令君，作为妻子，将为丈夫承担起这份重任。于是，就有了这场贵女的盛宴。

迎宾

宾客的名单是侯霸花了几日时间细细敲定的，既要照顾耆旧，又不可忽视了新贵，还要考虑他们之间的亲疏关系，着实费了一番脑筋。完了，侯霸便以令君做寿的名义写下了请柬，派人一一送去与诸府夫人。不日，收到回复。令君便开始着手这场盛宴的准备了。

令君明白，丈夫虽然现在位高权重，但政坛险恶，伴君如虎，立于中流，务必要笼络人心，但又不可过于明目张胆，这其中的尺度，她需要自己琢磨。这几日，她忙碌于调度、布置、采买，可谓殚精竭虑了。

但是，她相信这场盛宴将是她生命中的灿烂时刻，除皇族外，帝国最有权势者的眷属将汇于她的堂上，为她举杯祝寿，这不是无比的荣耀吗？

令君对那个即将到来的日子，又多了一份期待。

令君百年后，那场盛宴的场景被绘于她的地下居所中室的位置，这个位置对应着人间府邸的正堂。在中室东段的南北壁上，分别以 7 米余的长幅表现了从嘉宾盈门到华宴开启的盛况。

中室东段南壁为迎宾图，可见车水马龙，这是贵女及其从属的车马络绎于

---

32 《后汉书》卷二十六《冯勤列传》，第 910 页。

图3　**辁车**　河南新密打虎亭 2 号东汉墓壁画（摹本，采自《中国出土壁画全集》第 5 册《河南》）

图4　**軿车**　山东沂南北寨东汉墓画像石（拓片）

道，其中被车马簇拥且规格最高的一辆车即为贵女的乘驾（图 3）。汉制，贵女乘
軿车[33]，軿车者（图 4），四下屏帷可为遮蔽，故为妇女所乘驾。[34]《后汉书·舆服

　　33　《汉书》卷七十六《张敞传》："礼，君母出门，则乘辎軿。"第 3220 页。
　　34　〔汉〕刘熙：《释名》卷七《释车》："軿车。軿，屏也，四面屏蔽，妇人所乘牛马也。"《四部丛刊》
景明翻宋书棚本。

图 5　伍伯　河南新密打虎亭 2 号东汉墓壁画（摹本，采自前引书）

志》中对各级贵女乘的辎车有规定："太皇太后、皇太后……非法驾，则乘紫罽辎车……大贵人、贵人、公主、王妃、封君油画辎车"，至于"公、列侯、中二千石、二千石夫人……得乘漆布辎辎车，铜五末。"[35] 图 3 中贵女之车，以黄马奋蹄前驱，车舆为乌黑色，前帷有朱画为饰，该车可能属于油画辎车，至少属于漆布辎车，可见其主人身份尊贵。

贵女辎车前后，各有红衣者翩翩马上，为之前导后从，又前方有一皂盖轺车，二人御之。轺车无屏障，所谓"四向远望之车"[36]，它轻快迅捷，又称"轻车"，是汉代最流行的代步工具，在汉代图像中颇为常见。再前方有一红衣骑者。他们构成了贵女出行的从属团队，起到警戒保卫的作用。

在东汉的都城大邑，车马辏集，甚至会出现"千乘雷动，万骑龙趋"[37] 的情况，导致道路拥堵。因此，为了保证车骑顺利行进，需要有伍伯疏导交通。[38] 画中，道路左右有二人，平帻皂衣，腿作弓箭步状，就是负责导引当道的伍伯（图 5）。显宦出行可自备伍伯（图 6），且伍伯数量与官阶相关，"璩弩车前伍伯，公八人，中二千石、二千石、六百石皆四人，自四百石以下至二百石皆二人"[39]。这次盛宴声势

<hr>

35　《后汉书》志二十九《舆服志上》，第 3647—3648 页。

36　《释名》卷七《释车》："轺车。轺，遥也，远也，四向远望之车也。"

37　〔汉〕张衡：《西京赋》，载于《全上古三代秦汉三国六朝文》之《全后汉文》卷五十二《张衡》，第 1525 页。

38　《后汉书》卷七十八《宦者列传·曹节》注引〔三国吴〕韦昭《辩释名》曰："伍，当也。伯，道也。使之导引当道陌中以驱除也。"第 2525 页。

39　《后汉书》志二十九《舆服志上》，第 3651 页。

图 6　执戟伍伯　河北安平逯家庄东汉墓壁画

图 7　主人迎客　河南新密打虎亭 2 号东汉墓壁画（摹本，采自前引书）

赫然，半城为动，车马如流，以至于需要出动伍伯来维持交通了。

　　侯府门外，主人已亲候多时了（图 7）。虽是女眷的宴会，因来者皆为贵胄，故主人亲为迎迓。按古代绘画的惯例，他被表现得比旁人高大一些，以显示其地位。主人头戴巾帻，身着朱衣大袍。巾帻乃包裹鬓发之物，原为卑贱执事者所戴，但因为汉元帝的缘故，巾帻身份一变，"元帝额有壮发，不欲使人见，始进帻服之。群臣皆随焉"。又"王莽无发，乃施巾"[40]。皇帝带了头，群臣自然以为风尚。故主人在非朝堂公会的场合，无须穿戴严肃的冠冕，如此打扮，既亲切又得体。

适才刚有贵客进门去了，然其侍从与辎车尚在门外。辎车亦为有屏障之车，与辌车相似，但多为载物之用，所谓"辎车，载辎重卧息其中之车也。辎，厕也，所载衣物杂厕其中也"[41]。此处的两辆辎车皆以一人为御，乌篷为顶，体量不大，当是用来装载贵客带来的礼物的。其中一些礼物已呈至主人面前：三个敛口鼓腹的壶或许盛着玉液佳酿，一个牵羊人奉上两尾肥羊。羊酒是汉代流行的贺礼组合，《史记·卢绾列传》载："高祖、卢绾同日生，里中持羊酒贺两家。"[42] 又《汉书·昭帝纪》："令郡县常以正月赐羊酒。"[43] 而在河北望都所药1号东汉墓的壁画里，墓主人也收到了羊酒的贺礼（图8），其酒壶形制与此壁画所绘如出一辙，可见羊酒在当时的礼尚往来中扮演着重要角色。

主人吩咐僮仆将这些礼物验看登记后，收纳入库，而随贵客而来的侍从们也将被接至府中休憩。

府门之内，侍女们忙碌非常（图9）。她们看来是稍加打扮过，有人头上插有发笄，有人还以红头绳为饰，外衣虽素雅，但裙下露出的大红的袴脚却显出女子的爱美之意。因有主母严令交代了，在今天这个大日子里不容出错，故她们来往匆匆，有人手持朱漆托盘，盘中有耳杯之属；有人手持红色囊袋，皆往正堂去，前方人还回头对后面人嘱咐着什么。盛物处为一曲腿方木几，木几上又叠小几，几上有碗、盘、豆之属，应是宴席上要用之物。这时，一位侍女过来催促，宾主皆已在堂上安坐，盛宴就要开启了。木几旁的侍女忙端起盘碟去了。

让我们的目光随着侍女的脚步转向中室东段的北壁上。当侍女端着杯盘，进入正堂时，她所见的是一座华美无比的宴会厅，原本因空旷而显得冰冷的大厅里悬着朱红色的帷幔，帷幔又以绶带卷起，鲜明的色彩顿时使室内生出暖意。

在汉代的宫室厅堂中，帷幔是重要的室内软装构件。"帷，围也，所以自障围也。……幔，漫也，漫漫相连缀之言也。"[44] 在以木为骨架、以砖墙为边界的中式建

---

40 〔汉〕蔡邕：《独断》卷下，《四部丛刊》三编景明弘治本。

41 《释名》卷七《释车》。

42 《史记》卷九十三《卢绾列传》，第2637页。

43 《汉书》卷七《昭帝纪》，第225页。

44 《释名》卷六《释床帐》。

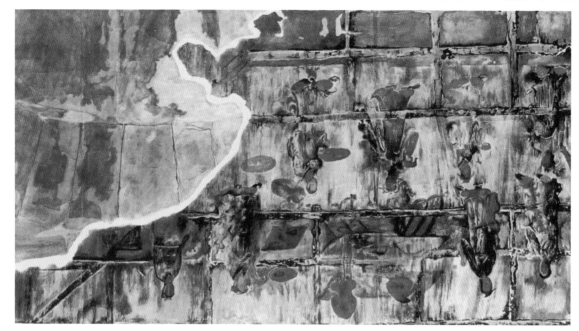

图 9　忙碌的仆婢　河南新密打虎亭 2 号东汉墓壁画（摹本，采自报告书）

图 8　羊车　河北望都所药村 1 号东汉墓壁画

图 10　主人坐帐　河南新密打虎亭 2 号东汉墓壁画（摹本，采自前引书）

筑空间内，悬之以帷幔，即可围合出不同的活动空间，使厅堂满足不同的功能需求。壁画里，在高堂巨室中，通过帷幔，标识出一个相对狭长的宴会空间，主居一端，宾列两席，中间又留足了百戏表演的位置，使居其中的人，既感到彼此亲密，又不局促，可见主母用心所在。

朱帷之中，又起方帐（图 10 左侧）。这顶方帐以帐架支撑，帐顶为大红底，饰云气鸟兽纹，华贵非常，四周垂下大红色帐幔，帐后扬有四杆玄色云旗。这耀眼的方帐自然成为注目的中心，也是主人与主母的座席所在。

"帐，张也，张施于床上也。"[45] 它像是帷幕的缩小版，往往与床、席搭配，在厅室中营造出一个更个人的空间，亦可起防风挡尘保暖之用。在满足实用性的同时，帐也标识着主人在家居空间中的位置。故汉代壁画常表现主人坐帐场景。在距新密不远的河南洛阳朱村 2 号墓壁画里，男女主人便坐于帐中享受欢宴（图 11）。

45　《释名》卷六《释床帐》。

图 11　主人坐帐　河南洛阳朱村 2 号东汉墓壁画

　　而河北满城陵山汉墓曾出土一顶属于中山靖王的帐（图 12），它在两千年间张于象征着正堂的中室之中，帐前陈列着供主人享用的食具和酒器，它是主人生前的位置，也是主人灵魂栖止之处，这以实物印证了帐在室内陈设中的核心地位。

　　主人和主母已在方帐中坐下，众嘉宾也安坐于两列长席之上。贵女们俱是华服严妆，争奇斗艳，从中可一瞥时尚风向。

　　与西汉时女子发髻低垂不同，东汉时流行的是高髻崔嵬。汉章帝时，长安有民谣曰“城中好高髻，四方高一尺”[46]，可见当时竞以高髻为美。壁画里的贵女最常见的发型是高耸单髻，髻上饰以珍笄五枝，显得端庄大气。发笄是东汉女子偏爱的首饰，刘桢在其《鲁都赋》中描述女子时就说“插曜日之珍笄，珥明月之珠珰”[47]。

46　《后汉书》卷二十四《马援列传》，第 853 页。
47　〔汉〕刘桢:《鲁都赋》，载于《全上古三代秦汉三国六朝文》之《全后汉文》卷六十五《刘桢》，第 1656 页。

图 12　四角攒尖式方形幄帐（复原）河北满城陵山 1 号西汉墓出土　河北博物院藏

发笄的数量似乎与身份有关，在晋代，"蚕将生，择吉日，皇后着十二笄，步摇，依汉魏故事"[48]。看起来十二笄是皇后的级别，且这个规矩传承自汉。但实际上，东汉时，对发笄数的等级限制或许并不严格，在山东沂南北寨东汉墓画像石上，便绘有头插十笄的侍女（图 13）。故插几笄，妆台前的事可能只关乎审美。

当然，在发型上，有些贵女玩出了更多花样，如将秀发挽成二到三个高髻，如叠云耸翠，别有风致。这种类型的多起大髻，在史书中也有记载，如汉明帝的马皇后拥有一头秀发，"为四起大髻，但以发成，尚有余，绕髻三匝，复出诸发"[49]，皇后的头发挽四个髻尚有余，其发量丰沛令人艳羡。若发量不足，也无须伤感，此时的贵女们已有了以假发制成的假髻，云鬟高耸不再是梦想。

除了贵女，宴会中的女伎亦为时尚中人。如有一女梳三鬟髻，即结发如环，妖娆生动。这种三鬟髻有空灵飘摇之感，仿佛仙子，它将在三百多年后的南朝再次风靡，并被加以飞天紒的美名，宋文帝元嘉六年（429），"民间妇人结发者，三分发，抽其鬟直向上，谓之'飞天紒'，始自东府，流被民庶"[50]。时尚之轮回，此之谓也。

端详了发型之妙，再看华服之美。

48　〔唐〕房玄龄等：《晋书》卷十九《礼志上》，中华书局 1974 年版，第 590 页。

49　〔汉〕刘珍等撰，吴树平校注：《东观汉记校注》卷六《明德马皇后传》，中华书局 2008 年版，第 191 页。

50　〔南朝梁〕沈约：《宋书》卷三十《五行志》，中华书局 1974 年版，第 890 页。

图 13 **侍女** 山东沂南北寨东汉墓画像石〔拓片〕

　　西汉女子多着曲裾深衣，宛转束裹，有拘束之感，而东汉风气一变，女子多着宽袖大袚之衣，流风回雪之裙。壁画里的贵女便以上衣下裙的衣着为主。上衣者，或以石榴红，或以鸦雏色，广袖翩翩，衣缘宽博。这种大袖衣，可能就是史书中所称的诸于。当年，王政君就是因为穿一身绛缘的诸于，被时为太子的汉元帝相中的，"是时政君坐近太子，独衣绛缘诸于"。颜师古注曰："诸于，大袚衣。"[51] 诸于

<hr />

51　《汉书》卷九十八《元后传》，第 4015 页。

服之在身，翩翩然若神仙。日后王政君成为皇后、太后，这幸运的诸于衣想必被宫中女子们一再追仿吧。

贵女们的下裙，系于腰间，逶迤于席上，可知裙摆颇大，或许已采用了襞褶的工艺。传说中，汉成帝宠后赵飞燕曾衣南越所贡的云英紫裙歌舞《归风》《送远》之曲，侍郎冯无方吹笙。忽然有风大起，似乎要将身轻如燕的赵飞燕吹去。这条让人飘飘欲仙的裙子成为宫中爆款，"他日宫姝幸者，或襞裙为绉，号'留仙裙'"[52]。这虽然只是后人托名汉人的小说家言，却可能也留下了一些历史讯息。在争奇斗艳的汉宫中，为与广袖之衣相称，大摆褶裙应运而生，如此才能在风中翩然，更引君王注目。风靡之下，雍容华美的宽袖大裙成为东汉贵女时尚的主流。

与贵女们的华服相比，侍女们因要劳作，故其衣装更显简朴，有着深衣者，有着上衣下裙者，但裙摆稍短不及地，往往要露出下袴的一小截来，如此才便利行动。

开宴

宾主既皆已安坐，侍女鱼贯，奉上佳肴来。主人帐前有一长案，上列漆盘漆杯数十，杯盘中当有羹肴。

至于此宴席上究竟有何珍馐美味，在壁画里难以辨认。但据打虎亭1号墓画像石上的庖厨图，或可一窥。

在1号墓东耳室壁上，侯府庖厨的景象清晰在目。长横杠上悬有各类肉，如鸡、鸭、牛肉、牛心、牛肝、鱼等，可见食材之丰。烹饪方式也很多样，把肉插进铁钎在炭火炉上炙烤，或投入敞口铁釜中炖煮，亦可在甑中蒸。（图14、15）厨房里肉香弥漫，令人食指大动。

食不厌精，脍不厌细，汉代人在烹饪上已是造诣精深，天上地下的食材皆可经一番炙烤蒸煮后端上食案，《盐铁论》描绘"今民间酒食，肴旅重叠，燔炙满案"[53]，并例举了几种珍馐，如臑鳖（煮烂的甲鱼）、脍鲤（细切鲤鱼片）、麑卵（鹿胎）、鶉鷃（小鸟，也可特指鹌鹑）、橙枸（以橙、蒟酱所制的调料）、鲐鳢（鲐鱼、黑鱼）、醢醯（肉酱），见此，或许可以驰骋我们对贵女的盛宴上美味的想象。

有佳肴，则必以美酒佐之。壁画里，室中铺一方席，席上有大腹敞口之樽数

52 （传）〔汉〕伶玄：《赵飞燕外传》，明正德嘉靖间《顾氏文房小说》本。
53 〔汉〕桓宽撰集，王利器校注：《盐铁论校注》卷六《散不足》，中华书局1992年版，第351页。

图 14　庖厨　河南新
密打虎亭 1 号东汉墓
画像石（线描，采自
《密县打虎亭汉墓》）

图 15　庖厨　河南新
密打虎亭 1 号东汉墓
画像石（线描，采自
前引书）

图16　酌酒　河南新密打虎亭 2 号东汉墓壁画（摹本，采自《中国出土壁画全集》第五册《河南》）

只，樽中可能分别盛有不同的美酒（图16）。汉代已有黍酒、稻酒、蘖酒、甘醪等酒，[54] 又湖南长沙马王堆西汉墓出土的遣册中记载了米酒、白酒、温酒等酒（图17），名目繁多的美酒足以醉人。有侍女以勺从樽中舀出酒来，再分别奉给嘉宾们。酒勺饰有花纹者被称为"华疏"。乐府《陇西行》曰"请客北堂上，坐客毡氍毹。清白各异樽，酒上正华疏"[55]，所描述之景正与画里相应。嘉宾面前席上有漆盘耳杯。耳杯是汉代最常见的饮酒具，因两侧有执耳得名。画中耳杯，内朱而外黑，故推测当为漆杯。湖南长沙马王堆西汉墓曾出土漆耳杯（图18）若干只，多有"君幸酒"款，昔人饮酒之乐似在眼前。

　　既为宴饮，岂能无娱目骋怀之乐？比起轻歌曼舞的优雅，杂戏幻术的惊悚显然更能抓人耳目、摄人心魂。

54　包启安：《汉代的酿酒及其技术》，《中国酿造》1991 年第 2 期，第 39 页。

55　〔南朝陈〕徐陵编：《玉台新咏》卷一《古乐府诗六首·陇西行》，《四部丛刊》景明活字本。

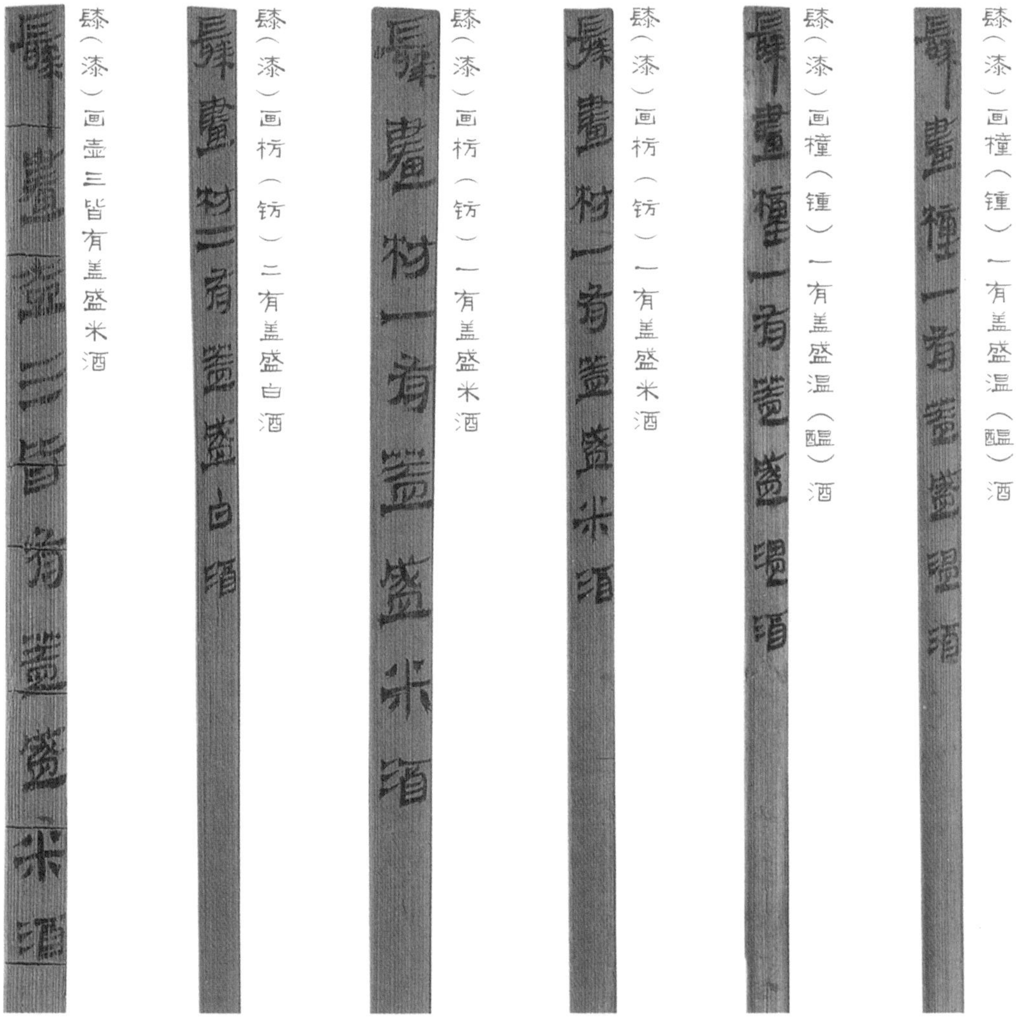

髹（漆）画橦（锺）一　有盖盛温（醞）酒

髹（漆）画橦（锺）一　有盖盛温（醞）酒

髹（漆）画枋（钫）一　有盖盛米酒

髹（漆）画枋（钫）一　有盖盛米酒

髹（漆）画枋（钫）二　有盖盛白酒

髹（漆）画壶三　皆有盖盛米酒

图17　遣册（酒）　湖南长沙马王堆1号西汉墓出土　湖南省博物馆藏

图18　"君幸酒"小漆耳杯
湖南长沙马王堆1号、3号西汉
墓出土　湖南省博物馆藏

杂戏之属，中国古已有之，传说中的暴君夏桀"收倡优、侏儒、狎徒、能为奇伟戏者，聚之于旁，造烂漫之乐"[56]，这里所谓的奇伟戏可能就包含了奇绝惊怪的杂技幻术。汉武帝曾举办过一场盛会，"出奇戏诸怪物，多聚观者"[57]，作为重头戏的中土奇戏，令外国宾客们大为惊骇。而西域的奇士眩人也被贡入宫廷，他们的奇技魔术也丰富了中土艺人的想象力。到了东汉，杂戏幻术已成为民间重要且喜闻乐见的娱乐，在佳节盛宴中大放光彩。在张衡《西京赋》所描述的长安胜景中，以百戏最聚人气，"临迥望之广场，程角觝之妙戏。乌获扛鼎、都卢寻橦，冲狭燕濯，胸突铦锋。跳丸剑之挥霍，走索上而相逢"[58]，那些扛鼎、爬杆、从布满剑刃的席中穿过、跳丸、飞剑、走钢丝，惊险刺激的表演曾一次次令观众屏住呼吸。

在贵女的盛宴上，酒半酣之时，百戏也将上演了。

填然鼓之，发而应节。两位跽坐于席上的鼓手敲响了鼓，在铿锵的节奏中，两位舞者翩然起舞。舞者身着短袍长裤，舞长袖，蹑足欲踏于鼓上。因此，这段舞蹈很可能是东汉蔚为流行的盘鼓舞（图19）。三国魏卞兰《许昌宫赋》曾有对盘鼓舞的描写："进鼓舞之秘伎，绝世俗而入微。兴七盘之递奏，观轻捷之翾翾。振华足以却蹈，若将绝而复连。鼓震动而不乱，足相续而不并。婉转鼓侧，蜿蛇丹庭。"[59]可以想见舞者在鼓声的伴奏下，于盘鼓上跳踏的轻捷灵动。而有意思的是，其中一位舞者的脸似乎还被画成了猴面，可见此舞又有诙谐的调子了。

如果猴面人的盘鼓舞让人忍俊不禁的话，接下来的表演就使人目瞪口呆了。一位魔术师，着黑袍红裤，蹬长筒靴，持一细长杆喇叭口的吹火器，只见他鼓起腮帮，猛地一吹，喇叭口竟然喷出了熊熊烈火，着实令周围的贵女一惊。魔术师表演的是吐火的把戏（图20）。

这种把戏，以大秦国眩人最为擅长，"大秦国俗多奇幻，口中吐火"[60]，大秦即汉朝人对罗马帝国的称呼。东汉安帝永宁元年（120），掸国进献的一位魔术师，在朝堂上表演了吐火，令汉安帝龙心大悦，这位魔术师来自海西，也即罗马帝国。[61]不知这位

56 〔汉〕刘向：《古列女传》卷七《孽嬖传·夏桀末喜》，《四部丛刊》景明本。

57 《史记》卷一百二十三《大宛列传》，第3173页。

58 〔汉〕张衡：《西京赋》，载于《全上古三代秦汉三国六朝文》之《全后汉文》卷五十二《张衡》，第1526页。

59 〔三国魏〕卞兰：《许昌宫赋》，载于《全上古三代秦汉三国六朝文》之《全三国文》卷三十《卞兰》，第2446页。

60 《后汉书》卷八十八《西域传·大秦》注引〔三国魏〕鱼豢《魏略》，第2920页。

61 《后汉书》卷八十六《西南夷列传·哀牢》，第2851页。

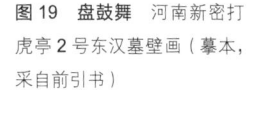

图 19　**盘鼓舞**　河南新密打
虎亭 2 号东汉墓壁画（摹本，
采自前引书）

图 20　**吹火和平衡术**　河南
新密打虎亭 2 号东汉墓壁画
（摹本，采自前引书）

图21 跳丸　河南新密打虎亭2号东汉墓壁画（摹本，采自前引书）

在贵女的盛宴上表演的魔术师是否也来自遥远的西方，或者曾受域外高人的指点？

吐火或许曾是最受人们喜爱的魔术表演之一，在令观众大呼刺激过瘾的同时，自然引发了他们的好奇。到东晋时，这个魔术的奥秘被破解了，"其吐火者，先有药在器中，取一片，与黍糖合之，再三吹吁，已而张口，火满口中"[62]，即道具中先藏有易燃物，取一片，用黍糖包裹起来，含在嘴中，反复吹气，火便腾地燃烧起来，然后观众看到的火，就像是从口中喷出的一样。

魔术师旁边女子，在表演一种平衡之术。她跽坐于地，手指轻捻一截小木棍，然后在木棍一端顶上另一截木棍，如此，竟然曲曲折折顶了四截木棍。贵女们的眼眸不觉睁大了，注视着那似乎颤颤巍巍的小木棍，而女子顶着它们，变换姿势，小木棍竟然岿然不倒，着实令人拊掌赞叹。

在笙乐奏鸣声中，两位红衣短裙的杂技师在进行跳丸（图21）。有丸球十数被

62　〔晋〕干宝：《搜神记》卷二《神化篇二·天竺胡人》，载于〔晋〕干宝、〔南朝宋〕陶潜撰，李剑国辑校：《新辑搜神记　新辑搜神后记》，中华书局2007年版，第59页。

图 22　**跳丸**　汉代山东嘉祥随家庄出土画像石（拓片）　山东省博物馆藏

抛掷空中，杂技师眼疾手快地接住落下的丸球，又继续抛起，如此，在眼花缭乱中，十数丸球竟然无一坠地！

跳丸也是汉代颇为流行的杂技，其图像在汉画像石上频频可见（图 22）。它的起源可以追溯到先秦，《庄子》曾经记载了一位跳丸达人，"市南宜僚弄丸而两家之难解"[63]。而大秦来的杂技师也对跳丸很在行，据说可以同时"跳十二丸，巧妙非常"[64]，从跳丸的数量上来说，是技高一筹了。

绝伦的表演激起了贵女们的热情，也将盛宴的欢悦氛围推向高潮。在鼓乐交作中，宾主一再举杯为寿。她们的丈夫在朝堂上可能有过的隔膜和误解至此似乎都烟消云散了，笑靥、欢语在觥筹交错间显得真诚如斯。令君明白，她想要的，已经得到了。

63　陈鼓应注释：《庄子今注今译·杂篇·徐无鬼》，中华书局 2009 年版，第 692 页。
64　《后汉书》卷八十八《西域传》注引〔三国魏〕鱼豢《魏略》，第 2920 页。

在许多年后，令君还会回忆起那日的盛宴，清酒在耳杯中的微颤，珍笋在灯光中的耀眼，吐火魔术师喷出的熊熊烈火，跳丸杂技师抛起的历历丸球，还有猴面舞者的诙谐引发全场的捧腹大笑，想到这些，她的嘴角不由自主地上扬了。

而此时此刻，她生命中的波澜都已平息了。她的丈夫已于数年前去世了，在他生命的尽头，获得了人臣所能获得的极高殊荣，光武帝亲自吊唁，追封其为则乡哀侯，食邑二千六百户，其子昱嗣侯爵，而她自己也被赐予高贵的封号，受到满朝举家的隆重礼遇。此生，她想，恐怕也再无遗憾了。

后来，在偶然的听闻中，她得知朝堂上的风云诡谲、惊涛恶浪依旧，继侯霸之后为大司徒的韩歆、欧阳歙、戴涉相诸人，要么因罪自杀、要么下狱论死了，"自是大臣难居相任"[65]。闻此，她也只能长叹。

众人所不知道的是，那日盛宴散后，她单独留下了表演平衡术的女子。在鎏金高足灯台漾出的昏黄灯光中，女子再一次将纤细的木棍一截一截地顶上。

令君凝视着那仿佛颤颤巍巍的小木棍，不觉中，竟然泪下潸然。

---

65 《后汉书》卷二十六《侯霸列传》，第 903 页。

东汉官场升职记

农夫与牧人的角力

到时候了，在东汉官场奔波半生的他，回到了武成县的家中。

庄园还在，屋舍还在，田地还在，牛羊还在，一切，和他离开时几无二致。连簇拥而来的乡亲们的黝黑面庞，似乎也和当年一样。

只是儿子长大了。当年的愣头小子，现在已为人夫、为人父，且在武成县中谋得长史的职位。人人皆称他有乃父的风范，日后前途不可限量。

平日里，他最多的是拄着杖，沿着浑河边的山皋，眺望他的庄园，见风吹麦浪。偶尔停下来，和农夫父老唠几句家常。

县里的耆旧三老们时常会请他去府里，置上酒，引个话头，便能聊上半日。从孝廉到郎，从西河长史到行上郡属国都尉，从繁阳令到护乌桓校尉，官场上这些年的惊涛骇浪抑或微细琐事，对他们来说，都是闻所未闻的传奇故事。从他们的惊讶面容中，他获得了极大的自尊和满足。

他最终将引以为豪的生平履历绘在地下宅院的壁上，在近两千年的时光里，在幽冥中不断地诉说着。

这座墓亦不能免于时光的黑洞，当 20 世纪 70 年代重见天日时，它早已被盗掘一空。壁上纵然有两百多道题记，却遗憾地没有留下主人的名姓。后人以主人所任最高官职护乌桓校尉去史书中求索，亦未得其实。然主人必为当地大族。该墓位于今内蒙古自治区和林格尔县新店子镇，按此地东汉时属定襄郡，东汉班固曾提及定

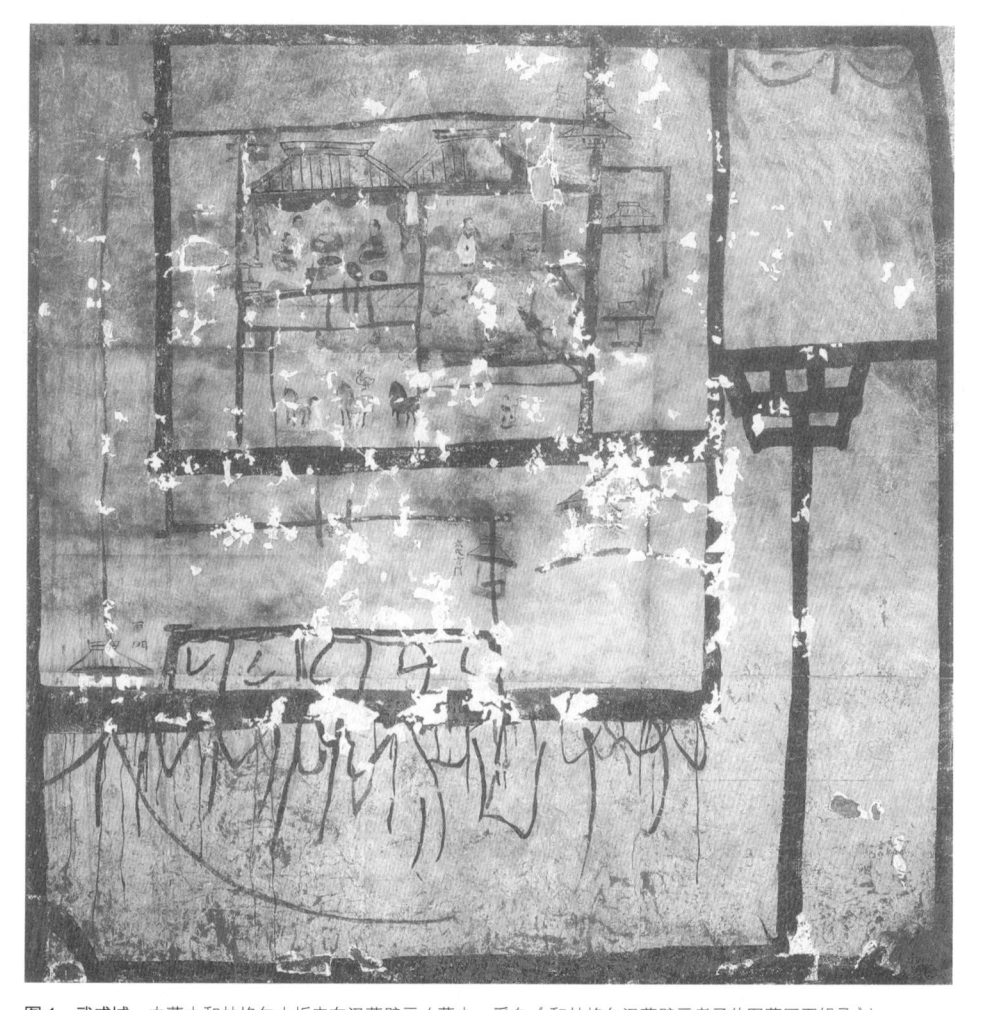

图 1　**武成城**　内蒙古和林格尔小板申东汉墓壁画（摹本，采自《和林格尔汉墓壁画孝子传图摹写图辑录》）

襄郡有大姓石、李[1]，我们便姑且以为主人姓李，名之曰李汉吧。

　　该墓后室壁画描绘了李汉的晚年生活，北壁的一幅武成城图中清晰标注了"长史舍""长史宫门"等，并绘有"堂""内""灶""井"等家居设备，似乎表明李汉在武成长史舍内度过了他最后的时光。（图 1）这位武成长史可能是主人的儿子，他将晚年的父亲接来在自己府舍中奉养。武成县是定襄郡属小县，县长史不过百石之吏，多由当地人担任，那么或许李汉就是武成县土著。在距离此墓 3500 米处有明代玉林卫城，其下还压着一座汉代城池，其所出土陶片与墓中相似，可能就

1　《汉书》卷一百《叙传》："会定襄大姓石、李群辈报怨，杀追捕吏。"第 4199 页。

图 2　农耕　内蒙古和林格尔小板申东汉墓壁画（摹本，采自前引书）

是李汉曾居的武成县。[2]

　　墓室壁画展示了李汉拥有的丰饶田产，农业是其庄园的主要生产方式。在平整的田地间，农夫驱使着两头牛合力拉犁（图 2），这种"二牛抬杠"的耕作法正是中原所流行的。此外，壁画还描绘了采桑、沤麻等农作场景。（图 3）种粟麦以为食，治丝麻以为衣，显然庄园里因循着汉地的衣食习惯。然牧业亦不可少，厩中牛羊肥壮，骏马成群。（图 4、图 5、图 6）可知，作为汉帝国的北疆边地，这里是一片宜农亦牧的乐土。

　　2　盖山林：《和林格尔汉墓壁画》，内蒙古人民出版社 1977 年版，第 6 页。

图3 采桑沤麻 内蒙古和林格尔小板申东汉墓壁画（摹本，采自前引书）

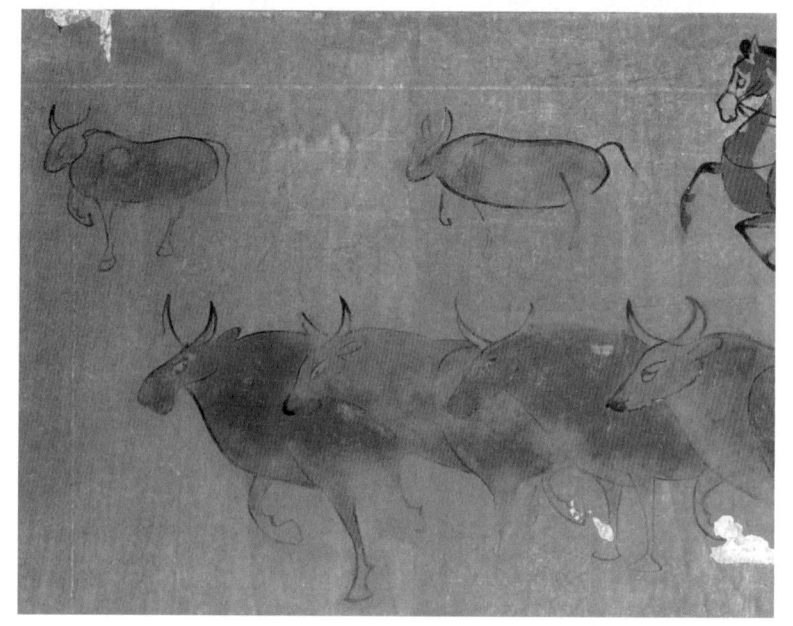

图4 牛群 内蒙古和林格尔小板申东汉墓壁画（摹本，采自前引书）

图5 马群 内蒙古和林格尔小
板申东汉墓壁画（摹本，采自
前引书）

图6 羊群 内蒙古和林格尔小
板申东汉墓壁画（摹本，采自
前引书）

既然土地两厢得宜，那么，为了争夺它，农夫和牧人不得不展开角力。

通过对内蒙古中南部地区先秦时代古代居民人骨的研究，体质人类学家发现，自新石器时代至春秋中期，这一区域居民的种族类型主要是"古华北类型"和"古中原类型"，而自春秋晚期至战国中期，一类与现代蒙古人种北亚类型颅骨形态特征相似的古代居民大量南下，使该地区的人群构成情况变得极其复杂。就在东汉墓所在的和林格尔新店子，曾有一批东周先民墓葬出土，体质人类学家对其中的人骨进行检测，发现他们与代表北亚蒙古人种类型的布里亚特组关系最为接近。又考察新店子古代居民的饮食结构，发现肉类食物所占比例很高，再结合该墓地中出土的大量羊、牛、马骨，可以推断出他们是一支南下的牧人。[3]

对应史事，这标志着娄烦等游牧部族的挥鞭而南，而他们不可避免地将与定居的农夫发生遭遇，甚至冲突。牧人的马肥兵壮对农夫的王国来说，是威慑，也是激发。雄才大略的赵武灵王向牧人学习，推行"胡服骑射"，并且剑锋北指，辟地千里，和林格尔成为赵国云中郡的一部分，而绵延于阴山一线的赵长城，宣告了将这片沃土纳入囊中的赳赳雄心。秦始皇统一后，更是将诸国北境的长城贯穿成线，在大地上画出胡与汉、牧人与农夫的分界线。

汉代，云中郡中分出定襄郡，同属并州。尽管它在长城以南，但是北方草原上崛起的匈奴人显然不再愿意遵守长城的分界，胡马时时南下，定襄郡首当其冲受到侵扰。"（元朔四年，前125）夏，匈奴入代、定襄、上郡，杀略数千人。""（元狩三年，前120）秋，匈奴入右北平、定襄，杀略千余人。""（太初三年，前102）秋，匈奴入定襄、云中，杀略数千人，行坏光禄诸亭障。"[4]仅在汉武帝时代，匈奴对定襄等边郡的侵扰便史不绝书。

而帝国的反击，也从定襄出发，因为定襄向北，就是匈奴王庭所在。元朔六年（前123）春二月，大将军卫青率领六将、十余万骑出定襄，与匈奴在草原上鏖战，创下了斩首三千余级的辉煌战绩。更大规模的征伐发生在元狩四年（前119）夏，这次，大将军卫青率四将出定襄，将军霍去病出代郡，各将五万骑，步兵踵军后者数十万人。卫青征至漠北，包围了匈奴单于，大胜，斩首万九千级，至阗颜山乃还。霍去病与左贤王战，斩获首虏七万余级，封狼居胥山乃还。[5]这辉煌的胜利

---

3 张全超：《内蒙古和林格尔县新店子墓地人骨研究》，科学出版社 2010 年版，第 26—84 页。

4 《汉书》卷六《武帝纪》，第 171、177、201 页。

5 同上书，第 172、178 页。

大大提升了汉帝国的威望。牧人远遁漠北，汉朝对北境实行了移民实边，并开凿水渠、耕种田地，如"汉度河自朔方以西至令居，往往通渠置田，官吏卒五六万人，稍蚕食，地接匈奴以北"[6]，于是，农夫的锄犁再次翻开了这片沃土。

西汉时的定襄郡，在烽烟渐熄后，户口渐繁，《汉书·地理志》记录定襄郡有户三万八千五百五十九，口十六万三千一百四十四，有一十二个辖县：成乐、桐过、都武、武进、襄阴、武皋、骆、定陶、武城、武要、定襄、复陆。[7]这些城池是汉帝国布下的桩子，锚定着农耕文明的边界。

到了东汉初年，定襄郡却遭遇了一场危机。光武帝建武五年（29），受匈奴支持的卢芳在北境举起反叛的大旗，以九原县为据点，攻占了五原、朔方、云中、定襄、雁门五郡，边庭再度燃起战火。[8]而匈奴人也趁火打劫，侵扰边城，百姓被迫流离。建武十年（34），汉王朝将大批定襄郡民迁徙至西河郡。[9]

卢芳降而后叛，匈奴频频犯边，边庭动荡了十余年。而后，匈奴发生了饥荒，"连年旱蝗，赤地数千里，草木尽枯，人畜饥疫，死耗太半"[10]，牧人生计变得艰难。惶惶不安中，王族内部因争权而阋墙，一派拥立比为南单于，南单于向东汉请求奉藩称臣。此后，北境渐渐安稳，朝廷号召离散的边民返乡，甚至还为之发放补助，"云中、五原、朔方、北地、定襄、雁门、上谷、代八郡民归于本土。遣谒者分将施刑补理城郭。发遣边民在中国者，布还诸县，皆赐以装钱，转输给食"[11]，于是，背井离乡的百姓渐渐重返故土。

与返乡的边民同时到来的，还有南单于治下的匈奴人。当南单于向汉王朝表示臣服时，也提出了入塞的要求。经光武帝允许，南单于在云中郡居住，大批的匈奴人也随之而来，散布于北境各郡县。

南单于的入附，或许是草原气候开始恶化的一个讯号。事实上，气候一直是牧人与农夫博弈中的一个重要砝码。气候学家通过对内蒙古居延海湖泊沉积物的研究，勾勒出近 2600 年草原气候变化的趋势，在距今约 1920—1490 年间，这一带的

6 《史记》卷一百十《匈奴列传》，第 2911 页。

7 《汉书》卷二十八《地理志》，第 1620 页。

8 《后汉书》卷十二《卢芳列传》："（建武）五年，李兴、闵堪引兵至单于庭迎芳，与俱入塞，都九原县。掠有五原、朔方、云中、定襄、雁门五郡，并置守令，与胡通兵，侵苦北边。"第 506 页。

9 《后汉书》卷一《光武帝纪》："是岁，省定襄郡，徙其民于西河。"第 57 页。

10 《后汉书》卷八十九《南匈奴列传》，第 2942 页。

11 《后汉书》卷一《光武帝纪》，第 78 页。

气候开始向凉偏干方向发展，[12] 而建武二十二年（46）的这场草原旱蝗，正是这一趋势的开端。

牧人们不得不谋求向更南处迁徙，从而与农夫比邻而居。南单于所居的云中郡，就在定襄郡旁。想必定襄郡的山野里，也可以看见不少牧人纵马的身影。

战事和气候变化对农夫也造成了深重影响。很明显的一点是，城市数量大大减少了。以定襄郡为例，虽然东汉的辖界相比西汉有了调整，但面积大致相当，下辖县却从十二个缩减为五个。城市的消失意味着定居者的减少，也意味着有不少田园荒芜了。

习儒与出仕

尽管如此，在东汉的大多数时间里，农夫依然在定襄郡占了上风，中原文化亦在此地生根发芽。以该墓为例，在墓室壁画中，李汉以很大的篇幅，绘下了儒家先师孔子及颜渊、子张、子贡、子路、子游等弟子像（图7），忠臣孝子贤妇烈女像亦比比皆是，可以想见，他深受儒家思想的浸润。

自汉武帝独尊儒术后，儒家成为汉王朝的思想主流，各地纷纷兴学校，诵经书，汉平帝元始三年（3），在地方“立官稷及学官，郡国曰学，县、道、邑、侯国曰校。校、学置经师一人。乡曰庠，聚曰序。序、庠置《孝经》师一人”[13]，儒学教育得到了普及。至东汉，光武帝本人“爱好经术，未及下车，而先访儒雅”，上行下效，“其服儒衣，称先王，游庠序，聚横塾者，盖布之于邦域矣”[14]，儒学蔚然成风。

习儒明经也成为入仕的重要基础，如夏侯胜家传《尚书》，累迁至太子太傅，子孙多为簪缨显宦。[15] 翼奉治《齐诗》，“以中郎为博士、谏大夫，年老以寿终。子及孙，皆以学在儒官”[16]。故世家大族，皆注重子弟的儒学教育。

东汉崔寔的《四民月令》记录了大族子弟的一年课业：“（正月）农事未起，命成童以上入大学，学五经；师法求备，勿读书传。研冻释，命幼童入小学，学篇章。……（八月）暑小退，命幼童入小学，如正月焉。……（十月）农事毕，命成童以上入大学，如正月焉。……（十一月）研水冻，命幼童入读《孝经》《论

12　张振克等：《近2600年来内蒙古居延海湖泊沉积记录的环境变迁》，《湖泊科学》1998年第2期，第48页。

13　《汉书》卷十二《平帝纪》，第355页。

14　《后汉书》卷七十九《儒林列传》，2545、2588页。

15　《汉书》卷七十五《夏侯胜传》，第3159页。

16　《汉书》卷七十五《翼奉传》，第3177页。

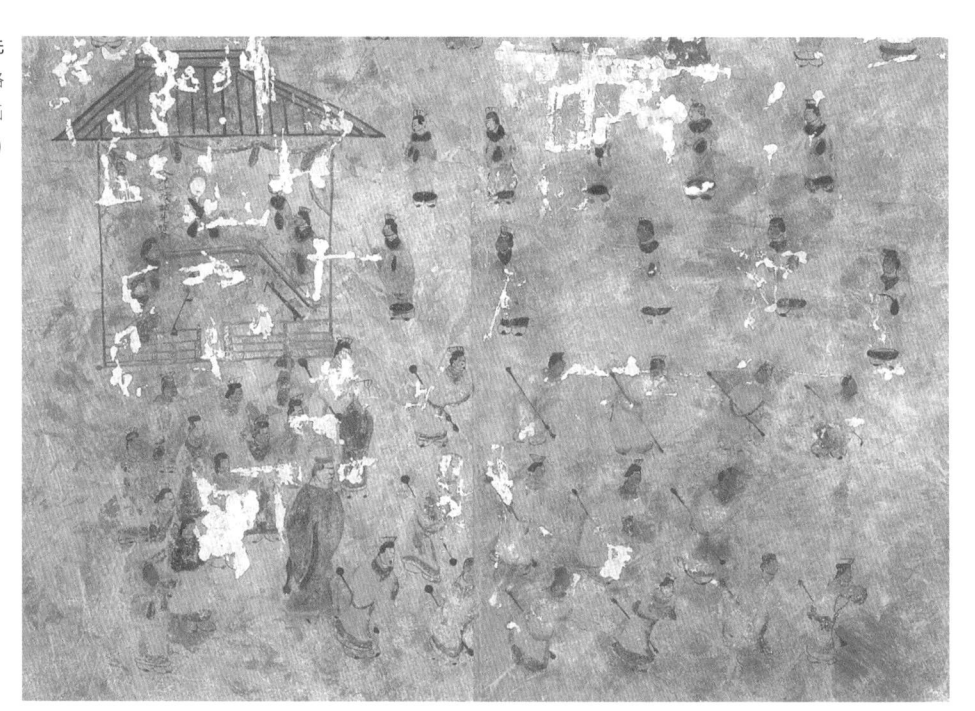

语》篇章，入小学。"[17] 可见五经、《孝经》《论语》等儒家经典是大族子弟的主要学习内容，且需要勤学不辍。

虽在边郡，李汉在幼年时，应当也接受了如此系统的儒学教育。在墓室中室北壁上方壁画中，描绘有一屋舍，舍中坐一人，两旁各二人，榜题"使君少授诸先时舍"，这也许就是李汉少时从先生学的场景。（图8）

李汉学成之后，或许曾在当地郡县中谋得职位，以其儒学修养和殷厚家底，他为吏的生涯当是顺风顺水的。终于，年过四十，李汉获得了人生腾飞的第一次良

---

17 〔汉〕崔寔撰，石声汉校注：《四民月令校注》，中华书局2013年版，第9、60、68、71页。

机——举孝廉。

举孝廉是汉帝国补充管理人才的重要途径，元光元年（前 134）冬十一月，汉武帝下诏要求二千石举孝廉，此举被认为具有"化元元，移风易俗"[18] 的重要意义。至东汉，举孝廉已成制度，汉顺帝阳嘉元年（132）十一月辛卯，"令郡国举孝廉，限年四十以上，诸生通章句，文吏能笺奏，乃得应选"[19]。

当然，通章句、能笺奏只是最基础的条件，在这场万里挑一的选举中，士子们的竞争十分激烈，而成为孝廉是士子们一生荣耀的开端。

在汉人的墓碑中，他们反复强调嘉言令德、博学广识是自己被举为孝廉的原因，"天资醇毂，齐圣达道，少习家训，治严氏《春秋》，缉熙之业既就，而闺阃之行允恭，德音孔昭，遂举孝廉"[20]，"敬恪恭俭，州里归称，举孝廉"[21]。当然，事实上，家世背景也是重要的考量因素。

按照汉和帝永元十三年（101）的规定，"缘边郡口十万以上岁举孝廉一人。不满十万二岁举一人，五万以下三岁举一人"[22]。而定襄郡在东汉时，户口仅为一万三千多人[23]，因此，当地士子需等待三年才有这样一个登龙门的机会。毫无疑问，李汉是个幸运者。

因此，李汉将举孝廉时作为自己官场履历的第一步，描绘在墓室前室出行图壁画的开端。画里，他头戴缃冠、身着黑衣，乘白布盖辎车前行。按汉制，"三百石以上皂布盖……二百石以下白布盖"[24]，可知初为孝廉的李汉还只能使用白布盖。主车后随大车一乘，为拖运辎重之用，从骑五人，身配弓箭，随侍主车两侧。此时李汉的出行阵容尚显寒酸，为此，画者特意在前后绘了几乘悖行的车马，营造出车马云集的气氛，但又保留一点小小的谦虚。（图 9）

举孝廉后，李汉将奔赴京城洛阳，按照东汉的惯例，孝廉们将再经历一次考试，"年未五十，先试笺奏。初上称郎中；满岁为侍郎"，他们将在三署担任郎官，"郡国举孝廉以补三署郎，年五十以上属五官，其次分在左、右署"。[25]

---

18 《汉书》卷六《武帝纪》，第 167 页。

19 《后汉书》卷六《孝顺帝纪》，第 261 页。

20 《泰山都尉孔宙碑》，载于《全上古三代秦汉三国六朝文·全后汉文》卷一百，第 2023 页。

21 《汉故司隶校尉忠惠父鲁君碑》，载于《全上古三代秦汉三国六朝文·全后汉文》卷一百二，第 2049 页。

22 《后汉书》卷四《和帝纪》，第 189 页。

23 《后汉书》志第二十三《郡国志五》，第 3525 页。

24 《后汉书》志二十九《舆服志上》，第 3647 页。

25 〔汉〕应劭撰，〔清〕孙星衍校集：《汉官仪》卷上，《汉官六种》，第 142、130 页。

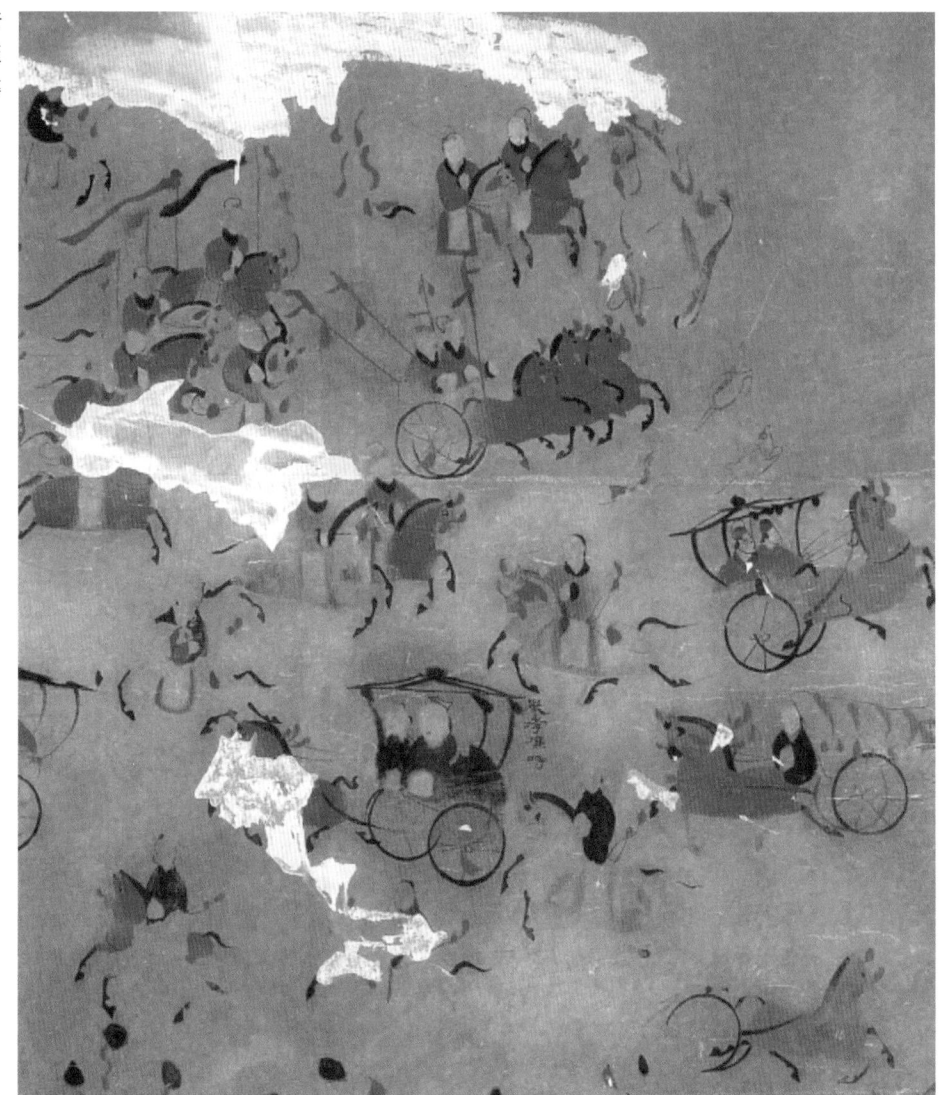

　　郎官虽然无具体职务又无员额限制，但他们已经是帝国官僚体系的一部分了，享有俸禄，五官及左右署的侍郎官秩比四百石，郎中比三百石，[26] 且他们可以参与到国家事务的讨论中来，如汉章帝建初四年（79）十一月，"于是下太常，将、大夫、博士、议郎、郎官及诸生、诸儒会白虎观，讲议《五经》同异"[27]，汉和帝永元七年（95）夏四月辛亥，"日有食之。帝引见公卿问得失，令将、大夫、御史、谒

26　《后汉书》志二十五《百官志二》，第 3574—3575 页。

27　《后汉书》卷三《孝章帝纪》，第 138 页。

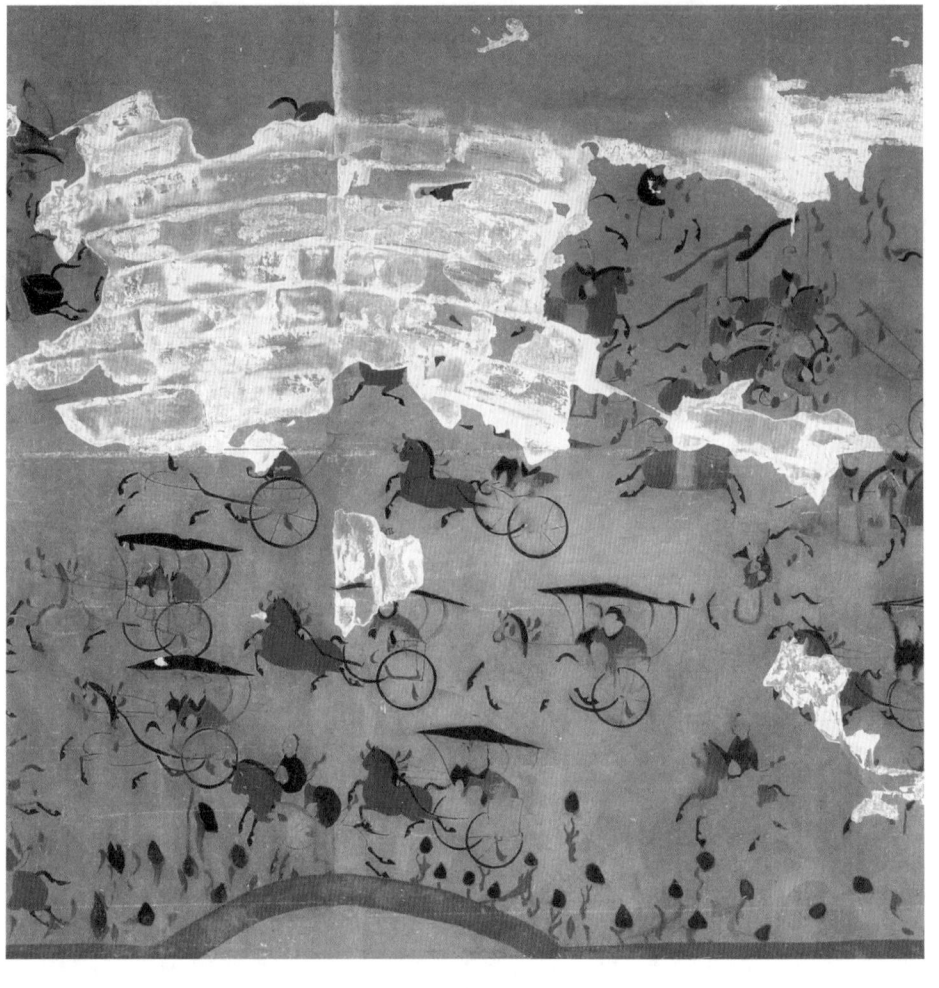

图 10　郎出行　内
蒙古和林格尔小板申
东汉墓壁画（摹本，
采自前引书）

者、博士、议郎、郎官会廷中，各言封事"[28]。可以想见，李汉为郎时，应当不止一
次立身于朝堂上，见识帝国的头脑们商讨国家大事，并学习政事要务，甚至有时候
可以建言一二。

　　出行图壁画也表现了李汉为郎时的场景，他应该已经是比四百石的侍郎了，因
此使用了皂布盖轺车，榜题"郎"的轺车周围还有六辆皂布盖轺车簇拥，这些车
马和主车规格一般，因此推测乘坐者不一定是李汉的随从，可能是他的同僚，他们
共同奔赴宫中的朝会。（图 10）

　　经过数年的见习历练，优秀的郎官将接受下一步的任命，一般是去地方担任基

28　《后汉书》卷四《孝和帝纪》，第 180 页。

层官员，如汉安帝元初六年（119），诏"光禄勋与中郎将选孝廉郎宽博有谋、清白行高者五十人，出补令、长、丞、尉"[29]。而李汉得到的职务是西河长史。

官场得意

西河长史是西河郡掌管兵马的属官，官秩六百石。西河郡为边郡，按汉制，"郡当边戍者，丞为长史"[30]，因此，西河长史赫然就是西河郡的二号人物，仅次于郡守。

这项任命显然经过深思熟虑，西河郡属并州，地处汉匈边境，汉光武帝建武二十六年（50）冬，南单于徙居西河郡美稷县后，此地胡汉杂处，摩擦时有发生，桀骜的部族甚至会寇掠反叛。故此地的官吏实不好当。尤其是西河长史还承担着卫护南单于的责任，"令西河长史岁将骑二千，驰刑五百人，助中郎将卫护单于，冬屯夏罢"[31]，特为重要，非熟知边事胡俗者难当此任。而恰恰李汉也来自并州边郡，自小耳濡目染，自然更通晓匈奴事务。因此，这个重任就落到了他的肩上。

得到这个紧要的实缺后，李汉离开京城，奔赴西河。在出行图中，显然，此时他的排场比举孝廉时要大得多。李汉身着朱衣，所乘的皂盖轺车亦饰以朱杠衣，前后有数十从骑，执戟弯弓，以壮声势。（图 11）

李汉可谓是受命于危难之际，就在不久前，西河郡刚遭受了一场叛乱。汉顺帝永和五年（140）秋，南匈奴句龙吾斯等立句龙王车纽为单于。反叛的匈奴人联合乌桓、羌、戎及诸胡等数万人，攻破京兆虎牙营，杀死了上郡都尉及军司马，声势浩大，并、凉、幽、冀四州遭到掳掠。[32]经此一战，西河郡残缺，连郡城都毁于一旦，不得已将郡治迁徙到更靠南的离石。李汉上任的地方就在离石，可知他的任命在永和五年之后，这也是判断李汉生活年代的重要依据。

在中室南壁甬道西侧壁画中，离石是一座只有单层城墙的小小城池，其中一屋即为府舍，或许是因刚经历战乱，府舍也便因陋就简了。（图 12）

尽管百废待兴，熟知边事的李汉在西河长史任上或许政绩不错，不久，他又得到了一项新的任命——行上郡属国都尉。

---

29 《后汉书》卷五《孝安帝纪》，第 229 页。

30 《后汉书》志二十八《百官志五》，第 3621 页。

31 《后汉书》卷八十九《南匈奴列传》，第 2945 页。

32 《后汉书》卷八十九《南匈奴列传》："句龙吾斯等立句龙王车纽为单于。东引乌桓，西收羌戎及诸胡等数万人，攻破京兆虎牙营，杀上郡都尉及军司马，遂寇掠并、凉、幽、冀四州。"第 2961—2962 页。

图 11　西河长史出行　内蒙古和林格尔小板申东汉墓壁画（摹本，采自前引书）

图 12　西河长史所治离石城府舍　内蒙古和林格尔小板申东汉墓壁画（摹本，采自前引书）

　　属国都尉是汉武帝时初置的一个官职，因武帝开疆辟土，匈奴归附者众，故设属国来管理降者[33]，置属国都尉，秩比二千石。东汉和帝永元二年（90），因为内附的匈奴人增多，因此在上郡复置属国都尉一职。但在永和五年的这场动乱中，上郡都尉及军司马被杀，武官严重缺员，属国都尉一职也空缺了。在边疆人才紧缺的情况下，朝廷决定由邻郡的西河长史李汉暂时代理该职，故称行上郡属国都尉。

　　以六百石代理比二千石的要职，这是对李汉能力的充分肯定。由此，行上郡属国都尉出行在壁画中被表现得十分隆重。李汉端坐主车中，前方有持红缨棨戟的甲士开道，前后皆有副车护卫，数十武士簇拥，一行车马浩浩荡荡。（图 13）

　　和西河徙治一样，上郡郡治南迁到了司隶校尉部的夏阳，而上郡属国都尉的治所则迁至西河郡的土军县，与离石相近，因此身为西河长史的李汉能兼顾上郡属国

　　33　《史记》卷一百一十一《卫将军骠骑列传》："居顷之，乃分徙降者边五郡故塞外，而皆在河南，因其故俗，为属国。"第 2934 页。

图13　行上郡属国都尉事出行　内蒙古和林格尔小板申东汉墓壁画（摹本，采自前引书）

图14　行上郡属国都尉时所治土军城府舍　内蒙古和林格尔小板申东汉墓壁画（摹本，采自前引书）

都尉的工作。在中室南壁甬道西侧壁画中，土军城也是一座单层城墙的城池，但上郡属国都尉的府舍是个院落，比西河长史府舍规制要高。（图14）

西河长史和上郡属国都尉的治所分居两城，因为长官为一人，为了便于治理，一些机构或许合为一处了，前室南壁甬道西侧壁画中有一大仓榜题曰"上郡属国都尉、西河长史吏兵马皆食大仓"，可见两府人员共用一个仓库。仓下有"金曹""辞曹"等属吏，金曹管理货币、盐铁、市租等事，辞曹管理诉讼等事，或许也是兼顾两地的。（图15、图16）仓廪并用，官吏兼职，是那个多难之秋的权宜之计。

身兼二职的李汉对边疆的出色治理，得到了朝廷的认可。当边事稍缓时，他又获得了荣升。或许是对他功劳的补偿，这次，他将离开动乱边庭，前往中原膏腴之地，出任魏郡繁阳县令。

魏郡位于京城洛阳东北七百里，东汉时有户十二万九千三百一十，口六十九万五千六百六，[34] 户口数在全国郡国中属前列，魏郡有十五城，繁阳县即为其一。繁阳乃大县，故县令为千石之官，较李汉之前的西河长史，可谓高升。

在繁阳县令出行图中，规格与之前有所不同，作为地方官长，除骑吏外，十数辆轺车组成车的阵容，簇拥中间的主车。按当时制度，"公卿以下至县三百石长导从，置门下五吏：贼曹、督盗贼、功曹，皆带剑，三车导；主簿、主记，两车为从"[35]，可知这些前导后从的车中乘坐的是县令的属吏，即贼曹、督盗贼、功曹、主簿、主记等人，他们共同辅佐县令处理县务，当县令出行时，也随侍前后。（图17）

作为中原大县，中室南壁甬道东侧壁画中的繁阳县城格局远胜过边地的离石、土军。县城为双重墙垣的城池，外城城墙高筑，有多座城门，其一隅，又起内城，内城亦有带雉堞的城墙和城门，内外城

图15 上郡属国都尉、西河长史吏兵马皆食大仓 内蒙古和林格尔小板申东汉墓壁画（摹本，采自前引书）

---

34 《后汉书》志二十《郡国志二》，第3431页。

35 《后汉书》志二十九《舆服志上》，第3651页。

图16 粮仓 山东临淄
山王西汉兵马俑坑出土

图17 繁阳令出行 内
蒙古和林格尔小板申东
汉墓壁画（摹本，采自
前引书）

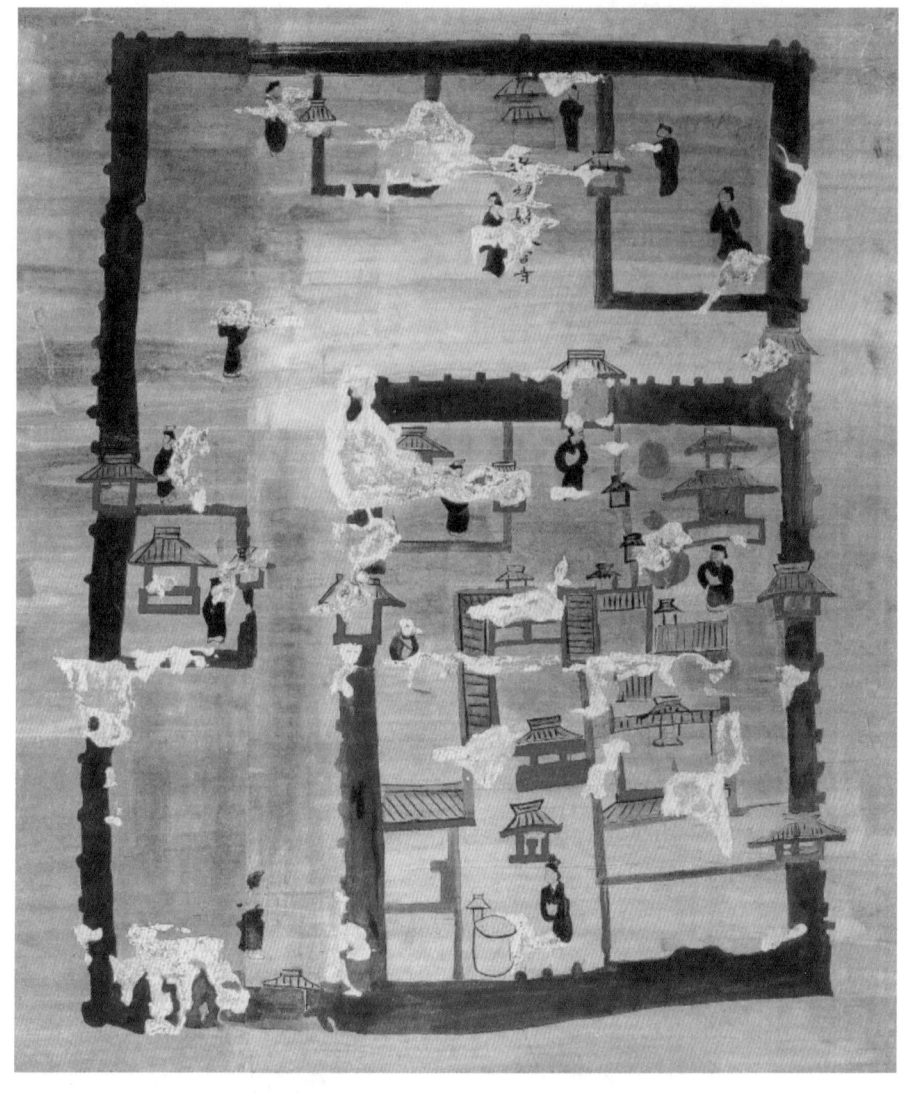

图 18　繁阳县令官寺　内蒙古和林格尔小板申东汉墓壁画（摹本，采自前引书）

中，还有坊墙，将城市划分为不同用途的区域，"繁阳县令官寺"即为其一。城中屋舍严整，次第分布，可知这是一座繁华的大城。（图18）

　　繁阳毗邻黄河，平壤沃土，稼穑丰茂。2003年河南省内黄县三杨庄村发现的西汉末至新莽时期的农业聚落遗址就属于汉繁阳县境内，从中可一瞥此地的农业状况。遗址中的汉代农田，甽（垄沟）畮（垄背）相间，这与《汉书·食货志》中描述的"一畮三甽，岁代处"的代田法相似，是一种以轮作保持土壤肥力的农耕方式，"播种于甽中。苗生叶以上，稍耨垄草，因隤其土以附〔苗

图 19　繁阳吏人马皆食大仓　内蒙古和林格尔小板申东汉墓壁画（摹本，采自前引书）

根〕。……比盛暑，垄尽而根深，能风与旱，故儵儵而盛也"[36]，即在垄沟中播种，待禾苗生出叶子后，除掉垄背上的草，将垄土推入垄沟，为禾苗根部培土。到了暑日，垄上的土被推平，而作物的根部培土深厚，能抵御狂风与干旱。来年，垄沟和垄背互换位置，以实现轮作。而三杨庄遗址出土的大铁犁就是开沟作垄的工具。农业上的精耕细作造就了繁阳的丰饶，壁画中的繁阳县仓前便堆着金灿灿的粮食，足见仓廪丰实。（图 19）

李汉在繁阳为官时，必定目睹了这种设计精巧的耕作方式。恰好，在墓室壁画的农耕图中，有一人扶犁二牛耕作的场景，画中的平行横线可能就是相间的畎畮。（图 20）可以猜想，李汉或许将中原的农耕法带到了遥远北地，在自己的庄园中施行。

在繁阳县令任上，李汉获得了一生中殊为重要的荣耀——受到皇帝玺书嘉奖。（图 21）在汉代，一个县令，必须是有非同一般的事迹才能荣膺如此皇恩。这个光辉时刻自然要在壁画中大书特书。

前室与中室间甬道南壁壁画描述了当时的场景：繁阳县令官寺的院子里，站满了属吏们，他们态度庄严，共同见证这难得一见的仪式。天子的使臣宣读了皇帝褒奖李汉的圣旨后，李汉叩谢皇恩，接受了玺书。

至于李汉因何受到嘉奖，壁画中并未明言。但李汉的官声能力得到了帝国最高统治者的肯

36　《汉书》卷二十四《食货志四》，第 1138—1139 页。

图20 农耕 内蒙古和林格尔
小板申东汉墓壁画（摹本，采
自前引书）

图21 繁阳县令被玺书时 内
蒙古和林格尔小板申东汉墓壁
画（摹本，采自前引书）

定，这在尚风节的东汉是了不得的荣誉。不久后，他再度高升，这一次，他又将远赴边疆，担任护乌桓校尉。

再守边疆

乌桓为游牧民族东胡的一支，他们"俗善骑射，弋猎禽兽为事。随水草放牧，居无常处。以穹庐为舍，东开向日。食肉饮酪，以毛毳为衣"[37]。汉武帝元狩四年（前119），汉朝的军队打败了草原霸主匈奴后，乌桓臣属于汉，并南迁至上谷、渔阳、右北平、辽西、辽东五郡塞外。汉光武帝建武二十五年（49），或许同样受到草原气候恶化的影响，塞外的游牧生活难以为继，辽西乌桓大人等九百二十二人率众归附汉朝，光武帝封其首领为侯王君长，让他们皆迁徙到塞内，遍布于边境诸郡，又令他们招徕族人同来。作为交换，乌桓应当为汉朝侦查草原动静，助击匈奴、鲜卑。[38]

为了管束这些内附的乌桓人以及与乌桓同属东胡的鲜卑人，朝廷恢复西汉制度，在上谷郡宁城县设置了护乌桓校尉以镇守当地，并负责赏赐、质子往来、岁时互市等事务。护乌桓校尉秩比二千石，并且持符节，可代表天子行事，可谓位高权重了。

但边地并未从此太平，自东汉中期以来，乌桓时时反叛，在《后汉书·乌桓列传》的记述中，这样的动乱时隔几年就会发生，"顺帝阳嘉四年（135）冬，乌桓寇云中，遮截道上商贾车牛千余两"，"永和五年（140），乌桓大人阿坚、羌渠等与南匈奴左部句龙吾斯反畔"，"桓帝永寿（155—158）中，朔方乌桓与休着屠各并畔"，"延熹九年（166）夏，乌桓复与鲜卑及南匈奴寇缘边九郡，俱反"[39]。边疆动荡不宁，战火频烧，使得护乌桓校尉一职的人选格外重要。而李汉因其在西河长史、行上郡属国都尉任上处理匈奴事务的卓著表现，被朝廷选中来担此要职。

李汉是从繁阳县直接奔赴上谷宁城的，可见此次任命的急迫。他将在冀州的平原上奔驰数日，进入幽州界后，翻越横亘的燕山山脉。中室东壁甬道上方壁画描绘了李汉一行匆匆度过居庸关的情景。（图22）出关后，再西北行，他便来到帝国的边缘重镇宁城。

37　《后汉书》卷九十《乌桓鲜卑列传》，第 2979 页。
38　同上书，第 2981—2982 页。
39　同上书，第 2983 页。

图 22　使君从繁阳迁度关时　内蒙古和林格尔小板申东汉墓壁画（摹本，采自前引书）

　　李汉又一次呼吸到边塞粗粝的空气，他遥望极远处绵延的长城和长城脚下若有若无的烟尘，感受到了自己肩头所担负的厚望的重量。

　　在漫长的赴任途中，李汉已经在思考上任后的对策了。与牧人打了多年交道的李汉明白，在草原上，只有强者才受到崇拜，所以，作为护乌桓都尉，他要树立起十足的权威来，让乌桓人明白，大汉还是那个大汉。日后，在他的墓室中，李汉以最多篇幅的壁画来描绘了他在护乌桓校尉任上的威仪赫赫，也让我们从中窥得，他治理乌桓的用心良苦。

　　非同一般首先体现在出行阵容上。出行图壁画局部破损，画里虽人马不全，但目前可见的 128 个人物、129 匹马、11 辆车仍然显示出护乌桓校尉出行的喧阗气势。[40]前端有骑马的雁门长史[41]，雁门郡在并州，与护乌桓校尉所在的幽州本不相属，或许是为了共商安边之事，凭符节召来的，可见护乌桓校尉权力辐射之广。又按汉制，护乌桓校尉当置从事二人[42]，以为属吏，故主车之前，有功曹从事、别驾从事所乘皂盖轺车为前导。李汉本人坐在由三匹骏马牵引的主车上，持着象征皇命的

　　40　《和林格尔汉墓壁画》，第 27 页。

　　41　同上。

　　42　《后汉书》志二十八《百官志五》：“（匈奴中郎将）置从事二人，有事随事增之。……护羌、乌桓尉所置亦然。”第 3626 页。

图 23　使持节护乌桓校尉出行　内蒙古和林格尔小板申东汉墓壁画（摹本，采自前引书）

节。节，"以竹为之，柄长八尺，以旄牛尾为其眊，三重"[43]，壁画所绘符节也有三重赤眊，合于规制。主车之外，又有钲车、鼓车、辇车、斧车，[44] 以钲鼓之声、斧钺之重象征护乌桓校尉的权威。而众多骑吏甲士佩弓执矛护卫左右，足以令边地之人心惊目骇。（图 23）

　　乌桓、鲜卑的各部大人首领被命令来谒见护乌桓校尉。壁画描绘了这场显然精心安排的拜谒仪式。当乌桓、鲜卑人来到宁城城前时，已感到气氛的森然。在前室至中室甬道北壁壁画中，这些乌桓、鲜卑人被表现为髡头[45]，身着赭缘黄衣或赭衣。而两侧陈列着兵栏，矛戟林立，众多甲士武弁或持矛，或持刀，寒光闪耀，展示着汉军的强大实力，令这些向来桀骜的乌桓、鲜卑人也不禁俯首躬身，在官吏的审视下，进了宁城南门。（图 24）

　　宁城作为边陲重镇，是一座有着雉堞高墙的大城，显示出金汤之固。它有东、西、南三座城门，城内有宁县官署和宁市，其中宁市应当就是汉人与乌桓、鲜卑人互市交易的场所。而宁城中又有子城，便是护乌桓校尉的幕府所在。（图 25）

43　《后汉书》卷一《光武帝纪》李贤注，第 10 页。

44　《和林格尔汉墓壁画》，第 27 页。

45　《后汉书》卷九十《乌桓鲜卑列传》："（乌桓人）以髡头为轻便。""（鲜卑人）唯婚姻先髡头。"第 2979、2985 页。

图 24 **兵栏** 内蒙古和林格尔小板申东汉墓壁画（摹本，采自前引书）

　　幕府亦有东、南二门。幕府门侧立双阙，门扇饰有青龙、白虎，门前立有建鼓。若击鼓作声，则有征伐之音，令闻者不禁胆寒。（图 26）

　　幕府东门一带是诸曹办公地，在前室南壁和东壁，绘有功曹、金曹、仓曹、阁曹、左仓曹、右仓曹、塞曹、尉曹、左贼曹、右贼曹等诸般属吏的办公处，可见幕府分工细致，诸曹各司其职，能对突发事件进行及时处理。（图 27）幕府南门之西为一院落，其内有庖厨和马厩，厩中有骏马，一旦事有紧急，快马加鞭，讯息可以

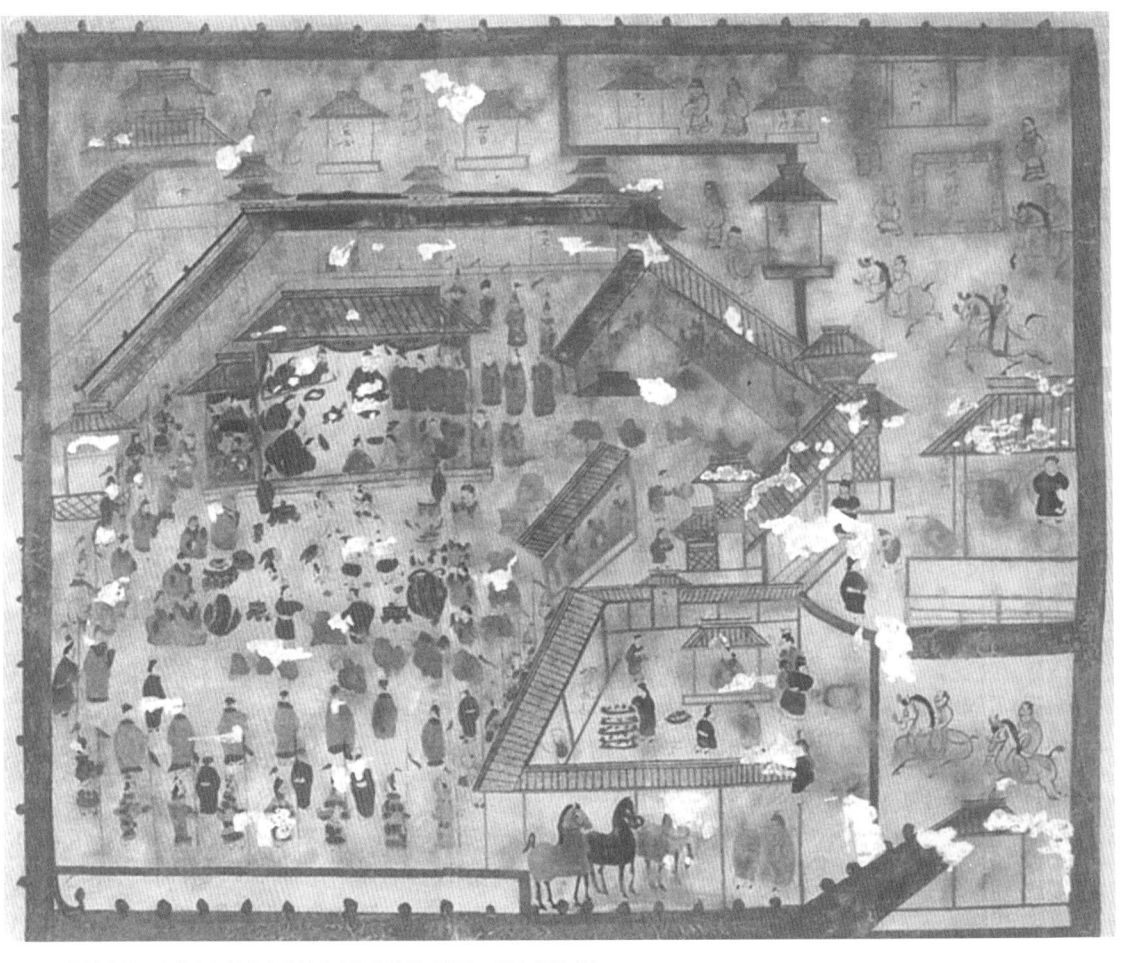

图 25　宁城全景　内蒙古和林格尔小板申东汉墓壁画（摹本，采自前引书）

迅速传到帝国的中枢和其他关键区域，使帝国能警醒以应对。而充实的谷仓则显示了幕府具备完善的后勤补给，足以应对持久的战斗。（图 28）

这一切，应当都为乌桓、鲜卑人看在眼里。

乌桓、鲜卑人被引进幕府南门后，拐过一道照壁，便来到一个宽敞的庭院，院中，有众多甲士环卫，戈矛铮亮，又有属吏肃立，态度庄严。而庭院之北为正堂，堂上朱衣端坐者就是护乌桓校尉李汉，前有属吏对其跪拜。（图 29）

对于李汉，以及他的出色履历，乌桓、鲜卑人应当早有耳闻，知道这位长官是个杀伐决断的厉害角色。当他们来到正堂前，见此汉官威仪时，乌桓、鲜卑人不禁匍匐，在谒者引导下，鱼贯上前礼拜，至少在此时，他们齐声表示了对天朝的恭服

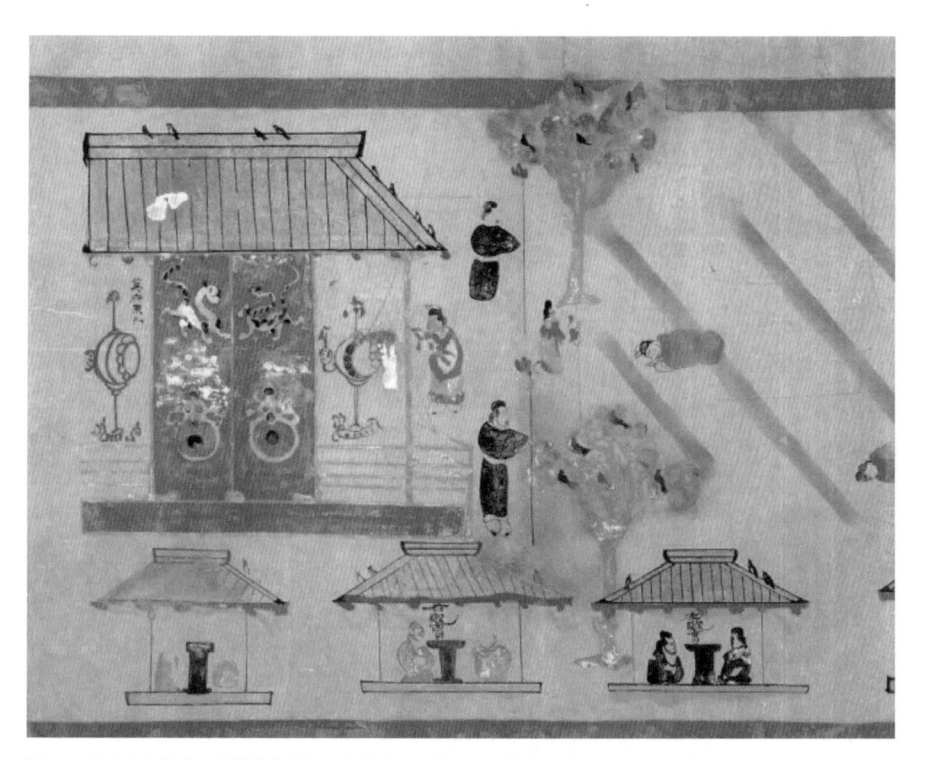

图 26　**幕府东门诸曹**　内蒙古和林格尔小板申东汉墓壁画（摹本，采自前引书）

图 27　**幕府东门诸曹**　内蒙古和林格尔小板申东汉墓壁画（摹本，采自前引书）

图 28　护乌桓校尉幕府谷仓　内蒙古和林格尔小
板申东汉墓壁画（摹本，采自前引书）

图 29　幕府拜谒　内蒙古和林格尔小板申东汉墓壁画（摹本，采自前引书）

无二。

　　山东临淄山王的西汉兵马俑坑的发掘为我们想象汉官威仪提供了更具体的佐证。该兵马俑坑之布局可视为是一座微型幕府，最前方亦有双阙竖立，阙间，在骑吏的护卫下，有车辚辚欲驰。（图 30）前大门相当于幕府门，有门吏守护。（图 31），而前院之中，车马兵卒赫然成阵，甲胄鲜明，刀矛锋锐。（图 32、图 33、图 34）

　　李汉注视着这些匍匐满地的乌桓、鲜卑人，他知道，他极力营造的威严有了效果，至少让他们明白，大汉朝依然雄武不减当年。在厉声斥责了他们过往的不忠行为后，李汉瞥见了乌桓、鲜卑人那诚惶诚恐的容色，于是，他又对这些迷途知返的帝国属民示以安抚，表示只要他们衷心臣服，赏赐、互市将不会断绝。乌桓、鲜卑人再三拜伏后，李汉满意了，下令赐宴席，作百戏。一场欢愉在凛然中展开。就这样，恩威并施，李汉令远人心悦诚服。

图 30　双阙　山东临淄山王西汉兵马俑坑出土

图 31　前大门及门吏　山东临淄山王西汉兵马俑坑出土

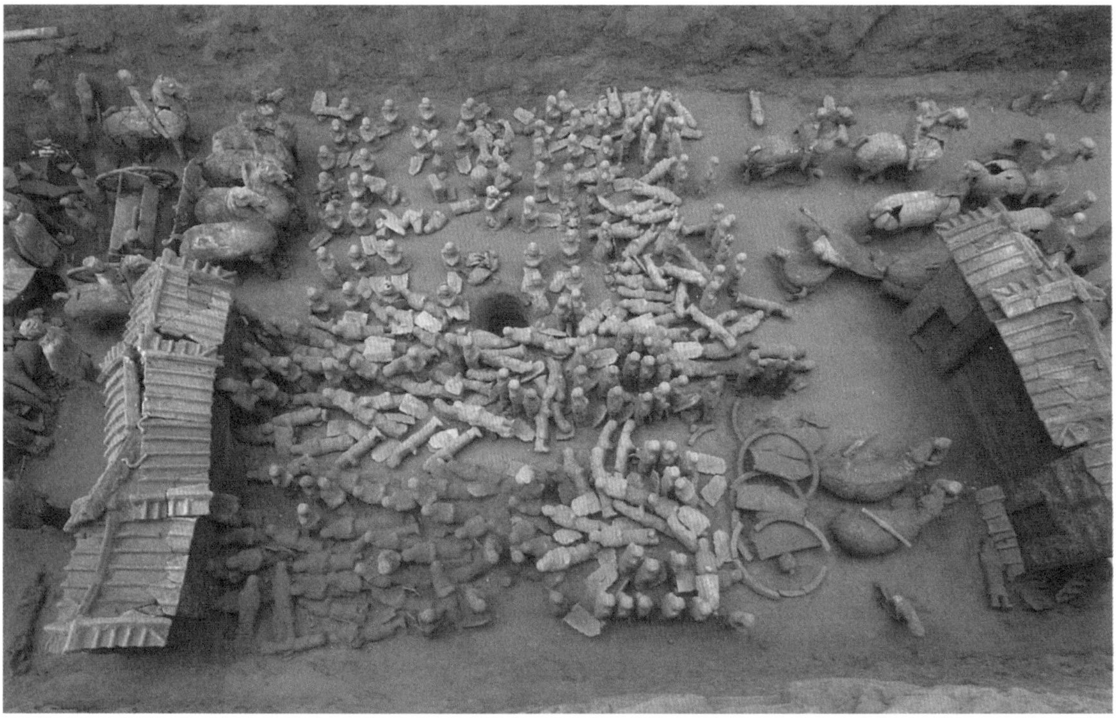

图 32　前院布局　山东临淄山王西汉兵马俑坑出土

图 33　骑兵俑　山东临淄山王西汉兵马俑坑出土

图 34　陶马车　山东临淄山王西汉兵马俑坑出土

大动乱时代的降临

或许凭借威仪和治理，在李汉的任期内，乌桓、鲜卑没有大的动乱，至少，壁画中描绘的乌桓、鲜卑人是一副卑躬屈膝的样子。这使得李汉得以平安履行完任期，直至告老还乡，在武成县安度完自己的余生。（图35、图36）

但汉朝毕竟已经日薄西山了，它衰老的态势被边庭的牧人看在眼里，渐渐地，牧人们愈发无所畏惧。不久，草原上崛起了新的王者，鲜卑人取代匈奴人成为北方最大的威胁。汉桓帝永寿、延熹年间（155—167），鲜卑檀石槐"南抄缘边，北拒丁零，东却夫余，西击乌孙，尽据匈奴故地"，建立起一个东西广一万四千余里，南北广七千余里，网罗山川水泽盐池的庞大汗国，[46] 直到汉灵帝时，帝国北境的幽、并、凉三州无岁不被鲜卑寇扰，杀略无数。[47]

受之鼓舞，汉灵帝初年，乌桓大人们开始新一轮的反叛：上谷难楼，辽西丘力居，辽东苏仆延，右北平乌延，皆自称为王。[48] 城头变幻大王旗，大汉的版图被战火撕扯，帝国的边疆再无宁日。

城池被焚烧，农夫被杀戮和驱逐，犁锄耕耘出的土地渐渐荒芜。到了汉灵帝末年，自定襄以西，尽云中、雁门、西河之间遂为空域[49]。

李汉曾无数次眺望过的麦浪起伏的庄园，亦在覆巢之下。

这不是结束，而只是开始。

汉灵帝之后，中原板荡，群雄逐鹿，而北方边陲，越来越多的牧人开始南下的征途，匈奴、鲜卑、羯、氐、羌，纵马肆虐，直到晋怀帝永嘉五年（311）和晋愍帝建兴四年（316），中原文明的两大中心洛阳与长安相继被马蹄踏破，淮河以北的大地尽为牧人驰骋。

牧人之所以要不顾一切地南下争夺土地，气候依然是最不可忽视的原因之一。

---

46 《后汉书》卷九十《乌桓鲜卑列传》，第 2989 页。

47 《后汉书》卷九十《乌桓鲜卑列传》："灵帝立，幽、并、凉三州缘边诸郡无岁不被鲜卑寇抄，杀略不可胜数。"第 2990 页。

48 《后汉书》卷九十《乌桓鲜卑列传》："灵帝初，乌桓大人上谷有难楼者，众九千余落，辽西有丘力居者，众五千余落，皆自称王；又辽东苏仆延，众千余落，自称峭王；右北平乌延，众八百余落，自称汗鲁王；并勇健而多计策。"第 2984 页。

49 〔唐〕李吉甫撰，贺次君点校：《元和郡县图志》卷十四《河东道三·岚州》："汉末大乱，匈奴侵边，自定襄以西尽云中、雁门、西河之间遂空。"中华书局 1983 年版，第 395 页。

图 35　**男墓主**　内蒙古和林格尔小板申东汉墓壁画（摹本，采自前引书）

图 36　**女墓主**　内蒙古和林格尔小板申东汉墓壁画（摹本，采自前引书）

气候学家对青藏高原西北部的古里雅冰芯[50]、青海都兰的树轮[51]、中国东部[52]的长时段气候变化研究都显示，3世纪至6世纪，是一个明显的冷期，干燥寒冷成为主流。高纬度的草原，对此变化的反应更为灵敏，故草原上的寒凉趋势自公元初年就开始了，这解释了南匈奴和乌桓的入塞内附。而随着气候进一步的恶化，流连于塞内外的牧人的生计难以维系，求生的欲望驱使他们继续向南，从农夫邻居那里抢夺土地。

与此同时，中原也开始感受到气候恶化的威力。史载，汉灵帝光和六年（183）夏大旱，而这年的冬天却是格外寒冷，以至于"东海、东莱、琅邪井中冰厚尺余"[53]，这样的干旱和寒冷让农夫遭遇了可怕的荒年，于是次年，在"苍天已死，黄天当立"的谶语中，黄巾起义爆发。此后数百年，中原不得不忍受寒冷干燥气候的摧残。

史书里的片语，可让我们感受到那个时代的凛冽。

魏文帝黄初六年（226），"冬十月，行幸广陵故城，临江观兵，戎卒十余万，旌旗数百里。是岁大寒，水道冰，舟不得入江，乃引还"[54]。可知，这一年，冬季河流封冻线已逼近长江边。

晋怀帝永嘉三年（309）春，"三月，大旱，江、汉、河、洛皆竭，可涉"[55]。这骇人的干旱使得中国几条主要河道皆断流，赤地千里，可想而知。

东亚并不是气候恶化的唯一受害者，在欧亚大陆西端的罗马帝国，也罹受着相似的痛苦。

铍的同位素记录显示，在3世纪40年代，日晒出现了急剧下降，寒冷如约而至，阿尔卑斯山脉的冰川开始下行。地中海地区，干旱蔓延，甚至连尼罗河都不再定期泛滥，亚历山大里亚主教称，河床就像沙漠一样干涸。作为罗马帝国最大的粮仓，埃及的粮食歉收使帝国经济遭遇严重打击。[56]

---

50 施雅风、姚檀栋、杨保：《近2000a古里雅冰芯10a尺度的气候变化及其与中国东部文献记录的比较》，《中国科学（D辑）》第29卷增刊1，1999年6月，第81—82页。

51 杨保、康兴成、施雅风：《近2000年都兰树轮10年尺度的气候变化及其与中国其他地区温度代用资料的比较》，《地理科学》第20卷第5期，2000年10月，第399页。

52 张丕远主编：《中国历史气候变化》，山东科技出版社1996年版，第289—290页。

53 《后汉书》卷八《孝灵帝纪》，第347页。

54 〔晋〕陈寿撰，〔南朝宋〕裴松之注：《三国志》卷二《魏书·文帝纪》，中华书局1982年版，第85页。

55 《晋书》卷五《孝怀帝纪》，第119页。

56 〔美〕凯尔·哈珀（Kyle Harper）著，李一帆译：《罗马的命运——气候、疾病和帝国的终结》，北京联合出版公司2019年版，第344—355页。

罗马的衰落使其无法抵抗邻人的入侵，边境防御体系大面积崩溃，被罗马人视为蛮族的阿勒曼尼人、法兰克人、哥特人、日耳曼人纷至沓来，分割着帝国的版图。

而在辽阔的欧亚草原上，持续寒冷干旱造成的压力也迫使游牧民族向西方去寻找出路。[57]4世纪后半期，匈人出现在欧洲东部，将哥特人向西驱赶，使其不得不冲入帝国境内，410年，哥特人的军队进入罗马，这座荣耀的帝都第一次落入敌手。452年，被称为"上帝之鞭"的匈人首领阿提拉率领着庞大的部队进入意大利，铁蹄肆虐着帝国的腹地。476年，最后一任皇帝被日耳曼人废黜，西罗马帝国灭亡。

如果将视野放大到整个欧亚大陆更长时段上，将会发现从公元前2世纪至公元2世纪的这段时期，是一个得天独厚的温暖湿润时期。[58]气候最优期是农夫们的幸福时光，更多的土地变得适宜耕种，且能奉献更丰厚的出产，使得以农业立国的帝国物阜民丰，并向更远方扩张权力。这也正是帝国繁盛的时代，汉朝、贵霜、安息和罗马四大帝国在北纬30—40度的沃土带上一字排开。

而当3世纪的寒冷世纪到来时，四大帝国无一例外地走向衰亡。气候变化使牧人疯狂、使农夫失利，平衡不断被颠覆，除了继安息而起的萨珊波斯依旧强大外，欧亚大陆的东端和西端，都将陷入一个漫长的混乱时代。

---

57 〔英〕彼得·弗兰科潘（Peter Frankopan）著，邵旭东、孙芳译：《丝绸之路：一部全新的世界史》："350年到360年间，草原部落开始放弃自己的地盘向西部移动，于是引发了一股较大的移民浪潮。这很可能和气候变化有关，因为这让草原生活变得格外艰难并导致了激烈的资源竞争。"浙江大学出版社2016年版，第105页。

58 《中国历史气候变化》："西汉中叶后气候又开始转暖……在春秋这两个季节，当时的物候出现的日期都有明显的提前和推迟，反映气候要比现代更温暖些。"第289页。《罗马的命运——气候、疾病和帝国的终结》："在大约公元前200年到公元150年……在高日照水平和微弱火山活动的支持下，罗马气候最优期是一个温暖、湿润、稳定的气候，覆盖了罗马帝国的大部分地区。"第125页。

河西走廊：乱世里的"桃花源"

逃离洛阳

逃离洛阳已经一个多月了，但阿提可胡·万达克（Artikhu"vandak）还是时常被可怕的梦魇缠绕：燃烧的城市，挥刀砍杀的匈奴人，惊慌四散的百姓，满街满巷的死尸……

他拼命从梦境中挣脱出来，大汗淋漓，心悸如割。直到周遭平静，如水的月光透过窗棂，在地上凝结成霜。

四年前，当他被商队首领那耐·万达克（Nanai"vandak）派去洛阳时，他还对这座闻名遐迩的都城抱有许多幻想。在故乡撒马尔罕，人人都传说长安和洛阳是世界上最华贵的城市，有着无数宝货，特别是闪耀着光泽的丝绸。但是，当他跨越重重关山，穿过河西走廊，最终来到洛水边时，洛阳却已显出一副颓败的模样。数位诸侯王的反复征战已经消耗了帝国的元气。干旱、饥荒和瘟疫开始此起彼伏。洛阳城里的百姓面有菜色，谋生尚且不易，对阿提可胡带来的远方货物，也鲜有兴趣。

不得已，阿提可胡在洛阳城里暂时住下，想等待时局的好转。

但一切似乎每况愈下。

坏消息不断，羯人石勒、匈奴人刘聪，还有四方蜂起的盗贼纷纷攻城略地。去年五月，蝗虫遮天蔽日，幽、并、司、冀、秦、雍六州的草木和牛马毛被啃噬殆尽，大饥荒再度蔓延。粮食被炒到天价，洛阳城中饿殍已不胜数，甚至出现了人吃人的现象。而在此经商的粟特人和印度人也开始挨饿，并不断地有人倒下。

据说皇帝打算迁都了。事实上，谁都想逃离这个鬼地方。阿提可胡也开始打理行装。但是，传言城外遍地鬼蜮，盗贼比蝗虫还要多，洛阳城里逃出来的人有不少被劫杀了。连皇帝步行出西掖门，在铜驼大街上都遭遇抢掠，不得已回了宫里。[1]

没办法，阿提可胡十分懊悔，感觉自己在坐以待毙。

最后的时刻在永嘉五年（311）六月丁酉日来临。刘曜等人率领匈奴人冲进了帝国的都城。皇帝在逃亡的路上被刘曜俘获。接着，一场大屠杀开始了，贵族王戚、高官显宦直至平头百姓，被匈奴人的利刃无差别地屠戮，街上的血水漫过了石阶，据说有三万多人的生命沦落在这座死亡之城里。[2]

托仁慈的神佑护，在屠城来临之时，阿提可胡只身跨上一匹快马，竟然逃出了洛阳城。他一路向西狂奔，野哭千家，白骨盈野，他也顾不得了。中原大地已成地狱。

天知道他是怎么度过重重关陇的。没日没夜地奔波后，他的马在黄河边突然倒毙，此时，他感到自己的运数将尽了。

正当阿提可胡绝望得想要投河之时，他竟然遇上了商队首领那耐·万达克！

那耐带他到了金城。在那里，他惨淡经营着麻布的生意。阿提可胡邀请他一起西行还乡，但那耐表示自己年事已高，怕是经受不住万里颠簸了。休憩几日后，那耐给阿提可胡备足了食物和水，以及一匹好马，并且托阿提可胡将一封封裹严实的信札送给撒马尔罕的卡那可克（Kanakk）家族领主瓦扎可克（Varzakk），然后，他目送着阿提可胡策马奔向远方。

阿提可胡的马蹄又一次踏上了河西走廊。

商路

对往来于西域与中原的粟特商人来说，河西走廊是他们最熟悉的一段道路。南边是雪峰连绵的祁连山，北边是山峦起伏的龙首山—合黎山—马鬃山，发源于高山的河流冲击出这片狭长的平原，成为中原到西域的咽喉要道。

当然，粟特人对河西走廊还有一种别样的感情。在传说中，他们国王的祖先月

---

1 《晋书》卷五《孝怀帝纪》："东海王越之出也，使河南尹潘滔居守。大将军苟晞表迁都仓垣，帝将从之，诸大臣畏滔，不敢奉诏，且宫中及黄门恋资财，不欲出。至是饥甚，人相食，百官流亡者十八九。帝召群臣会议，将行而警卫不备。帝抚手叹曰：'如何曾无车舆！'乃使司徒傅祗出诣河阴，修理舟楫，为水行之备。朝士数十人导从。帝步出西掖门，至铜驼街，为盗所掠，不得进而还。"第122—123页。

2 《晋书》卷五《孝怀帝纪》："丁酉，刘曜、王弥入京师。帝开华林园门，出河阴藕池，欲幸长安，为曜等所追及。曜等遂焚烧宫庙，逼辱妃后，吴王晏、竟陵王楙、尚书左仆射和郁、右仆射曹馥、尚书闾丘冲、袁粲、王绲、河南尹刘默等皆遇害，百官士庶死者三万余人。"第123页。

氏人便曾居住在祁连山北，而昭武城就是他们的源出之处。[3]

月氏人牧马的时代已经很久远了。后来，匈奴人占据了这片水草丰美的宝地，迫使月氏人流落他乡。当汉王朝崛起时，帝国向西方张开臂掖，年轻的将军霍去病率领汉军攻打匈奴，破浑邪王、休屠王部，从而将河西走廊纳入汉家疆土。武威、张掖、酒泉、敦煌四郡一字排开，由此再往西去，出阳关、玉门关，汉朝与更广阔的西域建立了联系。

精明的粟特人嗅到了这条新开通的道路可能带来的商机。于是，驼铃声在黄沙绿洲间响起，他们将西方的奇珍异宝带入中原，把中原精美的丝绸与漆器等带向西方。一来一回间，粟特人积累了大量财富，装点了自己的城邦。

在汉王朝强盛的时代，这条道路得到帝国悉心的维护，长城绵延，烽燧相望。但是，当汉王朝行将衰亡时，北方新的霸主鲜卑人开始侵扰帝国的边疆，对河西亦掳掠不断。[4]中原的军阀群雄逐鹿，河西的强者也举起反叛的旗帜，"武威颜俊、张掖和鸾、酒泉黄华、西平麹演等并举郡反，自号将军，更相攻击"[5]。至于胡人们，也趁乱而起，"凉州卢水胡伊健妓妾、治元多等反，河西大扰"[6]。

兵戈纷起，使粟特商人们不敢再东来西往，丝绸之路由此中断。

当曹魏重新统一中原，局势初步稳定。几位能干的官吏在河西兢兢业业地治理，使战火燎烧的土地又恢复生机。闻此风向，粟特商人们又欲出动，重启东西贸易。新生的王朝也意识到丝路贸易所能带来的好处，而积极予以维护。针对当地豪族欺诈商人的问题，敦煌太守仓慈采取了保护商人的措施，对于远来的商人，想去洛阳贸易的，官方给予过关凭证，想在当地贸易的，官方以府库储物与之交易，并

3　本文主人公粟特商人阿提可胡·万达克来自撒马尔罕，即北朝及隋唐时所谓的康国。〔北齐〕魏收撰：《魏书》卷一百二《西域列传》："康国者，康居之后也。迁徙无常，不恒故地，自汉以来，相承不绝。其王本姓温，月氏人也。旧居祁连山北昭武城，因被匈奴所破，西逾葱岭，遂有其国。枝庶各分王，故康国左右诸国，并以昭武为姓，示不忘本也。"中华书局1974年版，第2281页。《隋书》《北史》《旧唐书》《新唐书》关于康国王族起源的记载皆相似。又〔唐〕魏征、〔唐〕令狐德棻：《隋书》卷八十三《西域列传》："安国……王姓昭武氏，与康国王同族。"中华书局1973年版，第1849页。可知康国和安国国王皆为昭武氏。又〔宋〕欧阳修、〔宋〕宋祁：《新唐书》卷二百二十一《西域列传》："安者……贞观初，献方物。……其王河陵迦又献名马，自言一姓相承二十二世云。"中华书局1975年版，第6244页。按，唐贞观初，安国昭武氏王统已传承二十二世，康国昭武氏王统传承之久或亦当如是，故推测西晋末年，昭武氏已在粟特地区称王。

4　《后汉书》卷九十《乌桓鲜卑列传》："灵帝立，幽、并、凉三州缘边诸郡无岁不被鲜卑寇抄，杀略不可胜数。"第2990页。

5　《三国志》卷十五《魏书·张既传》，第474页。

6　同上。

且派遣吏民护送商人。[7] 于是，河西走廊的丝路再度通畅。

粟特商人以商队的形式结伙来此，然后分布于河西走廊的各个城市，以之为据点，开展买进卖出贸易。直到西晋，粟特商人往来不绝。

那耐·万达克就是一支商队的首领。二十岁起，他就离开故土，跟随商队，辗转于从西域到中土的漫长旅途中。经过数十年摸爬滚打，他成为这个行当中的老手。曹魏被晋朝取代，凭借经验，他认为王朝新兴意味着商机，因为新的权贵阶层需要异域的珍宝来彰显他们的身份。那耐·万达克猜得没错，不久，晋朝的权贵们就陷入纸醉金迷的奢侈生活中，洛阳城里，人们竞相斗富，以石崇和王恺的故事最为脍炙人口。

首都洛阳的惊人购买力让粟特商人趋之若鹜，在那里，连火浣布这样的稀罕物都能很快被抢购一空，据说石崇让他家的五十名奴仆穿着火浣布衫迎接晋武帝。如此有利可图，那耐·万达克不断将商队派往这座东方的中心城市。往往，商人们能将西域美玉、玛瑙、玻璃卖个好价钱，同时购入帝国最精美的丝绸和漆器。这样的好生意使那耐·万达克获利良多。

但那耐·万达克没有逆料到的是，西晋王朝的繁华竟如昙花一现，从建立到衰亡，不过短短半个世纪。

大坞壁

渡过黄河后，又加鞭疾驰数十里，阿提可胡才让马儿渐渐缓下来。

他四望，发现周遭是久违了的安宁景象。

七月里，趁着草儿尚青，牛羊在起伏的草原上啃噬着草的嫩叶。

农夫和牧人们，有些是汉人，有的则是披发的羌人或辫发的氐人，甚至是髡头的鲜卑人，他们在忙活着自己的生计。当阿提可胡缓步经过时，他们甚至还会抬起头来，给一个憨厚的微笑。

见识了太多的饥荒与种族屠杀后，阿提可胡感动得几乎要淌下泪来。

他沿着祁连山北一路走来，不多时，就会遇见一座有着高高城垣的坞壁。坞壁里，是人们的家。

---

7 《三国志》卷十六《魏书·仓慈传》："又常日西域杂胡欲来贡献，而诸豪族多逆断绝；既与贸运，欺诈侮易，多不得分明。胡常怨望，慈皆劳之。欲诣洛者，为封诣所，欲从郡还者，官为平取，辄以府见物与共交市，使吏民护送道路，由是民夷翕然称其德惠。"第512页。

图 1 牧马 甘肃嘉峪关新城 5 号魏晋墓画像砖

图 2 牧牛 甘肃嘉峪关新城 5 号魏晋墓画像砖

而整个河西，就是西晋乱世中的一座大坞壁。

河西，南北两山夹峙，西有沙漠阻隔，东有黄河为界，和平时，它敞开门庭，成为东西要道，而战乱时，它亦可关起门来，自成一方天地。东汉时就有人指出了它地理上的优势："河西殷富，带河为固……一旦缓急，杜绝河津，足以自守。"[8]

河西原本就是优良的天然牧场，祁连山雪水的浇灌，使这里水草丰茂，当年匈奴人离开此地时，悲歌"亡我祁连山，使我六畜不繁息"[9]，而《汉书·地理志》中也称此地"水草宜畜牧，〔故〕凉州之畜为天下饶"[10]。在河西地区的魏晋砖画中，马壮羊肥的景象，比比皆是。（图 1、图 2、图 3）特别是河西一带出产骏马，当时

---

8 《后汉书》卷二十三《窦融列传》，第 796 页。
9 《史记》卷一百十《匈奴列传》张守节正义引《西河故事》，第 2909 页。
10 《汉书》卷二十八《地理志》，第 1645 页。

图3 **牧羊** 甘肃酒
泉高闸沟魏晋墓画像
砖

图4 **牵马** 甘肃高台
骆驼城魏晋墓画像砖

京师歌谣曰"凉州大马，横行天下"[11]（图4），可见一斑。

　　而此地归汉后，大批中原士兵和农夫被迁徙来开垦这里的绿洲沃土。[12] 但因地
方僻远，在很长一段时间内，农业不算发达。在曹魏以前，敦煌一带农民的耕作方
式很粗放，常常在田里大水漫灌，土壤濡湿才耕种，费水费力，收获却不丰。[13] 而
曹魏时几位励精图治的地方官员，带来了中原先进的耕作和灌溉方法，不多年，这

---

　　11 《晋书》卷八十六《张轨列传》，第 2223 页。

　　12 《史记》卷三十《平准书》："初置张掖、酒泉郡，而上郡、朔方、西河、河西开田官，斥塞卒六十万
人戍田之。"第 1439 页。

　　13 《三国志》卷十六《魏书·仓慈传》注引《魏略》："初，敦煌不甚晓田，常灌溉滀水，使极濡洽，然
后乃耕。又不晓作耧犁，用水，及种，人牛功力既费，而收谷更少。"第 513 页。

里便"家家丰足，仓库盈溢"[14]。

　　河西魏晋砖画及壁画向我们揭示了农业生产的更多细节。牛已是犁耕的主要动力。东汉时中原流行的二牛抬杠式犁耕，在河西魏晋砖画中还可以见到。（图 5）这种耕法所用的犁还比较笨重，需要两头牛才能挽拉。但在另一些砖画中，一牛挽拉式犁耕出现了。（图 6）这是农耕上的一大进步。犁铧得到改良，脊部隆起，利于破土深耕，且只需要一头牛便可耕作。如此，在大大节省畜力的同时，还能开垦出更多的田地。

　　14　《三国志》卷二十七《魏书·徐邈传》："河右少雨，常苦乏谷，邈上修武威、酒泉盐池以收虏谷，又广开水田，募贫民佃之，家家丰足，仓库盈溢。"第 739—740 页。

深耕之后，则需用耢或耙来弄碎土块，使其更细碎松软，便于种子生长。耢以荆条或藤条编成，耙是带钉齿的铁农具，以牛拉之，来回耙田，使土壤疏松均匀，并除去杂草。（图7、图8）经过耢耙的田地，土壤更能保涵水分，能起到保墒防旱作用，在少雨的河西地区，这尤为重要。因此，砖画中往往绘有耢耙场景。

经此数番，土地便可等待播种了。河西魏晋画像中表现出的播种方式主要有两种：一法为农妇持钵，随地播撒种子，之后再以耰击碎土块，覆盖种子，这种做法较粗放低效（图9）；另一法则是一人用犁翻耕土壤时，一人在犁沟里撒播下种子（图10），这种做法"省种而生科，又胜掷者"[15]。这两种方法都属于点播，可能是河西地区普遍的做法。

曹魏时的皇甫隆曾引进一种更先进的播种法——耧犁法。耧犁又称耧车，上有耧斗以盛种子，下有数条耧脚，脚部装有铁质耧铧，以牛拉之，耧铧挖出土沟，而种子经过耧脚撒入沟中，如此便可将种子均匀地播成一条直线，省时省种。类似的耧车早在西汉时便已在中原地区运用了。汉代崔寔《政论》称"武帝以赵过为搜粟都尉，教民耕殖。其法三犁共一牛，一人将之，下种挽耧皆取备焉，日种一顷，至今三辅犹赖其利"[16]，可见当时较为流行的耧车是带三个耧犁脚，用一头牛便可拉动，同时为三条犁沟播种，而效率可达日种一顷。这种播种法适合平旷的旱作土地，于河西很合宜，史称，"（皇甫）隆到，教作耧犁，又教衍溉，岁终率计，其所省庸力过半，得谷加五"[17]，可见耧犁法的引入，大大提高了河西地区的农耕效率。

播种后，也需用耢来使土地平整，这时的耢有两种使用方法：一种是耢上站人或压重物，称为"不空曳耢"，可以使种子和土壤结合得更紧密；另一种耢上不站人或不加重物，称为"空曳耢"（图11），一般适用于种子生芽之后，如此则不会伤到嫩芽，如种麻时，"泽多者先渍麻子令牙生。……漫掷子，空曳劳"[18]，即待麻子生芽后再播种，这时就要空曳耢了。

经过数月的辛苦，河西的农夫们迎来了收获。收割下来的麦穗，汇集在晒场上。这时候，农夫需用连枷来进行脱粒。"枷，加也，加杖于柄头以挝穗，而出其

---

15 〔北魏〕贾思勰著，石声汉校释：《齐民要术今释》卷二《旱稻》，中华书局2009年版，第171页。

16 《政论校注》佚文，第180—181页。

17 《三国志》卷十六《魏书·仓慈传》注引《魏略》，第513页。

18 《齐民要术今释》卷二《种麻》，第130页。

图7　耙地　甘肃酒泉高闸沟魏晋墓画像砖

图8　耙地　甘肃嘉峪关新城6号魏晋墓画像砖

图9　播种　甘肃酒泉高闸沟魏晋墓画像砖

图 10　**牛耕播种**　甘肃高台地埂坡 4 号西晋墓壁画

谷也"[19]，连枷就是在柄头上加了木条，通过拍打麦穗使麦粒脱落的农具。砖画中也描绘了农夫高举连枷打麦脱粒的场景。（图 12）

脱下的麦粒，需在晒场晾晒，此时需要杷来摊开或聚拢谷物。杷，《说文》的解释就是"收麦器"[20]，一般以"屈竹作杷"[21]，即将竹子一段剖成若干片，使之弯曲为齿。也有以木制的。（图 13）经过晾晒后，粮食便可颗粒归仓了。

农牧之外，桑蚕也是河西地区的重要产业。砖画中，常见女子提篮采桑（图 14、图 15），可为一证。十六国时，河西甚至以桑出名，以至于当会稽王道子问凉州张天锡西土有何出产时，他首先回答"桑椹甜甘"[22]。桑树既多，则可养蚕制丝。丝帛被认为是财富的象征，在甘肃嘉峪关新城 6 号墓中，砖画中有许多圆形和方形丝帛图像，以显示墓主人的富有。（图 16）又河西墓葬出土的衣物疏记载了墓主人的随葬衣物，其中丝织物颇多，并且有些衣物疏的主人，如赵阿兹、孙狗女等，似

---

19 《释名》卷七《释用器》。

20 《说文解字》卷六上。

21 〔汉〕王褒：《僮约》，载于《全上古三代秦汉三国六朝文·全汉文》卷四十二《王褒》，第 717 页。

22 《晋书》卷八十六《张规列传附张天锡传》，第 2252 页。

图 11　**耱地**　甘肃高台骆驼城魏晋墓画像砖

图 12　**连枷脱粒**　甘肃嘉峪关新城 5 号魏晋墓画像砖

图 13　**杷收麦**　甘肃嘉峪关新城 5 号魏晋墓画像砖

乎并非显贵，却也可以衣帛服丝，[23] 可以想见河西丝织业之盛。于是，当与中原的贸易阻断后，河西出产的丝绸仍能继续沿着丝绸之路输往西方。

牛羊肥，仓廪实，丝帛足，看起来河西仿佛乐国了。但是，在一个动乱的时代，安全是最首要的，而河西遍布的坞壁就护卫着人们的家。

坞壁，又称坞、坞堡，原是一种军事防御工事，较城池为小，有围墙环之，坞内可屯兵居人，坞上可举烽射击。汉帝国的北部边疆曾遍布坞壁。在居延汉简中，便有不少关于坞的记录：

> 一坞高丈四尺，按高四尺，卫（衔）□高二尺五寸，任高二丈二尺。
>
> 一坞上望火头三，不见所望，负三算。坞上望火头二，不见所望，负二算。
>
> 坞上转射二所，深目不辟除。[24]

东汉时，为抵御羌人等异族滋扰，朝廷在多地筑坞壁以屯兵，如汉安帝永初五年（111）春，"羌遂入寇河东，至河内，百姓相惊，多奔南度河。使北军中候朱宠将五营士屯孟津，诏魏郡、赵国、常山、中山缮作坞候六百一十六所"[25]，汉顺帝永和五年（140），"又于扶风、汉阳、陇道作坞壁三百所，置屯兵，以保聚百姓"[26]。由此，坞壁不再只属于边疆，而在帝国更大范围的土地上伫立。

甘肃武威雷台汉墓曾出土一件绿釉陶楼院，便是当时坞壁的微缩图景（图17）。此件楼院呈方形，四周设围墙，唯有正门开门，门旁辟窗，装菱格纹窗。除正面外，外墙内还有内墙。正门上有门楼，院落四角皆立角楼，楼间以飞栈连通，飞栈亦有护墙，以便守卫安全往来。院中伫立五层高楼，高耸入云。高楼和各门楼、角楼上均设透窗，可供登高眺望，必要时则从窗中发射箭弩。这样精心设计的楼院可谓有金汤之固了。

至东汉末年，漫长的大动乱时代开启了，坞壁这种防御形式立刻被避乱者所采用，地主豪强纷纷围住庄园，建起坞壁，聚拢百姓，如许褚"聚少年及宗族数千

23　贾小军、武鑫：《魏晋十六国河西镇墓文、墓券整理研究》，中国社会科学出版社 2017 年版，第 75—77、91 页。

24　陈直：《居延汉简研究》，中华书局 2009 年版，第 306、310、315 页。

25　《后汉书》卷八十七《西羌传》，第 2887 页。

26　《后汉书》卷八十七《西羌传》，第 2895 页。

图 17　绿釉陶楼院　甘肃武威雷台东汉墓出土　甘肃省博物馆藏

家，共坚壁以御寇"[27]。河西，作为帝国的边陲，长久的防御传统更使此地的坞壁比比皆是，例如敦煌就被史书描述为"村坞相属"[28]。

坞壁的身影亦频频在河西魏晋砖画中出现（图 18、图 19），作为可靠的家园，墓主人或许眷恋其中的生活并希冀在地下仍受到其保护。砖画中描绘的坞壁虽然粗略，但可看出其四周筑有厚重围墙，墙上有雉堞。院内往往有高耸楼台，可供瞭望、射击，与雷台汉墓出土的绿釉陶楼院格局，可谓如出一辙。

坞主和坞民共同居住在坞壁内。坞主一般由豪强地主担任，负责管理生产、组织防卫，甚至主持司法、教化等，俨然是地方管理者，如田畴在徐无山结坞后，便制定了坞内的法规，以维持秩序，"乃为约束相杀伤、犯盗、争讼之法，法重者至死，其次抵罪，二十余条"，他还定风俗、兴教化、倡道德，"又制为婚姻嫁娶之礼，兴举学校讲授之业，班行其众，众皆便之，至道不拾遗，北边翕然服其威

27　《三国志》卷十八《魏书·许褚传》，第 542 页。
28　《魏书》卷一百一十四《释老志》，第 3032 页。

图 18　坞壁　甘肃高台骆驼城苦水口 1 号魏晋墓画像砖

图 19　坞壁　甘肃嘉峪关新城 1 号三国魏甘露二年（257）墓画像砖

信"[29]。坞民平日里从事农牧桑生产，战时则需武装自卫。可见坞壁已成为小型的自治社会，耕战合一，功能俱全，足以自保。

就这样，据山川之形，拥农牧之利，依坞壁之坚，加之雄霸此地的张轨家族的积极治理，河西幸运地躲过了西晋末年的大动荡，成为那个混乱时代里的一方乐土，以至于永嘉年间（307—313），长安童谣传说："秦川中，血没腕，惟有凉州倚柱观。"[30] 于是，在永嘉之乱中，除了衣冠南渡外，大批士人百姓避难河西，"中州

29　《三国志》卷十一《魏书·田畴传》，第 341 页。

30　《晋书》卷八十六《张轨传附张寔传》，第 2229 页。

避难来者日月相继"[31]。

阿提可胡不久也将会遇到和他一样的逃难者。他们来自战火纷飞的中原，拖家带口，风尘仆仆，眼里还满是惊慌。幸好，凉州刺史张轨接纳了这些不幸者，并且分武威一部分设立武兴郡，来安置流民[32]。于是，在河西，他们拥有了新的家园。

在未来百余年，这样的移民潮将一波波向河西袭来。平旷的土地渐渐被城市与村庄充盈。一个重要的指标就是，河西的人口得到了快速的增长，在《后汉书·郡国志》中，河西四郡人口不过十余万[33]，而二百余年后的北凉时期，仅姑臧一城，人口就达到二十余万。[34] 有学者统计，此时河西的人口当在一百万左右。[35] 相较于中原急剧的人口损耗，河西是一个奇迹。

人能创造出财富，河西的丰饶也是有目共睹，在后凉吕光时代，河西的粮仓充实，"中仓积粟数百千万"[36]，而当太延五年（439），北魏拓跋焘进入北凉首都姑臧时，发现这里"仓库珍宝不可称计"[37]。

一场欢宴

阿提可胡在河西走廊上驰骋多日后，来到了酒泉。这是丝绸之路上的一座重镇。阿提可胡想起了那耐·万达克说起过，他的故友阿尔马·萨可（Arma"sach）还居住在城里。

不出意外，进城一打听，阿提可胡就找到了阿尔马的店铺。见到阿提可胡，阿尔马不禁大惊，继而抱着朋友痛哭起来。因为在这数日的流言中，在洛阳的粟特人都死于乱兵了。

阿尔马立刻邀请阿提可胡回家，酒半酣后，说起那段惊魂往事，二人唏嘘不已。

---

31 《晋书》卷八十六《张轨传》，第 2225 页。

32 同上。

33 《后汉书》志二十三《郡国志五》："武威郡十四城，户万四千二，口三万四千二百二十六。张掖郡八城，户六千五百五十二，口二万六千四十。酒泉郡九城，户万二千七百六。敦煌郡六城，户七百四十八，口二万九千一百七十。"第 3520—3521 页。

34 《魏书》卷四《世祖纪》：太延五年九月收姑臧，"收其城内户口二十余万"。第 90 页。

35 刘汉东：《从西凉户籍残卷谈五凉时期的人口》，《史学月刊》1988 年第 4 期，第 34 页。

36 《晋书》卷一百二十二《吕光载记》，第 3063 页。

37 《魏书》卷四《世祖纪》，第 90 页。

过了几日，阿尔马称，有当地朋友听闻阿提可胡来自洛阳，想请他前去家中一叙，现在，所有人都对洛阳发生的事情很关心。

阿提可胡和阿尔马装束齐整，骑马前往酒泉城外的一处坞壁，那位朋友就住在坞壁里。

向门楼上的看门人出示了请帖后，坞壁正门才缓缓打开。有僮仆出来，接过了阿提可胡的缰绳。阿提可胡四处打量，见高墙之内，屋舍俨然，老幼怡然。

朋友立刻来迎接了，引导他俩步入坞主的庭院，进了一间高堂华屋。坞主是一位老者，一开口，却是洛阳口音。

坞主见到阿提可胡很是激动，入座后，不停地问着洛阳的旧事和故人。阿提可胡尽可能地回答着。不时地，坞主落下几滴老泪。

甘肃高台地埂坡 4 号墓的壁画可以帮助我们想象这宾主相聚的场景。（图 20）画面中，高堂上有两位汉装男子（图 21），他们身着宽博的交领袍，头戴双歧帽者将酒盏奉与头戴帕帽者。帕帽是当时流行的一种便帽，传说曹操便时常"冠帕帽以见宾客"[38]，以显示他的不拘小节。这也许是一场熟人间的欢聚，故无须冠冕齐整。另一边，则是两位胡装男子在为博局之戏（图 22），他们髭须满腮，头戴白色锥形尖帽，身着圆领窄袖袍。类似的装束在新疆拜城克孜尔石窟第 17 窟"萨薄燃臂"图的商人身上也可见到（图 23），据考，此当是粟特人的典型装束。[39] 由图可知，当时河西走廊上的粟特商人因其财富和见识，与当地豪族结交，并作为熟客出现在聚会之中。

既然是聚会，宾主相谈之后，宴饮是不可少的。我们猜想，阿提可胡或许也会被留下，热情的坞主将以河西的美食招待这位远来之客。

在魏晋时代，一场宴会当具备哪些美味佳肴呢？砖画上的庖厨图将为我们揭示。

肉食是宴会的必备，在农牧皆宜的河西，猪肉、羊肉以及鸡肉并受欢迎。坞壁内圈养的猪已膘肥体壮，被放置到长几上（图 24），而被河西丰美水草喂大的小肥羊则被倒悬在架上（图 25），屠夫正磨刀霍霍。侍女则杀了鸡，在盛满热水的盆里为鸡去毛（图 26）。

---

38 《三国志》卷一《魏书·武帝纪》注引《曹瞒传》，第 54 页。

39 荣新江：《萨保与萨薄：佛教石窟壁画中的粟特商队首领》，载于荣新江等主编：《粟特人在中国——历史、考古、语言的新探索》，中华书局 2005 年版，第 57 页。

图 20　宴饮　甘肃高台地埂坡
4 号西晋墓壁画

图 21　汉人　甘肃高台地埂坡
4 号西晋墓壁画

图 22　粟特人　甘肃高台地埂
坡 4 号西晋墓壁画

图 23 萨薄燃臂 5—
6 世纪 新疆拜城克孜
尔石窟第 17 窟壁画

　　宰杀完成后，肉被送到庖厨，刀工娴熟的厨师将肉切割成块（图 27），除了炖煮
外，还可制成腌肉，悬挂于梁下，以待后用，还有一些肉则切成丁，用铁叉串起来，
在火上炙烤，还可以撒上胡椒等香料，这种烤肉串是河西最风靡的美味（图 28）。

　　其实这种被称为"炙"的烹饪方式由来已久，或许自火发明后，先民便以此来
烤熟肉食。陕西西安东郊曾出土过一件西汉铜方炉，上为可置木炭的炉，下为承接
炭灰的盆，可为炙肉之用。（图 29）至于炙烤的食材，业已十分丰富了，在湖南长沙
马王堆 1 号西汉墓的遣册中，便记载了牛炙、豕炙、鹿炙等各种炙肉。（图 30）

　　非独中原人爱炙肉，事实上，这种美味制作方式在亚洲大陆上广为流行。如北

图26 杀鸡 甘肃嘉峪关新城
5号魏晋墓画像砖

图27 切肉 甘肃嘉峪关新城
6号魏晋墓画像砖

图28 炙肉 甘肃嘉峪关新城
1号三国魏墓画像砖

图 29　上林铜方炉　西汉　陕西西安东郊出土　陕西历史博物馆藏

牛炙一筒

象（豕）炙一筒

鹿炙一筒

图 30　遣册（炙肉）　湖南长
沙马王堆 1 号西汉墓出土　湖
南省博物馆藏

方的胡人好貊炙，即"全体炙之，各自以刀割，出于胡貊之为也"[40]，如今草原上的烤全羊便是这种貊炙习俗的延续。至于烤肉串，至今还在从中国新疆到西亚的广大区域内风靡不已，在久远的过去，粟特人或许也是其拥趸。

肉食之外，还需菜蔬为佐。河西的蔬菜种类丰富，韭菜、葵、蘑菇、蔓菁、萝卜都是餐桌上的常客。随着丝绸之路的开通，远来的商旅也将他们家乡的菜蔬种子带到此地，并生根发芽，如茄子、胡瓜、芫荽、胡姜等，这些外来菜蔬被人们细加烹饪，成为新鲜的美味。[41]

小麦制的面食是河西居民的主食之一。小麦这种原产西亚的农作物，至少在4000 多年前就已经来到河西走廊。经过几千年的探索，河西人能用它做出品类繁多的美食。麦饭麦粥是简易的做法，想要获得更丰富的舌尖体验，小麦将被磨成粉，再糅合成面团。在砖画中，往往有侍女们在大缸中和面。（图 31）饼，是人们对这类面食的统一称呼，《释名》曰："饼，并也，溲面使合并也。"[42]而汤饼和蒸饼是其中最常见的两种。

薄面片，放入锅中煮熟，就是汤饼了。这幅画里，三足炉中煮水正沸，厨娘手持薄面皮，可能就是要做汤饼。（图 32）做蒸饼步骤则稍复杂，面需要先发酵，《齐民要术》引《食经》"做饼酵法：酸浆一斗，煎取七升；用粳米一升着浆，迟下火，如作

40　《释名》卷四《释饮食》。

41　孙占鳌：《魏晋时期河西饮食文化发展的特征》，《丝绸之路》2015 年第 16 期，第 43 页。

42　《释名》卷四《释饮食》。

图 32　做汤饼　甘肃嘉峪关
新城 7 号魏晋墓画像砖

粥"[43]，这里的"饼酵"，其作用相当于老面（又称面起子、面肥、酵子等），可帮助面进行发酵。发酵后，面团膨大而起，厨娘将其制成半球形的面食（图 33），上笼蒸熟，便是热气腾腾的蒸饼。发酵充分的蒸饼，蒸熟后表面会开裂为十字，时人视这种开裂的蒸饼为佳品，如何曾"蒸饼上不坼作十字不食"[44]。讲究者，可以在蒸饼中加馅儿，如后赵石虎"好食蒸饼，常以干枣、胡桃瓤为心蒸之，使之坼裂方食"[45]。

当然，对于粟特人来说，最喜爱的还是胡饼。从名字便可知，胡饼原是胡人所食，今日中国新疆及西亚一带流行的馕可能就是胡饼的一种形式。胡饼在东汉末传入中原，据说"灵帝好胡饼，京师皆食胡饼"[46]，上行下效，胡饼成为备受追捧的美味，想必也曾令河西居民大快朵颐。

酒，是宴会的灵魂。除了本地佳酿外，在河西的盛宴上，或许还能见到西域葡萄酒的身影。酿葡萄酒之法，以中亚为妙。张骞出使西域时，便见到大宛等国有葡萄酒。[47]葡萄酒随丝绸之路传来中原，早年还是稀罕之物，价值不菲。东汉有孟他以一斛葡萄酒贿赂张让而得凉州刺史的故事。[48]魏晋时，葡萄及葡萄酒亦曾陶醉世

43　《齐民要术》卷九《饼法》引《食经》。

44　《晋书》卷三十三《何曾列传》，第 998 页。

45　〔宋〕李昉：《太平御览》卷八百六十《饮食部十八》引《赵录》，《四部丛刊》三编景宋本。

46　《太平御览》卷八百六十《饮食部十八》引《续汉书》。

47　《史记》卷一百二十三《大宛列传》："宛左右以蒲陶为酒，富人藏酒至万余石，久者数十岁不败。"第 3173 页。

48　《三国志》卷三《魏书·明帝纪》注引《三辅决录》："（孟）他又以蒲桃酒一斛遗让，即拜凉州刺史。"第 93 页。

图 33　备蒸饼　甘肃嘉峪关新城 1 号三国魏甘露二年墓画像砖

人。据传，魏文帝曹丕曾称赞葡萄"甘而不饴，脆而不酸，冷而不寒，味长汁多，除烦解饟，又酿以为酒，甘于麹蘖，善醉而易醒"[49]。河西因地近西域，近水楼台，宴席上偶有葡萄酒以飨贵客，也在情理之中了。

我们可以想象这样一场宴会的开启。侍女侍从们鱼贯而入，她们奉上炙肉、炖肉、菜蔬、羹汤、蒸饼、胡饼等，甚至还有西域来的葡萄酒。（图 34、图 35、图 36）

这是阿提可胡这些年来难得的一场饕餮之宴，他感受到了坞主的良苦用心。坞主殷勤相劝，三两杯酒后，他有些微醺。（图 37）借着酒意，他的心魂仿佛飞向万里之外，驼铃尽头，那是绿意连绵的葡萄园，他见到少时的他，在葡萄架下，满啜着一个季节的甘甜。

失落的信

但阿提可胡，连同那耐·万达克的那封信，终究没能回到撒马尔罕。

在近 16 个世纪后，英国探险家斯坦因（Marc Aurel Stein）在敦煌以西的长城烽燧遗址中发现了数份粟特文古信札，其中一封信的书写者叫那耐·万达克，他是一位商人，大概居住在金城，他致信给撒马尔罕的卡那可克家族的领主瓦扎可克，向他汇报了当时发生在中国的可怕情形，"最后一位皇帝从洛阳逃走，由于饥荒，城

49　《艺文类聚》卷八十七《果部下》引魏文帝诏。

图 37 宴饮 甘肃嘉
峪关新城 5 号魏晋墓
画像砖

市和宫廷遭到火灾，宫殿被焚烧，城市被毁，洛阳已不是昔日的洛阳，邺城已经不是昨日的邺城"，接着，他指出这场灾难是匈奴人造成的，"这些所谓的匈奴人，昨天还受制于君王！先生们，我们不知道，其他中国人是否有能力把匈奴人赶出中国"[50]，据此，学者推测，他所指的灾难应该是西晋永嘉五年（311）匈奴人刘曜等人攻破洛阳一事。

在此动荡局势中，在华的粟特人也风雨飘零，"至于居住在从金城到敦煌地区的我们，只要仅仅维持……生活，我们没有亲属，年老而且面临死亡"[51]，信里的字句满是绝望。看来归国无望，故那耐·万达克恳求瓦扎可克的父亲那耐·缔合瓦（Nanai"dhvar）提醒瓦扎可克去掌管一笔钱款，这笔钱款可能是那耐·万达克留在当地的。另外，他还请那耐·缔合瓦照顾塔克黑塞可·万达克（Takhsich"vandak），当他长大成人时，给他娶一位妻子。这位塔克黑塞可很有可能就是那耐的儿子，信里表达的是一位远在异国的父亲最后的心愿。

那耐的信中提到四年前，他派遣了一名叫阿提可胡·万达克的人去中国内地，后面又写道"在那里，而当他们到达洛阳的时候……那里的印度人和粟特人都死于饥荒"[52]，因为上下有阙文，我们无法确切地知道阿提可胡·万达克究竟去了哪儿，但很有可能是去了洛阳，那么，他将不幸地目睹西晋最后时刻的颓败和悲惨。

50　〔美〕安妮特·L. 朱丽安娜（Annette L. Juliano），朱迪思·A. 莱莉（Judith A. Lerner）著，苏银梅译，《古粟特文信札（Ⅱ号）》，《考古与文物》2003 年第 5 期，第 77 页。

51　同上。

52　同上。

另外，那耐还提到了酒泉的阿尔马·萨可，幸运的是，身处河西的他平安无事。

这封信在半路上沦落沙海，没有到达撒马尔罕的瓦扎可克手中，但却鬼使神差般地让 16 个世纪后的人们目睹了，那个大动乱时代里，几个粟特商人的忧心忡忡和拳拳眷念。

那耐·万达克、阿提可胡·万达克、阿尔马·萨可，他们此后的命运无法确知了，不过，有可能的是，他们在河西度过了余生的时光。当中原血流漂杵时，在河西，至少还能有一分安宁。

在身处乱世的人们心里，这样的生活，就是桃花源了。

在阿提可胡·万达克逃出洛阳约一百年后，一位归隐田园的诗人写了一篇《桃花源记》，在其中，他描绘了一个"土地平旷，屋舍俨然……黄发垂髫，并怡然自乐"的美好地方。

而历史学家陈寅恪先生经过考证，认为桃花源并非子虚乌有，它的原型当是东晋戴延之等人从刘裕入关中时，沿途所见的人们避乱自守的坞堡。[53]

或许阿提可胡·万达克就是那个武陵人，他误入了桃花源，见识了这一方宁静与恬然，而村人见之，纷纷前来询问外界的情形，他一一具言所闻后，"余人各复延至其家，皆出酒食"。不过，停数日后，他将辞去。

此后，他的名字和事迹消失在时间的烟尘中。

---

53 陈寅恪：《桃花源记旁证》，《清华学报》1936 年第 1 期，第 81—83 页。

轮回的楼兰

去楼兰

太阳在身后慢慢退下，又一个夜晚降临了。

男人们倚靠着马背，篝火点燃了，他们用剑串着白天猎下的禽鸟，在火上烤炙。

女人们在临时搭成的帐篷里，隐隐地，似在低声啜泣。

沙卡知道，那是妻子拉达又想起冻毙于雪山上的孩子了。

沙卡和家人们已经长途跋涉一个多月了，他们翻越了雪刃如剑的葱岭，又奔波于熏风如魔的沙漠中，早已疲惫不堪。

这是一趟无奈的旅途，而他们，是无家的旅人。

过去，他们生活在富楼沙，贵霜帝国的首都，拥有无数繁华的尊贵之城。在伟大的迦腻色伽一世的时代，帝国的荣耀达到了顶点，富楼沙，与长安、罗马一般，是世界的中心。

只是那样的光辉岁月一去不返。西边崛起的萨珊波斯开始了野心勃勃的征伐，贵霜帝国不断被蚕食，最后，富楼沙被波斯人的铁蹄攻破，贵霜王远遁。波斯人派来的王统治了富楼沙。作为贵霜的名门贵胄，沙卡不甘屈服于异族，不得已，他带上家人踏上了前往东方的未知之旅。

他的目的地是，楼兰。

时光一晃就是 17 个世纪。

2003 年，在楼兰 LE 古城西北荒莽的雅丹台地中，一座古墓被发现。古墓的年代大约是公元 3 世纪至 4 世纪，墓中有四五口棺木的残片，让人猜测这或许是一个家族的合葬之处。

古墓在楼兰古国范围之内，起初人们以为这是楼兰贵族的墓葬。但是墓墙上的壁画所表现出的浓郁异域风格，暗示着主人的特殊身份。

经学者研究，这座古墓属于侨居楼兰的贵霜人。[1]

贵霜的渊源可以追溯到月氏。月氏人原先牧马于敦煌、祁连间，后为匈奴所迫，数次西迁，乃至中亚。当年张骞出使西域，便是为劝大月氏王与汉朝联合，夹击匈奴，而大月氏王既居乐土，无心东顾。

后来，大月氏征服了大夏［希腊化的巴克特里亚（Bactria）］，又分五部，设五部翕侯统治，贵霜为其一部。公元 1 世纪时，贵霜部翕侯丘就却崛起，统一五部，又南征北战，开疆辟土，建立贵霜帝国。

贵霜极盛时，疆域从咸海之畔绵延至印度河流域，与当时的汉、安息、罗马并称为四大帝国。

不过到了 3—4 世纪，在内忧外患下，贵霜帝国业已衰落。

那么，为何会有一群贵霜人，出现在遥远的楼兰呢？

罗布泊的过客

楼兰，地处塔里木盆地的东陲。塔里木盆地位于欧亚大陆的腹地，也是世界上离海洋最遥远的地区之一。万里迢迢，来自海洋的水汽已少之又少，而天山山脉、阿尔金—昆仑山脉南北相夹，在西边结为帕米尔山结，又将大部分水汽阻挡并封冻于山巅，只留下干燥的风滑下山坡，使得塔里木盆地内干旱异常，大部分区域是茫茫沙海。

水，成为塔里木盆地生命存在的首要条件。幸而，高山积雪春夏时融化，汇为河流，滋养了盆地边缘的点点绿洲。大部分河流汇入塔里木河，最终流入东部低洼处的罗布泊。而楼兰，恰好处于孔雀河南岸，罗布泊畔。

现在的罗布泊已成死寂之地，但在过去，它曾经生机盎然。地质学家通过对罗布泊湖心剖面孢粉的研究，为我们勾勒出距今 11815 ± 33 年至 5870 ± 21 年间罗布泊一带的生态环境变迁状况。在 87—120 厘米深度的土层中，地质学家发现木本植

1　陈晓露：《楼兰壁画墓所见贵霜文化因素》，《考古与文物》2012 年第 2 期，第 79—87 页。

物花粉占有相当大比例，其中云杉花粉体积分数最高，超过30%，而云杉花粉不属于易传播的花粉类型，一般认为，孢粉组合中云杉花粉超过30%，即可判定附近有云杉林。可知在距今10000多年前，罗布泊一带的气候比现在湿润得多，使得高大的针叶木本植物可以蔚然成林。更值得注意的是，这段土层中出现了栽培禾本科花粉，揭示此时段有耕作活动，即已有人类在此定居并从事农耕了。[2]

考古揭示了更早的人类活动印迹。考古学家在罗布泊地区发现了约13000年前的石制品，并提取了其上残留的淀粉粒，经分析，这些淀粉粒属于禾本科小麦族植物及根茎类植物，说明在石器时代，人类已来到此处，并以石制品加工这些植物以作为食物。[3]罗布泊，是新疆最早的人类栖息地之一。

但此后的趋势是，罗布泊湖心剖面的木本植物花粉减少，草本植物花粉浓度增加，表明气候逐渐趋向干旱。此地的耕作活动与气候波动密切相关，在更干旱一些的年份，栽培禾本科花粉消失，暗示着耕作者的离去，而当气候回归湿润时，栽培禾本科花粉又出现了。[4]可见，罗布泊的农耕建立在非常脆弱的气候条件上，气候变化决定着农作物的生死和耕作者的去留，也使得罗布泊的人类活动痕迹时断时续。

第一批来到此地的耕作者是谁，烟尘浩渺，已难求证。但在距今约4000—3800年前，又有一批耕作者定居于此，他们留下了丰富的讯息。

20世纪以来，考古学家在罗布泊附近的孔雀河古墓沟、铁板河和小河都发现了这一时期古墓葬群。考古学家对小河墓地的57位古代居民遗骸进行DNA测试分析，发现早期居民的遗传构成以欧洲成分和西伯利亚成分为主，晚期则混入一些西南亚和东亚成分。这表明了在约4000年前，欧亚大陆东西部的人群已发生相遇并融合。考古学家推测他们在南西伯利亚或哈萨克斯坦东部的某地发生通婚，此后，这支混血的部族南下，越过天山，来到了塔里木盆地东隅的罗布泊畔。再后来，他们又与一些人群进行基因交流，这些人群来源较为复杂，主要是携带西部欧亚谱系

2　贾红娟、刘嘉麒、秦小光：《全新世早期罗布泊气候变化和耕作活动的孢粉证据》，《吉林大学学报（地球科学版）》第41卷，2011年9月，第183、185页。

3　李康康等：《新疆罗布泊地区晚更新世末期人类活动新证据》，《中国科学：地球科学》2019年第2期，第404页。

4　《全新世早期罗布泊气候变化和耕作活动的孢粉证据》，第183—185页。另见贾红娟、汪敬忠、秦小光、陈丽红：《罗布泊地区晚冰期至中全新世气候特征及气候波动事件》，《第四纪研究》2017年第3期，第516—517页。该文指出，在距今12800至5500年的时间范围内，罗布泊地区出现数次气候波动，可划分为5个阶段，且罗布泊地区对全球环境变化非常敏感并受控于全球变化。

或东亚谱系基因的人群，也有小部分携带西南亚基因成分的人融入小河晚期人群中。[5] 可见，在史前时代，罗布泊畔已是东西方人群交汇之地。

这些罗布泊先民的遗骸有不少脱水为干尸，这说明，在他们生活的时代，罗布泊畔仍然干燥。

但这批先民或许掌握了比前辈更强的生活技能，使族群可以在此干旱地带生活下来。他们的随葬品为我们揭示了更多历史细节。

罗布泊先民的葬具以大木制成，墓葬旁还有立木或环列立木以为仪仗，墓葬中，木制人像及日用器皿亦比比皆是，可见，木材在他们的生活中被广泛应用。这些木材主要来自胡杨树，这是一种异常抗旱的树，至今在塔里木河流域仍有大片胡杨林，在罗布泊水域宽广的时代，胡杨林应曾广泛分布于湖畔河岸。

逝者头戴毡帽（图1），脚穿皮靴（图2），被包裹在毛毯中。这些毛皮来自于牛羊等牲畜。罗布泊先民或许沿袭着他们先祖在欧亚草原上的游牧传统，于湖畔草地上放牧山羊、绵羊和牛。牛羊是财富的重要象征，在古墓沟的一座墓葬中，随殉的牛、羊角多达26支。[6] 牛羊不但为罗布泊居民提供纺织鞣制原料，也是他们的主要食物。罗布泊先民是肉食者，这一点也被对古墓沟遗骨的稳定同位素分析所证实。[7]

该分析还表明，小麦是罗布泊先民的主食之一。事实上，小麦很为先民所珍视，在古墓沟墓葬中，几乎每个人身边都会有一个草编篓（图3），有些篓中装有小麦粒。这些小麦粒经专家鉴定，为普通小麦和圆锥小麦。野生圆锥小麦原分布于地中海东岸，栽培圆锥小麦在8000多年前已出现在伊拉克，并渐渐扩散至埃及和欧洲等地，而普通小麦则起源于伊朗北部—里海西南部。[8] 故可以推测，来自欧亚大陆西部的罗布泊先民的先祖向东迁徙时，将这些珍贵小麦粒携带上路，最终带到了罗布泊畔。尽管罗布泊一带的土壤并不肥沃，但引水灌溉，精心栽培，仍然可以使小麦在此生长。小麦使他们免于饥馑，因此，当逝者往生时，仍然要随身携带小麦粒，这似乎寓含着对来世丰饶的希冀。

5　李春香、周慧：《小河墓地出土人类遗骸的母系遗传多样性研究》，《西域研究》2016年第1期，第52—55页。

6　王炳华：《孔雀河古墓沟发掘及其初步研究》，《新疆社会科学》1983年第1期，第120页。

7　张全超、朱泓：《新疆古墓沟墓地人骨的稳定同位素分析——早期罗布泊先民饮食结构初探》，《西域研究》2011年第3期，第95页。

8　颜济、杨俊良编著：《小麦族生物系统学》第一卷《小麦—山羊草复合群》，中国农业出版社1999年版，第160—161、164页。

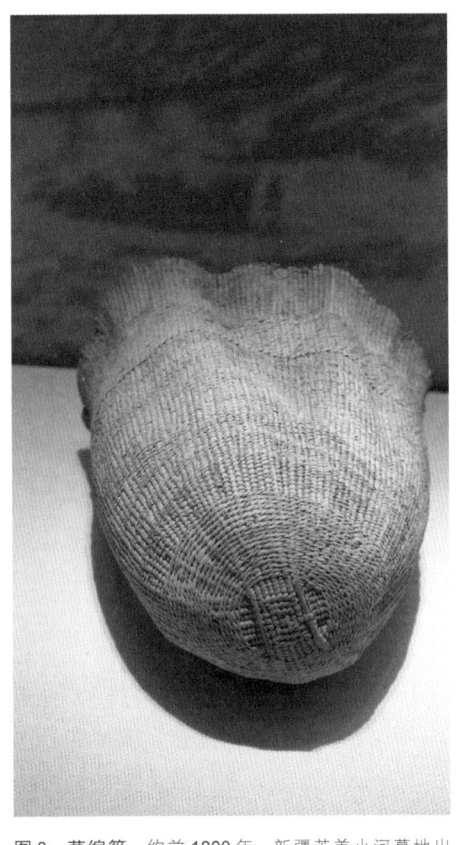

图 1　毡帽　约前 1800 年　新疆若羌小河墓地出
土　新疆维吾尔自治区博物馆藏

图 3　草编篓　约前 1800 年　新疆若羌小河墓地出
土　新疆维吾尔自治区博物馆藏

图 2　皮靴　约前 1800 年　新疆若羌小河墓地出土　新疆维吾尔自治区博物馆藏

除了小麦外，逝者携带的另一件物什更耐人寻味。古墓沟和小河墓地的考古发掘显示，许多逝者带有装着麻黄枝的小包或麻黄枝束，或者身上身下散撒有麻黄枝。麻黄，是一种药材，也是一种致幻植物，因其特殊功能，它很容易被应用于巫术仪式中。英国探险家斯坦因在其《麻黄考》中援引了乔治·华特（George Watt）的《印度经济作物辞典》，其中记录了印度的帕西人在琐罗亚斯德教仪式上所使用的豪麻即为麻黄。[9] 而豪麻（又译胡姆，印度雅利安人称之为苏摩）在印度—伊朗系人群中被奉为圣草仙药，将其碾捣出汁后制成的饮料被认为有祛除死亡的功效，琐罗亚斯德教圣典《阿维斯塔》中屡屡有对豪麻的描述：

> 向胡姆——善良的胡姆，美好而真诚的胡姆——致意！[它]是外观漂亮、心地善良的救世主；是枝条柔软、颜色金黄的胜利者；是可口的上等[饮料]，灵魂的最佳引导者。
>
> 呵，祛除死亡的胡姆！我向你祈求第一个恩惠——行善者的天国。那里[一片]光明，是安闲[舒适的处所]。呵，祛除死亡的胡姆！我向你祈求第二个恩惠——身体健康，强壮有力。呵，祛除死亡的胡姆！我向你祈求第三个恩惠——生命不息，长生不老。[10]

因此，可以推测，罗布泊先民使用麻黄和印度—伊朗系人群使用豪麻（苏摩）或许出自同一个更古老的内亚传统，有学者认为罗布泊先民丧葬中的麻黄实践，似乎可以解释为一种祛除死亡并导引灵魂的巫术仪式。[11] 透过这小小麻黄枝，我们似乎对3800年前罗布泊先民的心灵有了些许感知。

尽管罗布泊先民可能曾在麻黄所制造的迷幻中祈求不死，但是灾难或许还是降临了。在之后的一千多年时光里，这批先民销声匿迹，不知所踪。以历史经验推断，或许是又一次气候变化使得罗布泊畔的农牧生产难以为继，迫使人们再度流亡他方。

9　Stein, Aurel, "On the Ephedra, the Hūm Plant, and the Soma", *Bulletin of the School of Oriental Studies*, University of London, Vol.6, No.2, 12th May,1931,pp.501-514. 转引自刘文锁：《新疆考古发现麻黄与大麻的有关问题》，载于朱玉麒主编：《西域文史（第十二辑）》，科学出版社2018年版，第107页。

10　〔伊朗〕贾利尔·杜斯特哈赫选编：《阿维斯塔》第二卷《亚斯纳》第九章，商务印书馆2017年版，第121—122页。

11　《新疆考古发现麻黄与大麻的有关问题》，载于《西域文史（第十二辑）》，第122页。

土地的开发

一千多年后，当来自中原王朝的探索者拨开风尘，见到辽阔的西域时，罗布泊畔，另一群人建立了城邦，叫做楼兰。

楼兰人的体质人类学特征表现为欧罗巴人种地中海东支类型，同时也有蒙古人种因素出现，而罗布泊先民属于欧罗巴人种古欧洲类型，因此楼兰人并不完全是罗布泊先民的后裔。据研究，楼兰人的先祖很可能来自中亚南部、帕米尔地区，进入新疆后，沿塔里木盆地东进并与当地人群融合，最后到达楼兰。[12]

在《汉书·西域传》的描述中，楼兰人似乎过着与罗布泊先民相似的生活，湖畔河边长着葭苇、柽柳、胡桐、白草，使得牧人可以放牧他们的牛羊，畜牧仍然是生产的主流，"民随畜牧逐水草，有驴马，多橐它"，农耕也在进行，只是贫瘠的田地使得出产甚少，甚至不得不从外国购入粮食，"地沙卤，少田，寄田仰谷旁国"。不同的是，楼兰人拥有了城郭，并且建立起了自己的军事力量，"国有城邑""能作兵"。[13]

不过，作为一个寡民小国，楼兰不得不和其他西域城邦一样，屈服于霸主匈奴。在匈奴单于写给汉朝皇帝的信中，他就颇以占有楼兰为傲："以天之福，吏卒良，马强力，以灭夷月氏，尽斩杀降下之。定楼兰、乌孙、呼揭及其旁二十六国，皆以为匈奴。诸引弓之民，并为一家。"[14]

当汉朝将注意力转向西域时，也很快发现楼兰这个小国的至关重要。汉朝使臣穿过河西走廊，出阳关、玉门关进入塔里木盆地后，需要先到楼兰绿洲作必要的物资补给，因此，楼兰这个位置被称为"当空道"[15]。

于是，汉和匈奴两大势力开始了对楼兰的争夺。一番角力之后，汉朝占了上风。控制了楼兰，汉朝便可经略西域。欲保住这个要地，长期驻军成为必然。但中原来的士兵沿袭着中原的饮食习惯，在楼兰本地粮食不足的情况下，屯田是一个良好的选择。

汉朝的心思被楼兰王尉屠耆所知晓，加之被汉朝扶立的他要继续仰仗汉朝的兵

12　刘宁：《新疆地区古代居民的人种结构研究——以楼兰、乌孙、车师、回鹘为例》，吉林大学博士论文，2010年4月，第29、36、44页。

13　《汉书》卷九十六《西域传》，第3876页。

14　《史记》卷一百十《匈奴列传》，第2896页。

15　《史记》卷一百二十三《大宛列传》，第3171页。

威，于是他请求汉朝前来驻军屯田，"自请天子曰：'身在汉久，今归，单弱，而前王有子在，恐为所杀。国中有伊循城，其地肥美，愿汉遣〔一〕将屯田积谷，令臣得依其威重。'"[16] 于是汉朝派遣司马一人、吏士四十人，在伊循屯田以镇抚之。后来更置都尉，伊循官置自此始矣。

魏晋时，西域长史治所就在楼兰。要维持官署和驻军的粮食供给，屯田依然是必行之计。

楼兰遗址发掘出的残简文书，告诉我们更多关于屯田的情况。这枚斯坦因所得的残简上写道：

大麦二顷已截廿亩　　下床九十亩　　溉七十亩

将张金部见兵廿一人　　小麦卅七亩已截廿九亩

禾一顷八十五亩溉廿亩蓢五十亩。

（正面）

大麦六十六亩已截五十亩　　下床八十亩溉七十亩

将梁襄部见兵廿六人　　小麦六十二亩溉五十亩

禾一顷七十亩蓢五十亩溉五十亩

（反面）[17]

可见，一将率领二十来个士兵，组成一个屯田小分队，每队种植三五顷农田，田中分别植有大麦、下糜、小麦、禾等作物，且田地需要以水灌溉。

要想在楼兰干旱贫瘠的土地上种出那么多的粮食，修建水渠、水池等水利设施是必不可少的。残简文书的只言片语也在透露着有关营建水利的讯息："史顺留矣□□为大涿池深大又来水少计月末左右已达楼兰"[18]，显示屯田军开凿了大型水池用来蓄水；"帐下将薛明言谨案文书前至楼兰拜还守堤兵廉决□"[19]，表明屯田军在水边筑堤坝并加以守护。

《水经注》记载的一桩事迹更可以瞥见当时对河流的改造和利用。"敦煌索

16 《汉书》卷九十六《西域传》，第 3878 页。

17 林梅村编：《楼兰尼雅出土文书》，第 479 号，文物出版社 1985 年版，第 70 页。

18 《楼兰尼雅出土文书》，第 191 号，第 51 页。

19 《楼兰尼雅出土文书》，第 356 号，第 61 页。

劢……将酒泉、敦煌兵千人，至楼兰屯田。起白屋，召鄯善、焉耆、龟兹三国兵各千，横断注滨河。河断之日，水奋势激，波陵冒堤。……劢躬祷祀，水犹未减，乃列阵被杖，鼓噪欢叫，且刺且射，大战三日，水乃回减，灌浸沃衍，胡人称神。"[20]

索劢以数千兵士横断注滨河，为的是使河流改道，以灌溉屯田区域，此举可谓大手笔，也是一场与河流的恶战，以至于索将军干脆用上了战场上的拼杀方式。不过，他兴水利的功效也是显著的，"大田三年，积粟百万，威服外国"，可见拥有丰富的粮食储备，便有了震慑外国的资本。

中原王朝在楼兰的大规模屯垦，充实了粮仓，也使人口繁衍成为可能。更多的城市被修筑起来，形成了一个城市群。在斯坦因考察楼兰遗址时，就标注了 LA、LE、LK、LL 等多座古城。楼兰已赫然成为丝绸之路要道上的繁华之地，它也将吸引更多的远来之客。

其中有一些客人，来自贵霜。

远来的贵霜人

> 视野的尽头，出现了一片绿色。
>
> 沙卡不禁加鞭向前。那是一片胡杨林，叶片映着日光，泛着金。胡杨林下，一条河流逶迤而过。
>
> 纵马到河边，沙卡翻身下马，用手掬着河水，畅快地喝了起来。然后，他用随身携带的皮囊，装好水，回去递给拉达。
>
> 一行人都饱饮后，沿着河流继续走着。河边，是大片大片的庄稼地，有士兵正在田中劳作。
>
> 沙卡觑见其中有一人似乎眼熟，用贵霜语招呼，果然得到应答。那士兵自言是贵霜人，祖父从贵霜来此，如今已是第三代了。在士兵的指点下，沙卡一行策马走向不远处的城池。
>
> 楼兰，他念叨着这个名字，一时间几乎热泪盈眶。

中原王朝苦心经营楼兰，以此为枢纽，连通起中原和西域间的动脉。

---

20 《水经注校注》卷二《河水》，第 37 页。

从楼兰出发，经塔里木盆地的南缘，行至帕米尔高原，翻越之，便是贵霜帝国的地界了。

春江水暖鸭先知，贵霜商人敏锐地察觉到了这条新开辟的东西路线所可能带来的利益。当中国的丝绸沿着丝绸之路陆续西传，到达贵霜，又经贵霜销往安息或罗马后，贵霜商人对这种神奇的布料一经倒手便可赚取大量金币而感到惊喜不已。对他们来说，越靠近原产地，便越能在转手贸易中获利，于是，他们向东翻越帕米尔高原，穿行在塔里木盆地边缘，其中的一些人，在楼兰停下脚步，因为楼兰就是中原商品特别是丝绸的一个集散地。

作为西出阳关后的第一站，从中原载货出来的商人曾集聚于楼兰。从楼兰遗址发掘出的丝绸锦缎依然令人惊艳，向我们呈现那个时代的锦绣繁华。而一封佉卢文书也许记载了当时楼兰境内某处仓库收支丝绸的流水账，从中可以一瞥丝绸繁忙的出出入入。

> 彼等再次从抒泥归来后，交付黄丝绸两匹。
>
> 胜赞取朱红色（丝绸）一匹。
>
> 罗塔跋罗取彩色（丝绸）一匹。
>
> 多卢格取丝绸一匹。
>
> 弥支伽耶买新彩色（丝绸）一匹。
>
> 迦波陀耶取成捆的彩色（丝绸）一匹。
>
> 善军取丝绸七匹。
>
> 彼等替摩迦耶买成捆的新的红丝绸。[21]

而丝绸的大买家就是拥有众多西域宝货的贵霜（月氏）商人。如班固在给他的弟弟西域都护班超的信里，就提到"今赍白素三百匹，欲以市月支焉"[22]，即请托班超在西域期间为其以丝绸与月氏人交易，而在另一封信里，班固提到"窦侍中（窦宪）令载杂彩七百匹，市月氏苏合香"[23]，可见贵霜人在丝绸贸易中扮演着重要角色，他们出售西域特产，收购中国丝绸，并将其转运至更遥远的西方。一来一回

21　林梅村：《沙海古卷——中国所出佉卢文书（初集）》，籍账第 630 号，文物出版社 1988 年版，第 247—248 页。

22　《太平御览》卷八百一十四《布帛部一》。

23　《太平御览》卷九百八十二《香部二》。

图4 有翼天使 2—4世纪 新疆若羌米兰古城 M.III 佛寺壁画

间，盈利颇丰。

除商人外，另一批贵霜人也循丝路而来，他们的目的不是谋利，而是将佛陀的教诲传播给更多的心灵。

贵霜帝国诸王多崇佛教，以迦腻色伽一世护法尤为殷勤。因此贵霜境内梵宇林立，伽蓝遍布，高僧大德比比皆是，赫然成为佛学中心。

在《四十二章经序》的描述中，中原的佛法，便是自大月氏求取的。汉明帝"遣使者张骞、羽林中郎将秦景、博士弟子王遵等十二人，至大月支国，写取佛经四十二章"[24]。

此虽为传说，有不经之处，但事实上，贵霜僧人东行者确实络绎不绝，入中土而知名者就有支谶、支谦（入华月氏人多以支为姓）等，而散布于塔里木盆地者则不计其数，亦当有不少僧人驻锡于楼兰。

贵霜僧人留下的印迹在长久的岁月中未被消磨殆尽。距楼兰古城不远的米兰遗址的 M.III 和 M.V 佛寺，曾以"有翼天使（童子）"（图4）"花绳人物"等壁画

24　迦叶摩腾、竺法兰译：《四十二章经》序，《大正新修大藏经》本。

图像而闻名天下，其壁画具有早期犍陀罗艺术特征，且希腊罗马风格浓郁。[25] 近期在巴基斯坦斯瓦特（Swat）河谷的阿巴萨赫布·钦纳（Abbasaheb-china 或 Abba Saib Chena）佛寺遗址壁画中发现了"有翼天使（童子）"形象[26]，可证明"有翼天使（童子）"从希腊—罗马经犍陀罗一路向东的传播轨迹。而犍陀罗艺术正是在贵霜帝国时期发扬光大的。故可推测，米兰古城的这两座佛寺当与贵霜僧人有着较深的渊源，并且为佛寺绘画添彩的也是来自贵霜的画师。

而公元 2 世纪的帝国动乱，是贵霜人东行的又一个促因。迦腻色伽一世晚年，北方的婆湿色伽开始与之分庭抗礼，僭称为王。不久后，又一个贵霜王胡毗色伽在南方兴起，贵霜进入南北朝时期。后来北方王朝被南方王朝所征服，贵霜逐渐印度化，而不甘臣服于南方王朝的贵霜人踏上了东迁之路。[27]

谋利、传法、避难，出于各种各样的考虑，一批批的贵霜人来到了楼兰。他们造成了如此的影响力，以至于贵霜帝国流行的佉卢文在一段时间内成为楼兰的通用文字。大量佉卢文简牍文书的出土，向我们描述着那个时代里楼兰的生活种种，侨居于此的贵霜人，渐渐地把他乡当作了故乡。而这些远人的存在，也使得楼兰富庶且充满活力。

这些贵霜旅人，使贵霜与遥远东方的联系不绝。这种与东方的密切关联也为贵霜帝国提供了政治想象的空间。当萨珊波斯在西方崛起，贵霜首当其冲遭到打击，据记载，萨珊波斯的创建者阿尔达希尔一世曾经远征呼罗珊，受此威慑，贵霜王不得不遣使请降。[28] 为了对抗萨珊波斯，东方的曹魏王朝或许成为贵霜的盟友人选。在中国的史籍中，魏明帝太和三年（229），十二月"癸卯，大月氏王波调（Vāsudeva

25　〔意〕马里奥·布萨格里（Mario Bussagli）：《中亚绘画》："公元三、四世纪时，整个中亚在希腊–罗马影响圈内形成了一个边缘性地区，该地区受影响程度至少和希腊化的非地中海沿岸的后裔相同，也许还大于他们。这一决定中亚艺术整个未来进程的古典背景，是由于受到来自公元一到五世纪期间曾盛行于印度西北部和阿富汗的半古典式的犍陀罗派的影响。在丝路南道米兰所发现的整组壁画可以被视为犍陀罗派的作品。"载于〔意〕马里奥·布萨格里等著，许建英、何汉民编译，贾应逸审校：《中亚佛教艺术》，新疆美术摄影出版社 1992 年版，第 30 页。

26　邵学成、戴怡添：《犍陀罗考古新发现的壁画：飞翔在丝绸之路上的天使影像》，"澎湃私家历史" 2021 年 2 月 5 日。

27　林梅村：《贵霜大月氏人流寓中国考》，载于林梅村：《西域文明——考古、语言、民族和宗教新论》，东方出版社 1995 年版，第 35—37 页。

28　"于是，他（阿尔达希尔）自 Sawād 返回 Istakhr，复自彼处依次进军 Jurjān(Gorgan)、Abarshahr(Nishapur)、Marw (Merv)、Balkh 和 Khwārazm (Khwarizm)，直抵 Khurāsān 最远的边陲。此后，他回到 Marw。他杀人如麻，将首级献祭于 Anāhīdh 之袄庙。嗣后，他自 Marw 返归 Fārs，在 Jūr 住下来。贵霜、Tūrān 和 Makrān 诸王均遣使请降。" The History of al-Tabarī, vol.5.Translated and Annotated by C.E.Bosworth. New York,1999,p.15. 转引自余太山：《贵霜王朝的终结》，《西域研究》2014 年第 3 期，第 1 页。

II）遣使奉献"，这次出使，很有可能是贵霜王向曹魏王朝请求联盟和救援，只是当时中国处于三国时代，曹魏无暇西顾，于是仅仅"以调为亲魏大月氏王"[29]的封赏，匆匆了事。

虽然未得到官方的支持，但辽阔的东方还是成为亡国之危下贵霜人的逃亡目的地。当萨珊波斯的沙普尔一世攻破贵霜王朝的首都富楼沙后[30]，料想有不少不愿屈服的人们踏上了东去的旅程。

贵霜人的墓葬

沙卡一家或许就是在这场迁徙浪潮中，离开故国，来到楼兰的。

不幸中的幸运是，在楼兰，他们会遇到许多贵霜老乡，有商人、士兵、僧侣甚至是艺术家，他们说着贵霜语，写着佉卢文，敬奉着同样慈眉善目的佛陀，沿袭着祖先传承的生活方式。这种熟悉感，使沙卡一家从流亡之痛中解脱出来。生活渐渐恢复了平静，沙卡与拉达甚至还迎来了新生命的诞生。最后，他们在此度过了余生。

与历史巨浪淘沙中的微尘众一样，沙卡和拉达的故事湮灭不闻，甚至这两个名字，也只是出于我的杜撰。

不过，荒莽雅丹中的那座贵霜侨民的墓葬，或许可以告诉我们更多关于这些异乡人的往事。

该墓为一个带长墓道的洞室墓，分前后两室，且室内壁上绘有壁画。这种墓葬形式似乎并非是贵霜传统。考古学家曾在乌兹别克斯坦的铁尔梅兹等古城遗址附近发现少量被称为"纳乌斯"（Nauc）的地面式龛室墓，其墓室为用泥砖构筑带券顶的龛室式，有单室或多室。这种墓葬被认为是早期贵霜至贵霜帝国时期河谷平原农业区的典型墓葬之一，代表了贵霜人长期沿袭的墓葬传统。[31]又阿富汗蒂拉丘地号称"黄金之丘"，出土过7座包含大量黄金饰品的墓葬，据研究，墓主很可能就

29　《三国志》卷三《魏书·明帝纪》，第97页。

30　沙普尔一世在纳什洛斯坦（Naqsh-e Rostam）铭文中列出了公元260年左右萨珊帝国东部诸省，包括：Media、Gurgan(Gorgan)、Merv、Herat、Aparshahr(Nishapur)全境、Kerman、Seistan、Turan、Makuran、Paradene、Hindustan(India)，直至Peshawar的Kushanshahr。R.N.Frye.*The History of Acient Iran*. München, 1984, p. 371. 转引自《贵霜王朝的终结》，第2页。其中Peshawar即富楼沙，此处的贵霜沙（Kushanshahr）当为萨珊波斯所扶立者。

31　王建新、唐云鹏：《破解大月氏之谜——中乌联合考古的新进展》，《光明日报》2020年12月3日，第13版。

图 5　彩绘棺盖板　新疆若羌楼兰 LE 古城西晋墓出土　新疆维吾尔自治区文物考古研究所藏

是贵霜翕侯丘就却（Kujula Kadphises Ⅰ）之父赫拉欧斯（Heraios）及其眷属[32]，而这
7 座墓葬都是竖穴单棺墓。追寻大月氏人更早的踪迹，考古学家在乌兹别克斯坦拉
巴特（Rabat）墓地考察了 52 座墓葬，其中 37 座是偏洞室墓，11 座是竖穴土坑墓，
还有 4 座形制不明。而这些墓葬所属的考古学文化从时间范围、空间分布、文化特
征等方面看，与西迁中亚后的大月氏均较为吻合，应该是月氏的文化遗存。[33] 可见
偏洞室墓或竖穴土坑墓应该是月氏人的墓葬形式。但无论贵霜农业定居者的地面式
龛室墓，还是早期月氏人的偏洞室墓或竖穴土坑墓，都与 LE 古城的这座墓形制不
合。相较之下，西汉以来，带墓道、多墓室的壁画墓已在汉地流行。故这种洞室墓
的墓葬形式应当是从汉地传来西域的。或许因其宽敞宏大，更能显示墓主的气派，
故为这位贵霜侨民所采用。而墓中木棺盖板（图 5）边缘绘有云纹这样的具有汉地
风格的纹样，也显示了墓葬所受的汉地影响。

　　引人注目的是，该墓前室中央立有一根圆柱（图 6）。关于该圆柱的含义，众
说纷纭。有学者认为它是佛塔或法轮柱的象征，类似新疆克孜尔石窟的中心塔柱。[34]
但是，该说值得商榷。首先这根圆柱的造型与佛塔并不相似，佛塔本为覆钵形（图
7），而这根柱子为圆柱形。至于法轮柱（图 8）以及石窟的中心塔柱，虽与此圆柱
有相似处，但前二者伫立于宗教空间中，且它们本身只是载体，需要含有特殊的重

　　32　《来自阿富汗的国宝》（内部资料），第 18 页。

　　33　西北大学中亚考古队、乌兹别克斯坦科学院考古研究所：《乌兹别克斯坦拜松市拉巴特墓地 2017 年发
掘简报》，《文物》2018 年第 7 期，第 5、29 页。

　　34　《楼兰壁画墓所见贵霜文化因素》，第 83—86 页。

图6 立柱 楼兰LE古城西晋墓

图7 礼拜佛塔 2—3世纪 印度阿马拉瓦蒂（Amravati）出土浮雕 日本平山郁夫丝绸之路美术馆藏

图8 法轮柱 2—3世纪 犍陀罗出土浮雕 日本平山郁夫丝绸之路美术馆藏

要元素——立有法轮、开有佛龛——才成为这个宗教空间的核心。而这根圆柱上虽然绘有一些轮状图案——这种图案在后室壁上也散布许多，且画法和布局上显得很随意，并不含有那么明确的可以成为崇拜核心的元素，要说它起到与前二者相似的作用，似乎有些牵强。其次，似乎没有类似的例证可以证明，某一些佛教徒有在墓室中立柱以为崇拜核心的行为。再次，墓室是一个属于墓主人的隐秘空间，它象征着墓主人在幽冥世界的居所，故墓主人才是墓室的中心，即使墓主人是一位佛教徒。这种主次地位，在壁画中也有表现，墓主人宴饮图占据了大幅墙面，而可能的礼佛或礼僧图则偏居于前室门右侧这样的角落里。可见，墓主人并无心将墓室本身打造为一个信仰的殿堂。

如果这根圆柱并无那样重要的仪式意义的话，那么它立于墓室中是为何呢？一个简单的解释可能就是，为了支撑。虽然此墓空间并不算大，但凿挖于风化作用严重的雅丹土台中，土台本身并不坚固，建造者为防止洞室坍塌，而立一根圆柱以为支撑，似乎也合情合理。该圆柱上部虽已被盗墓者炸毁，但在该区域还有其他相似结构的中心柱式墓葬存在，据此推断，该圆柱原应与墓顶相连[35]，因此它可以起到支撑墓顶的作用。一个相似的例子来自宁夏盐池窖子梁 3 号唐墓，其前室中也有两根用于支撑的石柱，有意思的是，通过一块漫漶的墓志我们得知这座墓的主人姓何，为大夏月氏人[36]，与楼兰墓的主人族属相近。不过该唐墓周边的同时期的其余 5 座墓中均无石柱，故墓中石柱可能并不是一种制度，而只是建筑上的偶然行为。

接下来一个更重要的问题是，墓主人是谁？

在魏晋时代，能建造这种壁画墓的人，需有相当的财力，看来墓主人非富即贵。

来楼兰的贵霜人一般以商人、僧侣居多，但此墓中出土有箭杆、皮囊、小皮马鞍等，似乎显示了墓主人保持着骑射的传统，很有可能属于武士贵族阶层。这种身份的贵霜人，也许是迫于某种特殊原因，才离开故土，迁居楼兰的。沙卡和拉达的故事，便是其中一种猜测。

一般汉地的丧葬传统是单人葬或夫妻合葬，而此墓中现存的棺木遗骸却多达

35　李青：《楼兰 03LE 壁画墓再讨论》，载于周伟洲主编：《西北民族论丛（第十三辑）》，社会科学文献出版社 2016 年版，第 128 页。

36　宁夏回族自治区博物馆：《宁夏盐池唐墓发掘简报》，《文物》1988 年第 9 期，第 55 页。

图 9 礼僧 新疆若羌楼兰 LE 古城西晋墓壁画

四五具，其中有两块完整的彩绘棺盖板，一大一小，小的长近一米，似为儿童棺盖。可见，这是家族合葬墓。这种多人共处一墓室的葬仪，似乎显示了墓主人家族内部的亲密关系。想来对于身处异乡的侨居者来说，家人是他们最可信赖的依靠。

墓室壁上遍绘壁画，从中更能窥得墓主人的生活细节。

前室壁画分左右两片，右片描绘人物及其活动。进门右侧壁上隐约有一结跏趺坐者，着赭色通肩袈裟，旁有一袍服者跪坐以奉物。有学者以为这是供养人礼佛图。但前文已述，墓室并非信仰空间，且此图的位置偏居门旁，在此奉佛似乎不妥，故将该图理解为礼僧图（图 9）应更为合理。该僧人或为墓主人家族平素所敬重者，甚至，他可能就是家族中人，因此在家族墓室壁画里也有他的位置。

前室右壁绘制着一幅六人宴饮图（图 10），为墓室中最主要的画面。六人者，三男三女，两两相对。惜头部皆已漫漶，面貌不清。此六者画像，大小相似，似无主次，很有可能就是该墓主人中的数位。

三位男士穿窄袖圆领袍，系腰带。有学者指出此处的腰带，与巴基斯坦白沙瓦

博物馆藏贵霜男子像腰带如出一辙，可为墓主人来自贵霜之一证。[37]

　　同墓出土了一件彩绘绢衫（图 11），便是窄袖圆领形式。这种窄袖袍服，因其轻便爽利，广为北方及西域民族所穿着。如吐谷浑人，"着小袖袍"；高昌人，"着

---

　　37 《楼兰壁画墓所见贵霜文化因素》，第 79 页。

图 12　女墓主之一

新疆若羌楼兰 LE 古
城西晋墓壁画

长身小袖袍"，滑国人，"着小袖长身袍"，渴盘陁人，"着长身小袖袍"，芮芮人，
"衣锦，小袖袍"[38]。而魏晋时汉地服饰的主流，依然是交领右衽、宽衣博带。至西
晋亡后，五胡云扰，胡俗亦随之成风，窄袖袍服渐渐流行于汉地。因此，这幅宴饮
图中男子袍服，不经意间预示了未来数百年的时尚。

　　至于图中女子穿着则更为繁复。她们里着长袖交领袍，外罩半袖衣，下着褶
裙，且胸前配饰花结。（图 12）衣袍修身，能表达女子的曲线，而半袖张扬，又平
添活泼之姿。巧的是，同墓出土了长袖绢袍和半袖绮衣，当为墓主人生前所服，由
此，可想见贵霜贵妇的衣裳风韵。

38　〔唐〕姚思廉：《梁书》卷五十四《诸夷列传》，中华书局 1973 年版，第 810—812、814、817 页。

长袖绢袍（图 13）交领右衽，以白绢制成，轻薄柔软。前襟和袍下部一侧以红色条为饰，袍近下缘处又有锯齿状装饰。半袖绮衣（图 14）交领右衽，与壁画中的开襟半袖衣有所不同。此衣有收腰设计，而半袖呈夸张的喇叭状，且打有密褶。此衣以蓝绮红绢拼接缝制而成，间以白色为饰，蓝、红、白的配色原则与壁画一致，可见这是贵霜女子所爱的色彩。

有趣的是，半袖衣在汉地亦有类似款。在汉代陶俑（图 15）身上便可见到交领右衽、袖缘作荷叶状的半袖衣，六朝陶舞俑（图 16）则身着具有夸张喇叭口的开襟半袖衣起舞。这些同样翩然的半袖衣似乎昭示了不同地域时代的女子在审美上的不约而同。

尽管样式富有异域特色，但该墓出土的衣裳的丝绸衣料，有理由相信是来自汉地，可见华美的丝绸曾为各族女子制为华服，穿着于身，熠熠生彩。

六人皆把杯盏，似在宴饮。居中的长须男子持一杯（图 17）。类似式样的杯曾出土于贵霜夏都迦毕试，即今阿富汗贝格拉姆遗址，那几只杯（图 18）为玻璃制，上有彩绘，据研究应当是罗马帝国的产品，经由丝路贸易来到贵霜，并为贵霜贵族所钟爱。故推测壁画中的杯或许也曾跋涉远道，又被主人带往更远的远方。

有意思的是，浙江杭州半山石塘战国墓中出土的水晶杯（图 19），也与壁画中的杯十分相似，而同墓葬中出土的蜻蜓眼玻璃珠暗示着水晶杯的异域身份和可能经历。蜻蜓眼

图 13　长袖绢袍　新疆若羌楼兰 LE 古城西晋墓出土　新疆维吾尔自治区文物考古研究所藏

图 14　半袖绮衣　新疆若羌楼兰 LE 古城西晋墓出土　新疆维吾尔自治区文物考古研究所藏

图 15　灰陶女坐俑　汉代　台湾历史博物馆藏　　图 16　女舞俑　六朝　台湾历史博物馆藏

图 17　持杯者　新疆若羌楼兰 LE 古城西晋墓壁画　　图 18　彩绘玻璃杯　1 世纪　阿富汗贝格拉姆 10 号房出土　阿富汗
国家博物馆藏

图 19　**水晶杯**　浙江杭州半山石塘 1 号战国墓出土　杭州博物馆藏

图 20　**持叵罗者**　新疆若羌楼兰 LE 古城西晋墓壁画

玻璃珠诞生于古埃及，从地中海沿岸至伊朗、印度以及中国都可见其踪迹，玻璃珠的踪迹似乎标识着一条古老的贸易线。尽管战国时，本土已能生产蜻蜓眼玻璃珠，但东西方的物质流通依然不绝。故可大胆推测，一只水晶杯沿着古老的贸易线，翻山越岭，最终到达欧亚大陆的东端。这只杯子，拓宽了我们对于大陆远程贸易的想象。

　　除了杯外，壁画显示当时更流行的饮酒器当属叵罗，有四位墓主人手持这种西域风格的酒具（图 20）。叵罗，为敞口浅底的酒杯，其名源自波斯语 padrōd，又译作破罗、颇罗。[39] 新疆库车龟兹故城曾出土汉代银叵罗[40]，可见此物早已流行于西域，后又渐渐传至汉地，如史书记载，唐高宗时，"龟兹王白素稽献银颇罗"[41]，而在唐

39　海滨：《郁金·琥珀·叵罗·胡姬——李白饮酒诗中西域元素考释》，《西域研究》2011 年第 2 期，第 104 页。

40　刘松柏、郭慧林：《库车发现的银颇罗考》，《西域研究》1999 年第 1 期，第 55—56 页。

41　〔后晋〕刘昫等：《旧唐书》卷五《高宗本纪下》，中华书局 1975 年版，第 100 页。

图 21　丧宴场景奉献浮雕　约前 350 年　希腊阿提卡帕莱奥·费勒罗出土　希腊国家考古博物馆藏

图 22　半卧男子像骨灰坛　前 2 世纪　意大利佛罗伦萨巴博利诺·范·德萨〔Barberino Vald'Elsa〕出土　佛罗伦萨国立考古博物馆藏

人瑰丽的诗歌中，叵罗也往往和西域名物联系在一起，如"交河美酒金叵罗"[42]，"蒲萄酒，金叵罗，吴姬十五细马驮"[43]，可以想象，在唐代的欢宴中，这种西域风格的酒具曾满斟西域美酒，陶醉了一个个夜晚。

由此壁画，我们似乎瞥见了主人生前的某个欢愉时刻，一家人身着华服，举杯畅饮。最终，他们让画师将那一刻的美好绘制于墓壁，作为自己在世的最后形象。画师应当也是一位贵霜人，在宴饮图的一隅，他用佉卢文留下了自己的签名。

在壁画中描绘墓主人形象的做法，于汉代壁画墓有证。尽管在画里画外，墓主人的前方可能放置着酒食供品，但汉代的墓主人往往被表现为正襟危坐。而持杯形象，似乎是西方人更喜爱的表现方式。往西追溯，希腊人（图 21），还有意大利半岛上的伊特鲁里亚人（图 22）就往往将自己持杯盏饮酒的瞬间定格下来，传至永久。在受希腊化影响的犍陀罗地区，持杯形象（图 23）亦曾出现。这种形象也在

42　〔唐〕岑参：《酒泉太守席上醉后作》，载于〔唐〕岑参撰，廖立笺注：《岑参诗笺注》卷二《七言古诗》，中华书局 2018 年版，第 434 页。

43　〔唐〕李白：《对酒》，载于〔唐〕李白著，〔清〕王琦注：《李太白全集》卷二十五《古近体诗共九十首》，中华书局 1977 年版，第 1179 页。

图 23　石制戴砚　前 1—2 世纪　犍陀罗出土　日本平山郁夫丝绸之路美术馆藏

图 24　宴饮　5—6 世纪　乌兹别克斯坦苏尔干达利亚（Surkhandaria）巴拉利克泰帕壁画（线描）　乌兹别克斯坦国家历史博物馆藏

　　豪饮的中亚人中蔚为流行，在乌兹别克斯坦巴拉利克泰帕（Balaliktepa）的一幅 5—6 世纪壁画（图 24）中，参加宴饮的男女手中皆持杯盏。当西域人远道而来，此风也入华夏，在陕西西安北周安伽墓、陕西西安北周史君墓、山西太原王郭隋代虞弘墓中频频可见墓主人持杯形象。胡风盛行时，中原人也开始接受这一风尚，山西太原王家峰北齐徐显秀墓中，墓主人夫妇也手持漆盏，似乎欲把美酒一饮而尽。

　　该墓前室壁画的左片，则是动物的世界。门左侧，是一独角兽（图 25），独角横张，似欲抵抗一切破门而入者。独角兽是一种想象中的神兽，这种神兽以其赳赳气势被许多民族所尊奉，从而发展出一个庞大的图像体系，如独角鹿、羊、牛、

图25 独角兽 新疆若羌楼兰
LE古城西晋墓壁画

图26 彩绘木独角兽 甘肃武
威磨嘴子东汉墓出土 武威市
博物馆藏

犀、虎等，并从不同方位进入了汉地，与汉地原有的神兽概念相结合。[44]至汉代，
以独角兽为镇墓神兽的做法开始流行，这种一角欲抵的怪兽被寄予了守护墓主人灵
魂安宁的作用，最著名的文物例证是甘肃武威磨嘴子汉墓中出土的彩绘木独角兽
（图26），其姿态与该墓中的独角兽十分相似。

---

[44] 王红梅：《汉代独角镇墓兽造型中的民族文化元素探研》："汉代镇墓兽造型的独角形象的形成和演变
与当时社会思想和文化传播融合的历史大背景密不可分。融合了秦文化、荆楚文化、羌巴文化、草原文化、
西域文化、西亚文化等多元民族文化元素的独角镇墓兽造型，经历了从自然界动物造型向艺术意象造型演化
的漫长而复杂的历史演变过程，形成了独具特色的艺术形象。"《丝绸之路》2016年第16期，第25—27页。

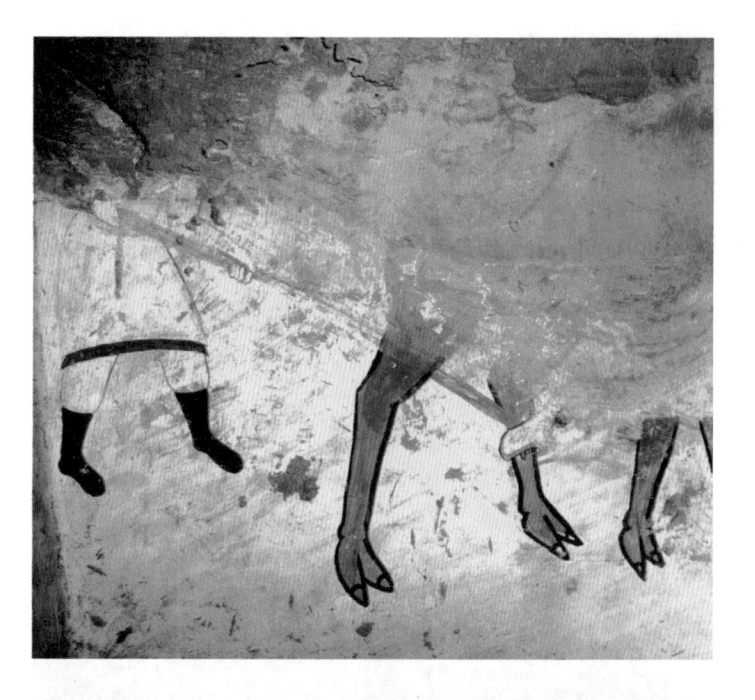

　　前室左壁上，分别描绘了两头正在互相撕咬的骆驼（图27、28）和两匹奋蹄立起的马（图29）。骆驼和马是贵霜人迢迢千里旅途的良好伴侣，也是财富的象征。面对着它们，或许会使墓主人回忆起策马驰骋、乘驼漫游的往昔岁月。

　　该墓中最令人费解的图像就是遍布前室中心柱和后室四壁的轮状图案（图

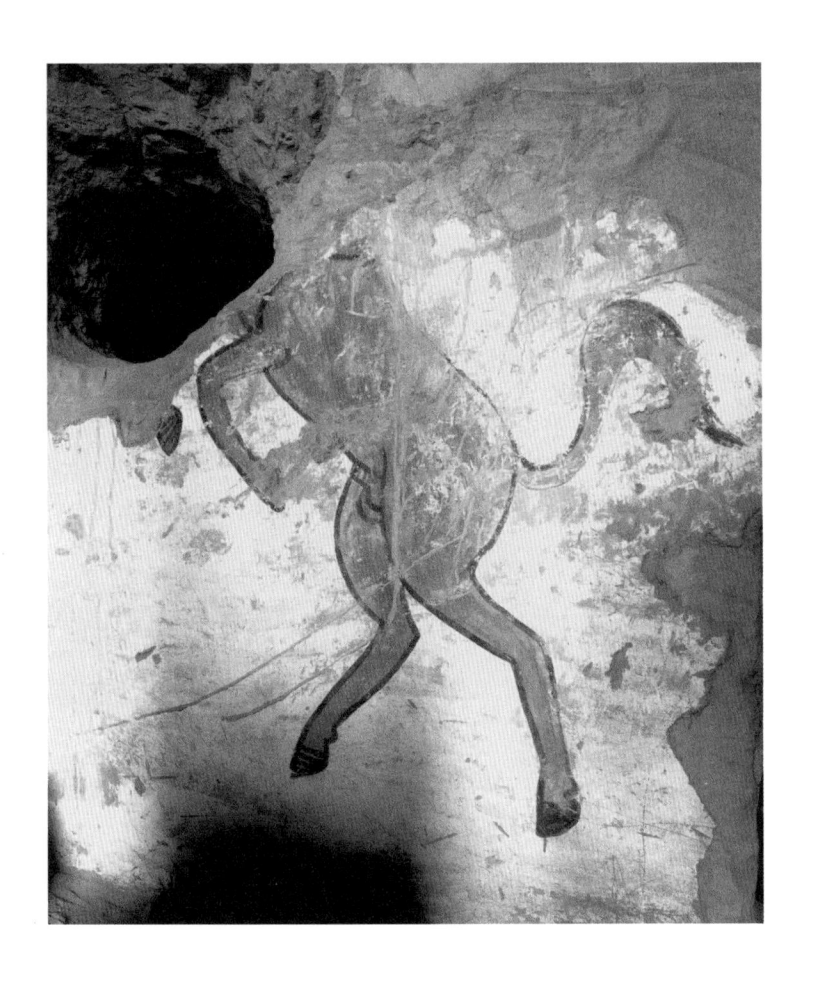

图29 斗马 新疆若羌楼兰 LE
古城西晋墓壁画

30）。有学者将其解释为莲花，但其粗大的边缘与莲花并不相似。有学者将其解释为佛教中的法轮，此说亦有可疑之处。法轮作为佛法的象征，是佛教徒的崇拜对象，其位置和布局有着仪式上的规定，它需要被供奉在一个尊贵的位置，如佛塔或法轮柱上。而该墓壁画中的轮状图案，数量众多，且布局纷乱。因此，它不太可能是法轮。

更令人匪夷所思的是，壁画中几乎所有的轮状图案一端延伸出勾状线条，勾端又有数条横弧线，并接一条纵线，似乎在表现轮状物各自行走在不同的轨迹上。

这或许是我们尚不清楚的一种信仰的代表图像。无数游走的轮，是远方的召唤，抑或命运的象征，至少在此刻，我们还不得而知。

因此，楼兰壁画墓的主人尽管是佛教徒，但他也有可能因循着一种更朴质的信仰传统，整个后室四壁满绘行动着的轮，营造出某种天界的幻象。或许，沿着轮的轨迹，他们相信自己的灵魂将往生永恒之天堂。

图 30　轮状图案　新疆若羌楼兰 LE 古城西晋墓壁画

水的危机

先人已安然长眠，而活着的人，还要继续活下去。

但是，危机却渐渐在楼兰垂下阴影。

水。

从 3 世纪起，楼兰居民发现，河水似乎变少了。要供应日益繁多的人口，要灌溉日益扩大的田地，河水却日益捉襟见肘。甚至有的时候，河流发生了枯竭。一则大约书写于公元 336—359 年间的佉卢文书显示："疏梨阇天子嗣位之五年四月十三日。是时，有人名曰詹毗罗。此人娶般支那之女五爱为妻，时逢（河）水枯竭之际，此位詹毗罗将妻子五爱遗弃。"[45] 可以想见，河流枯竭预示着一个可怕的荒年，而在灾荒之下，伦理惨剧发生了。

楼兰的情况，实际上是更大范围气候变化的一个反映。在这个时期，欧亚大陆的中纬度地区普遍受到干燥寒冷的折磨。气候学家运用罗布泊盐湖遥感信息重建

45　林梅村：《新疆尼雅发现的佉卢文契约考释》，《考古学报》1989 年第 1 期，第 123 页。

了过去 2000 年的气候变化曲线，并且与古利雅冰芯氧同位素值曲线进行对比研究，发现公元 322—366 年、450—500 年是气候的冷谷。[46] 气候变化会扰乱海陆间的热力循环，引发一系列的生态后果，作为欧亚大陆腹地生态脆弱的干旱地带，楼兰的艰难时代降临了。

地理学家对罗布泊历史的研究，向我们揭示出罗布泊畔、孔雀河边的楼兰居民曾面临的困境。在公元 300 年以前，罗布泊的最大面积为 8426 平方千米，最大水深约 6.5 米。而公元 400 年左右，塔里木河和孔雀河发生了一次大的改道，向南穿过台特玛湖至喀拉和顺湖，之后再从西南流入罗布泊。并且，罗布泊的水量急剧缩小，最大面积萎缩为 4183 平方千米，最大水深 3.5 米，约为之前的一半。[47] 河流改道和罗布泊的缩小，使楼兰居民取水变得异常困难了。

为了应对水资源的短缺，楼兰政府不得不制定严格的规定，来对宝贵的水进行分配。如一则国王敕谕记载了借水的情况，"曹长阿波尼耶已将水借来。彼将借来之水给了别人。当汝到此楔形泥封木牍时，应即刻对此详细审理，此水是否为阿波尼耶所借，又是否将此水借人。此外，若排水口未曾准备好，则不能让阿波尼耶赔尝（偿）损失"[48]，可见当时有专门管理水的官吏——曹长，且借来的水不能随意转借他人。而另一则佉卢文信函则反映了当时用水需有专门的谕令或交纳相关的费用，"汝派多那来此办理耕种所需水和种子事宜。余在此已拜读一件楔形泥封木牍。该楔形泥封木牍未提及水和种子之事。据诸长者所云，莎阁地方的一块田已给州长黎贝耶使用，但未提供水和种子。该田地系天子陛下所赐，为汝私人所有。汝处若有关于水和种子之事的任何亲笔信，或有内具详情之谕令书，应找出送来。若无此类文书，汝得先交纳水和种子费用，才可在此耕种"[49]。

尽管精打细算，但水的持续减少是不争的现实。人们不得不意识到，罗布泊畔已无法承载这么多人的生存。那么，一场流亡不得不开始了。

在楼兰遗址发现的木简显示最晚的纪年是建兴十八年（330），或许在这一年后，人们开始陆续撤离。

沙卡和拉达的后裔不得不离开他们刚刚熟悉的故乡。过去，他们先祖的富楼沙

46　谢连文、黄思静、李锋、张建永：《罗布泊盐湖过去 2000a 气候变化曲线的全球对比》，《中国岩溶》第 23 卷第 4 期，2004 年 12 月，第 314—315 页。

47　袁国映、袁磊：《罗布泊历史环境变化探讨》，《地理学报》第 53 卷增刊，1998 年 12 月，第 85—86 页。

48　《沙海古卷——中国所出佉卢文书（初集）》，国王敕谕 502 号，第 125 页。

49　《沙海古卷——中国所出佉卢文书（初集）》，信函第 160 号，第 281 页。

被敌人的马蹄所攻占，如今，风沙和干旱撞开了他们的楼兰的城门。

在最后时刻，他们或许拜谒了先祖的墓地，然后转身上马，踏上又一次未知的旅途。

留下罗布泊畔的一座座城郭，在无限时光中被蚀刻消磨。

人们总是为别离所伤，为弃绝所叹惋。在人类有限的线性生命里，一片文明的消亡是无法追挽的失落。

不过，对于罗布泊来说，水涨水落，鸟去鸟回，人来人往，是一个个的轮回。像之前那样，属于楼兰的故事结束了，它等待着下一个轮回的开启。

名士？高士？仙士？一个时代的"竹林之梦"

竹林旧游

草木翁郁而放肆，雀鸟追逐翻飞。为寻找那位隐者，嵇康不觉来到了云山深处。

百仞悬岩上，那人被发自覆，闭目无情，仿佛一块石头。

"孙登字公和，汲郡共人也。无家属，于郡北山为土窟居之，夏则编草为裳，冬则被发自覆。"[1] 在传说中，这是一位神龙见首不见尾的隐者，人们不知道他的出身和家世，只知道，人间世事，于他，如尘埃般，可以轻轻掸去。

嵇康就在孙登身边住了下来，日出夜入，随之游于浩荡山间。云卷云舒，自然在光阴间流转，但孙登始终是沉默的。

嵇康不解，却也无问。

最后，当嵇康临别辞去时，孙登发言了："君性烈而才隽，其能免乎！"[2]

嵇康心中陡然一凛，回首望时，孙登又已闭目，无情得仿佛一块石头。

孙登所居，曰苏门山，按唐《元和郡县图志》，"苏门山，在县西北十一里。孙登所隐，阮籍、嵇康所造之处"[3]，是太行山的一段支脉。出山后辗转未久，嵇康将回到他所栖止的河内郡山阳县。

山阳，魏文帝曾放汉献帝于此。此地离当时的首都洛阳两三百里，这距离说近

---

1 《晋书》卷九十四《隐逸列传·孙登》，第 2426 页。
2 《晋书》卷四十九《嵇康列传》，第 1370 页。
3 《元和郡县图志》卷十六《河北道·卫州·卫县》，第 460 页。

不近，说远也不远，远则隔于风尘之外，近则能以风声往来。山阳境内有白鹿山，长泉出焉，水流经的那片风篁，便是嵇康的竹林。[4]

嵇康寓居河内山阳时，结识了河内人山涛，山涛又遇阮籍，几人便成莫逆。[5]此后，山涛引荐了老乡向秀[6]，阮籍引荐了侄儿阮咸和小友王戎[7]，阮籍、嵇康又遇到刘伶[8]。此数人皆雅好自然，不拘俗礼，常游于嵇康寓园，竹林深处，相与谈玄论道，鼓琴饮酒，兴致酣畅。嵇康《杂诗》云"弦超子野，叹过緜驹。流咏太素，俯赞玄虚"[9]，可想见弦歌玄谈之乐。

此间乐，只是暂时。竹林之会的一些主要成员还是遵循"学而优则仕"的夫子教诲，踏上了仕途，如山涛为河南从事[10]，阮籍为尚书郎[11]，至少此时，在他们看来，入仕以遂天下之志，未尝不可。

不久后，政治中心风云骤变。魏明帝曹睿临终时，曾将太子曹芳托于曹爽和司马懿，而曹芳即位后，曹爽独大，司马懿隐忍。正始十年（249），高平陵政变爆发，司马懿奋戈一击，曹爽败落，受其株连者数千人。其后，司马师、司马昭相继，司马氏这棵巨榕已错节盘根于曹魏朝堂上，仿佛当年威挟天子的曹操那般。

除了将亲信心腹遍置于要职外，司马氏亦网罗英才，为其壮势。

达人见机，早在高平陵政变之前，阮籍、山涛等纷纷去职归里。而司马氏得势后，这些名士清流自然是征召收纳的对象，阮籍被任命为从事中郎，不久为大司马从事中郎，后封关内侯，徙散骑常侍，[12]山涛举秀才，除郎中，转骠骑将军从事中郎，后又拜赵国相，迁尚书吏部郎。[13]

不久，清静的竹林亦将被来自京华的马蹄车銮声所响彻。

---

4 《水经注校证》卷九《清水》："又径七贤祠东，左右筼筜列植，冬夏不变贞萋。魏步兵校尉陈留阮籍、中散大夫谯国嵇康、晋司徒河内山涛、司徒琅邪王戎、黄门郎河内向秀、建威参军沛国刘伶、始平太守阮咸等，同居山阳，结自得之游，时人号之为竹林七贤。向子期所谓山阳旧居也。后人立庙于其处。"第 225 页。

5 《晋书》卷四十三《山涛列传》："与嵇康、吕安善，后遇阮籍，便为竹林之交，著忘言之契。"第 1223 页。

6 《晋书》卷四十九《向秀列传》："少为山涛所知。"第 1374 页。

7 《晋书》卷四十三《王戎列传》："阮籍与浑为友。戎年十五，随浑在郎舍。戎少籍二十岁，而籍与之交。"第 1231 页。

8 《晋书》卷四十九《刘伶传》："与阮籍、嵇康相遇，欣然神解，携手入林。"第 1375 页。

9 〔三国魏〕嵇康：《杂诗》，载于〔三国魏〕嵇康著，戴明扬校注：《嵇康集校注》卷一，中华书局 2014 年版，第 133 页。

10 《晋书》卷四十三《山涛传》，第 1223 页。

11 《晋书》卷四十九《阮籍传》，第 1360 页。

12 同上。

13 《晋书》卷四十三《山涛传》，第 1223—1224 页。

时受大将军司马昭亲信的钟会，慕嵇康之名而来造访，"乘肥衣轻，宾从如云"，而此时的嵇康正在锻铁，不亦乐乎，对钟会不理不睬，使他留下了"有所闻而来，有所见而去"的愤懑之语。[14]

嵇康的才名亦传到司马昭耳中，司马昭欲征辟他为官，而嵇康却躲避至河东，绝不出仕。[15]当嵇康旧友山涛举荐他以自代时，嵇康却洋洋洒洒写下一篇《与山巨源绝交书》，示其不可羁屈。

嵇康的举动终于惹怒了司马昭。在他看来，嵇康的避而不仕，乃因顾念魏室，分明是对他以及他即将开启的新时代的蔑视。钟会亦诋毁嵇康，称其"上不臣天子，下不事王侯；轻时傲世，不为物用；无益于今，有败于俗"[16]，又言嵇康本欲助毌丘俭反司马氏，因为山涛的劝说而未行。[17]司马昭感到嵇康断然不能留。于是，借吕安一事，嵇康被捕下狱。

嵇康行刑那日，太学生三千人为其请命，不得。于是，《广陵散》绝。"海内之士，莫不痛之。"[18]

在最后的日子里，嵇康或许曾想到在缥缈云山间与孙登的那段相遇。"性烈而才隽，其能免乎！"他或许会后悔，没有随孙登而去，隐匿于白云深处。"昔惭柳下，今愧孙登。内负宿心，外恧良朋。"[19]嵇康虽然曾作《圣贤高士传赞》，并对那些隐逸遁心的高士予以敬意，但可惜，他始终没有成为一位真正的高士。竹林稀疏，遮掩不了他灼灼如朗日的才华，也牵扯不住泛泛如流水的命运。

嵇康死后，竹林，对于曾游于竹林甚至只是仰慕竹林的人们来说，成为一个缥缈的梦。王道荡荡，不容许再有自由的蹊径。曾与嵇康相对锻铁，慕庄周之逍遥的向秀也出仕了，成为帝国一位中规中矩的公务员。在一次举郡计入洛时，司马昭曾问："闻君有箕山之志，何以在此？"他诚惶诚恐地回道："巢、许狷介之士，不足多慕。"[20]

《广陵散》似乎真的绝了。似乎只有一缕余韵，回响在阮籍的穷途之哭里。

14　《三国志》卷二十一《王卫二刘傅传》附《嵇康传》裴松之注引《魏氏春秋》，第 606 页。

15　同上。

16　〔南朝宋〕刘义庆著，〔南朝梁〕刘孝标注，徐震堮校笺：《世说新语校笺》卷中《雅量》刘孝标注引《文士传》，中华书局 1984 年版，第 195 页。

17　《晋书》卷四十九《嵇康传》，第 1373 页。

18　同上书，第 1374 页。

19　〔三国魏〕嵇康：《幽愤诗》，载于《嵇康集校注》卷一，中华书局 2014 年版，第 43 页。

20　《世说新语校笺》卷上《言语》，第 43 页。

七贤成为偶像

司马氏终归夺了魏室天下，建立晋朝。

此时，竹林之游的最少者王戎已身居高位。在王戎的记忆里，竹林之游或许是他生命中最欢快的时刻，即使因一次偶然的机会途径黄公酒垆时，他也不禁回想起曾与嵇康、阮籍在此畅饮的情景。"王浚冲为尚书令，着公服，乘轺车，经黄公酒垆下过。顾谓后车客：'吾昔与嵇叔夜、阮嗣宗共酣饮于此垆。竹林之游，亦预其末。自嵇生夭、阮公亡以来，便为时所羁绁。今日视此虽近，邈若山河。'"[21] 这样的陈年旧事，或许他也曾对一位族弟唠叨过，在叙述时，或许这位少年眸子里也燃起过星光。竹林之梦，在不经意间，传承下去。

王戎于永兴二年（305）去世。此时，距离嵇康之死已有四十余年了。就在王戎去世两年后，其族弟王导与琅玡王司马睿渡江来到建邺。

这是有先见之明的迁徙。因为这时的中原，已被司马氏诸侯王的纷争践踏得一片狼藉。喘息未定，永嘉五年（311）和建兴四年（316），胡人先后攻破了洛阳与长安。为了躲避战乱，大批士族亦携眷属、宗族渡江而南。士族们奉已在江南的司马睿为帝，以延续晋室国祚。

晋元帝司马睿即位之初，势单力薄，赖王导多方周旋，获取南北士族的支持，方才稳定下来。故王导执掌朝政，时人称"王与马，共天下"。

不知是否因族兄的推崇，王导对嵇康的学问非常服膺，据载，"王丞相过江左，止道声无哀乐、养生、言尽意，三理而已。然宛转关生，无所不入"[22]，其中声无哀乐和养生二论便出自嵇康。

在王导时代，竹林的故事被重新发明出来。有学者指出，"王导主持的清谈场，是东晋初期竹林七贤热的发源地"[23]，而他这么做的目的是为了标榜琅玡王氏在清流社会中的地位，毕竟王氏的先贤王戎就是竹林之游的亲历者。于是，上文所述的王戎游黄公酒垆的故事，作为一个怀旧的典型，也在江东流传。而这，被琅玡王氏的政敌颍川庾氏认为不过是好事者的编造[24]，这里的好事者，显然暗指琅玡王氏。

---

21 《世说新语校笺》卷下《伤逝》，第 348 页。
22 《世说新语校笺》卷上《文学》，第 114 页。
23 王晓毅：《"竹林七贤"考》，《历史研究》2001 年第 5 期，第 98—99 页。
24 《世说新语校笺》卷下《伤逝》注引《竹林七贤论》："俗传若此。颍川庾爰之尝以问其伯文康，文康云：'中朝所不闻，江左忽有此论，皆好事者为之耳！'"第 348 页。

王导的倡导固然重要，但真正使竹林及七贤火热起来的，乃是一个时代对于逍遥不羁的神往。

自汉武帝罢黜百家以来，天下以儒术为重。东汉世家大族多习儒业，循修齐治平的次第，以经世济民，光耀门楣。

至东汉后期，外戚宦官交相倾轧，而士大夫以操节自励，余英时先生所谓士大夫之新自觉也。[25] 比起位高权重的显宦，"隐不违亲，贞不绝俗，天子不得臣，诸侯不得友"[26] 的贞士更能引发士人们的道德向往，即皇权所赋予的显爵不再是士人评判自身的重要标准，一种超脱于皇权的独立精神萌发且滋生，追求卓荦独特成为风尚，清代赵翼评之为"务欲绝出流辈，以成卓特之行"[27]。直至党锢祸起，士人罹难，但"风雨如晦，鸡鸣不已"，此独立精神依稀不绝。

此后东汉王朝衰落，群雄逐鹿，乱世来临。野火刀光中，人命如寄，祸福须臾。在动荡时代，修齐治平的儒家理想人生轨迹不再是坦坦之道。而曹魏篡汉，受禅台上的表演又使得君君臣臣秩序受到冲击。此世间，儒家理想既难以伸张，儒家学术又陷于章句烦琐之途，无复安顿人心。而尚玄妙、任逍遥的老庄学说却提供了一片清明天地，更适合士人自由性情之伸张。由是，第一批玄谈名士应运而生，曹魏正始年间（240—249），何晏、夏侯玄、王弼等名士竞事清谈，以无为本，玄学由此发端。惜正始名士的代表人物多与魏室渊源甚深，在司马氏崛起时，多殒身于政治斗争。

司马氏掌权后，尚儒家名教之名，而行篡位之实，乃至弑杀高贵乡公曹髦，完全违背了儒家的君臣原则，故司马氏之名教显得愈发虚伪。以嵇康为代表竹林名士值此时代，越名教而任自然，以种种放达任性，抒表胸臆。而此时，名士的反抗相对于强大的权力犹如以卵击石，故嵇康遭司马昭嫉恨而被杀，其余竹林名士噤若寒蝉。司马氏篡魏前后，是名士的黑暗时代，"属魏晋之际，天下多故，名士少有全者"[28]。

至西晋建立，大局既定，司马氏终归需要士族的支持，皇权与士族达成了一定的和解。司马氏自诩"以孝治天下"，士族们也需要有自己的精神力量。那么，标

---

25 余英时：《汉晋之际士之新自觉与新思潮》，载于余英时：《士与中国文化》，上海人民出版社2003年版，第251—302页。

26 《后汉书》卷六十八《郭太列传》，第2226页。

27 〔清〕赵翼著，王树民校证：《廿二史札记校证》卷五，中华书局2013年版，第104页。

28 《晋书》卷四十九《阮籍列传》，第1360页。

榜自然、性情的玄学，作为一种异于儒学的思潮，为崛起的士族所青睐，传统的儒学家族纷纷由儒入玄，以显示他们在精神上欲与统治家族分庭抗礼的愿望。田余庆先生描述这个时代时，称"西晋朝野玄风吹扇，玄学压倒了儒学而成为意识形态的胜利者，连昔日司马氏代魏功臣的那些儒学世家，多数也迅速玄学化了"。玄谈名士的风流态度成为时尚风标，以至于士族若"不入玄风，就产生不了为世所知的名士，从而也不能继续维持其尊显的士族地位"[29]。所谓中朝名士，便是此时的代表，其上者执麈谈玄，清雅高尚，其下者则饮酒裸裎，任诞放纵。与竹林名士因反抗虚伪名教而放任不同，中朝名士的任诞更像是背礼弃道的浮华表演，故论者指出"竹林之为放，有疾而为颦者也；元康之为放，无德而折巾者也"[30]。

至永嘉南渡，司马睿称帝，因根基浅薄，不得不依仗士族，故士族力量达到了与司马氏"共天下"的程度，东晋王朝成为中国历史上罕见的门阀政治时代。门阀士族当道，也使得玄风大盛。

凡事皆需有自，玄学也需发明出自己的传统，故新时代的玄谈名士们需要寻找合适的先贤或文化英雄以为名士群体之楷模。观前事，正始名士多为亲曹魏者，中朝名士则因西晋亡而背负"清谈误国"的嫌疑，那么，竹林名士将是最好的选择。

竹林名士本意笼统，盖游于竹林者众，且出处不一，各具情态。东晋时，竹林名士集中到"七贤"身上，即嵇康、阮籍、山涛、向秀、阮咸、刘伶、王戎七人。已知的最早提到"竹林七贤"的史书是东晋孙盛的《魏氏春秋》[31]，《三国志》注引《魏氏春秋》云："康寓居河内之山阳县，与之游者，未尝见其喜愠之色。与陈留阮籍、河内山涛、河南向秀、籍兄子咸、琅琊王戎、沛人刘伶相与友善，游于竹林，号为七贤。"[32] 由是，竹林七贤作为名士风流与风骨的标杆，被高高树立起来。

---

29 田余庆：《东晋门阀政治》，北京大学出版社 1989 年版，第 350 页。

30 《晋书》卷九十四《隐逸列传·戴逵》，第 2458 页。

31 有学者称最早记载"竹林七贤"名号的文献是阴澹的《魏纪》，成书时间大致在两晋之际。见马鹏翔：《"竹林七贤"名号之流传与东晋中前期政局》，《中国哲学史》2008 年第 2 期，第 117 页。察其论据，则因南宋祝穆撰《事文类聚·别集·礼乐部》引《魏记》云"谯郡嵇康，与阮籍、阮咸、山涛、向秀、王戎、刘伶友善，号竹林七贤，皆豪尚虚无，轻蔑礼法，纵酒昏酣，遗落世事"（清文渊阁《四库全书》本），便以此《魏记》为晋阴澹所撰之《魏纪》。其实该段文字可见于北宋司马光《资治通鉴》卷七十八《魏纪十·元皇帝下》（中华书局 1956 年版，第 2462 页），字词稍有差异而已。祝穆的时代晚于司马光，于《资治通鉴》必有所参，虽然《事文类聚》只此一处"魏记"，无有对照，但后人引用《资治通鉴·魏纪》时，亦有单称《魏纪》者，因此，祝穆所引《魏记》更可能是《资治通鉴·魏纪》，那么所谓最早"竹林七贤"名号见于晋阴澹《魏纪》之说，可谓无凭矣。

32 《三国志》卷二十一《魏书·王卫二刘傅传》附《嵇康传》注引《魏氏春秋》。

既为标杆，需颂其德。竹林七贤，特别是嵇康，得到了东晋士人的高度颂扬，被推崇为德行高尚的完美人物。如李充《嵇中散颂》称其"肃肃中散，俊明宣哲，笼罩宇宙，高蹈玄辙"[33]，袁宏妻李氏《吊嵇中散文》称其"德行奇伟，风韵劭邈，有似明月之映幽夜，清风之过松林也"[34]。至于当年那桩旧案中人也得到新的评价，与嵇康同祸的吕安被认为是"嵇子之良友"，而煽风点火的钟会则成为"天下之恶人"[35]。善恶是非，一目了然。

此外，袁宏有《名士传》，戴逵有《竹林七贤论》，皆为竹林七贤著书立传者，值得注意的是，戴逵本非放达之拥护者，"常以礼度自处，深以放达为非道"[36]，对中朝名士的任诞嗤之以鼻，而他却对竹林七贤同情且理解，可见竹林七贤在士人中的好感度非一般名士所能比。

非独传之以文，亦当图之以形。东晋的人物画家常将竹林中人作为自己绘画的主题，在《历代名画记》的记载中，便有顾恺之绘"阮咸像""七贤"，史道硕绘"七贤图""嵇中散诗图"，戴逵绘"嵇阮像""嵇阮十九首诗图"，等等。[37]

七贤声名事迹传播既广，且各人个性爱好突出，如嵇康擅琴，阮籍善啸，刘伶好酒等，故名士们纷纷效仿，以示高雅。《世说新语》曾载，"周仆射（伯仁）雍容好仪形。诣王公，初下车，隐数人，王公含笑看之。既坐，傲然啸咏。王公曰：'卿欲希嵇、阮邪？'"[38]啸咏一出，人便以为是仿效嵇、阮，可见效七贤已成风气。

东晋士族崇尚竹林，五胡治下之北方亦染此风。苻朗原是前秦王苻坚之从侄，他虽是氐人，却颇有玄谈名士的气度，"耽玩经籍，手不释卷，每谈虚语玄，不觉日之将夕；登涉山水，不知老之将至"[39]。前秦瓦解后，他归降东晋，后因故被杀，临刑前有诗曰"旷此百年期，远同嵇叔子"[40]，仍遥以嵇康为前贤典型。

风尚之下，竹林七贤成为那个时代的文化偶像。过多的凝望会生发出光环，时光流转也隐去了原本的缺憾，在下一个时代，竹林七贤，将渐渐从有血有肉有缺点的人，神化为仙。

---

33 〔晋〕李充：《九贤颂·嵇中散颂》，载于《嵇康集校注》附录·诔评，第626页。

34 〔晋〕袁宏妻李氏：《吊嵇中散文》，载于《嵇康集校注》附录·诔评，第627页。

35 同上。

36 《晋书》卷九十四《隐逸列传·戴逵》，第2457页。

37 〔唐〕张彦远：《历代名画记》卷五《晋》，浙江人民美术出版社2019年版，第89、94、97页。

38 《世说新语校笺》卷上《言语》，第56页。

39 《晋书》卷一百十四《苻坚载记》附《苻朗传》，第2936页。

40 同上书，第2937页。

化仙

此时是南齐永元三年（501），距离嵇康去世已经二百三十多年了。

在南齐都城建康，宫墙之内，正土木大兴。之前的一场大火，焚毁了宫内十余殿三千余间。不过对于年轻的皇帝萧宝卷来说，这未尝不是一件好事。他早已厌倦了旧宫殿的索然无趣，这回，他有机会重起炉灶，构建他的安乐国了。

芳乐、芳德、仙华、大兴、含德、清曜、安寿诸殿均已完工，如今，萧宝卷的精力贯注于玉寿宫。这座宫殿是他送给宠妃潘氏的，自然应当别具一格。

在萧宝卷的设想中，玉寿宫应当是仙宫的再现，层峦耸翠，飞阁流丹，自不必说，宫内的装饰亦要有凌霄之感。于是，他令人在宫里立飞仙帐，四面皆绣绮，轻飔拂起，飘然若云间。窗间壁上，萧宝卷要求要尽画仙人玉女，又饰灵兽、神禽、风云、华炬，模拟琼楼玉宇，又凿金莲花贴于地面，以为潘妃步步生莲。种种构画，务必使玉寿宫烜曜非常。

这日，萧宝卷惯常来到玉寿宫巡视，他见画工正在壁间绘神仙图，有仙人七，栖息于树下，或鼓琴，或酌酒，或凝思，或弹阮，且皆有美女为伴。当萧宝卷问时，画工答：此竹林七贤也。

萧宝卷打量壁间，见七贤神闲意远，恬然自得，果然是神仙中人。

一千五百多年后，萧宝卷玉寿宫的形容，只存于史书片言间，那壁间的七贤如何翩然若仙，也无人得见了。

1960年，在江苏南京西善桥宫山，一座南朝大墓被开启，在砖砌墓壁上，人们惊讶地发现，风流千载的竹林七贤赫然在目。

而宫山墓并非特例，在接下来的几十年间，考古学家陆续在江苏丹阳胡桥仙塘湾南朝墓、丹阳建山金家村南朝墓、丹阳胡桥吴家村南朝墓、南京雨花台石子岗5号南朝墓、南京雨花台铁心桥小村1号南朝墓、南京栖霞狮子冲1号南朝墓中也见到了类似的竹林七贤砖印图像。（其中石子岗5号南朝墓和铁心桥小村1号南朝墓中只有一些散乱砌筑的该题材砖印壁画砖，这些砖却未拼成完整壁画。）这几座墓葬等级甚高，甚至其中不乏帝陵，如仙塘湾墓被认为是齐景帝萧道生修安陵，吴家村墓可能是齐和帝萧宝融（萧宝卷同母弟）恭安陵，金家村墓可能是东昏侯萧宝卷

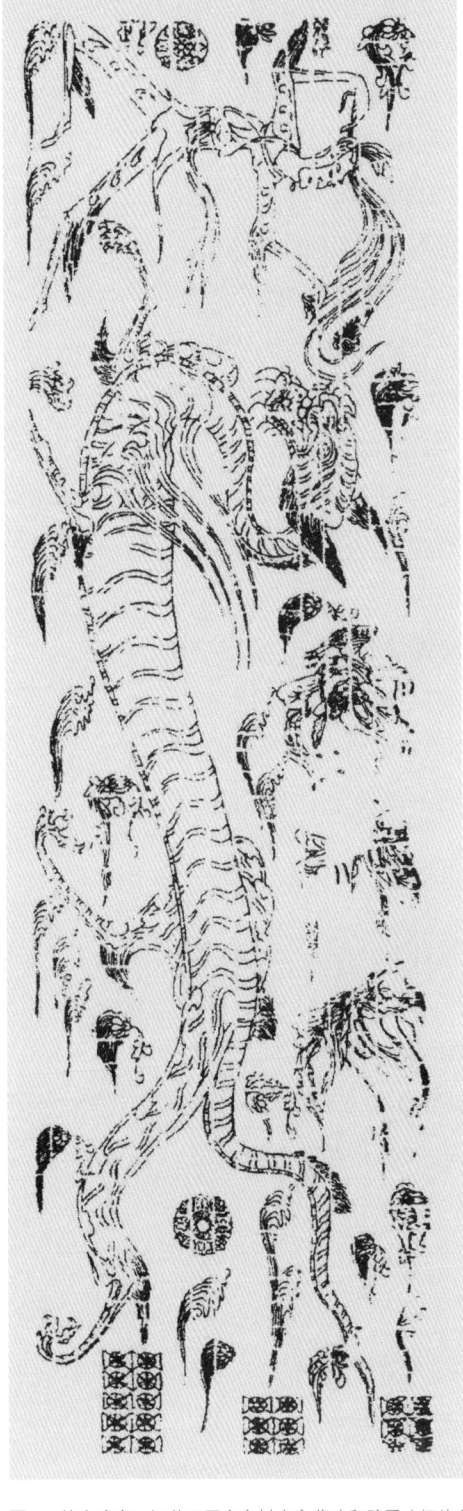

图 1 仙人戏虎 江苏丹阳金家村南齐墓砖印壁画（拓片）

本人之墓。[41]南齐帝陵中频频出现竹林七贤形象，看来，萧宝卷玉寿宫中绘七贤像的行为，并非是创作者的心血来潮，而可能是一种渊源有自的图像传统。

至于为何墓葬中会出现竹林七贤像，学者们大致有两派观点：一派以此竹林七贤像为名士图，绘之乃是因墓主人崇尚玄学，或出于帝王笼络士族之需[42]；另一派以此竹林七贤像为神仙图，绘之乃是对升仙的渴望。

名士耶？神仙耶？或许细观墓葬图像的格局可以察出端倪。

宫山墓中仅有竹林七贤和荣启期图，而丹阳的三座南朝墓则具有更丰富的墓葬图像，可资参考。在丹阳南朝墓的墓室中，两壁的砖印图像显然被分为上下两栏，下栏是出行图，这是南北朝墓葬中常见的图像类型，侍从仪卫显示着墓主人的尊贵身份和豪华排场。上栏，两壁分别是仙人戏龙和仙人戏虎（图 1），仙人在与龙虎相戏逐中，飞向浩渺的苍冥。在此，仙人被视为是魂灵的先导，他将接引乘车御马而来的墓主人脱离尘俗，羽化登仙，而龙与虎，既是遨游于仙界的瑞兽，亦是主人在升仙旅途中的坐骑。龙虎等瑞兽与灵魂飞升相关联，或许早在 6500 年前的仰韶文化时期便已有端倪，

41　南京博物院：《江苏丹阳县胡桥、建山两座南朝墓葬》，《文物》1980 年第 2 期，第 9—10 页。也有学者认为吴家村墓是东昏侯萧宝卷之墓，而金家村墓是齐和帝萧宝融恭安陵，见邵玉健：《丹阳两座南朝失名陵墓墓主考》，《东南文化》1989 年第 2 期，第 171 页。

42　李若晴：《再谈"竹林七贤与荣启期"画像砖成因——以刘宋初期陵寝制度与立国形势为中心》，《艺术探索》2017 年第 1 期，第 30 页。

在河南濮阳西水坡的一处墓葬中，一具男性骨架两侧分别有蚌壳摆塑的龙与虎。在汉代，希冀升仙的人们有更多瑞兽可供选择，如陕西靖边杨桥畔杨一村东汉墓壁画中，除龙、虎之外，兔、龟、鹤、雁等皆可驾云车而赴仙境。到了南朝，人们对升仙瑞兽的认知集中到了龙、虎、鹿上，《抱朴子》言："若能乘蹻者，可以周流天下，不拘山河。凡乘蹻道有三法：一曰龙蹻，二曰虎蹻，三曰鹿卢蹻。"[43]

从车马出行到仙人戏龙虎，这似乎已经构建了一条从地面到虚空的升仙路径，这让人不得不思考竹林七贤在此场景中对主人升仙的意义。首先，竹林七贤图像和仙人戏龙虎同处上栏，这意味着在创作者心目中，七贤已经超拔于尘俗之上，但七贤与树相伴，而非飞云，似乎又暗示着他们所处并非天境，也许是林木蓊郁的山中。那么，七贤的居处很可能是升仙路上的一个中间环节，即主人的魂灵从尘世出发，经七贤等高士所居处，再由仙人引导，乘龙虎飞入仙界。因此，郑岩先生对高士的论述颇有见地，"在人们的心目中，高士们是道术极为高深的人，他们是通往仙界的媒介，甚至本身就是神仙"[44]。

人们将高士视为是近乎神仙之人，这一观念可从孔愉的故事中窥得，"孔车骑少有嘉遁意，年四十余，始应安东命。未仕宦时，常独寝歌吹自箴诲。自称孔郎，游散名山。百姓谓有道术，为生立庙。今犹有孔郎庙"[45]。游散名山的孔愉被当地百姓认为是具有道术的，哪怕他后来出仕，走上了跟大多数人一样的尘俗之路，但百姓依然在他生前就为其立庙，将其作为神仙供奉。孔愉如此，当人们遥望其他翩然高士时，也很可能目之为仙。

不过，竹林七贤原非云山高士，前文已述，七贤中的多数出仕为官，甚至官居高位。即使如嵇康，干宝曾批评他"有潜遁之志，不能被褐怀宝，衿才而上人"[46]，即空有隐居的志向，而不能真正遁身藏形。话说回来，嵇康对隐士和仙游确实很感兴趣，除了入苏门山拜访孙登外，他对遁世之士的超然高举景仰不已，在他的想象中，荣启期、绮里季之流的古之隐者能遨游天际，逍遥容与，"于是遁世之士，荣期、绮季之畴，乃相与登飞梁，越幽壑，援琼枝，陟峻崿，以游乎其下，周旋永

---

43 《抱朴子内外篇》内篇卷十五《杂应》。

44 郑岩：《南北朝墓葬中竹林七贤与荣启期画像的含义》，载于郑岩：《魏晋南北朝壁画墓研究》，文物出版社 2002 年版，第 229 页。

45 《世说新语校笺》卷下《栖逸》，第 357—358 页。

46 〔晋〕干宝：《晋纪》，载于《嵇康集校注》附录《事迹》，第 600 页。

望，邈若凌飞，邪睨昆仑，俯瞰海湄"[47]。又嵇康曾作《游仙诗》，在诗中，他描述了自己遇仙人，被授"自然道"，心胸顿开，又采得仙药服食之事，"飘摇戏玄圃，黄老路相逢。授我自然道，旷若发童蒙。采药钟山隅，服食改姿容"[48]。遇仙自然只是臆想，但嵇康确实注重养生之术，修性服食，以为"导养得理，则安期、彭祖之伦可及"[49]。

嵇康的养生之论，经王导的宣扬，在东晋渐渐深入人心。加之竹林七贤热的兴起和人们对神仙之事的热衷，不少关于嵇康的神秘故事被发明出来，为人们所津津乐道。

例如，有个故事说的是嵇康遇到隐士王烈，二人共同入山中，王烈得了一种石髓，甘甜如饴，自己吃了一半，剩下的给嵇康，但嵇康一接到，石髓皆凝结为石头了。[50]这里的隐士王烈，便类似仙人，而石髓之属，向来被视为是延年益寿的仙药。此故事里的嵇康虽未尝到石髓，但与仙人交游却足以给予人们深刻印象。

在另一个故事里，嵇康亦与仙人有一段离奇的邂逅。道是嵇康曾经游于洛西，日暮时分，宿于华阳亭，引琴而弹。到了深夜，忽然有客来访，自称是古人，与嵇康共谈音律，言论清雅明晰，又取了琴弹奏，作《广陵散》曲，曲调高妙绝伦，于是就把这首曲子教授给嵇康，并让嵇康发誓不传与他人。此人悄然而去，亦不留下他的姓名。[51]这位倏而来忽而逝的"古人"显然是个超现实人物，或许就是嵇康在《琴赋》中提到的"荣期、绮季"之流。嵇康临刑前弹奏的《广陵散》已成绝唱，而这个故事使之愈发神乎其神。

有此种种奇遇，嵇康本人似乎也仙风道骨起来。据说，好服食的他有时入山采药，忽焉忘返，山中樵者见到他，已把他视为神仙。[52]

传说，经过时间的酝酿将愈发缥缈，嵇康从一位名士渐渐飘然如仙，至少在南朝时，对嵇康的仙化已然完成。在南朝道教著作《枕中书》所载的神谱中，赫然

---

47 〔三国魏〕嵇康：《琴赋》，载于《嵇康集校注》卷二，第 141 页。

48 〔三国魏〕嵇康：《游仙诗》，载于《嵇康集校注》卷一，第 64—65 页。

49 《晋书》卷四十九《嵇康列传》，第 1369 页。

50 《晋书》卷四十九《嵇康列传》："康又遇王烈，共入山，烈尝得石髓如饴，即自服半，余半与康，皆凝而为石。又于石室中见一卷素书，遽呼康往取，辄不复见。"第 1370 页。

51 《晋书》卷四十九《嵇康列传》："初，康尝游于洛西，暮宿华阳亭，引琴而弹。夜分，忽有客诣之，称是古人，与康共谈音律，辞致清辩，因索琴弹之，而为《广陵散》，声调绝伦，遂以授康，仍誓不传人，亦不言其姓字。"第 1374 页。

52 《晋书》卷四十九《嵇康列传》："康尝采药游山泽，会其得意，忽焉忘返。时有樵苏者遇之，咸谓为神。"第 1370 页。

有了嵇康的名字："周乞、（稽）〔嵇〕康为中央鬼帝，治抱犊山。"[53]

作为七贤中的翘楚，嵇康的仙化也将带动竹林七贤整个群体的仙化。逍遥放任的名士态度在遥隔云雾后成为仙人的个性使然。翩翩的七贤不再只是士族的精神偶像，他们将为更多求仙者所顶礼膜拜。

高士之境

公元 420 年，出身贫寒的刘裕凭借傲人的军功最终颠覆了东晋王朝，揭开了南朝的序幕。手握兵权的他显然比当年的司马睿更为自信，他不再依靠士族们的扶持，而开始重用寒门，力图重振皇权。维持了一百多年的门阀政治渐渐式微。

理论上说，作为士族偶像的竹林七贤本应随着士族的衰落而落寞。但仙化却为之提供了新的可能性。当皇帝重新居于万人之上，长生不朽的愿望必然高张。竹林七贤作为先驱者，被时人放置在了升仙的必经之路上。于是，在宫殿抑或帝陵，七贤的图像被一次次描画，通过观摩他们的超然自得，皇帝们仿佛也俗尘尽褪。

让我们重新回到南京宫山墓的图景，来看看时人想象的仙人七贤是何模样吧。

在宫山墓中，七贤图像（图 2、图 3）分列两壁，许是为了平衡数量，荣启期的图像被加进来，凑数为八。八位贤者皆坐于树下，值得注意的是，竹并不是这片林子的主流，经仔细辨认，似乎只有一株被认为可能是阔叶竹，其余则是银杏、柳、松、槐之属。因此，有学者认为所谓"竹林"或许并不是一片绿竹猗猗的林子，而只是一个地名。[54] 但在与壁画墓几乎同时期的北朝，当郦道元写竹林旧游之地时，他还是强调了此地确实多竹，"东西筼筜列植，冬夏不变贞姿"[55]，看来"竹林"与竹的关系并不那么容易被勾销。

在明知竹林七贤与竹相关的情况下，图像却不表现竹林，这也许是因为创作者并不打算描绘一场人间的竹林之会，而是要构建超脱尘世的高士居处。前文已述，在墓室图像中，竹林七贤的山林是墓主人升仙所经，那么它必须要有超然幽远的氛围。而竹，作为一种速生的植物，似乎不如银杏等树更具有古远之姿。因此，一片翁郁的树林在创作者心中成型，而竹林七贤与荣启期可以跨越时空之限，共同栖息

53　〔晋〕葛洪：《枕中书》，清乾隆世德堂重刊《龙威秘书》本。

54　胡俊：《〈南朝〉画像砖〈竹林七贤与荣启期〉何以无竹？》，《南京艺术学院学报（美术与设计版）》2007 年第 3 期，第 129—130 页。

55　《水经注校证》卷九《清水》，第 225 页。

图 2　竹林七贤与荣启期（一）　江苏南京西善桥宫山南朝墓砖印壁画（拓片）　南京博物院藏

图 3　竹林七贤与荣启期（二）　江苏南京西善桥宫山南朝墓砖印壁画（拓片）　南京博物院藏

其间。

　　尽管树林少竹，但七贤各异的姿态却被描述得出神入化，可圈可点。且一一观来。

　　南壁第一位即嵇康（图 4），作为七贤的灵魂人物，他首先出场。关于嵇康的风神容止，时人多有嘉评，如"肃肃如松下风，高而徐引"，"嵇叔夜之为人也，岩岩若孤松之独立；其醉也，傀俄若玉山之将崩"[56]。而砖印壁画中，嵇康被表现为头梳双角髻，身着宽松的衫子，赤足坐于豹皮褥上，鼓琴自得。

56　《世说新语校笺》卷下《容止》，第 335 页。

图 4　**嵇康**　江苏南京西善桥宫山南朝墓砖印壁画（拓片）　南京博物院藏

角髻，是儿童的发式，《诗经·氓》云"总角之宴，言笑晏晏"[57]，盖儿童扎双角髻，形如两个羊角。至于男子成年，则要束发加冠。而砖印壁画中，嵇康、刘伶和王戎三人头梳角髻，这样的发型表达着高士的天真自然。同样的风尚也流行于北朝，在北齐《校书图》中，一位文士（图5）亦是扎双角髻。

有意思的是，角髻或许还与返老还童的向往有关。在传说中，八公欲见淮南王刘安，"振衣整容，立成童幼之状"[58]，这些幻化而成的童子，"角髻青丝，色如桃花"[59]。不知是否是从这个故事里得到启发，角髻和神仙有了关联，从而为希冀逍遥的高士们所效仿。

57　《毛诗》卷三《卫淇奥诂训传·氓》
58　〔晋〕葛洪：《神仙传》卷六《淮南王》，清文渊阁《四库全书》本。
59　〔宋〕李昉：《太平广记》卷八《神仙八》，民国景印明嘉靖谈恺刻本。

衫子，是一种没有衬里的单薄上衣。砖印壁画里嵇康及竹林诸人所着衫子，特为宽博，大袖敞领，乃至于袒胸露肩，以显出高士的不羁之态。

名士流行穿衫子，不仅因为这宽大的衣衫有飘逸之感，能衬托玄远之姿，还因为流行于魏晋的服药风尚。自正始名士何晏起，服用五石散等药物成为名士们养生美颜的重要途径，前文所述嵇康曾欲服的石髓，想必也属此类。这些矿石类药物药性极热，使得服之者不得不穿宽衣薄衣旧衣。这一点，鲁迅先生在其《魏晋风度及文章与药及酒之关系》中讲得很清楚。[60] 久而久之，宽薄衣衫，甚至衣衫不整便成了名士的时尚。

60　鲁迅：《魏晋风度及文章与药及酒之关系——九月间在广州夏期学术演讲会讲》，载于李新宇、周海婴主编：《鲁迅大全集》第4卷，长江文艺出版社2011年版，第118—119页。

嵇康所坐之褥有豹纹，而豹，因其匿迹山林，被视为是一种具有隐逸气质的瑞兽，能"藏而远害"[61]。东晋谢朓诗曰："虽无玄豹姿，终隐南山雾。"[62] 或许因此，故七贤以豹皮为褥，以示其隐逸情怀。

嵇康善弹琴，前文已述古仙人夜授《广陵散》的故事，可知其琴技出神入化。而在嵇康看来，他所重视的是琴之道也，进乎技也。在《琴赋》中，他认为琴不但可以"导养神气，宣和情志"，甚至法象天地，"状若崇山，又象流波，浩兮汤汤，郁兮峨峨"，友结仙侣，"天吴踊跃于重渊，王乔披云而下坠"[63]，是乐器，又近乎神器。嵇康临刑，以一首《广陵散》绝，人琴俱亡，嵇康与琴由此生发出悲剧之美。所以，弹琴，作为嵇康最具代表性的姿态，出现在砖印壁画里。手挥五弦，目送归鸿，千载之下，令人仿佛犹聆泠然之音。

嵇康之旁，是阮籍（图6）。阮籍头戴巾子，身着衫子，吹指作吟啸状，身边置一酒器，器中浮有一鸭。

巾子，本为庶人所服，即以布帕蒙覆于首。《释名·释首饰》中记载："巾，谨也。（男子）二十成人，士冠，庶人巾。"[64] 至东汉末，士人亦开始服巾，比起堂皇的冠冕，一领头巾被视为更有雅趣，"汉末王公，多委王服，以幅巾为雅，是以袁绍、（崔豹）〔崔钧〕之徒，虽为将帅，皆着缣巾"[65]。因此，砖印壁画中，阮籍、山涛、向秀、阮咸皆服巾，以示随性。

魏晋名士好长啸，所谓啸，乃是动用口、唇、舌、指而发出悠长之声，西晋成公绥有《啸赋》，道是"发妙声于丹唇，激哀音于皓齿"[66]。阮籍之啸则堪称一绝，据说可以声闻百步。《世说新语》载一则阮籍之啸的故事，甚是有趣，道是阮籍入苏门山中寻真人，此真人很可能就是嵇康曾访的孙登。只见真人在岩石之畔拥膝而坐，阮籍就箕坐在他对面。阮籍向真人请教上古黄帝、神农及三代之事，真人寂然不答；又询问栖神导气之术，真人连眸子都不转一下。直到阮籍对之长啸，良久，

---

61 《古列女传》卷二《贤明传·陶答子妻》。

62 〔晋〕谢朓：《之宣城出新林浦向板桥》，载于〔晋〕谢朓著，曹融南校注集说：《谢宣城集校注》卷三，上海古籍出版社1991年版，第219页。

63 〔三国魏〕嵇康：《琴赋》，载于《嵇康集校注》，第140、142、144页。

64 《释名》卷四《释首饰》。

65 《三国志》卷一《魏书·武帝纪》注引《傅子》，第54页。

66 〔晋〕成公绥：《啸赋》，载于《文选》卷十八。

图 6　阮籍　江苏南京西善桥宫山南朝墓砖印壁画（拓片）　南京博物院藏

真人才报以回应。当阮籍离开时，他听到岭上传来长啸声，林谷传响。[67] 可见，长啸是一种高士表意的方式，比起言语，更能直抒胸臆，乃至与天籁相和，与神灵相应，"玄妙足以通神悟灵，精微足以穷幽测深"[68]。可惜的是，魏晋风流时代的长啸声已湮灭于历史长河中，清代张潮曾感叹，"古之不传于今者，啸也"[69]。或许从阮籍吹指的姿态中，我们可以去想象那声振林樾的一啸。

　　除长啸外，饮酒也是阮籍的一大喜好，史载其"嗜酒能啸"[70]。据说阮籍听说步

　　67　《世说新语校笺》卷下《栖逸》："阮步兵啸闻数百步。苏门山中，忽有真人，樵伐者咸共传说。阮籍往观，见其人拥膝岩侧。籍登岭就之，箕踞相对。籍商略终古，上陈黄、农玄寂之道，下考三代盛德之美以问之，仡然不应。复叙有为之教，栖神导气之术以观之，彼犹如前，凝瞩不转。籍因对之长啸。良久，乃笑曰：'可更作。'籍复啸。意尽，退还半岭许，闻上啗然有声，如数部鼓吹，林谷传响。顾看，乃向人啸也。"第 355 页。

　　68　〔晋〕成公绥：《啸赋》，载于《文选》卷十八

　　69　〔清〕张潮撰，方文编注：《幽梦影》，崇文书局 2017 年版，第 39 页。

　　70　《晋书》卷四十九《阮籍列传》，第 1359 页。

兵营的厨子善酿酒，储藏有好酒三百斛，就求为步兵校尉，[71] 故后人又称其为"阮步兵"。而在司马氏欲代曹，天下名士多危的时代，酣醉也成为阮籍借以避祸的黑甜乡，他以连醉六十日来躲避司马昭的为子求婚。因此，砖印壁画中，阮籍身旁，酒是必不可少的，一只凫头勺里必然满盛美酒。这种勺是魏晋时流行的酒器，形如小樽，有圈足，一侧有曲柄如凫头，又名瓢尊。这种酒器，其实由来已久，《礼记》中提到周代有一种蒲勺，郑玄注称其"如凫头也"[72]。有时，饮者还会在勺中浮一只小鸭，便有"泛泛若水中之凫"的意趣。

山涛（图7）亦是酒友，砖印壁画表现其正举杯欲饮。饮酒之山涛，看似潇洒不羁，不过，现实中的山涛却没有画里这般放达。山涛是竹林之游的倡导者之一，却又在西晋宦至高位，为吏部尚书多年，甄拔人物，不遗余力。虽然嵇康以一篇洋洋洒洒的《与山巨源绝交书》高调宣布断绝两者友谊，但嵇康死前，却将儿子嵇绍托于山涛，并称"巨源在，汝不孤矣"[73]。因此，山涛实为一宽厚长者，虽有逸旷之心，但于宦海浮沉间，又不得不养晦自全。徐高阮先生有《山涛论》，述其事迹心态，此处不赘言，仅以饮酒一例，来见山涛性情。据传山涛善饮，八斗方醉，晋武帝司马炎欲试探他，便以酒八斗使山涛饮，但暗中增加酒量，实则超过了八斗，山涛饮至本量的极限便不喝了。[74] 由此可见山涛守则极谨，尽量而为，而绝不逾矩。

王戎（图8）作为竹林之游的最少者，其姿态也最活泼，他斜倚于几，以指捻一如意，而凫头勺、杯亦在侧，或许是豪饮之暇，以如意作舞。庾信有诗曰"王戎如意舞"[75]，所指正是此景。

如意，其形长柄，一侧有爪状齿，原为搔痒之物，因其如人心意，故名。又古印度有阿那律者，长柄，为僧家讲习时记文备忘之用，后传入中国。阿那律与如意虽功能有异，但外形相近，渐渐阿那律也有如意杖之名。《法苑珠林》记"昔晋太元初有敦煌沙门竺昙猷乞食坐禅，强志勤业。游会稽剡县赤城山，有群虎来前，猷为说法，一虎独眠，乃以如意杖打头"[76]，这里的如意杖就是阿那律。且这两种如意

---

71 《晋书》卷四十九《阮籍列传》，第 1360 页。

72 《礼记》卷九《明堂位》注。

73 《晋书》卷四十三《山涛列传》，第 1223 页。

74 《晋书》卷四十三《山涛列传》："涛饮酒至八斗方醉，帝欲试之，乃以酒八斗饮涛，而密益其酒，涛极本量而止。"第 1228 页。

75 〔北周〕庾信：《对酒歌》，载于〔北周〕庾信撰，〔清〕倪璠注，许逸民校点：《庾子山集注》卷五，中华书局 1980 年版，第 387 页。

76 〔唐〕释道世：《法苑珠林》卷二十七《敬僧篇》，《四部丛刊》景明万历本。

图7　山涛　江苏南京西善桥宫山南朝墓砖印壁画（拓片）　南京博物院藏

图8　王戎　江苏南京西善桥宫山南朝墓砖印壁画（拓片）　南京博物院藏

渐渐有融合的趋势。因如意常为人所持用以指画，其身份也渐渐尊贵。时名士清谈，除麈尾外，如意也是清谈者手中常持之物。如陈逵曾与都下诸人会于牛渚，"陈以如意拄颊，望鸡笼山叹曰：'孙伯符志业不遂。'"[77] 如意非独在清谈场上一助谈兴，甚至也在战场上指点千军，如韦睿便"乘素木舆，执白角如意麾军"[78]。如意的地位继续荣升，唐代阎立本所绘的《历代帝王图》中，陈文帝（图9）、陈宣帝皆手持如意，此处的如意便赫赫然有如权杖了。

话说回来，王戎所舞的如意，形制更接近痒痒挠，可能是一种实用器。名士多虱，此君或许也不可缺。

北壁第一位是向秀（图10），他跣足坐于豹皮褥上，袒露一肩，双目微闭，似

77　《世说新语》卷中《豪爽》，第 330 页。

78　《梁书》卷十二《韦睿列传》，第 223 页。

图 9 陈文帝 （传）〔唐〕阎立本《历代帝王图》（摹本 局部） 美国波士顿美术博物馆藏

乎沉浸在无尽玄思之中。向秀不善饮酒，却好读书，常思老庄之义，故作《庄子注》《周易注》，因其"妙析奇致"，由此"大畅玄风"[79]，时称"秀为此义，读之者无不超然"[80]。而《庄子》《周易》等书正是魏晋玄学之基础，向秀之著书立说，于玄风兴盛有开创之功。

向秀虽然笔落惊风雨，但书斋里的冥想苦思可能不如火炉边的一场锤锻来得畅快。嵇康好锻，向秀常与之相对欣然。又向秀与吕安一起为菜园子浇水。[81]干这些体力活时，衣服不可能穿得很齐整，甚至袒露身体也是很自然的事。或许是考虑到这点，创作者将向秀表现为袒露一肩。衣装，在礼教社会是身份等级的象征，事实上，竹林中大部分人衣服穿得不那么齐整，有些人甚至以袒裸来显示他们的不拘俗

79 《世说新语》卷上《文学》，第 111 页。

80 《世说新语》卷上《文学》注引《竹林七贤论》，第 111 页。

81 《晋书》卷四十九《向秀列传》："康善锻，秀为之佐，相对欣然，傍若无人。又共吕安灌园于山阳。"第 1374 页。

图 10　向秀　江苏南京西善桥宫山南朝墓砖印壁画（拓片）　南京博物院藏

图 11　刘灵（伶）　江苏南京西善桥宫山南朝墓砖印壁画（拓片）　南京博物院藏

礼。阮籍、刘伶皆有袒裸的放浪时刻。[82] 至后世，裸裎甚至成风，"元康中，贵游子弟相与为散发倮身之饮"[83]，不过，这种模仿就好比东施效颦，等而下之了。

至于刘伶（图 11），则是彻彻底底的酒鬼了，与他相关的故事无不洋溢着一股浓浓的酒气，以至于连死亡也被刘伶描述为是一场酣醉的终结。[84] 酒能忘情，在那个压抑的时代，刘伶可能是竹林七贤中最酣畅痛快者，而醉解千愁，刘伶也可能有着竹林七贤中最柔软的身段。有一则小故事很有意思，有一回刘伶喝醉了，与人起了点争端，那人举起拳头就要将刘伶一顿胖揍，而刘伶却缓缓说出了"鸡肋不足

82　《世说新语校笺》卷上《德行》注引王隐《晋书》："魏末，阮籍嗜酒荒放，露头散发，裸袒箕踞。"第 14 页。《世说新语校笺》卷下《任诞》："刘伶恒纵酒放达，或脱衣裸形在屋中。人见讥之，伶曰：'我以天地为栋宇，屋室为裈衣，诸君何为入我裈中！'"第 392 页。

83　《晋书》卷二十七《五行志上》，第 829 页。

84　《晋书》卷四十九《刘伶列传》："常乘鹿车，携一壶酒，使人荷锸而随之，谓曰：'死便埋我。'"第1376 页。

以安尊拳"[85]，轻松化解了一场危机。时时酒醉的刘伶，恰似庄子所说的无用之材，结果正是这无用之用，给了刘伶一个难得的寿终。砖印壁画里，刘伶一手捧杯，一手以小指蘸酒，仿佛正准备细细品尝这美酒的滋味，奔赴下一场无始无终的醺醉。

阮籍之侄阮咸（图12），算是竹林中的小辈，论放达，则比叔父有过之而无不及。光天化日下，晒个犊鼻裈只是小事[86]，最夸张时，甚至与猪共饮[87]。在阮咸的带动下，阮氏的子侄们莫不以放达为高，而同游竹林的叔父阮籍却不认可，还教育儿子阮浑不可学自己的样子。[88]在阮籍看来，放达是不得已的抗议，而到了阮咸这里，放达似乎成为哗众取宠的行为艺术。大小阮之高下，可知矣。除饮酒外，阮咸最爱弹琵琶。砖印壁画中的琵琶，圆身直项四弦，弹奏时需以拨子拨之，此乐器自秦汉时已有之，故又称"秦琵琶"。后胡琵琶自西域传入中土并盛行，其声势在秦琵琶之上，而失势的秦琵琶却不太为人所知了。到了武则天时，有人从古冢中得到一把铜制秦琵琶，竟然"人莫能辨"，还是元澹认出"此阮咸所作器也"，并用木头仿制一张，上弦弹奏，声音亮雅。[89]此后，秦琵琶便被叫做"阮咸"，简称"阮"，延续至今。或许，今日的阮声里，还能听到来自竹林的余音吧。

砖印壁画中的最后一位是荣启期（图13）。荣启期是春秋时代的隐者，孔子游于太山时，曾见到他"鹿裘带索，鼓琴而歌"[90]，自乐不已。荣启期的陶然自得为后世所仰慕，嵇康便曾将其作为遁世之士的代表。而晋时，孙楚作《荣启期赞》，称"荣公温雅，既怡既怿，浊以徐清，寂然澹泊，援琴自娱，咏此三乐，眉寿无疆，惟德之宅"[91]，可见对其推崇甚盛。砖印壁画中，荣启期亦是鼓琴形象，恰与嵇康之鼓琴前后呼应。

荣启期被表现为散发长须。抛却冠冕，披头散发，是那个时代人们对隐士形

85 《晋书》卷四十九《刘伶列传》，第 1376 页。

86 《世说新语校笺》卷下《任诞》："阮仲容、步兵居道南，诸阮居道北；北阮皆富，南阮贫。七月七日，北阮盛晒衣，皆纱罗锦绮。仲容以竿挂大布犊鼻裈于中庭。人或怪之，答曰：'未能免俗，聊复尔耳！'"第393 页。

87 《世说新语校笺》卷下《任诞》："诸阮皆能饮酒，仲容至宗人间共集，不复用常杯斟酌，以大瓮盛酒，围坐相向大酌。时有群猪来饮，直接去上，便共饮之。"第 394 页。

88 《世说新语校笺》卷下《任诞》："阮浑长成，风气韵度似父，亦欲作达。步兵曰：'仲容已预之，卿不得复尔。'"第 394 页。

89 〔宋〕欧阳修、〔宋〕宋祁：《新唐书》卷一百二十五《儒学列传·元澹》，中华书局 1975 年版，第5691 页。

90 〔战国〕列御寇撰、〔晋〕张湛注：《列子》卷一《天瑞》，《四部丛刊》景北宋本。

91 〔晋〕孙楚：《荣启期赞》，载于《艺文类聚》卷三十六《人部》。

图 12　阮咸　江苏南京西善桥宫山南朝墓砖印壁画（拓片）　南京博物院藏

图 13　荣启期　江苏南京西善桥宫山南朝墓砖印壁画（拓片）　南京博物院藏

象的一种想象，嵇康《幽愤诗》曾言"采薇山阿，散发岩岫。永啸长吟，颐神养寿"[92]，以表达自己对隐居山林的向往。

虽然年代与竹林七贤相差了七百余年，但荣启期的衣着却与七贤相似，这似乎更印证了创作者试图构建一个消弭了时空差距的高士之境的努力。在此高士之境中，松竹长青，人物不朽，这是人间最澹然的清净。居于其间，竹林七贤从七情六欲的人化为纵性自然的高士，并在此等待那些同样希冀着自由不羁的人们。

琴曲袅袅，清风徐徐。世外的山林将迎迓登临而来的魂灵。墓主人与高士们同栖同止，或采三秀于山间，或饮甘露于木下，俯仰天地，吐纳气息，最终俗尘尽洗，身心如新，"恬愉澹泊，涤除嗜欲，内视反听，尸居无心"[93]。于是，仙人随龙虎而来，接引魂灵飞升而起，共赴那缥缈的星汉之地。

92　〔三国魏〕嵇康：《幽愤诗》，载于《嵇康集校注》卷一，第43页。
93　《抱朴子内外篇》内篇卷二《论仙》。

当帝王将对高士之境的期盼绘于墓室之壁时，士人们也抱着高蹈隐逸的幻想步入山林。《晋书》《宋书》《南齐书》《梁书》皆专门为隐者立传，在一个个似曾相识的隐逸故事里，高士们性好山水，结庐云间，餐芝饵石，披裘带索。在与烟霞之来往中，他们仿佛也翩然若仙，就像砖印壁画中的竹林七贤那般。至少在时人看来，游于名山确实是成仙的一种方式，"上士举形升虚，谓之天仙；中士游于名山，谓之地仙；下士先死后蜕，谓之尸解仙"[94]。由此，名山幽谷，求道访仙者络绎不绝。

高士本应该是孤独的，然而，并非所有的隐者能真正做到匿迹藏名，甚至，有时候，隐匿反而是另一种形式的彰显。当时代对高士抱以景仰时，山林之中反而成为目光之下。西域僧人康僧渊就是个有趣的例子，据说他刚过江来到东晋地界时，没有人认识他，以至于他不得不于市肆间乞讨谋生。后来他拜访殷浩，与之谈义理，方有些出名。但他真正为世瞩目，则是在隐居之后，"在豫章，去郭数十里立精舍，旁连岭，带长川，芳林列于轩庭，清流激于堂宇。乃闲居研讲，希心理味"[95]，离开了都市，反而光环更甚。庾亮等人前去拜访，见其运用吐纳，怡然自得，甚有高士之风，于是康僧渊名声乃兴。

陶弘景的故事则更为出名。于宦海中辗转半生的他，因"家贫，求宰县不遂"，于是挂冠而去，退隐茅山。而这一隐，却隐出了轰动，他临行时，"公卿祖之征虏亭，供帐甚盛，车马填咽，咸云宋、齐以来未有斯事"。隐居后，他游于泉石间，"望见者以为仙人"。梁武帝即位后，更是多次请其出山，不果，依然"国家每有吉凶征讨大事，无不前以咨询。月中常有数信，时人谓为山中宰相"。[96]因隐居，使陶弘景从一个不知名的官员成为帝国的焦点。时人对隐逸高士的看重，由此可一瞥。

六朝旧事随流水，哪怕最高峻的山，最深茂的林，也将感觉到一个新时代的气息。

公元 589 年，在琅琊王司马睿南渡 282 年后，一位叫杨广的皇子率雄师也渡过了滚滚长江，兵临石头城下，金陵王气黯然收。从此，南北分裂结束，天下归一

---

94 《抱朴子内外篇》内篇卷二《论仙》。

95 《世说新语校笺》卷下《栖逸》，第 360 页。

96 〔唐〕李延寿：《南史》卷七十六《陶弘景列传》，中华书局 1975 年版，第 1897—1899 页。

于隋。

这个新生的王朝表达出了对人才的热望，并且，帝国选贤，不再只看重其门第家世，还要关注其品行能力，开皇二年（582），诏举贤良[97]，开皇十八年（598），"诏京官五品已上，总管、刺史，以志行修谨、清平干济二科举人"[98]，大业三年（607），诏"文武有职事者，五品已上，宜依令十科举人"[99]。求举贤才的诏令不断从帝国中枢发往四方，或许，它也曾让山林中的心有过一丝动摇。

这只是序曲。继之而起的唐王朝，逐渐将以考试选拔官员的科举制度发扬光大，以为帝国遴选合适的人才，"（唐高祖）武德辛巳年（621）四月一日，敕诸州学士及早有明经及秀才、俊士、进士，明于理体，为乡里所称者，委本县考试，州长重覆，取其合格，每年十月随物入贡"[100]，这便是唐朝科举制的开始。后经唐太宗、武则天、唐玄宗等君主的精心设计，科举制足以让天下英雄尽入君王的彀中。

欲由科举入仕，须诵圣贤之书，由此，士子的思想不得不与帝国的主导思想达成一致。看起来，这似乎是一次伟大的统一，与版图上的归一相似，自东汉末年以来盛行数百年的放达任性的精神将重新臣服于国家意志。而曾经作为士族之精神力量的玄学，自然在圣人教诲前销声匿迹。那些高尚其事、不事王侯的山林高士们曾经在上一个时代为人所崇拜，却在这个时代显得格格不入。竹林，再次成为一个缥缈的梦。

科举制延续了一千三百多年，无数寒窗苦读的士子经由它，登天子之堂，遂天下之志。

或许，在案牍劳形之余，灵魂里总有一些不安分，在翘望着窗外稀疏的竹影。或许，在官场浮沉之间，灵魂里不时有种冲动，在向往着归隐田园的自在。

"人生在世不称意，明朝散发弄扁舟。"

竹林之梦虽然缥缈，却从未远去。

---

97 〔唐〕魏征、〔唐〕令狐德棻：《隋书》卷一《高祖纪上》，中华书局1973年版，第16页。

98 《隋书》卷二《高祖纪下》，第43页。

99 《隋书》卷三《炀帝纪上》，第68页。

100 〔五代〕王定保：《唐摭言》卷一《统序科第》，清嘉庆《学津讨原》本。

王朝柱石：东魏和北齐的勋贵集团

发迹

有一件事，娄睿放在心里，却很久没有参透。

那是一个东风骀荡的春日，他还年少，与娄家、高家的几位堂表兄弟入山林游猎。为争夺一只野兔，几人发生口角，情急之下，他脱口而出："若是没有我们娄家，你们高家怎会有今日！"

当时他没觉得有什么不妥。不知是定远还是仲达，回去把这话告诉了叔父娄昭。一向和蔼的叔父大怒，将娄睿狠狠地训斥了一顿，若不是被婶婶拦住，几乎要动棍棒。面对叔父的雷霆发作，娄睿很是不解，却也只好喏喏答应，以后再也不说这样的话了。

几十年过去了，叔父早已作古，而高氏却赫然称帝，已历五朝。如今，位极人臣的他，那朝廷风云、世事沧桑也已看饱，他不禁要感谢叔父当年的那场震怒。

其实，与年少时的他抱持着同样想法的人不在少数，因为谁能想到，由一个小小士兵发迹而起的高欢会是真龙天子呢？

北齐王朝的奠基者是高欢。他出生于北方六镇之一的怀朔镇（今内蒙古自治区固阳县）。沃野、怀朔、武川、抚冥、柔玄、怀荒这六座军镇是北魏王朝为防御柔然入侵而设立的。六镇居民多为鲜卑部民，但高欢看起来却另有来头。

在《北史·齐高祖神武帝本纪》所述的世系中，高欢系出汉族名门渤海蓨县高氏，祖上累代簪缨，"六世祖隐，晋玄菟太守。隐生庆，庆生泰，泰生湖，三世仕慕容氏。及慕容宝败，国乱，湖率众归魏，为右将军。湖生四子，第三子谧，仕魏，位至侍御史，坐法徙居怀朔镇。谧生皇考树生。"[1] 而在北齐文宣帝时修撰的《魏书·高湖列传》中，对高氏世系有更清晰的描述，不仅将高氏脉络上溯至汉太傅高裒，并明确了高庆是慕容垂司空，高泰是吏部尚书，高湖为征虏将军、燕郡太守，归魏后，受封东阿候，加右将军，总代东诸郡，皆为高官显宦。高谧为治书侍御史，但是《北史》所述的高谧坐法徙居一节在《魏书》中没有了，只说其"掌摄内外，弹纠非法，当官而行，无所畏避，甚见称赏"。至于高谧长子高树生，则在北州大乱时，被"授以大都督"。[2] 由此看来，似乎直到高欢父辈，高氏家族荣兴，宦途通达。

但是这份看似荣耀的家族史却是可疑的，历代学者已指出其中的诸多疑点，特别是高谧到高树生一段的事迹，《北史》和《魏书》叙述不合，且考高谧卒年，正是高树生生年，[3] 则高树生或为高谧遗腹子，但《魏书》却称高树生为高谧长子，其下还有弟高翻。又《魏书》称高树生在北州大乱时被授以大都督，而高欢正是在六镇起义、北州大乱时兴起的。[4] 种种漏洞，使人怀疑这份世系不过是高欢在腾达之后伪造的，从高树生一节起，此高氏窜入渤海高氏谱系中。或许因高谧坐法徙边，与家族联系中断，渤海高氏谱系中出现了个漏洞，使高欢有机可乘。在以高门自矜的南北朝，编造世系的事不在少数。那么，高欢究竟出身如何呢？

事实上，高欢所属的高氏恐怕只是怀朔镇寒门。《北史·齐高祖神武帝本纪》载，高欢出生后，其母韩氏便去世了，他被养在姐夫尉景家，而尉景不过是个镇狱队小吏，若两家门户相当，可以想见高氏门第。高欢长大后，因为家贫，甚至买不起一匹马，只能做一个服役的小卒。其寒贱可知矣。

除世系难考外，高欢的族属也是个未解之谜。学者对此有种种推测，如鲜卑人，鲜卑化汉人，甚至高丽人。细而考之，高欢若是鲜卑人，以当时的鲜卑优势，他似无必要将自己的宗系窜入汉族高门。高欢若真是汉人，以北齐王朝时期汉人受贬低情况来看，又似无可能。[5] 而谭其骧先生推测高欢出自高丽，倒是值得注

1 〔唐〕李延寿：《北史》卷六《齐高祖神武帝本纪》，中华书局 1974 年版，第 209 页。

2 《魏书》卷三十二《高湖列传》，第 751—752 页。

3 按《魏书·高湖列传》，高谧卒于延兴二年（472），高树生卒于孝昌二年（526），且享年五十五，按虚岁计算，则高树生生于延兴二年。

4 吕春盛：《北齐政治史研究——北齐衰亡原因之考察》，台湾大学出版中心 1987 年版，第 16—20 页。

5 北齐文宣帝高洋妻李祖娥为汉人，高洋欲立其为皇后，高隆之、高德正言汉妇人不可为天下母。（《北史》卷十四《文宣李后列传》，第 521 页）又高洋以李祖娥之子高殷"得汉家性质，不似我，欲废之"。（《北史》卷七《齐废帝本纪》，第 263 页）可见北齐时期汉人所受之鄙薄，若高欢真是汉人，哪怕是所谓鲜卑化汉人，当不至此。

意。[6] 因为王朝间的征战，十六国至北朝时多有高丽人从辽东迁徙而来。而这些内迁的高丽人常冒称是渤海高氏。如"高崇，字积善，渤海蓚人。四世祖抚，晋永嘉中与兄顾避难奔于高丽"[7]。"高肇，字首文……自云本渤海蓚人，五世祖顾，晋永嘉中避乱入高丽。"[8] 因为高丽人在当时的族群鄙视链中更等而下之，"出自夷土，时望轻之"[9]，故假托汉族高门以抬高地位。高欢是否也如此，已不可确认，以上姑备一说。

看来，高欢无论是家世还是族属，恐怕都无可称道处。在那个时代，他不过渺如微尘。娄睿说的也没错，如果没有娄家，可能真没有高家后来的发达。

这一切的起因，源自一位少女的遥遥一瞥。

娄氏本为匹娄氏，属鲜卑族，宦于北魏，《魏书》载娄睿的曾祖娄提于北魏献文帝时"为内三郎"，即宫中宿卫之官，当献文帝死时，他佩刀自刺，几至于死，忠义可嘉，故入《节义列传》[10]，《北史·娄昭列传》称娄提早在北魏太武帝时以功封真定侯，可能属于虚美之词。娄睿的祖父娄内干未仕而亡。娄氏虽非高门显贵，却家产颇殷，"家僮千数，牛马以谷量"[11]。娄内干有二子，长子娄拔，即娄睿之父，早亡，次子娄昭，便将娄睿养在膝下；此外，有三女，长女娄信相，嫁段荣，次女娄黑女，嫁窦泰，段、窦两家皆为北镇的地方势族，小女娄昭君尚未嫁时，因"少明悟，强族多娉之"[12]。按正常情况，娄昭君也应该结一桩门当户对的亲事。但是，娄昭君的决定却出乎所有人的意料，她执意要嫁给一个一穷二白的小卒。

那是一次传奇般的邂逅。娄家小姐偶然瞥见了在城上服劳役的高欢，立刻为其所吸引。青年时的高欢，相貌出众，"目有精光，长头高权，齿白如玉，少有人杰表"[13]，娄昭君感到，这个小卒有着非凡的气质，绝非俗辈，一时间，她竟然春心荡漾，脱口而出："这真是我的夫婿！"随后，娄昭君派婢女向高欢表达心意，又将自己的私房钱予他，让高欢来向娄家求亲。

6　谭其骧观点附于缪钺《东魏北齐政治上汉人与鲜卑之冲突》一文后，载于缪钺：《读史存稿》，香港三联书店 1978 年版，第 93 页。转引自《北齐政治史研究——北齐衰亡原因之考察》，第 19 页。

7　《魏书》卷七十七《高崇列传》，第 1707 页。

8　《魏书》卷八十三《外戚列传·高肇》，第 1829 页。

9　同上书，第 1830 页。

10　《魏书》卷八十七《节义列传·娄提》，第 1891 页。

11　《北史》卷五十四《娄昭列传》，第 1954 页。

12　《北史》卷十四《齐武明皇后娄氏列传》，第 516 页。

13　《北史》卷六《齐高祖神武帝本纪》，第 209 页。

那时的娄睿尚年幼，或许记不得家中的这场轩然大波了。尽管娄家人对这门亲事万般不乐意，但娄昭君心意已决，非高欢不嫁，最终，父母只好让步，娄家小姐搬离府邸，搬进了高欢的寒窑。

而对高欢来说，娄昭君的到来，无异于生命中的大礼。有了新娘的嫁妆，他买了一匹马，摆脱了苦役，当了队主，后来又转作函使，往来边镇和京都之间，传送信息，这一干就是六年。

若在太平岁月，高欢努努力，能在此生谋得个镇将便已是相当不错了。但是，一次洛阳之行，让他嗅到了大乱将临的青萍之风。

在洛阳，他看到了火光，如魅影般升腾而起的火光，火光中还有狂欢的人脸。

事情的起因是征西将军、冀州大中正张彝的儿子张仲瑀上了一封奏表，意在排抑武人。事实上，自孝文帝改革以来，北魏王朝日益文质彬彬，儒雅的文官取代鲁莽的武人成为王朝的新贵，这令武人心中充满愤懑。而张仲瑀的上书，如同一个火星，点燃了武人们的怒火。于是，羽林虎贲将士千余人，明火执仗，直奔张彝的府邸，焚烧了他家的屋宇，并残酷殴打张家父子，以致死伤。天子脚下，出了这样的暴力事件，朝廷竟然不敢深究，只是草草拉了几个人开刀了事。

久居北镇的高欢面对熊熊火光，意识到王朝基础上的裂隙已无可弥补了。作为一个由骑马民族建立的王朝，北魏背离了它粗野的根基，去追寻汉式的温文尔雅，最终将遭到胡族武人的反噬，而显然，一旦冲突爆发，这个已然柔弱的王朝将无力控制。而北方六镇，正是失意的胡族武人的大本营，岩浆已在地下涌动。

回到怀朔镇后，高欢开始思索自己的命运。天下即将大乱，沧海即将横流，而他，将何去何从？

或许，这正是自己改变命运的机会呢？

于是，高欢开始倾尽家产，结交豪杰。他与怀朔省事云中人司马子如、秀容人刘贵、中山人贾显智、怀朔户曹史孙腾、外兵史侯景等人结为密友，常常游猎畅谈，以待天下之变。

变乱果然降临了。孝明帝正光五年（524），沃野镇破六韩拔陵反，不久六镇俱反。北魏王朝匆匆借柔然兵暂时平息了叛乱。20万投降镇民被分配在瀛、冀、定三州就食。孝昌元年（525），柔玄镇杜洛周聚北镇流民于上谷再反。观望已久的高欢认为时机成熟，与同志者前去投奔。他的鹰扬时代，到来了。

高欢很快显示出他卓越的权谋和才华，在乱世中纵横捭阖。他先是成为枭雄尔朱荣的亲信，在尔朱荣死后，他以谋略收揽六镇流民。兵威大振后，他背弃尔朱氏，挟天子以令诸侯，并从北魏王朝撕下最大的一块。这个依然以元氏为帝、却被高欢实际掌控的政权史称东魏。太昌元年（532），在短短八年后，高欢已从一个小小函使成为东魏大丞相、天柱大将军、太师，位极人臣。

芒刺

在高欢闪电般的发迹过程中，不断有识时务者投诸麾下。妻舅娄昭是最早的跟随者之一。娄昭或许很快就认识到妹妹娄昭君的慧眼独具，从而对这位妹夫青睐有加。而当妹夫起事后，他随之征战南北，屡建功勋。眼看妹夫如日中天，心慧如镜的他，却从未居功自傲，而是"曲尽礼敬"[14]。

娄昭如此谨慎，是因为他深知，妹夫于他，不只是妹夫，而将是主公。当高欢成为高高在上的大丞相时，娄家的恩情反将成为他心里的芒刺，令他不得不记起那些微末的时光。君心难测，谁也保不准，他想要拔了这根刺。

后庭最敏感地体察到这种变化。发迹的高欢很快将各式各样的女人纳为妾室，虽然娄昭君以主母的大度姿态包容着这一切，但是丈夫的宠爱却无可奈何地减少了。

最大的威胁来自大尔朱氏，作为北魏孝庄帝的皇后，她的下嫁令高欢感到无比荣耀。于是，高欢对她的敬重甚至超过了娄昭君，"见必束带，自称下官"[15]。而另一位原为北魏广平王妃的郑大车，因其绝世的容貌而宠冠后庭。[16]于是，娄昭君不得不度过一个个独守空房的夜晚，为此，她感到如履薄冰。

东魏静帝天平二年（535），娄氏的一场大危机爆发了。

那一年，高欢率军去征讨刘蠡升。这时，娄昭君的长子高澄竟然与高欢爱妾郑大车私通。高欢回来后，婢女告发了此事，高欢大怒，打了高澄一百杖并将他幽闭起来，连娄昭君也被隔绝。

趁这个时机，高欢动了拔掉娄家这根刺的念头。

娄昭君育有六子，但是高欢不打算立任何娄氏之子以取代高澄，反而想立大尔朱氏之子高浟为世子。娄氏的荣辱到了生死关头。

14　《北史》卷五十四《娄昭列传》，第 1954 页。

15　《北史》卷十四《彭城太妃尔朱氏列传》，第 518 页。

16　同上书，第 519 页。

幸亏高欢旧友司马子如劝说高欢：娄昭君与高欢有结发夫妻之义，如今娄氏的女儿成为孝静帝皇后，儿子将继承高欢的大业，兄弟娄昭又功勋卓著。这使高欢意识到，娄家已成盘根大树，与自己的利益相纠结，不宜动摇，于是他才转念作罢，重新召见娄昭君和高澄，史载娄昭君"遥见神武，一步一叩头"，高澄"且拜且进"[17]，可见经此危机，他们内心的诚惶诚恐。

娄氏的事算是平息了。可是高欢的烦恼并未结束。他知道，自己的飞黄腾达，乃是得了众人的助力，特别是同出自北镇、曾在北魏备受冷落的胡族武人，其中有不少人还是高欢的旧友亲戚，所谓"土相扶为墙，人相扶为王"[18]。他们成为新时代的王朝柱石。而在他们眼中，今日东魏的局面，乃是大家合伙拼杀奋战、竭心尽力的成果，高欢不过是合伙人之一，以这种合伙人逻辑，东魏王朝是他们共同的战利品，他们理应分得自己的一份。这种理直气壮的分赃，使得贪纵暴敛之风在东魏的官场盛行。

以高欢的旧友孙腾为例，他在高欢创业过程中"契阔艰危，勤力恭谨，深见信待"，得势之后，似乎是对自己功劳的补偿，孙腾大肆地放纵了自己的欲望，"志气骄盈，与夺由己，求纳财贿，不知纪极，生官死赠，非货不行，餢藏银器，盗为家物，亲狎小人，专为聚敛"[19]。而高欢的姐夫尉景，亦贪贿无度，高欢劝说他："可以无贪也。"而尉景的回答是："我止人上取，尔割天子调。"[20]尉景认为，他不过是搜刮百姓，而高欢却在谋取天子位，与高欢相比，他并不过分。

骄傲的勋贵，不但在蚕食着东魏王朝的财富，也如一根根芒刺，扎着高欢的心。这种合伙人逻辑，或许是历史上起自微末的君主所要面临的一个共同难题，在西汉和明代，出身草根的刘邦和朱元璋不惜以大肆杀戮功臣来解决之。但是显然高欢还不能这么做，他如今只是大丞相，而非君主，三分天下，他只得了其一，西魏和梁朝还在虎视眈眈，局势远没到了高枕无忧的时候，他还得继续依靠这些王朝柱石们。并且，北魏灭亡的殷鉴未远，得罪胡族武人的下场如何，他最是清楚。

于是，高欢采取了睁一只眼闭一只眼的放纵态度，使得东魏时代，"文武在位，罕有廉洁"。当杜弼向高欢指出眼下勋贵之贪腐时，高欢却这么解释道："今督将家属多在关西，黑獭常相招诱，人情去留未定。江东复有一吴儿老翁萧衍者，

17 《北史》卷十四《冯翊太妃郑氏列传》，第 519 页。
18 《北史》卷五十四《尉景列传》，第 1953 页。
19 〔唐〕李百药撰：《北齐书》卷十八《孙腾列传》，中华书局 1972 年版，第 235 页。
20 《北史》卷五十四《尉景列传》，第 1953 页。

专事衣冠礼乐，中原士大夫望之以为正朔所在。我若急作法网，不相饶借，恐督将尽投黑獭，士子悉奔萧衍，则人物流散，何以为国？……诸勋人身触锋刃，百死一生，纵其贪鄙，所取处大，不可同之循常例也。"[21] 高欢认为，如果严肃法纪，那么恐怕手下的文武纷纷要去投靠西魏、梁朝了，而且这些勋贵出生入死，虽然有些贪鄙，但王朝还需要他们，那么，就不可以常规来约束他们了。

高欢嘴上这么说，但是心里明白，姑息纵容只是暂时的。这江山若是归了高氏，断不能再容忍这些勋贵的肆意妄为。江山社稷想要长治久安，建立君臣道德逻辑、维护政治清明是首要法则，而这步棋，他打算留给儿子高澄来下。

平步青云

娄睿渐渐长大成人，依娄昭的安排，他开始在高欢帐下效力。太昌元年（532），他参与了剿灭尔朱氏的韩陵之战，此后，他跟随高欢征战数年，积累军功，受封安东将军，挺县开国子，后来又为使持节、光州刺史。眼看着，这位娄家的年轻人成为王朝政坛的一颗新星。

谁都知道，娄氏在本朝的分量。很快，这位年轻人身边，趋炎附势者、曲意结纳者纷纷而来。娄睿也渐渐有些飘飘然。他也觉得，大伙在战场上的一刀一枪，不就是为了求取富贵么。如今富贵到了眼前，焉有不取之理。于是，在光州刺史任上，他也开始贪污受贿，大肆搜刮。

对此，娄睿并无忌惮，因为他的姑父似乎对周围人的贪腐不太在意。甚至，高欢还鼓励子侄们谋求，不要太过分就可以了。比如有一位高永乐，是高欢的从祖兄子，在豫州任官时，无甚家产。高欢了解到是因为豫州长史裴监、别驾辛公正廉洁正直，使高永乐不敢贪受，于是高欢将高永乐调至济州，并对他说："尔勿大贪，小小义取莫复畏。"[22] 既然姑父是这种态度，娄睿更是高枕无忧了。

但是，近来朝中似乎起了变化。元象元年（538），高欢长子高澄被任命为吏部尚书。他开始拔擢才名之士，渐渐地，朝中出现了一股以崭露头角的汉族士人为主的新鲜力量，稀释着勋贵们的权力。

崔暹被任命为御史中丞，在高澄撑腰下，弹劾的奏章如雪片般飞出，尚书令司

---

21 《北齐书》卷二十四《杜弼列传》，第 347—348 页。
22 《北史》卷五十一《阳州公永乐列传》，第 1851 页。

马子如、尚书元羡、雍州刺史慕容献、太师王坦、并州刺史可朱浑道元，一大批的勋贵因贪虐被罢免，其余受罢黜者甚众。一时间，朝廷风气肃然，"风俗更始，私枉路绝"[23]。

当娄睿还在观望时，一封来自表弟高澄的书信让他大汗淋漓。

信中，高澄深切地斥责娄睿在任上的奢靡贪墨行为，并附有桩桩件件的记录，最后，高澄警告他，若再不收敛，恐怕将顾不上亲戚的情面了。

娄睿心中颇有些不平，因为他知道，就是这位义正词严的表弟，其实自己也颇好奢华。他曾经在皇宫以西建造宅院，"墙院高广，听事宏壮，亚太极殿"[24]，结果被姑父好好地训斥了一顿。但是，如今人家大权在握，一声令下，高官显贵为阶下囚。娄睿知道，表弟这回是动真格了，于是，他只好谨慎行事。

高澄推动官场整肃，让一批恃功而骄的勋贵吃了苦头，杀鸡儆猴，使他们认识到高氏才是东魏王朝的主人。而高澄扶植的士人新贵们更是高氏的拥护者。高澄的目标，就是要以一套君臣逻辑来取代合伙人逻辑，只有如此，他才能最终改朝换代。渐渐地，高氏离帝位越来越近。在高欢去世后，高澄加紧了谋求帝位的步伐。不过，在成功的前夕，他却被一位膳奴刺杀。

高欢的次子高洋立刻接掌了权力，在高澄已铺设好的大路上继续前进，次年，他接过了东魏皇帝奉上的御玺，建立新王朝，史称北齐。

新的王朝建立后，为了笼络人心，高洋对文武大加封赏，不少勋贵获得了王侯之尊。曾被高澄切责的娄睿，也被擢升为领军将军，并封侯。[25]比起高澄，高洋貌不惊人，行事低调。勋贵们或许以为自己的时代又回来了，便叫嚣着要求处罚崔暹等人。高洋以立根未稳，暂时退让，于是将崔暹、崔季舒等发配。

但是不久，高洋显示出他雄才大略的一面，他延续着乃兄建立君臣逻辑的道路，"初践大位，留心政术，以法驭下，公道为先。或有违犯宪章，虽密戚旧勋，必无容舍，内外清靖，莫不祗肃"[26]，并且他重定了齐律，权术和律法双管齐下，再次打击了勋贵，伸张了君主的权力。

---

23 《北史》卷六《齐世宗文襄帝本纪》，第233页。

24 同上书，第236页。

25 关于娄睿的封侯，《北史》称："北齐受禅，除领军将军，别封安定侯。"（《北史》卷五十四《娄睿列传》，第1956页）而娄睿墓志载，"封受得县开国侯、领军将军"，并无获此拔擢的明确时间，且在此之前，已获"挺县开国子、九门县开国公、永宁县开国男"（《娄睿墓志》，载于韩理洲等辑校编年：《全北齐北周文补遗·全北齐文补遗·墓志》，三秦出版社2008年版，第110页）的爵位，与史书记载有出入。

26 《北齐书》卷四《文宣帝纪》，第67页。

高洋在天保五年（554）后，陷入了癫狂，大肆诛杀，高岳、高隆之等勋贵亦死于刀下。而出身汉族的杨愔等人却得到重用。在这样的恐怖时期，政治尚属清明，出现了历史上罕见的"主昏于上，政清于下"[27] 的局面。高洋死后，杨愔作为辅政大臣，扶持由汉人女子李祖娥所生的太子高殷上位。

此时，勋贵们又一次感到了紧张，他们意识到，高殷这位"得汉家性质"[28] 的少年天子，又得到汉人杨愔的辅弼，恐怕不久之后，胡族勋贵的优势将一去不复返。于是，以娄昭君和高欢第六子高演、第九子高湛为中心，勋贵们集结起来了。

娄睿近来总是去郊外，他带上心腹和弓马，声称是去游猎。实际上，在郊外，他将会偶遇同样来游猎的常山王高演和长广王高湛。几人策马入密林深处，觑得远近无人，才敢相谈。

最近，高殷加封高演为太师、录尚书事，长广王高湛为大司马、并州刺史，看似尊贵，却是明升暗降，高演无权决断诏敕的发布，高湛将被遣出京师邺城，由此，他们被排斥在权力中心之外。

非独他二人，不少勋贵都遭到了贬黜。娄睿的开府仪同三司的官位也被褫夺了。[29] 为此，他也颇愤恨在心。

几人分析了局势，认为再这样下去，无异于坐以待毙。为此，他们必须反抗。一场政变在酝酿中。

获得失意勋贵们的支持后，乾明元年（560）三月甲戌日，高演动手了。政变进行得很顺利，杨愔等人被擒，高殷权力被夺取。不久后，高演即皇帝位。

勋贵们又迎来了黄金时代，合伙人模式经此政变再度得势。他们自信，北齐王朝的稳固离不开他们的支持。站在高演、高湛这边的娄睿也获得了丰厚的嘉奖，受封南青州东安郡王、使持节、丰州刺史。更为重要的是，娄睿从此进入了北齐王朝的权力核心，成为真正的王朝柱石。

娄睿似乎获得了大展宏图的机会，《北史》记载了他参与的两次重要战役，一

27　《隋书》卷二十五《刑法志》，第 704—705 页。

28　《北史》卷七《齐废帝本纪》，第 263 页。

29　按娄睿墓志，娄睿曾三次被授开府仪同三司。前两次授官时间不详，但据《北齐书》载，文宣帝天保七年（556）四月，"仪同娄睿率众讨鲁阳蛮，大破之"（《北齐书》卷四《文宣帝纪》，第 61 页。此处的"仪同"当为娄睿所任的开府仪同三司之简称），可知此时娄睿应已有开府仪同三司之官。而孝昭帝皇建元年（560）之后，"复为开府仪同三司"（《娄睿墓志》，载于《全北齐北周文补遗·全北齐文补遗·墓志》，第 110 页），这是娄睿第三次被授予开府仪同三司。故从天保七年至皇建元年这段时间内，娄睿曾失去该官职。具体何时又何故失去该官位不详，在高殷时期，勋贵受冷遇，失官事件发生在这段时期的可能性很大。

次是与段韶（娄昭君姐姐娄信相之子）前去征讨高归彦的叛乱。高归彦是高欢族弟，曾是高殷的辅佐大臣，后来归顺了高演，在高演政变成功后，他还奉高演之命杀死了高殷。但因其功高震主且反复无常，引起了高湛的猜忌，高归彦被贬为冀州刺史。在冀州，高归彦因心中不平，而举起了反旗。因为高归彦的特殊身份，高湛派去讨伐他的人必须是可以十足信任的亲贵，因此，这项重任落到了娄睿和段韶两位外戚身上。最终，娄睿擒高归彦还。

另一次是对北周的作战。此役中，北周军队三道并出，而娄睿率军大破周军于轵关，并擒获将领杨檦，凯旋而归。

因为一系列的功劳，作为王朝勋贵的娄睿扶摇直上，武成帝大宁元年（561）为司空，跻身"三公"，河清元年（562）为司徒。河清三年（564），娄睿因为滥杀人而被尚书左丞宋仲羡弹奏，经赦乃免，不久后，他又晋升为太尉，河清四年（565），娄睿又因事而被罢免，但短短十日后，因高纬即位的大赦，他又复为太尉。后主高纬天统二年（566），娄睿为大司马，天统三年（567），为太傅。到了武平元年（570），他已荣升太师，这是人臣所能获得的最高恩荣，娄睿达到了荣耀的顶峰。

地下世界的遨游

这位王朝柱石的荣光与热爱被腾云健笔的彩绘定格于他在北齐别都晋阳（今山西太原）城南墓葬的壁上，如慢慢展开的时光的长卷，向后人展示着那个远去王朝的风貌。

墓主人娄睿及其夫人杨氏的画像被庄重地绘于墓室北壁正中。（图1）他俩端坐于华帐之中。华帐装饰繁丽，悬之以珠玉，缭之以组绶。因壁画漫漶，娄睿夫妇二人的装束不甚清晰，但犹可以看出，娄睿夫人头戴满缀珠玉的花冠，身着宽博衣裳，且衣裳上绣有金丝团花。同时期的山西太原王家峰北齐徐显秀墓壁画可以补充我们的想象。（图2）与娄睿墓一样，徐显秀夫妇也坐于正中，徐显秀在交领窄袖袍外披一件华贵的裘衣，而夫人则穿一身交领大袖襦裙，雍容大气，与娄睿夫人所着应相似。窄袖袍为胡服，大袖襦裙则是汉家衣裳，夫妇俩的打扮已显示出北齐王朝胡汉交融的大趋势。

在娄睿墓壁画上，主人之西，有一组女乐，女乐师或吹笙箫，或弹琵琶。笙箫是汉地乐器，而画中这梨形琵琶则是异域来客。琵琶于秦汉时已有之，为圆形直

图1　墓主人　山西太原王郭北齐娄睿墓壁画（线描，采自《北齐东安王娄睿墓》）

图2　墓主人　山西太原王家峰北齐徐显秀墓壁画

图 3 　鞍马备行　山西太原王郭北齐娄睿墓壁画

项，因晋代阮咸善弹此，又名"阮咸"。至南北朝时，胡琵琶从波斯经西域传入汉地，这种琵琶为梨形曲项，弹奏时斜抱，多以其首向左下方，并以拨子弄弦，正与画中女乐师弹法相似。一支包含了中西乐器的乐队，弹奏出的妙音曾在无数个欢愉的时刻萦绕在华帐内，或许也将在幽冥之下，继续摇晃主人的心旌。

当我们的目光移至墓室东壁，仿佛随着主人的身影步出华帐。帐外，侍从们撑起了翠扇华盖，一匹装饰华美的空鞍马正等待着主人纵身而上。（图 3）这匹马头饰金带，项下垂缨，鞍上覆锦，连马后背上都挂满着金饰。同墓葬出土的陶马与壁画里的马如出一辙，其马饰之精致可为一赞。（图 4）

鲜卑人原本就是骑马民族。娄睿的叔父娄昭据传"弓马冠时"[30]，受其教导，娄睿应当也少习弓马，加之多年征战的经历，马上功夫想必了得。这匹空鞍的马很有

<hr />

30 《北史》卷五十四《娄昭列传》，第 1954 页。

图 4　陶马　山西太原王郭北齐娄睿墓出土　山西博物院藏

图 5　空鞍马　7 世纪　乌兹别克斯坦撒马尔罕阿弗拉西阿卜大使厅壁画

可能是娄睿生前坐骑的写照，它将在另一个世界承载着主人继续驰骋。

以空鞍马象征主人的传统并非鲜卑人专属。在中亚，人们也将对亡者的哀思寄托于他的马身上。在乌兹别克斯坦撒马尔罕阿弗拉西阿卜（Afrasiab）大使厅的东壁，一幅表现国王于新年第六天祭祖出行的壁画里就有一匹空鞍马，它象征着逝去的先王。（图 5）可见，马作为主人生前生死相托的挚友而备受重视。

相对应的，在墓室西壁，一辆牛车也整装待发。（图 6）头戴尖帽、身着圆领袍的胡奴正牵着一头体格健壮的牛，而牛所牵引的是一辆装饰华美的车。车篷呈拱形，前檐伸展，车厢前面垂有帘幕，轼前覆有描绘卷草纹的轼幔，车厢后面开有门，以供上下。车厢两侧擎有三组高杆，前二杆上部饰有花绘锦幡，张扬如翼，后杆坠有丝络流苏，惜上部已残。在山西太原王家峰北齐徐显秀墓壁画里亦有牛车，车侧高杆上悬有黻状仪仗，以示尊贵，（图 7）可以借此想见娄睿墓牛车之全貌。

牛车之后，跟随着侍女数人，或捧行装，或持团扇，或端茶，或捧巾，显示了主人出行时的浩大排场。（图 8）侍女们有的着交领襦裙，亦有着男式圆领袍

图6　牛车备行　山西
太原北齐娄睿墓壁画

图7　牛车备行　山西
太原王家峰北齐徐显秀
墓壁画

图 8 侍从 山西太原王郭北齐娄睿墓壁画

者。大抵北朝胡风盛行，女子着男装以示干练。这种女服男装的风气，到唐朝仍在流行。

西汉时，出行以马车为上，牛车乃不得已之选择。如汉初凋敝，"自天子不能具钧驷，而将相或乘牛车"[31]。但自东汉后期起，乘牛车却渐渐成为贵族风尚，甚至天子也爱上了这种慢条斯理的座驾，"自灵、献以来，天子至士遂以为常乘，至尊出朝堂举哀乘之"[32]。大抵因牛车安稳，乘坐时更感舒适。至魏晋南北朝时，牛车风靡南北，连惯于骑马的北方胡族显贵也以乘牛车为尊。在这段时期的墓葬中，壁画以及陶俑阵列里的牛车往往被视为主人魂灵所乘，因而处于显要的位置。（图 9）

事实上，牛车鞍马的组合自西晋以来便已风行，几乎成为贵族墓葬之标配。这

---

31 《史记》卷三十《平准书》，第 1417 页。

32 《晋书》卷二十五《舆服志》，第 756 页。

图9　陶牛　山西太原王郭北齐娄睿墓出土　山西博物院藏

或许显示着这个时期人们对于幽冥之下的新想象。魂灵的活动范围不再囿于墓室所营造的空间之内，随着长长的墓道延伸出去，更广阔的天地等待着他们的兴之所至。或绘之于壁，或形之于俑，以牛车鞍马为起点，墓主人构想了一场地下世界的遨游。

马蹄奋起，车轮转动，墓主人的出行开始了。

循着车马行动的方向，来到墓室门前。作为人间府邸的象征，墓室门前亦有门吏武士守卫。此二门吏，头戴平巾帻，贯玉笄，身着朱色大袖衣，外罩裲裆甲，手拄剑，下着笏头履，显示出凛凛之风。（图10、图11）

裲裆甲是武士铠甲之一种。汉代刘熙《释名·释衣服》解释裲裆，"其一当胸，其一当背也"[33]。裲裆甲即裲裆形制的铠甲，前后两片，在肩上和腋下有带相连，此甲多由金属甲片连缀而成，亦有以皮制作，壁画里的武士所着当为皮甲。裲裆甲可护卫心腹，又不妨碍手臂活动，因此成为北朝武士戎装之一。北朝民歌有"前行看后行，齐着铁裲裆"[34]句，可见穿铁衣裲裆的武士之赫赫威风。

出了墓门，有仪卫数人，皆拱手拄班剑，以为拱卫。（图12）班剑，原指有纹

33　《释名》卷五《释衣服》。
34　《乐府诗集》卷二十五《横吹曲辞五·梁鼓角横吹曲·企喻歌辞四曲》。

图 12　班剑仪卫　山西太原
王郭北齐娄睿墓壁画

饰的剑，南北朝时，使用班剑作为仪仗是一种特殊的荣耀，往往由君王赐予臣属。如张敬儿"既得开府，又望班剑。语人曰：'我车边犹少班兰物'"[35]，可见此项荣耀非常令人向往。

墓道的壁画被分为上中下三层，以长卷的形式来展示墓主人出行的宏大气势。在下层壁画里，在猎猎旄旗下，又有十数仪卫武士夹道拱手以候。（图13）这些武士所服的长帽、窄袖袍、革带、合裆裤和长靿靴，为北齐时流行的胡服，即《旧唐书·舆服志》所云的"爰至北齐，有长帽短靴，合裤袄子，朱紫玄黄，各任所好"[36]。

盖北魏孝文帝汉化改革时，曾令士庶皆改穿汉服，从河南洛阳龙门石窟的北魏帝后礼佛图中可见，鲜卑贵族们皆宽衣博带，雍容华贵。（图14）然而，因胡汉习俗不同，朝堂之外，鲜卑人似乎对碍手碍脚的汉服并不感兴趣。孝文帝就曾发现有不少人并不遵守改易汉服的政令，有一次他入城时，"见车上妇人犹戴帽，着小袄"[37]，为此他还责备了相关官员。

而六镇起义本来就是对孝文帝汉化改革的反动，因此，在北齐，胡服作为彰显鲜卑优势的服饰，自然又成为主流，且"虽谒见君上，出入省寺，若非元正大会，一切通用"[38]，即除非参加隆重大典需着朝服，其余时间，哪怕参见皇帝，皆可以穿轻便胡服。因此，在娄睿墓的壁画里，大多数仪卫武士都是胡服打扮。

图 13　仪卫　山西太原王郭北齐娄睿墓壁画

35　《南史》卷四十五《张敬儿列传》，第 1138 页。

36　《旧唐书》卷四十五《舆服志》，第 1951 页。

37　〔宋〕司马光编著，〔元〕胡三省音注：《资治通鉴》卷一百四十二《齐纪八·东昏侯上》，中华书局 1956 年版，第 4434 页。

38　《旧唐书》卷四十五《舆服志》，第 1951 页。

图 14　帝后礼佛图　北魏　河南洛阳宾阳洞前壁浮雕（线描，采自《宾阳洞：龙门石窟第 104、140、159 窟》）

武士们头戴长帽，此式样由鲜卑风帽改良而来。风帽本是北方游牧民族为抵御风雪而佩戴的，所谓"冠方帽则犯沙陵雪"[39]。鲜卑人将头发编为辫且下垂，他们在头上戴圆形或方形帽，帽下披有垂裙，以掩盖辫发。（图 15）而娄睿墓武士所戴之帽，垂裙依然保留，但帽型却缩小了，有圆形亦有"山"字形，也许是因为此时鲜卑人也采用了汉式的发髻，故帽子只要盖住发髻即可。随着居住环境的变化，垂裙似乎也成鸡肋，人们渐渐将垂裙扎起，就成了幞头，并在后世衍生为乌纱帽，此为后话。

武士们身着圆领或交领的窄袖缺胯袍，这种类型的袍服盛行于北方和西域民族中，在新疆若羌楼兰 LE 古城西晋壁画墓中，贵霜人身上的圆领袍也与之相似。

着此袍需系腰带。北朝流行的腰带多为革制，以金属制带扣系联，有多个镶

39 〔南朝梁〕萧子显：《南齐书》卷四十七《王融列传》，中华书局 1972 年版，第 819 页。

图15　**戴风帽俑**　山西大同石家寨北魏司马金龙墓出土　大同市博物馆藏

有金属环的扣眼，以便调节合适的带围。娄睿墓壁画里的武士身上的腰带可明显见到带扣扣入扣眼的结束方式。更讲究的革带上嵌有金属或玉石制的牌饰，这种牌饰叫带銙，以其数量和材质来显示主人的地位。有时候，革带上有衔环或带銙上有小眼，人们可将小物件挂在带下，如一些武士腰带下便悬有鞶囊之属，这种功能性腰带又被称为蹀躞带，在唐代成为流行款。（图16）

武士们脚上着靴，这些高帮的靴被称为长靿靴。北方游牧民族好穿靴，因靴可保暖脚部，又便于涉草过水，骑马时还能保护脚踝，非常实用。靴，早在战国便已随胡服骑射的推广而传入中原。《事物纪原》称："靴，《释名》曰：非古服，赵武灵王所作。《实录》曰：北屦也。赵武灵王始改服，常短靿，以黄皮为之，后渐以长靿，军戎通服之。"[40]可见，长靴业已在军中流行。

胡服并非只是一时的时尚，大概因胡服便捷爽利，胡风吹拂下的北齐服饰竟然将取代自汉朝以来的华夏衣冠，成为日后一千多年服饰的主流，宋代沈括所谓

40　〔宋〕高承：《事物纪原》卷三《衣裘带服部》，明弘治十八年魏氏仁实堂重刻正统本。

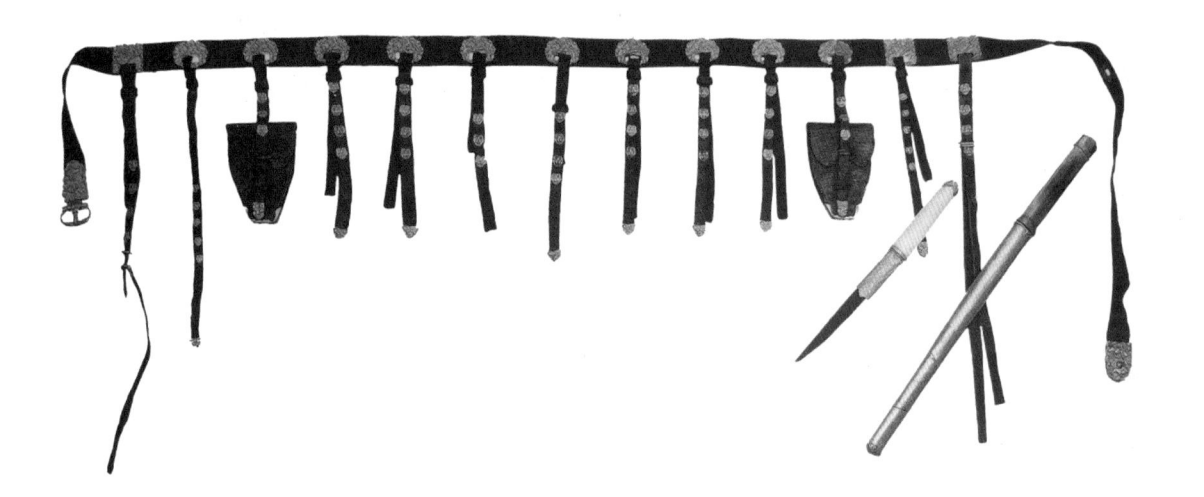

图16 **狩猎纹金蹀躞带** 唐代 内蒙古苏尼特右旗出土 内蒙古博物馆藏

"中国衣冠，自北齐以来乃全用胡服。窄袖、绯绿短衣、长靿靴、蹀躞带，皆胡服也"[41]，历经唐宋元明清，各朝服制虽有变化，但其基本样式皆自北齐沿袭而下。由娄睿墓壁画，可知此服饰源流之深矣。

在仪卫行列的最前端，长角呜咽吹响，昭示着盛大出行的开启。（图17）此长角为朱红色，约莫有半人多长，四位武士两两相对而奏。长角非中原乐器，其或源自游牧民族，"角，书记所不载。或云出羌胡，以惊中国马。或云出吴越"[42]。至于壁画里的这种特长的角，鲜卑语称"拔逻回"（或簸逻回），据载，它"长五尺，形如竹筒，本细，末稍大"[43]。因角声浑厚嘹亮，多用于军中，南朝乐府《战城南》中便以"长角浮叫，响清天"[44]来描写激烈的战争场景，而拓跋鲜卑亦有角乐曲《簸

41 〔宋〕沈括撰，金良年点校：《梦溪笔谈》卷一《故事一》，中华书局 2015 年版，第 3 页。
42 《宋书》卷十九《乐志一》，第 559 页。
43 〔宋〕李昉：《太平御览》卷五百八十四《乐部二十二》。
44 《宋书》卷二十二《乐志四》，第 663 页。

图 17　**吹长角**　山西太原王郭北齐娄睿墓壁画

逻回歌 》[45]，作征伐之音。北人尚武，娄睿本人亦几番征战沙场，故其出行时使用长角军乐，以壮声威。

　　迎逻主人后，武士们纷纷上马，跟随主人出行。这壮观的马上出行图被安排在墓道壁画的中层。骏马骐骥，有千里之姿，而人坐马上，安稳如山。（图 18）马具在魏晋南北朝时期有了长足的发展，因为在骑马民族的厮杀中，更安全更便利的马具有时候就是决定生死胜负的关键。在娄睿墓壁画里，马的配具完善且精良，络头齐全，鞍鞯具备，马头下的缨子，马背上的障泥，皆衬托出骏马的趔趔英姿。特别值得注意的是高桥式马鞍的出现。这种马鞍半围马身，可以将压力从马脊骨分散到马两侧肋骨上，减轻马的局部压重，使之可以负担重装骑兵的重量，它前后隆起的高桥可以防止骑兵在马背上前后滑动，保证稳定性，为骑兵的高速作战提供支持。

　　而更具革命性的改进则是马镫的使用，娄睿墓壁画里的马侧皆有马镫，以方便骑兵上马，且在马高速奔驰时，为骑兵的双脚提供支撑。（图 19）辽宁北票西官营北燕冯素弗墓出土的鎏金铜马镫，可为之实证。（图 20）马镫的发明，具有世界意义，它引发人们驭马作战的重大变革，大大提高骑兵的安全性和战斗力。马镫传至

45　《乐府诗集》卷二十一《横吹曲辞一》："后魏之世，有《簸逻回歌》，其曲多可汗之辞，皆燕魏之际鲜卑歌，歌辞虏音，不可晓解，盖大角曲也。"

图 18　鞍马出行　山西太原王郭北齐娄睿墓壁画

图 19　鞍马出行　山西太原王郭北齐娄睿墓壁画

图 20　马镫　辽宁
北票西官营北燕冯素
弗墓出土

西方，间接促进了中世纪骑士时代的开启，如美国学者坦普尔所言："如果没有从
中国引进马镫，使骑手能安然地坐在马上，中世纪的骑士就不可能身披闪闪盔甲，
救出那些处于绝境中的少女，欧洲也就不会有骑士时代。"[46]

　　壁画里，马上武士们多携带一长棍状物，这是直拉弓，与箭一起，是狩猎的
必备之物。直拉弓平时卸掉弦，便呈长棍状，武士们以弓囊包之，待到野外，才弯
弓上弦，一逞身手。山西忻州九原岗北朝墓壁画里的武士们，也人人携带这种直拉
弓（图 21），而同墓葬的狩猎出行图向我们更清晰地展示了直拉弓的运用场景：一
位武士携带以弓囊盛装的长棍状直拉弓，其前方的武士，已取弓上弦，准备狩猎。
（图 22）而猎场上，眼疾手快的武士则挽弓如满月，瞄准猎物了。（图 23）马作的
卢飞快，弓如霹雳弦惊，这激烈的狩猎场面，令人血脉贲张。

46〔美〕罗伯特·K. G. 坦普尔（Robert K. G. Temple）著，陈养正、陈小慧、李耕耕等译：《中国：发明与
发现的国度——中国科学技术史精华》，21 世纪出版社 1995 年版，第 12 页。

图21 武士 山西忻州九原岗北朝墓壁画

图22 狩猎出行 山西忻州九原岗北朝墓壁画

图 23　狩猎　山西忻州九原岗北朝墓壁画

图 24　群马　山西太原王郭北齐娄睿墓壁画

除了武士骑乘的骏马外，行列中还有一群不羁之马，奋起四蹄，似在自由驰骋。（图 24）马，在北齐不但是战力的体现，亦是富饶的象征。娄家便是个"牛马以谷量"的豪富之家，而壁画里的这些马也在显示着娄睿的雄厚实力。

马蹄声哒哒，一行人马向郊外行去。途中，他们或许会遇见一支远道而来的胡

图 25　商队　山西太原王郭北齐娄睿墓壁画

人商队。在墓道的上层壁画里，可以看见赶着骆驼的高鼻深目、鬈发虬髯的胡人，他们身着窄袖袍，脚蹬长靴，有的髡发，有的戴毡帽，从面貌上看，很可能是从波斯、粟特等地远道而来。骆驼们皆背驮货物和商队用具，其中一头骆驼背上悬有一釜，当是烧火做饭之用，可见胡商远来的艰辛。（图25、图26）

　　将胡人驼队画在墓室壁画里，或许是表达了主人对财富的希冀，毕竟贵族们的珍奇赏玩多来自胡商，与之贸易，亦可累致千金。娄睿墓还出土了数件陶骆驼，有立有跪，似乎满载宝货而来。（图27、图28）

　　在北齐，来自西域的胡人十分活跃。他们中的许多人，早在北魏时便已定居中原。杨衒之对都城洛阳的追忆中，就提到："自葱岭已西，至于大秦，百国千城，莫不款附。商胡贩客，日奔塞下。所谓尽天地之区已。乐中国土风因而宅者，不可胜数，是以附化之民，万有余家。门巷修整，阊阖填列。青槐荫陌，绿树垂庭。天

图 26　商队　山西太原王郭北齐娄睿墓壁画

下难得之货，咸悉在焉。"[47] 北齐时，虽然经河西走廊进入中原的丝绸要道被北周所把控，但利益所在，西域胡商总能找到路径，逶迤而来。例如，从西域出发，跋涉于绵延的北亚草原，度过阴山，经平城再至晋阳便是一条重要的商路，晋阳也由此成为珍宝荟萃之地，娄睿曾为并州刺史，想必也颇得其利。

西域胡商们不但带来珍奇宝物，在高湛、高纬时代，他们还登上朝堂，成为皇帝的宠臣，所谓"西域丑胡、龟兹杂伎，封王者接武，开府者比肩"[48]，最终影响了北齐的命运，此为后话。

值得注意的是，在出行队伍中，也有女子的窈窕身姿，甚至，她们快步轻蹄，

<hr />

47　《洛阳伽蓝记校释》卷三《城南》，第 117 页。
48　《北齐书》卷五十《恩倖列传》，第 685 页。

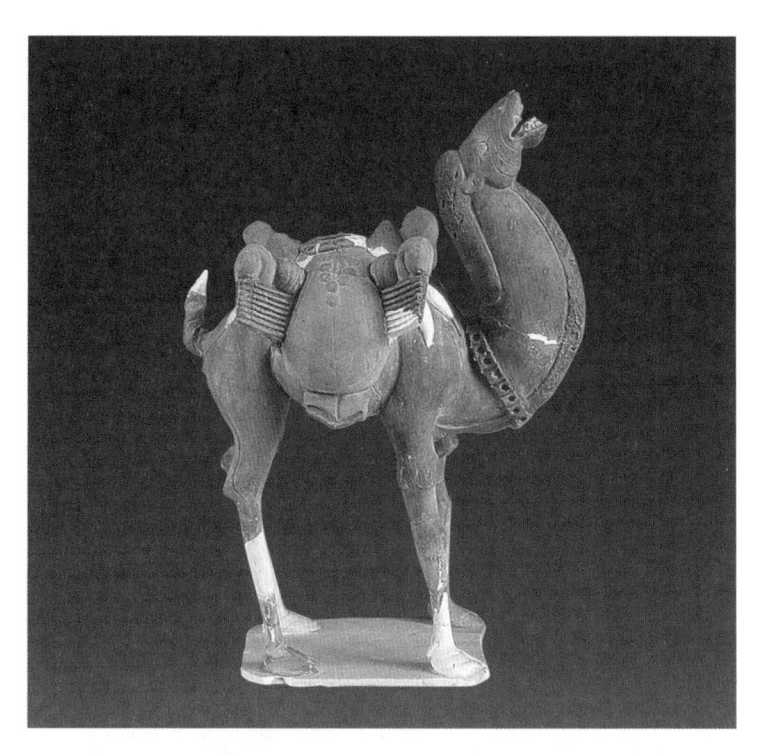

图 27　陶骆驼　山西太原王郭北
齐娄睿墓壁画　山西博物院藏

图 28　陶骆驼　山西太原王郭北
齐娄睿墓壁画　山西博物院藏

图29　女主人出行　山西太原王郭北齐娄睿墓壁画

走在了前列。在几名男侍卫的引领下，侍女们簇拥着一位马上贵妇。贵妇盘发着笄，戴平巾帻，着窄袖长袍，与男子一般装束利落。（图29）这位贵妇，很可能是娄睿的夫人杨氏。

北齐女子，特别是胡族女子，多有爱武装者，甚至骑射亦不在话下，如高欢之妻茹茹公主和大尔朱氏皆善此道，"公主引角弓仰射翔鸥，应弦而落；妃引长弓斜射飞鸟，亦一发而中"[49]。花木兰的故事诞生于这个时代亦非偶然。娄睿夫人杨氏，从姓氏看当是汉人，甚至很可能出自大族弘农杨氏，但在胡风之下，抛头露面，着胡服策马出行，亦是一番风流。

前方出现了树丛，导引的猎犬似乎嗅到了猎物的味道，欢快地向前奔去。（图30）猎犬的出现，暗示着主人和武士们出行的目的是游猎。骑马民族在入主中原

49　《北史》卷十四《彭城太妃尔朱氏列传》，第518页。

图 30　猎犬　山西太原王郭北齐娄睿墓壁画

后，依然需时常游猎，锻炼弓马能力，并保持尚武精神。据载，北齐时，军人每月需田猎两三围。[50] 至于武人贵族，乃至皇族，更是擅于此道。如高湛在一月内就曾三度游猎，史载，天统元年（565）"十二月庚戌，太上皇帝狩于北郊。壬子，狩于南郊。乙卯，狩于西郊"[51]。而猎于人迹罕至的郊外，有时候也是商议重大阴谋的时机，在高殷执政时期，高演和高湛就是在相约游猎时，定下了政变的决心。[52] 而娄睿，作为娄家的代表，或许也曾参与了这场树林深处的密谋。

50　《北史》卷五十五《唐邕列传》："邕又以军人教习田猎，依令十一月，月别三围，以为疲敝，请每月两围。"第 2002 页。

51　《北史》卷八《齐后主本纪》，第 287 页。

52　《北史》卷七《齐孝昭帝本纪》：［乾明元年（560），孝昭］帝既以尊亲而见猜斥，乃与长广王期猎，谋之于野"。第 268 页。

游猎的武士归来了，不久后，朝堂上风云骤起，而娄睿也随之平步青云，上升至人生的巅峰，享尽荣华富贵。

并且，娄睿或许是幸运的，他在后主高纬武平元年（570）就去世了，看不见日后的风波恶浪。

高演、高湛凭勋贵之力得皇位，使合伙人逻辑再次占上风，勋贵们扬眉吐气。但是，随着局势的稳定，皇权终归要打破这种逻辑的约束，大施拳脚。过去，高澄、高洋依靠的是温文尔雅的汉族士人以建立君臣体系，而到了高纬朝，这位天子却将一批恩倖宠臣拔擢到了高位，以之为拳头，去打击功高震主的勋贵们。

这些恩倖宠臣，许多出身卑微，如和士开是西域胡人，陆令萱是宫中乳母，穆提婆曾为官奴，甚至"诸官奴婢、阉人、商人、胡户、杂户、歌舞人、见鬼人滥得富贵者，将以万数"[53]。因为无根无基，恩倖宠臣必须依附于皇权，从而显得似乎忠心耿耿。依照皇帝的心意，他们罗织罪状，矛头直指高高在上的勋贵们。如娄睿的堂兄弟、娄昭之子娄定远就是因得罪了穆提婆，被诬陷与谋反的高思好勾通，从而被迫自杀。而当勋贵中的真正功绩卓越者，如左丞相斛律光和兰陵王高长恭也被构陷杀害时，北齐王朝的柱石逐渐被摧折殆尽。

勋贵的失势并没有带来政治的清明，得势的恩倖宠臣比曾经的勋贵更加放纵恣睢，"各引亲党，超居非次，官由财进，狱以贿成，其所以乱政害人，难以备载"[54]，北齐陷入了末世的衰败。

后主高纬不以为然，弹起琵琶，做他的无愁天子。

西边的北周却欣喜若狂。柱石崩塌，北齐已大厦将倾，不久后，来自西方的军队将如潮水般，淹没这个昙花一现的王朝。

---

53 《北齐书》卷八《齐幼主本纪》，第 300 页。
54 同上。

北齐—北周—隋朝：一个"老外"的宦海浮沉

身世溯源

当波斯王库思老一世见到走到御前的柔然使臣时，不禁哑然失笑。眼前的这位所谓使臣，有着一张稚气的脸，唇边只是微微发青，连髭须都没有，看样子不会超过十五岁。柔然王居然派了这么个青涩小子来出使泱泱大国，难不成是对波斯的一种轻蔑表示？想到这里，库思老的脸阴沉了下来。

这位年轻的使臣倒是不卑不亢，端正地行了个草原上的大礼，然后他一开口，竟然说的是流利的波斯语。他先赞颂了波斯在阿胡拉·马兹达的荣光佑护下的繁华，接着又代柔然王阿那瑰表达了对库思老一世的致意。他的言辞流利，使得阅人无数的库思老一世也开始对这个少年刮目相看。

当被问到为何他的波斯语说得如此之好时，少年的神色略有些黯然，他再恭敬地以波斯的方式行了大礼，自言其祖父奴栖是一个以"鱼"为名的部族的领民酋长，而该部族曾在波斯王的仁慈统治下安居乐业。但是当凶恶的嚈哒人向西放纵野心时，他们的土地被侵占，族人也流落他方，最终辗转到了柔然王的地界。说到此时，少年的声音似乎有些哽咽。当他抬眼望时，见到库思老的眼中竟然也含着一丝光。

少年回忆道，他的祖父奴栖曾多次觐见先王卑路斯，并将卑路斯王的恩惠深深铭记在心。当卑路斯王殉国的消息传来时，祖父曾为之哀悼不已。少年所说的卑路斯王正是库思老的祖父，在征讨嚈哒人的途中中计而被嚈哒人捕杀，这是帝国的奇耻大辱。追忆起痛心往事，王廷上的朝臣们都不禁唏嘘。

接着，少年又指责嚈哒人贪心不足，不但敢侵扰阿胡拉·马兹达庇佑的神圣土地，还向东方扩张，抢掠柔然王的人民和牲畜。如今，柔然有意与波斯联合，东西夹击，共同对抗嚈哒，一雪前耻。两国赳赳雄师若能联合，多行不义的嚈哒，必然覆灭在即。

少年铿锵的话声落地，库思老思忖良久。最后，他起身而步下御座，紧紧地握住了少年的手。

这位年纪轻轻就出使远国的少年，日后将以虞弘的名字扬声东土。一千四百多年后，当他的墓在山西太原被发掘出来时，满绘着浓郁波斯和粟特风格图像的石堂震惊了世界，也揭示了在这里安眠的是一位异域来客，而他的身世更是引发无数人的猜测和遐想。

同墓出土的还有虞弘的墓志，墓志铭以典雅的汉文描述了虞弘的一生。其全文如下：

> 公讳弘，字莫潘，鱼国尉纥骥城人也。高阳驭运，迁陆海□□□；□□膺录，徙赤县于蒲坂。奕叶繁昌，派枝西域，倜傥人物，漂注□□。□□奴栖，鱼国领民酋长，父君陀，茹茹国莫贺去汾、达官，使魏□□□□朔州刺史。公承斯庆裔，幼怀劲质。紫唇燕颔，白耳龟行。凤子□□□之文，洞闲时务；龙儿带烟霞之气，迥拔枢机。扬乌荷载之龄，□□□月之岁。以公校德，彼有惭焉。茹茹国王，邻情未协，志崇通药，□□□〔芬〕，年十三，任莫贺弗，衔命波斯、吐谷浑。转莫缘，仍使齐国。文宣□□，焕烂披云，拘絷内参，弗令返国。太上控览，砂碛烟尘，授直突都督。□使折旋，歙谐边款，加轻车将军、直斋、直荡都督，寻迁使持节、都督凉州诸军事、凉州刺史、射声校尉。贾逵专持严毅，未足称优；郭汲垂信里儿，讵应拟娓。简陪闿闱，奋叱惊道。功振卷舒，理署僚府。除假仪同三司、游击将军。貂珰容良之形，佩山玄玉之势。郑袤加赏，五十万余；〔张〕华腹心，同途异世。百员亲信，无所愧也。武平既鹿丧纲颓，建德遂蚕食关左。收珠弃蚌，更悛琴瑟。乃授使持节、仪同大将军、广兴县开国伯，邑六百户。体饰金章，衔缫簪笏。诏充可比大使，兼领乡团。大象末，左丞相府，迁领并、代、介三州乡团，检校萨保府。开皇，转仪同三司，敕领左帐内，镇押并部。天道茫昧，灾眚斜流。九转未成，刘兰溘尽。春秋五十有九，薨于并第。以开皇十二年（592）十一月十八日葬于唐叔虞坟东三里。月皎皎于隧前，风肃肃于松里，镌盛德于长夜，播徽猷于万祀。乃为铭曰：
>
> 水行驭历，重瞳号奇。隆基布政，派胤云驰。润光安息，辉临月支。簪缨组

绶，冠盖羽仪。桂辛非地，兰馨异土。翱翔数国，勤诚十主。扣响成钟，应声如鼓。蕴怀仁智，纂斯文武。缓步丹墀，陪游紫阁。志闲规矩，心无□□。秋夜挥弦，春朝命酌。彩威鳞凤，寿非龟鹤。前鸣笳吹，后引旗旌。□□□□，宏奏新声。日昏霜白，云暗松青，□〔河〕□树，永〔阊〕〔台〕〔扄〕。[1]

墓志称，虞弘是"鱼国尉纥驎城人也"。鱼国，史书无征，尉纥驎城在何处，亦无人知晓。虞弘到底是何方人士，学者们众说纷纭，有高车说、粟特说、步落稽说、大月氏说、地中海种族说、突厥说、波斯说、漕国说等等。[2] 许多学者从"鱼国"和"尉纥驎城"入手，试图寻找发音相近之地名，然时光久远，音韵常变，纵发音相似，也难以确认。有意思的是，墓志中两处出现"鱼国"的"鱼"字均曾被挖补。书写墓志乃是郑重之事，料想上石镌刻前应当已核对多次。不得已的挖补或许从一个侧面表明了虞弘的国名可能是首次进入汉语世界，以至于在选用哪一个汉字来表达时连虞弘的后裔们都犹豫不决。

虽然在大地上寻找鱼国尉纥驎城如此困难，事实上，遗骨、墓志和石堂浮雕中已有相当丰富的信息，或许可以借之寻得虞弘故乡之踪迹。

墓葬中有虞弘的遗骨，虽已残缺，考古学家选取其部分做 DNA 检测，得出虞弘的线粒体 DNA 序列具有欧洲序列特征。[3] 故虞弘有欧罗巴人种血统，该人种广泛分布于欧洲、西亚、中亚、南亚和北非。在进一步的研究中，考古学家发现虞弘的线粒体单倍型类群属于 U5 亚型。单倍型类群 U5 是最古老的西部欧亚特有单倍型之一。这种单倍型类群现在在中亚分布并不多，且主要集中在塔吉克斯坦，有 4.5%的分布频率，而其他中亚国家，包括古代粟特人聚集的乌兹别克斯坦，只有零星分布。[4] 虞弘来自中亚粟特地区是目前相对主流的说法，但从 DNA 分析上看，该说法恐怕要打个问号。而 U5 分布更集中的塔吉克斯坦，是如今中亚诸国中波斯因素保留最多的地域，这为我们继续追寻虞弘故里提供了提示。

1 《虞弘墓志》，载于山西省考古研究所、太原市文物考古研究所、太原市晋源区文物旅游局编著：《太原隋虞弘墓》，文物出版社 2005 年版，第 89—91、93 页。

2 关于虞弘族属的研究综述可参见冯培红：《廿年虞弘夫妇合葬墓研究回顾与展望——以虞弘族属与鱼国地望为中心》，《西域研究》2020 年第 2 期，第 153—165 页。

3 谢承志、崔银秋、刘树柏、张全超、周慧、朱泓：《虞弘墓出土人类遗骸的线粒体 DNA 序列多态性分析》，载于《太原隋虞弘墓》，第 207 页。

4 谢承志：《新疆塔里木盆地周边地区古代人群及山西虞弘墓主人 DNA 分析》，吉林大学博士论文，2007 年 4 月，第 61—62 页。

墓志中，虞弘将自己的祖先追溯到颛顼和虞舜，这是入华胡人的一种惯常做法，吕思勉先生曾言："晋世五胡，率好依附中国，非徒慕容、拓跋称黄帝之后，宇文托于炎帝，苻秦自称出于有扈，羌姚谓出于有虞也；即其部落旧名，亦喜附会音义，别生新解。"[5] 故虞弘家族未必是源出东土，而更值得注意的是接下来的"奕叶繁昌，派枝西域"一句，点明了虞弘的故里当向遥远的西方去寻找。然而西域是个相当大的概念，阳关、玉门关以西均可称之。细读文本，在铭的部分有与此段相对应的内容，当述完颛顼和虞舜后，有一句"隆基布政，派胤云驰"，其义与"奕叶繁昌，派枝西域"一般，都是讲颛顼和虞舜的派裔播布远方之事，而紧接一句"润光安息，辉临月支"，应当就是对上文"西域"的具体解释，即虞弘的先祖曾在安息和月支地界生活繁衍。

安息、月支，皆有一段由小部落崛起为大帝国的发家史。安息，其族原是伊朗高原东北部的帕尼部落，后首领阿萨息斯开疆辟土，征服伊朗高原，又西进美索不达米亚，建安息帝国，又称帕提亚帝国。月支，其族原牧马于敦煌、祁连一带，被匈奴逼迫迁徙至中亚阿姆河流域，后征服大夏，贵霜翕侯崛起，又南据北印度，建贵霜帝国，而汉文中仍称其为大月氏。[6] 安息、贵霜，与汉、罗马并称四大帝国，此二者皆曾辟地千里，疆域广阔，西亚、中亚和南亚的大部皆在其治下。

然安息、贵霜皆在 3 世纪时衰落，且它二者的共同敌人是新兴的萨珊波斯。萨珊波斯兴起于伊朗高原南部，灭安息帝国，继而东进，占领贵霜帝国的大片土地。此后，安息和贵霜之名虽还存在，却只是偏居一隅的小国了。[7]

尽管在历史时期里安息、贵霜的疆域变化极大，难以具体指认虞弘先祖的行踪，至少在 3 世纪中叶至 5 世纪初的这一百来年间，安息、贵霜帝国的故地多在萨珊波斯治下，那么曾盘桓于安息与月支故地的虞弘的先祖们，很可能在萨珊波斯度过许多时光。

5　吕思勉：《吕思勉文集·读史札记》，译林出版社 2016 年版，第 753 页。

6　《后汉书》卷八十八《西域传》："月氏自此之后，最为富盛，诸国称之皆曰贵霜王。汉本其故号，言大月氏云。"第 2921 页。

7　在安息、贵霜帝国灭亡后，中国史书中依然有对安息、月氏的记载，如《魏书》卷一百二《西域列传》载："安息国，在葱岭西，都蔚搜城。北与康居，西与波斯相接，在大月氏西北。"第 2275 页。此安息，张星烺先生推测，"或为安息朝苗裔，保据东北一城一邑者也"。见张星烺编注：《中西交通史料汇编》第三册，华文出版社 2018 年版，第 808 页。又隋唐时，史书将安息与昭武九姓之安国混为一谈，以为"安国，汉时安息国也"（《隋书》卷八十三《西域列传》，第 1849 页），故此安息也可能指安国。《魏书》卷一百二《西域列传》。又载："大月氏国，都卢监氏城，在弗敌沙西，去代一万四千五百里。"第 2275 页。"小月氏国，都富楼沙城。其王本大月氏王寄多罗子也。"第 2277 页。此大小月氏，为贵霜后裔寄多罗及其子所建。

如果以上叙述尚属文本角度的猜测的话，那么石堂浮雕将更多地揭示出虞弘与萨珊波斯的关系。虞弘石堂四壁有浮雕人物，根据发型服饰，可在其中分辨出至少三个民族，即波浪形长发、戴宝冠的波斯人，短发的粟特人和长披发的突厥（柔然）人。有学者因其中粟特数量最多而推测鱼国的地望和文化背景与粟特有关，[8]其实是有失偏颇的，因为浮雕中的粟特人，大部分是侍从仆役。而石堂堂身后壁中部的宴乐图中端坐的男女二人，普遍被认为是墓主人虞弘及其夫人的形象，其中虞弘便是波浪形长发、戴宝冠的波斯贵族模样。而堂身后壁西侧及西壁的三幅浮雕，中心人物与宴乐图的墓主人形象十分相似，应当呈现的都是虞弘本人，也是波浪形长发、戴宝冠。可见，虞弘对波斯文化有着深切的认同，故发型装扮皆为波斯样式。虽然墓志明言虞弘是鱼国人，非波斯人，但萨珊波斯是一个庞大帝国，其治下部落藩属无数，那么，鱼国很有可能是萨珊波斯的一个小小藩属，且久为波斯文明所影响。此国无独立外交，这也解释了为何中国史籍中从未出现鱼国的踪迹。

虞弘祖父奴栖曾为"鱼国领民酋长"，可见其地位不低，为贵族阶层。有学者以"领民酋长"为北魏授予依附其政权的少数民族首领的官名，从而认为虞弘祖父或已来到北魏地界并受加封。事实上，若鱼国此时已依附于北魏，史书浩瀚，不会毫无此国的痕迹。又虞弘石堂浮雕所体现的波斯风格十分浓郁，可见其家族离开波斯的时间不会过于久远。故更合理的推测是，虞弘祖父的这个"鱼国领民酋长"其含义就是字面上的"率领部民的酋长"而已，撰志者不过是以北朝官名比附之了。

草原生涯

至晚在虞弘父亲这代，虞弘家族经历了一场长途的跋涉，播迁至北方草原，并在柔然可汗治下谋得生存，墓志明言，虞弘之父君陀为"茹茹国莫贺去汾、达官"。那么，是什么机缘迫使家族东迁的呢？

此时，在萨珊波斯和柔然之间，出现了一个强大的嚈哒国，它，也许就是问题的关键。

嚈哒源于塞北，在4世纪70年代越过阿尔泰山，西迁至索格狄亚那（Sogdiana，即粟特地区）。5世纪20年代，羽翼渐丰的嚈哒开始挑战萨珊波斯的权威，渡过阿

---

8 《太原隋虞弘墓》，第149页。

姆河入侵波斯，但被波斯王巴赫兰五世（Bahrām V）击退。此后，嚈哒南侵吐火罗斯坦，战胜了盘踞于此的寄多罗贵霜。接着，嚈哒又从吐火罗斯坦入侵萨珊波斯。起先，萨珊波斯尚居优势，后来，嚈哒人居了上风。决定性的一役爆发在 484 年。

为了报上一仗失败之仇，波斯王卑路斯一世（Peroz I）亲率大军，向嚈哒挑战。不幸的是，他在行军途中落入嚈哒人设置的陷阱，几乎全军覆没，包括国王、祭司长和王室女眷在内的大批波斯贵族被俘，大片波斯领土被占领，不久后，卑路斯被杀。

以年龄推算，虞弘的祖父奴栖必然听闻了这场令萨珊波斯元气大伤的惨败，甚至我们可以大胆推测，虞弘家族很可能就是在嚈哒汹涌的侵略浪潮中不幸沦入敌境的。或许，他们曾经历过一段动荡不安且屈辱压抑的时光。后来，在机缘巧合之下，他们没有向西回归故土，而是踏上了前往东方草原的未知之旅。

颠沛流离也能造就人的见多识广，事实证明了，在柔然王的治下，虞弘家族重新获得了荣耀和地位。作为一位熟知西域情形的人才，虞弘之父君陀得到莫贺去汾、达官的头衔。莫贺去汾，又作莫何去汾，是柔然的高级官衔，"莫贺"据日本学者内田吟风考订，是"Baga"（勇敢）之意，去汾即俟汾，是"草"之意，"莫贺去汾"或意指草原勇者。[9] 在汉文史料中，常见拥有莫贺去汾官衔的柔然显宦奉命折旋于草原与中原之间，如"太和元年（477）四月，遣莫何去汾比拔等来献良马、貂裘"[10]，"〔兴和二年（540）〕八月，阿那瑰遣莫何去（汾）折豆浑十升等朝贡，复因求婚"[11]。又达官（Tarkan），亦是柔然高级官衔，此官名后被突厥人沿用，多次出现在突厥人的碑文中，其意或是执有权柄者。[12] 此可见君陀在柔然甚受器重，被委任以要职重权，对于一个异乡来客来说，这是难得的。

虞弘或许就诞生在草原上。根据墓志推断，他的出生年应当是公元 534 年。尽管童年的他，见惯了风吹草低和牛羊遍野，但是鱼国的传统依然深深熏陶了他。在祖父和父亲的言传身教中，他学会了故乡的语言，学会了在熊熊燃烧的火坛前敬拜的礼仪，还有，在晚风轻拂的夜晚，仰望漫天星辰时，幻想着传说中兽头鱼尾的卡

---

9 "莫贺"的考释，见内田吟风《北亚研究——鲜卑柔然突厥篇》，同朋社 1970 年版，第 68 页。转引自罗丰：《一份关于柔然民族的重要史料——隋〈虞弘墓志〉考》，《文物》2002 年第 6 期，第 79 页。

10 《北史》卷九十八《蠕蠕列传》，第 3256 页。

11 同上书，第 3265 页。

12 〔美〕劳费尔（Berthold Laufer）著，林筠因译：《中国伊朗编——中国对古代伊朗文明史的贡献》，商务印书馆 2001 年版，第 435 页。

图 1　卡拉神兽　山西太原王郭隋代虞弘墓石堂浮雕　山西博物院藏

图 2　人物与神兽鎏金银盘　波斯萨珊王朝　伊朗国家博物馆藏

拉（Kara）神兽 [13]（图1、图2）悠游于星海中。

当虞弘在草原上长大时，柔然汗国也蒸蒸日上。趁着北魏衰落、东西魏分裂的契机，柔然可汗阿那瓌占据了漠南，及时壮大了自己的势力，并且游刃有余地在东魏与西魏间玩起了平衡术，以谋取更大的利益。当时，东魏、西魏皆欲与柔然结盟，"竞结阿那瓌为婚好" [14]，甚至不惜屈尊降纡以待。西魏文帝为了迎娶阿那瓌之女，不惜废掉结发多年的元配乙弗皇后，后又慑于柔然之威，让乙弗皇后自杀。东魏也不甘落后，一直寻找机会获得柔然的青睐。

在南北交往中，三国使臣频频燕行于中土与草原之间。而这时，一桩事件的发生将打破虞弘家族的平静生活。

在虞弘墓志的记载中，君陀奉命出使魏国，然而却一去不复返。墓志碑文在"使魏"二字后恰好残缺了四字，仿佛那段湮灭在时光里的使命一般，当文字重新浮现，君陀已成为魏国的朔州刺史了。

朔州，按《魏书·地形志》，本是北魏六镇之一的怀朔镇，孝明帝孝昌年间（525—527）改为朔州，后来其地陷于柔然，于是寄州治于并州界。[15] 并州，时属东魏，故君陀出使的当是东魏。

君陀的使命和被扣留的缘由虽已难以确知，但是从史书的蛛丝马迹中仍有可探之处。柔然可汗阿那瓌辗转于东、西魏之间，起先亲近西魏，当柔然公主出嫁西魏后，"阿那瓌遂留东魏使元整，不报信命" [16]，并且屡屡侵犯东魏边界，作为报复，"东魏乃因阿那瓌使温豆拔等" [17]。君陀或许就在温豆拔率领的使节团中，因此无法归国。不过，像君陀这样的人才是当时各国所急需的，因此，虽然留在东魏，后来他也被授予朔州刺史这样的高官，看来过得并不差。

但是，留在草原上的虞弘家族恐怕就没有这么顺遂了。君陀出仕于魏，或许让阿那瓌很是愤怒，进而质疑虞弘家族的忠诚。为谋得平安，他们不得不谨小慎微。

世事终有转圜时。原本与西魏联姻的阿那瓌，因为嫁与魏文帝的柔然公主不到两年便去世，进而迁怒于西魏君臣。东魏趁机与柔然结交，并约定婚姻。东魏静帝武定

13　卡拉是波斯图像艺术中一种常见的神兽，鱼尾，其头有羊头、马头、狮头等，虞弘石堂浮雕中亦可见。

14　《北史》卷九十八《蠕蠕列传》，第3264页。

15　《魏书》卷一百六《地形志二》："朔州，本汉五原郡，延和二年（433）置为镇，后改为怀朔，孝昌中（525—527）改为州。后陷，今寄治并州界。领郡五，县十三。"第2498页。

16　《北史》卷九十八《蠕蠕列传》，第3264页。

17　同上。

三年（545），阿那瑰将自己的另一位女儿嫁与东魏权臣高欢，两国正式进入了蜜月期。

为结成秦晋之好，柔然使臣必然频频造访东魏，而身在东魏的君陀想必在两国事务中也有助力。或许是因为这个缘故，阿那瑰解除了对草原上的虞弘家族的猜忌。

少年使臣

当虞弘成长为一位翩翩少年时，一桩重任也将降临到他身上，他将代表柔然，去出使萨珊波斯和吐谷浑。

吐谷浑是柔然的传统盟友，派人出使也属正常，但萨珊波斯却在柔然之西数千里外，为何柔然要远去结交呢？

具体的原因，墓志不详，史书已无载，但观察柔然当时的国际局势，或可得之。

此时，当阿那瑰环顾四周时会发现，南方已无忧，东方诸部族也对之构不成威胁，唯一的可能危机来自西方。

嚈哒自俘杀波斯王卑路斯一世后，威势大振。后卑路斯之子库巴德（Qubad）在嚈哒人支持下回国夺取王位，于是波斯便要向嚈哒俯首纳贡。老牌帝国尚且如此，周边小国自然也不得不臣服于嚈哒。在北魏时，宋云等人出使西域，所见到的嚈哒赫然一方霸主，"受诸国贡献，南至牒罗，北尽敕勒，东被于阗，西及波斯，四十余国皆来朝贡"[18]。

在西方得意的嚈哒自然将战马转向东方，与柔然汗国在天山南北展开争夺。早年的嚈哒曾经臣服于柔然，[19]如今它的咄咄逼人，必然让柔然王心生愤懑。

阿那瑰想必从奴栖、君陀处听闻过萨珊波斯与嚈哒的旧怨，而今，他又打探到现在的波斯王库思老一世励精图治，且欲一雪前耻，库思老一世刚与东罗马帝国签订了停战协议，因此能腾出手来处理东方事务了。于是，阿那瑰想到了一招"远交近攻"，与波斯联手，共同对付嚈哒人。那么，派使臣前往波斯通传此意，便势在必行了。

使臣的选择十分重要，负有国仇家恨、又精通西域事务的虞弘家族自然成为阿

18　《洛阳伽蓝记》卷五《城北》，第 181 页。
19　《梁书》卷五十四《诸夷列传》："元魏之居桑乾也，滑犹为小国，属芮芮。"第 812 页。此处的滑国即嚈哒。

那瑰的考虑目标。奴栖年事已高，君陀又仕于东魏，那么家族的后起之秀虞弘将是不二人选。

但虞弘毕竟才十三岁。想必在正式任命之前，阿那瑰对其进行了一系列考察，然后他惊讶地发现这个孩子有着超乎年龄的成熟稳重，于是，阿那瑰郑重地将使命交托给虞弘，并目睹着虞弘及其使团逶迤而去，消失在莽莽草原上。

柔然王庭距离波斯首都泰西封有万里之遥，且盘踞中亚的嚈哒人占据了当中的孔道。虞弘此行，既要越过草原、高山、沙漠，又要防范嚈哒人，其中艰辛万千，自不必说。漫长跋涉后，年轻的虞弘终于踏上了他祖先的土地。

山河风景，城郭人民，虽未曾相见，虞弘却感到异常的熟悉，那些无数次在祖父的故事中出现过的场景，如今历历在虞弘面前。高大的崖壁上雕刻着波斯先王的辉煌战绩（图 3）[20]，戴着口罩的祭司在燃烧的火坛前赞颂神祇（图 4），在神圣的节日里，人们作乐起舞，极愉尽欢 [21]……一路上走来，虞弘用好奇的目光打量着周遭的一切。在穿越了大半个波斯后，虞弘来到了万王之王的都城——泰西封。

虞弘所见到的是一座气势恢宏的城市，底格里斯河穿城而过，河两岸是齐整的屋舍。在熙熙攘攘的大街上，波斯人、叙利亚人、希腊人，甚至罗马人皆比肩继踵。店铺里，来自东方和西方的商品琳琅满目，中国的丝绸，罗马的玻璃器，波斯的金银器，应有尽有。

在这一切中，最吸引虞弘目光的，还是河畔那座雄伟无比的宫殿，巨大的拱券宛若天门，两侧的壁墙有六层之高，饰以无数壁龛和立柱。那就是波斯王库思老一世的大殿 [22]。（图 5）

在城中休整数日后，虞弘被侍者接引着，步入觐见大殿。走过那高达 37 米的拱顶长廊，进入一扇华美的大门后，虞弘来到了一座宽敞宏大的穹顶大厅，波斯王就端坐在宝座之上。

虞弘见到这位头戴日月宝冠、身着华丽王袍的国王时并没有紧张，许是初生牛犊不怕虎吧，很快，他动情动理的言论打动了库思老一世，当即，波斯与柔然达成

20　萨珊波斯诸王好在崖壁上雕凿表现其形象的浮雕，主题有阿胡拉·马兹达将王权授予国王、国王战斗、国王纳降等，至今尚存者有菲鲁兹·阿巴德（Firuz Abad）、比沙普尔（Bishapur）、纳什洛斯坦（Naqsh-e Rostam）和纳什拉加布（Naqsh-e Rajab）等地的浮雕。

21　《魏书》卷一百二《西域列传》："（波斯国）以六月为岁首，尤重七月七日、十二月一日，其日人庶以上，各相命召，设会作乐，以极欢娱。"第 2272 页。

22　此大殿是萨珊波斯时期的代表性建筑，拥有世界上最高的砖砌拱券，遗迹尚在，现被称为塔克·基斯拉（Taq-e Kasra），位于伊拉克首都巴格达东南 32 千米处。

图 3　沙普尔一世战胜瓦勒良　伊朗法尔斯纳什洛斯坦（Naqsh-e Rostam）浮雕

图 4　祆教神庙遗址　波斯萨珊王朝　伊朗西阿塞拜疆塔赫特·苏莱曼（Takht-e Suleiman）

图 5　塔克·基斯拉（Taq-e Kasra）大殿遗址　波斯萨珊王朝　伊拉克泰西封　欧仁·弗兰丁（Eugène　Flandin）绘

了共同对抗嚈哒的协议。

之后，库思老一世举办了隆重的宴会，来招待高贵的柔然使臣。席间，玉盘珍馐，金樽美酒，满陈于前，伎乐齐作，歌舞并举。众人纷纷赞美虞弘的年轻有为，而虞弘频频举杯，向库思老一世和众大臣致意。四美具，二难并，在微醺的气氛中，虞弘感到了前所未有的欢愉。

使命完成后，虞弘不敢久留，他还要前往下一个目标——吐谷浑。

此时的吐谷浑，占据青海高原一带，北接新疆南部，柔然若欲进攻嚈哒，吐谷浑可为掎角之势。且柔然与吐谷浑已为婚姻之好，据陕西西安出土的吐谷浑晖华公主墓志可知，柔然可汗阿那瓌的可敦（即可汗之正妻）就是吐谷浑的公主。[23]

吐谷浑可汗夸吕在青海湖附近的王帐中接待了虞弘。[24] 在传达了阿那瓌可汗和可敦的问候后，虞弘提出了欲与吐谷浑合力对抗嚈哒的建议。早就担心嚈哒人扩张

23　《茹茹骠骑大将军俟利莫何度支尚书金城王乞伏孝达妻晖华公主吐谷浑氏墓志铭》："主茹茹可敦之妹，即悼皇后之姨也。"载于刘呆运等：《陕西西安西魏吐谷浑公主与茹茹大将军合葬墓发掘简报》，《考古与文物》2019 年第 4 期，第 59 页。

24　《魏书》卷一百一《吐谷浑列传》："子夸吕立，始自号为可汗。居伏俟城，在青海西十五里。虽有城郭而不居，恒处穹庐，随水草畜牧。"第 2240 页。

东向的夸吕爽快地答应了虞弘的请求。接下来，可汗设下宴席，宾主尽欢。

此行，虞弘从柔然王廷出发，西行至底格里斯河畔的泰西封，又折返而东，越葱岭，至吐谷浑，圆满完成了阿那瑰可汗委托的联络二国、共抗嚈哒的使命。

当虞弘历时数年、行经万里，回到柔然草原上时，国际局势却在悄然间天翻地覆。

入中原

公元550年，即虞弘西行后的第4年，一支本为柔然锻奴的部族突然在阿尔泰山一带崛起。就像超新星爆炸一般，这支部族迸发出了难以置信的战斗力，数战之后，高车（铁勒）五万帐归附之，瞬间，它成为柔然西部的一支强大势力，并以突厥的名字，让人闻风胆丧。

柔然新的头号敌人就在不经意间登上了历史舞台。

西魏敏锐地察觉到了这支新部族的力量。此时，它正处于柔然—东魏—梁—吐谷浑的四面包围之中，犹如困兽。而突厥的崛起，意味着草原上新的力量洗牌的开始。

当突厥向柔然求婚而遭到阿那瑰的拒绝后，西魏权臣宇文泰立刻安排，将长乐公主远嫁突厥和亲，两国之盟就此缔结。

得到西魏襄助后，突厥很快向原来的主人柔然露出爪牙。

公元552年，突厥进攻柔然，阿那瑰率军应战，不料大败于怀荒镇北。兵败如山倒，一世枭雄阿那瑰自杀，其太子庵罗辰以及阿那瑰从弟登注俟利、登注子库提，率领部众，投奔已取代东魏而立的高氏北齐。

北齐文宣帝高洋闻得草原上的变故，也不甘示弱，他北征突厥，迎纳柔然，并将流亡在北齐的柔然太子庵罗辰立为柔然王，并赠送他廪饩、缯帛等。此后，柔然向北齐贡献不绝。

但脚跟未稳的庵罗辰却在天保五年（554）反叛北齐，这回，高洋毫不留情，亲自率军讨伐，庵罗辰不敌，远遁北方。此后，高洋又数次征讨柔然，皆破之。这个曾经雄踞北方、不可一世的草原汗国，就渐渐消失在历史的烟尘中。

而身为柔然使臣的虞弘，命运又如何呢？

墓志记载，虞弘在完成出使波斯、吐谷浑的使命后，又出使了北齐，被文宣帝高洋留下，不准其归国。高洋时期，柔然与北齐的交往，大致分为两个阶段：前一阶段是阿那瑰自杀之前，即天保三年（552）二月以前，这段时期内《北齐书》记载柔然使臣造访共有四次，分别为天保元年（550）十月、十二月，天保二年（551）二月、七月[25]；后一阶段是北齐助庵罗辰复位至柔然不复在《北齐书》《北史》帝纪中出现，即天保四年（553）十二月至天保六年（555）七月，这段时期内柔然使臣造访共有两次，分别为庵罗辰复位至反叛前，史载"蠕蠕贡献不绝"[26]，以及天保六年五月，史载"丁未，茹茹遣使朝贡"[27]。那么，虞弘使齐被扣当发生在何时呢？

从之前柔然和东魏互扣来使的事件可以看出，此种外交事故乃是对对方国家的一种挑衅，故当发生在两国交恶之时。而天保三年二月以前，柔然与北齐邦交友好，断无扣留使臣之理，否则庵罗辰也不敢在父亲自杀后奔北齐而来。而天保四年庵罗辰复位后不久，却背叛了北齐，此后两国交战多次，那么，扣留使臣很有可能在此阶段发生。

所以，我们可以大致描摹出这一阶段虞弘的遭遇：当虞弘完成了万里使命，风尘仆仆归来，却不幸遭遇了柔然的大厦倾颓，这些年的功业立成泡影。阿那瑰自杀后，虞弘经历了一段时间的无着漂泊，后来又回到庵罗辰麾下效力，并被庵罗辰派往北齐，以示交好。而之所以选择虞弘前往北齐，恐怕也和虞弘之父在北齐为官有关。但不幸的是，虞弘使命尚未结束，庵罗辰便举起反叛的大旗，虞弘便被高洋扣留。虞弘在此厢眼睁睁地目睹了柔然汗国的覆灭。

陷于他乡的虞弘，可能度过了数年的落寞时光。作为柔然的旧臣，北齐君王对他仍有猜忌，故在武成帝以前，他似乎无有任官。而此时，虞弘正是二十多岁的年纪，如果不能立业的话，他便在此时成了家。

虞弘夫人最终与虞弘合葬。通过对虞弘和夫人的遗骨的分析可知，夫人的死亡年龄当稍小于虞弘。[28]又虞弘葬于隋开皇十二年（592），夫人葬于开皇十八年（598），因此，夫人的实际年龄当至少比虞弘小六岁。当时女子十来岁便出嫁十分普遍，故虞弘夫人在青春年华与虞弘喜结连理。

但是虞弘夫人的墓志特为残缺，因此我们无法知晓这位女子的姓名和族属。而从虞弘石堂堂身后壁中间的虞弘夫妇宴乐图中可见，虞弘夫人头戴花冠，身着半袖衫，从装扮上看，虞弘夫人并非中原闺秀，而是一位西域女子。

---

25 《北齐书》卷四《文宣帝纪》，第54—55页。
26 《北史》卷九十八《蠕蠕列传》，第3266页。
27 《北齐书》卷四《文宣帝纪》，第60页。
28 韩康信：《虞弘墓人骨鉴定》，载于《太原隋虞弘墓》，第185—186、188页。

荣新江先生研究唐朝前期的粟特人婚姻资料后得出，在粟特聚落没有离散之前，粟特人主要是采取内部通婚的制度，时而与其他胡人（特别是伊朗系统的胡人）通婚，而基本上未见与汉人通婚的例子。[29] 其原因也容易理解，同族通婚，在生活习俗和宗教信仰上都更为合适。虞弘的婚姻，很可能是同在北齐的父亲君陀张罗的。鱼国人在北齐十分鲜见，势单力薄，那么，像粟特人那样，与一个同样来自西域的家族联姻将是一个理智的选择。

但虞弘夫人遗骨提供的基因讯息表明，其线粒体单倍型类群 G 主要分布在东亚人群中。[30] 线粒体 DNA 是通过母系遗传的，因此，虞弘夫人的家族也曾与东亚民族联姻。这也为我们理解北朝那个民族大融合时代提供了一个小小案例。

时来运转

在目睹了北齐如同走马灯般的王位更迭后，武成帝高湛的上位，终于使虞弘的命运有了转机。

为了压制鲜卑勋贵的势力，高湛重用了不少根基浅薄的人物，如商胡、官奴之类。身为前柔然使臣而长久不得重用的虞弘，也在此时平步青云。墓志载："太上控览，砂碛烟尘，授直突都督。□使折旋，歙谐边款，加轻车将军、直斋、直荡都督，寻迁使持节、都督凉州诸军事、凉州刺史、射声校尉。"太上指的就是武成帝高湛，因其于河清四年（565）传皇位于太子高纬，而自为太上皇帝。又从墓志中可以看到，由于一场"砂碛烟尘"的辛劳，虞弘被授直突都督，后又折旋于边地，加轻车将军等，此后更是加官晋爵不断。那么，使虞弘在武成帝朝得以初露锋芒、扭转局面的事件是什么呢？

"砂碛烟尘"描绘的是塞外大漠之景，故虞弘的这场功绩，当与塞外的战事有关。而此时的塞外，正是突厥人的世界。在柔然灭亡后，突厥不但尽有其地，还完成了阿那瑰当年的计划，与波斯联手，东西夹击嚈哒并灭之，使自己势力绵延至中亚，成为当时欧亚草原上的新霸主。

北周（即原西魏）在突厥初兴之时便已与之结交，如今，突厥正威势赫赫，北

29　荣新江：《北朝隋唐粟特聚落的内部形态》，载于荣新江：《中古中国与粟特文明》，生活·读书·新知三联书店 2014 年版，第 134 页。

30　《新疆塔里木盆地周边地区古代人群及山西虞弘墓主人 DNA 分析》，第 62—63 页。

周也趁势联合突厥来对付传统敌人北齐。于是，河清二年（563）冬十二月，周将杨忠及突厥阿史那木汗率二十余万人自恒州分三道入侵北齐，至河清三年（564）正月，联军已兵临武成帝所在的晋阳城下。但此战，北齐军奋勇杀敌，大败周突联军，突厥人仓皇出塞，武成帝派平原王段韶出塞追杀。察高湛当政之世，北齐军出塞者唯有此一次。那么，虞弘墓志中所说的"砂碛烟尘"很有可能指的就是这一次。突厥所据为柔然故地，而虞弘生长于斯，熟悉地理，那么当平原王段韶出塞追敌时，很有可能虞弘也参与此役，并立下战功。从此，虞弘开始为高湛所重用。

于是，虞弘的外交才干得到了发挥。文宣帝高洋之世，各国朝贡不断。而废帝高殷和孝昭帝高演时，因国中多故，朝贡遂绝。而武成帝时，朝贡再启，可见北齐与周边诸国关系得到了恢复。特别值得注意的是，原与北周合攻北齐的突厥，后来也与北齐改善了关系，不但于天统二年（566）六月、天统三年（567）十一月、武平三年（572）十二月来朝贡，还在武平四年（573）前来求婚，甚至，当周军东进，北齐即将覆灭之时，后主高纬考虑的竟然是去投奔突厥。北齐后期，国力已不逮于前，外交却如此可圈可点，恐怕其中也有虞弘"□使折旋，歙谐边款"的功劳。因此，虞弘享高官厚禄，为天子腹心，荣耀一时。

尽管如此，北齐还是如雨打风吹去，被西方的北周所灭。但令人惊讶的是，原为北齐之臣的虞弘，入北周后，却继续加官晋爵，"使持节、仪同大将军、广兴县开国伯，邑六百户"，如此隆重的荣宠暗示着虞弘身份的不一般。北周君主重用虞弘，除了是对其卓越的外交内政才华的赏识外，还可能与虞弘此时掌握的一支重要力量有关，那就是入华的西域胡人。

在虞弘一连串辉煌的头衔下，有两种任职特别值得注意，一是"检校萨保府"。

北朝时期，因利之所在，大批西域胡人，特别是中亚地区的粟特人，随着声声驼铃不辞万里来到中原。他们牵着满载宝货的骆驼的形象，频频在北朝墓葬中出现，或为壁画，或为陶俑，可见给当时的人们留下了深刻印象。更直接的证据则来自安伽、史君等入华粟特人的墓葬图像，胡商行旅图表现的就是西域胡人行商跋涉的场景。（图6）入华后，西域胡人多居于商贸繁荣的城市，如北魏的洛阳，北齐的晋阳，北周的长安等。他们善于商贾，往往能致千金，财富就是实力，在两三代后，他们又能转向政界，谋取官位。于是，西域胡人成为一支不可小觑的力量。

萨保原是"队商首领"之义，西域商人结成商队求利于万里之外，当他们聚

图 6　**胡商行旅**　陕西西安井上北周史君墓石堂浮雕（复制）　西安博物院藏

居于异域时，萨保也渐渐发展出"聚落首长"的意思。[31] 后来，北朝将萨保纳入官僚体系，设置萨保府来管理入华的西域胡人。《隋书·百官志》载："诸州胡二百

31　荣新江：《萨保与萨薄：北朝隋唐胡人聚落首领问题的争论与辨析》，载于《中古中国与粟特文明》，第 180—181 页。

户已上萨保，为视正九品。"[32] 从已经发现的史料来看，担任萨保一职的绝大多数是昭武九姓的粟特人。虞弘虽是鱼国人，但以其地位和才干，深受并州等地的西域胡人拥戴，并成为他们的首领，因此，"检校萨保府"的任命正是对虞弘声望的一种官方认可。

虞弘另一关键任职是"迁领并、代、介三州乡团"。

所谓乡团，是北周府兵制下散居乡间的军人组织，也是国家兵力的重要构成。[33] 而乡团一般由当地有威望者统领，《周书·苏椿列传》言："（大统）十四年（548），置当州乡帅，自非乡望允当众心，不得预焉。"[34] 又《周书·韦瑱传》："以望族，兼领乡兵。"[35] 虞弘所领乡团是并、代、介三州的，此三州为北齐要地，特别是北齐的别都晋阳就在并州。虞弘能领三州乡团，很有可能是因为西域胡人在这三州力量比较强大。[36] 从另一方面看，并州也是北齐鲜卑勋贵旧族聚集之处，舍鲜卑人而以虞弘领乡团，或许也有北周君主拔擢西域胡人而压制当地鲜卑人的考量。

由此可见，虞弘在并州等地西域胡人群体中威望卓著，甚至，由于他长期从事外交工作，可能与塞外之突厥等族也关系良好。北周灭北齐后，对于这样的重要人物，自然要加以笼络。因此，入北周后，虞弘依然高官厚禄，宦海得意。

葡萄酒、胡乐与胡旋舞

转眼已是开皇年间（581—600）。前一阵，朝堂上又是一番天翻地覆，北周大丞相、皇太后的父亲杨坚夺了北周小皇帝的皇位，另立了隋朝。从柔然、嚈哒到北齐，虞弘再次目睹了一个王朝的覆灭。不过幸好的是，这一次没有流血。

许是对前朝老臣的笼络和安慰吧，加官晋爵的诏书又从长安传来，这一次，已是隋文帝的杨坚封虞弘为"仪同三司，敕领左帐内，镇押并部"。官衔听着显赫，其实暗含了杨坚的小心思。《隋书·百官志》载："高祖又采后周之制，置上柱国、柱国、上大将军、大将军、上开府仪同三司、开府仪同三司、上仪同三司、仪同

32　《隋书》卷二十八《百官志下》，第 791 页。

33　唐长孺先生认为，西魏、北周时的军士分两类，一类是居于城中或是聚居于堡垒式的城中的，另一类是散居乡间的乡兵，称为乡团。见唐长孺：《魏周府兵制度辨疑》，载于唐长孺：《魏晋南北朝史论丛》，商务印书馆 2017 年版，第 272—273 页。

34　〔唐〕令狐德棻等撰：《周书》卷二十三《苏椿列传》，中华书局 1971 年版，第 395 页。

35　《周书》卷三十九《韦瑱列传》，第 694 页。

36　参见荣新江：《北朝隋唐粟特人之迁徙及其聚落补考》，载于《中古中国与粟特文明》，第 36—38 页。

三司、大都督、帅都督、都督，总十一等，以酬勤劳。"[37] 而这些官衔，是杨坚创制的散官，加给文武重臣以示宠渥，并无实际职掌。虞弘所得的仪同三司，是正五品。《百官志》又载："王公已下，三品已上，又并有亲信、账内，各随品高卑而制员。"[38] 虞弘的领左帐内，亦是一种显示亲贵的官衔。而"镇押并部"则是对虞弘在并州一带实权的再度肯定。新朝雨露天恩，虞弘虽再三叩谢，心中想必却有一丝恓惶。

此时的虞弘，已年近五十，按照汉人的说法，五十而知天命。见过太多天命轮转，虞弘对朝政风云有些疲惫了。

在更多的日子里，虞弘爱在后庭，搭起华帐，犹如当年鱼国的旧风俗那样。让伎乐们奏起琵琶箜篌，看健儿舞一场胡旋，侍儿奉上葡萄酒，与老妻对饮个三杯两盏，乐舞激扬，酒精在血脉里贲张，恍惚间，虞弘仿佛又回到了纵横四方的少年时代。

虞弘的生命在五十九岁时溘然而逝。

他是一个祆教徒，按教规，他应该实行天葬，并简单以纳骨瓮收藏遗骨。

但虞弘毕竟已经在华大半辈子，又是隋朝的官员。中原人事死如事生的观念根深蒂固，祆教徒的葬仪在此显得有些惊世骇俗。

不过传统中并非没有可供借鉴的调和方案。波斯阿契美尼德王朝诸王，或垒石为室而藏（图7），或凿山为室而藏（图8），在不违背祆教教规的同时，也顾及了皇室的颜面。

于是，似虞弘这般有地位的入华祆教徒，采用石堂来承载在世的遗蜕。而石壁寂寞，他们又选择在其上雕画图像，来记载他们的经历抑或愿望。

时光如浪，曾经活跃于中原的西域胡人们已消失在茫茫人海中。1999年，当虞弘的石堂重见天日时，那充满异域感的浮雕与绘画，在令世人惊讶的同时，也引发了无限的遐想。图像里的人是谁？他们在做什么？众说纷纭的同时，也莫衷一是。

或许，这满壁的图像是虞弘的另一篇传记，比起那端庄文雅的文字陈述，这绘就的传记更生动且明快地叙说了作为一个异邦人的虞弘的生命故事以及他对永恒世

---

37 《隋书》卷二十八《百官志下》，第781页。
38 同上书，第782页。

图 7　居鲁士大帝陵
墓　波斯阿契美尼德
王朝　伊朗法尔斯帕
萨尔加德（Pasarga-
dae）

图 8　帝王崖墓　波
斯阿契美尼德王朝伊
朗法尔斯纳什洛斯坦
（Naqsh-e Rostam）

图 9（左） 踩踏葡
萄 山西太原王郭
隋代虞弘墓石堂浮
雕 山西博物院藏

图 10（右） 酿 酒
甘肃天水石马坪北周
至隋代石棺床浮雕

界的憧憬。

虞弘石堂是一座缩小版的歇山顶建筑，堂身是图像的主体，由 9 块石板组成。
我们的目光先从侧壁的这幅图像开始看起。

一年好景或许在夏末秋初，蔓延的葡萄藤蔓下，有一座有着玉砌雕阑的高台，
三位赤裸上身的男子正在台上欢舞。台下，两位男子正快步如飞，其中一位的怀中
还抱着一个大瓶。（图 9）

这幅图像，被许多学者认为是在表现踩踏葡萄以出浆酿酒。甘肃天水石马坪出
土的石棺床上有一幅浮雕，同样是有三人在高台上，而葡萄被踩踏出的甜美汁液从
高台中部的兽头形出口流出，被其下的大瓮所承。（图 10）而类似的场景，早就出
现在了古埃及的壁画上。（图 11）

但古埃及并不是人类第一次品尝到葡萄美酒的地方。在伊朗的哈吉-菲拉斯-泰
伯（Hajji Firuz Tepe）遗址出土的陶罐中，人们发现了酒石酸，[39] 而酒石酸是葡萄酒

39 〔美〕伊恩·塔特索尔（Ian Tattersall）、〔美〕罗布·德萨勒（Rob De Salle）著，乐艳娜译：《葡萄酒的
自然史》，重庆大学出版社 2018 年版，第 20 页。

图 11 葡萄收割与
酿酒场景 前 15 世
纪 埃及卢克索皇家
农业大臣墓壁画

的主要有机酸之一，这证明了在 7000 多年前，人们很可能就开始用葡萄这种水果
酿造神奇的美味了。而如果虞弘的先祖曾居住在波斯，那么葡萄酒酿造的场景成为
家族记忆也是自然的了。

葡萄及葡萄酒传至中亚，并在公元前 2 世纪，与远道而来的中国使臣相遇。当
汉使从中亚归来，不但向皇帝汇报了大宛、安息等地有由这种奇特的水果酿的美
酒，而且还将葡萄种子带到了中原，[40] 从此，葡萄开始扎根中原的土地。

至南北朝时，葡萄已在中原大面积种植了。曾出使东魏的庾信回到梁朝后，谈
及葡萄，有言："我在邺，遂大得蒲萄，奇有滋味。"而东魏来的使臣尉谨补充道：
"在汉西京，似亦不少。杜陵田五十亩中，有蒲萄百树。今在京兆，非直止禁林

---

40 《史记》卷一百二十三《大宛列传》："（大宛）有蒲陶酒。……（安息）田稻麦，蒲陶酒。……宛左
右以蒲陶为酒，富人藏酒至万馀石，久者数十岁不败。俗嗜酒，马嗜苜蓿。汉使取其实来，于是天子始种苜
蓿、蒲陶肥饶地。及天马多，外国使来众，则离宫别观旁尽种蒲萄、苜蓿极望。"第 3160、3162、3173—3174 页。

图12　主人宴乐　山
西太原王郭隋代虞弘
墓石堂堂身浮雕　山西博
物院藏（余蔚摄影）

也。"庾信又称："乃园种户植，接荫连架。"[41] 因此，寓居中原的虞弘应当也可以见
到葡萄满架的景象，并由此一慰对遥远故乡的思念。

　　葡萄对虞弘的意义恐怕还远不止于此。或许在他的想象中，在葡萄架下畅饮葡
萄酒的欢愉，是人间乃至天堂最畅快的乐趣。因此，在他的石堂堂身后壁中央，有
这样一幅场景。

　　画面里，葡萄藤蔓下，华帐张起，帷幔垂下，一场葡萄园中的欢宴即将开启。
（图 12）这样的欢宴，不止出现在虞弘的梦里，同时期的入华粟特人，如史君，也
曾在葡萄架下畅饮。（图 13）或许丰收的葡萄，寓意着丰饶甜美的生活，而深为人
们所喜爱。虞弘使用大帐而非高堂来作为自己的居所，或许暗示了他的家族曾盘桓
于草原的经历。因为在史君石堂浮雕的另一幅宴乐图中，在装饰精美、具有中亚风
格的亭状建筑下，墓主夫妇正在举杯为乐。（图 14）而这种固定建筑，显示了史君

41　〔唐〕段成式撰，许逸民校笺：《酉阳杂俎校笺》前集十八《广动植之三·木篇》，中华书局 2015 年版，
第 1307—1308 页。

图13 葡萄园中的欢宴 陕西
西安井上北周史君墓石堂浮雕
（复制） 西安博物院藏

图14 夫妇宴乐 陕西西安
井上北周史君墓石堂浮雕（复
制） 西安博物院藏

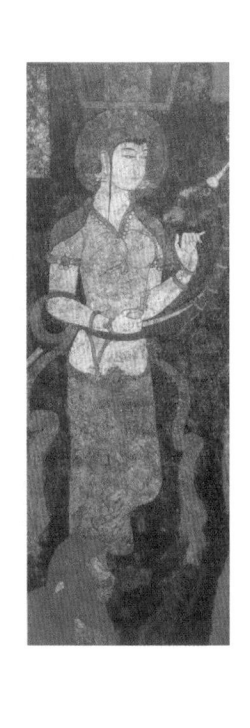

图 15（左） 阿 胡
拉·马兹达授权于巴
赫兰一世 波斯萨珊
王朝 伊朗法尔斯堂
乔干（Tang-e Chow-
gan）浮雕

图 16（右） 弹箜篌
的女乐师 7—8 世
纪 乌兹别克斯坦片
治肯特壁画

家乡作为定居城市的风貌。当然，在胡风盛行的北朝，大帐似乎非常普遍，汉族出身的北齐显贵徐显秀也在墓葬壁画里将自己呈现为端坐在大帐之下。

最引人注目的就是华帐下的一男一女，显然他们占据了主人的位置，因此被普遍认为是墓主人夫妇的形象。此处的虞弘，头戴宝冠，冠下飘扬科丝蒂（Kosti）飘带，高鼻深目，一大把络腮胡子，脑后是波浪状长发。在萨珊波斯时期的浮雕中，贵族男性往往呈现为大胡子、波浪发的形象，与虞弘的样貌相似，而这种带科丝蒂飘带的宝冠也是萨珊波斯样式，这为我们判断虞弘的族属，提供了最直观的证据。（图 15）相较之，入华粟特人墓葬图像中的主人形象则是短发戴牛角形冠或戴帽，这与汉文史料称粟特人"丈夫剪发"[42]是相符合的。因此，虞弘绝非粟特人，此为一证。

虞弘身边是其夫人，夫人的花冠非常华丽，上有花珠数颗。史书言波斯女子"其发前为髻，后披之，饰以金银花，仍贯五色珠"[43]，不知与此花冠有相似之处否。夫人身着带花边的半袖衣，而类似的半袖衣，在新疆若羌楼兰 LE 古城西晋墓的壁画中出现过，且墓中出土了实物，此墓被认为属于贵霜人。又乌兹别克斯坦片治肯特壁画中弹箜篌的女乐师也着半袖衣（图 16）。可知此种服饰曾流行于中亚一带。

---

42 《魏书》卷一百二《西域列传》，第 2281 页。
43 同上书，第 2271 页。

图 17 跳胡腾舞的粟特人　陕西西安炕底寨北周安伽墓石榻浮雕　陕西历史博物馆藏

图 18 穿半袖衣的波斯人　山西太原王郭隋代虞弘墓石堂彩绘　山西博物院藏

　　虞弘举一花边叵罗，夫人举一高足杯，杯中当为葡萄酒，二人正欲举杯对饮。夫妇对饮图是北朝墓葬图像的中心，鲜卑人、汉人、粟特人皆是。而汉代墓葬壁画中的墓主人夫妇虽然对着满案的佳肴，却并不举杯。将饮酒的微醺时刻定格为一生最美好的瞬间，此风或许自西方来，并且影响了当时的价值观，使且乐今宵的气氛洋溢在图像之中。

　　主人夫妇两旁各有男女侍者二人，男侍者皆短发，发尾微微上翘，其样貌与同时期入华粟特人墓葬图像中粟特人形象相似（图 17），故当为粟特人。虞弘曾检校萨保府，为以粟特人为主的西域胡人之政教首领，故浮雕中的侍者大都为粟特人，这也是虞弘真实生活的写照。

　　窄袖长袍是粟特的典型服装，而虞弘墓图像中的人物又多在长袍外着一件半袖衣。在虞弘石堂的彩绘中，可以更清晰地看见半袖衣与长袍的配搭方式。（图 18）

　　至于女侍者，可能也是粟特人，她们头戴花冠，身着长袍，腰系绮带，下曳长裙，而一条长帔巾萦绕臂间，招摇而下。帛带帔巾，其缘起何地已难以确考，因其袅袅之姿甚美，故广为各民族女子所爱，粟特女子也喜欢将这婀娜缠绕在身，如日

图 19 娜娜女神及乐舞 粟特石棺屏浮雕 日本 MIHO 美术馆藏

本 MIHO 美术馆藏粟特人石棺屏上便浮雕有仙女身缠帛带的形象。（图 19）当然，帛带在佛教图像中的运用更为普遍，菩萨、伎乐、飞天往往长带飞扬。这种美的时尚也传入中原，至唐朝时，帛带已成为女子衣装中不可或缺的一抹绚烂了。

如此欢宴，需以乐舞。在主人前，有六位粟特乐师分坐两侧，正在演奏腰鼓、铜钹、竖箜篌、排箫、筚篥和曲颈琵琶，听其名，便知其中多有西域乐器。

腰鼓源自古印度，并东传入西域。史载，"昔苻坚破龟兹国，获羯鼓、齐鼓、杖鼓、腰鼓，汉、魏用之，大者以瓦、小者以木，类皆广首而纤腰，宋萧思话所谓'细腰鼓'是也"[44]，可知腰鼓又从西域传至中土。又《旧唐书·音乐志》云："腰鼓……本胡鼓也。石遵好之，与横笛不去左右。"[45]石遵为羯胡，本出中亚。[46]而与石遵算是广义上的老乡的粟特乐师也敲响了腰鼓，看来他们对这热情激烈的鼓点声同样热衷。

铜钹，是一种铜制的打击乐器，由两爿中间隆起的铜盘组成，这种乐器广泛流行于西方，东晋法显游历天竺时亦曾见之，[47]并且它也曾随天竺的乐队来到汉地，《隋书·音乐志》载："起自张重华据有凉州，重四译来贡男伎，《天竺》即其乐焉。……乐器有凤首箜篌、琵琶、五弦、笛、铜鼓、毛员鼓、都昙鼓、铜拔、贝等九种，为一部。"[48]铜钹又常用于佛乐，敦煌莫高窟第 322 窟（初唐）壁

---

44 〔元〕马端临撰，上海师范大学古籍研究所、华东师范大学古籍研究所点校：《文献通考》卷一百三十六《乐考九·革之属》，中华书局 2011 年版，第 4155 页。

45 《旧唐书》卷二十九《音乐志二》，第 1079 页。

46 童超：《关于"五胡"内迁的几个问题》，《山西大学学报（哲学社会科学版）》1979 年第 4 期，第 62—64 页。

47 〔晋〕释法显撰，章巽校注：《法显传校注·北天竺、西天竺记游》："每日出后，精舍人则登高楼，击大鼓，吹螺，敲铜钹。"中华书局 2008 年版，第 38 页。

48 《隋书》卷十五《音乐志下》，第 379 页。

图 20　飞天击钹　初唐　甘肃敦煌莫高窟第 322 窟壁画

画中便可见飞天击钹之场景。（图 20）

　　竖箜篌源自波斯，先传到中亚等地，后又至中土。竖箜篌有弓形和角形之分，乌兹别克斯坦片治肯特壁画中女乐师所奏即弓形竖箜篌，虞弘石堂浮雕中的箜篌也为此，此箜篌弦数在十以下。而角形竖箜篌弦数可达二十二，更适宜演奏音域宽广的乐曲，《通典》言"竖箜篌，胡乐也。汉灵帝好之。体曲而长，二十二弦，竖抱于怀中，用两手齐奏，俗谓之擘箜篌"[49]，即此。虞弘石堂堂座浮雕中亦有角形竖箜篌（图 21），可为对照。

　　排箫，是一种广受喜爱的乐器，古印度、古希腊，甚至古代美洲皆有其踪迹。汉地亦早已有之，《风俗通义》称箫，"舜作……其形参差，像凤之翼"[50]，湖北随州擂鼓墩战国曾侯乙墓中就出土了彩漆排箫（图 22）。

　　筚篥，又名觱篥、悲篥，是一种簧管乐器，起源于波斯，后经龟兹传入汉地，甚至远播东北亚。据《隋书·音乐志》记载，西凉乐、龟兹乐、疏勒乐、安国乐、高丽乐中皆用筚篥。[51]

　　49　〔唐〕杜佑撰，王文锦、王永兴、刘俊文、徐庭云、谢方点校：《通典》卷一百四十四《乐四·八音·丝五》，中华书局 1988 年版，第 3680 页。

　　50　〔汉〕应劭撰，王利器校注：《风俗通义校注》卷六《声音》，中华书局 1981 年版，第 311 页。

　　51　《隋书》卷十五《音乐志下》，第 378—380 页。

图21 弹箜篌乐师 山西太原王郭隋代虞弘墓石堂浮雕 山西博物院藏

图22 彩漆排箫 湖北随州擂鼓墩战国曾侯乙墓出土 湖北省博物馆藏

琵琶，中原本有同名乐器，直项而圆形，称"秦琵琶"，后从西域传入者，曲项而梨形，《隋书·音乐志》称："今曲项琵琶、竖头箜篌之徒，并出自西域，非华夏旧器也。"[52]虞弘石堂浮雕所绘即为曲项琵琶。

事实上，经魏晋南北朝三百多年之融合，西域音乐已在中原蔚为流行。当隋文帝开辟新朝，制礼作乐时，他所定的七部乐为《国伎》《清商伎》《高丽伎》《天竺伎》《安国伎》《龟兹伎》《文康伎》，又杂有疏勒、扶南、康国、百济、突厥、新罗、倭国等伎，[53]可知大半已为异域新声，安国、康国伎乐便来自粟特人的地界，故虞弘石堂浮雕中粟特乐师所奏之乐曲，或许也曾在朝堂宴乐中响彻。

管弦既作，当舞之蹈之。乐师中间，有一男子于小圆毡上起舞，飘带飞扬，他

52 《隋书》卷十五《音乐志下》，第378页。

53 同上书，第376—377页。

图 23　石刻胡旋舞墓门　宁夏盐池窨子梁 6 号唐墓出土　宁夏博物馆藏

所跳的或为粟特诸国流行的胡旋舞。[54]

胡旋舞，在《旧唐书·音乐志》的描述中是"舞急转如风，俗谓之胡旋"[55]，顾名思义，它以旋转为特色。胡旋舞的舞台是一块不大的圆毡，"于一小圆球子上舞，纵横腾踏，两足终不离于球子上"[56]。随着急促的弦鼓声起，舞者舞动旋转，时而左旋，时而右转，千匝万周，所谓"蓬断霜根羊角疾，竿戴朱盘火轮炫"[57]，仿佛抟扶摇而起的龙卷风，金光四溢的火轮，在风驰电掣的狂舞中，人的身体得到极限的体验，人的心魂也仿佛腾跃飞升，进入那迷人的极乐之境。

胡旋舞者多为女子，不过男子亦可舞之，虞弘石堂浮雕中的这位舞者即为男性，宁夏盐池窨子梁 6 号唐墓出土的两扇石墓门上也描绘了男子身披长巾、酣舞胡旋的场景。（图 23）在唐代，最有名的胡旋舞高手之一则是唐玄宗的宠臣安禄山，

54　陈海涛：《胡旋舞、胡腾舞与柘枝舞——对安伽墓与虞弘墓中舞蹈归属的浅析》，《考古与文物》2003年第 3 期，第 56—58 页。

55　《旧唐书》卷二十九《音乐志二》，第 1071 页。

56　〔唐〕段安节撰，吴企明点校：《乐府杂录·俳优》，见《教坊记（外三种）》，中华书局 2012 年版，第 129 页。

57　〔唐〕元稹：《胡旋女》，载于〔唐〕元稹撰，冀勤点校：《元稹集》卷二十四《乐府·和李校书新题乐府十二首》，中华书局 2010 年版，第 330 页。

尽管他体态肥胖，据说拖沓的腹部都垂至膝盖了，但是当他在唐玄宗面前跳起胡旋舞时，依然可以迅疾如风。而窨子梁唐墓的主人可能与安禄山一样，都是粟特人，可见胡旋舞特为远在他乡的粟特人所喜爱。他乡寂寞，弹起琵琶舞一段胡旋，或许是他们所珍视的欢愉。

葡萄酒、胡乐、胡旋舞，这热闹的欢腾或许在许多个凉风习习的夏末秋初令虞弘心旌荡漾，由是也成为他对美妙的最直观的幻想，以至于他希冀在永恒的时空里，一遍遍地重温，在乐舞的韵动中，魂灵飞升阿胡拉·马兹达的天堂。因为对一个祆教徒来说，曼妙的乐舞不止愉悦身心，更是对神祇的衷心献祭。

火之祭祀

让我们的目光从石堂后壁转向前方，在石堂堂座的正面，一场隆重的祭祀正在进行。

画面的中央，是一尊燃烧着熊熊烈火的火坛。（图24）火，被祆教徒奉为神圣，甚至火神阿扎尔被喻为最高神阿胡拉·马兹达之子，[58] 故面对火坛祭祀是祆教徒最重要的功课，祆教也由此被称作拜火教。《阿维斯塔》之《亚斯纳》篇中就描述了先知琐罗亚斯德的礼拜场景："清晨，琐罗亚斯德指净［和摆好］火盆，开始吟咏颂歌。"[59] 作为萨保的虞弘，必曾无数次率领教众在火坛前虔诚礼拜。

火坛之制，由来已久，在波斯阿契美尼德王朝诸王的崖墓浮雕中，可见国王向阿胡拉·马兹达致礼的场景，阿胡拉之下便有一燃烧着圣火的火坛。（图25）在伊朗祆教圣地塔赫特·苏莱曼，我们还可以看到萨珊时期的火坛实物（图26），有意思的是，此火坛中心有一通气孔，下接长长的输气管道，附近火山的可燃气体被引到此处燃烧而成熊熊圣火。不知虞弘出使波斯时是否曾拜谒此处圣地，这天然而生的圣火当会令信徒们心生敬畏。

虞弘石堂浮雕中的火坛十分精美，下为底座，中部为较细的柱子，上部则是三层莲瓣。在虞弘墓中也出土了石制火坛（图27），这是表明他的祆教信仰的最直接证据。

---

58 《阿维斯塔》第五卷《维斯帕拉德》第七章："我们赞美圣洁而高尚的阿胡拉·马兹达之子阿扎尔。"注曰："为表示对阿扎尔的崇敬，特称其为阿胡拉·马兹达之子；但并非像希腊神话中的诸神那样有血缘关系。"第339页。

59 《阿维斯塔》第二卷《亚斯纳》第九章，第116页。

图 24　火坛与祭司鸟神　山西太原王郭隋代虞弘墓石堂浮雕　山西博物院藏（余蔚摄影）

图 25　国王敬拜阿胡拉·马兹达　波斯阿契美尼德王朝　伊朗法尔斯波斯波利斯阿塔薛西斯二世崖墓浮雕

图 26　火坛　波斯萨珊王朝　伊朗西阿塞疆塔赫特·苏莱曼出土

图 27　石火坛　山西太原王郭隋代虞弘墓出土　山西博物院藏

　　祆教徒的拜火祭祀行为在当时可能感染了更多的人。因为就在离虞弘墓数百米外的北齐东安王娄睿墓中，曾出土造型奇特的"灯"（图 28），经学者研究，它可能是小型的祆教火坛。[60] 而这并非个例。事实上，北朝时，入华祆教徒众多，势力不可小觑，流风之下，甚至连皇帝也开始拜火事祆，"（北齐）后主末年，祭非其鬼，至于躬自鼓舞，以事胡天。邺中遂多淫祀，兹风至今不绝。后周欲招来西域，又有拜胡天制，皇帝亲焉"[61]。知此，我们可以对虞弘在当时的地位有更多理解。

　　祭火需由祭司主持。在虞弘石堂浮雕中，火坛两侧各有一人头鹰身祭司，祭司头戴宝冠，高鼻深目，波浪形长发，戴口罩、手套以避免污染圣火，身缠帔巾，腰系长带，上半身赫然是波斯祭司的模样，而下半身则是鹰形。

　　人兽形体组合向来是西亚图像艺术的一个特征，人首牛身，人首狮身等形象屡

60　施安昌：《北齐徐显秀、娄睿墓中的火坛和礼器》，《故宫博物院院刊》2004 年第 6 期，第 42 页。
61　《隋书》卷七《礼仪志二》，第 149 页。

见不鲜，拥有一半兽身也意味着拥有另一种卓越强大的力量，而带翼的鸟身被认为具有天空的力量，往往出现在神祇身上，比如阿胡拉·马兹达的经典形象便拥有鸟翼和鸟尾。鹰又被祆教视为是灵光的化身，在《阿维斯塔》的记述中，灵光就曾三次化为雄鹰。[62] 因此，将祭司表现为人头鹰身乃是对祭司强大力量的一种礼赞，而这形象也屡屡出现在入华粟特人的墓葬图像上。

祭祀过程并非总是庄严肃穆的，事实上乐舞和酒也是良好的祭品。故在献祭火坛图像的上方，欢歌乐舞的场景被生动地描绘出来，身披帛带的粟特乐师们奏响了琵琶腰鼓，舞者则随着韵律腾跃起舞，以娱乐神祇，求其降下福祉。（图 29、图 30）在陕西西安炕底寨北周安伽墓的门楣浮雕中，熊熊火坛两侧也有天人奏响乐器（图 31），可见音乐供养于祆教的意义。

极乐之中，酒也必不可少，有侍者抱来酒樽。（图 32）于是，在火坛图像两旁的浮雕中，有醺醺醉汉，或举角状的来通杯为饮，或举叵罗为饮，（图 33）有人酒力不胜，手中的叵罗都要把持不住了。而这般醉酒，并不被认为是失仪不敬，相反，信徒在酒精所制造的迷幻中，更能接近神的境界。祆教徒的这种祭祀方式，也被不解的时人所记录，唐代张鷟就曾见到"河南府立德坊及南市西坊皆有胡祆神庙。每岁商胡祈福，烹猪羊，琵琶鼓笛，酣歌醉舞"[63]。

当然，众人皆醉时，并非没有清醒者，醉汉旁立有戴宝冠、长须的武士，手持长矛，守卫着祭祀现场，显示出可靠的冷静态度。（图 34）

图 28　釉陶灯　山西太原王郭北齐娄睿墓出土　山西博物院藏

---

62 《阿维斯塔》第三卷《亚什特》第十九篇《扎姆亚德·亚什特》第六章，第 305 页。

63 〔唐〕张鷟撰，赵守俨点校：《朝野佥载》卷三，中华书局1979 年版，第 64 页。

图29 **粟特乐师** 山西太原王郭隋代虞弘墓石堂浮雕 山西博物院藏

图30 **粟特乐师** 山西太原王郭隋代虞弘墓石堂浮雕 山西博物院藏

图31　祭火仪式　陕西西安炕底寨北周安伽墓门楣浮雕

图32　**粟特男侍**　山西太原王郭隋代虞弘墓石堂浮雕　山西博物院藏

图 33　饮酒者　山西太原王郭隋代虞弘墓石堂浮雕　山西博物院藏

图 34　武士　山西太原王郭隋代虞弘墓石堂浮雕　山西博物院藏

在这一整幅祭祀图像中，我们还可以发现一个关于种族的有趣现象，即祭司、醉汉（可以被认为是仪式的参与者）和武士都是波浪形长发的波斯人，而乐师、侍者之属则是短发的粟特人，这种差异可以被解释为波斯人在祆教祭祀中占有更高的地位，至少在虞弘治下的萨保府是如此，这也为虞弘的族属提供了旁证。

出行、休憩与猎狮

石堂堂身的侧壁有三幅浮雕，其主人公形象与宴乐图中的虞弘十分相似，故可认为它们表现的仍然是虞弘本人及其向往的生活。

在这幅浮雕中，虞弘正骑马出行，他依然是头戴宝冠、身着半袖衣的装扮，安坐于一匹骏马上，而马蹄也按波斯的习惯系上了飘带，行走间仿佛有飞腾之感。虞弘手持叵罗，看来路上也要享受美酒，一位粟特侍者跟在身后，随时听候召唤，而另一位侍者则捧起盛满食物的托盘，请主人享用。天空中有一只脖子上系着飘带的鸟儿飞过。（图 35）这种系带鸟有着吉祥的寓意，因此在萨珊波斯艺术图像中频频出现。（图 36）

在另一幅浮雕中，虞弘坐在筌蹄上，手持花口叵罗欲饮，一侍者单膝跪地而奉上食物，另一侍者则弹曲项琵琶以作乐。（图 37）筌蹄是一种用藤或草编成的高型坐具，形似束腰长鼓，因其轻便，故时人出行时携之，可随时坐着休憩。汉人本跪坐，而胡人则习惯垂足坐，在胡风盛行的北朝，适宜垂足坐的坐具开始流行。据传"（侯景）床上，常设胡床及筌蹄"[64]，此二者皆高型坐具。经此一番，高型坐具成为坐具的主流，汉人的坐姿也被彻底改变了。

以上二幅浮雕尚可能是虞弘的日常写照，而另一幅骑象猎狮图，则是虞弘对自我威武勇力的想象了。此浮雕中，一男子宝冠、长须、波浪形长发，与前几幅图中虞弘像相似，应该还是虞弘本人。虞弘身着的半袖衣，袖口有双重花边，下身则穿花边裤。这种花边裤是萨珊波斯诸王的典型装束，在诸王浮雕中可以清晰见到。虞弘坐在一头大象上，挥舞宝剑，正准备砍杀扑来的狮子，而另一只狮子则欲噬咬大象的前腿，其后有一犬飞扑向狮子的后背，欲与之搏斗。（图 38）波斯产象，且以象为坐骑以作战，"战兼乘象，百人随之"[65]，此图像从一个侧面反映了波斯战象的

64　《梁书》卷五十六《侯景列传》，第 862 页。
65　《魏书》卷一百二《西域列传》，第 2271 页。

图 35　主人出行　山西太原王郭隋代虞弘墓石堂浮
雕　山西博物院藏

图 36　鸟纹碗　波斯萨珊王朝　日本平山郁夫丝绸之路美术馆藏

图 37　主人休息　山西太原王郭隋代虞弘墓石堂浮
雕　山西博物院藏

图 38　主人射狮　山西太原王郭隋代虞弘墓石堂浮
雕　山西博物院藏

图 39　国王亚述巴尼拔猎杀狮子浮雕　新亚述帝国（前 645—640）　英国大英博物馆藏

运用。但它并非是一幅写实的图像。狮子被视为猛兽之王，而猎杀狮子的图像则是
对国王之英勇的最高礼赞。在亚述尼尼微宫殿浮雕中，便有国王猎杀狮子的激烈场
面。（图 39）这种图像传统被波斯阿契美尼德王朝诸王沿袭之，在波斯波利斯宫殿
的浮雕中，国王便将匕首刺入狮子和怪兽的腹腔。（图 40）至萨珊波斯时期，国王
猎杀猛兽更是成为一个固定的图像模板，以彰显王权的威势。（图 41）

图 40　国王杀死怪兽　波斯阿契美尼德王朝　伊朗法
尔斯波斯波利斯浮雕

图 41　国王猎狮鎏金银盘　波斯萨珊王朝　伊朗国家博物馆藏

而虞弘将自己呈现为穿花边裤、骑象猎狮的形象，便有一种"王"的寓意在其中了。虞弘出身于鱼国酋长家族，身份本高贵，又成为并、介、代三州西域胡人的领袖，大权在握，他或许在心中对自己有一种"王"的期许，于是通过仿萨珊波斯诸王猎狮的图像来表达。在距萨珊波斯万里之外，虞弘的僭越看来并没有太大问题。

有意思的是，晋代张华的《博物志》中记载了一个曹操猎狮的故事。"后魏武帝伐冒顿，经白狼山，逢师子，使人格之，杀伤甚众。王乃自率常从军数百击之。师子哮吼奋起，左右咸惊。王忽见一物从林中出，如狸，起上王车辀。师子将至，此兽便跳起，上师子头上。即伏不敢起，于是遂杀之，得师子一。"[66]这个故事发生在今辽宁一带，但是显然该地并无狮子，有学者认为这个故事的产生乃是受到了波斯猎狮传统的影响，[67]为了体现曹操的无畏和王者气度，故也让他猎了一头狮子。

66　〔晋〕张华著，唐子恒点校：《博物志》卷三《异兽》，凤凰出版社 2017 年版，第 30 页。
67　尚永琪：《曹操猎狮传说的历史学考察》，《光明日报》2012 年 12 月 6 日。

王据四方

在虞弘石堂浮雕中，猎狮的并非虞弘一人，还有两位王者也被表现为勇猛格狮。那么，他们是谁呢？

其中一位猎狮者披长发，骑一双峰骆驼，持弓回身射向狮子。（图 42）此人一般被认为是突厥人，因为突厥人披发，且常常出现在同时期入华粟特人墓葬图像中。然此说犹有可疑处。

突厥崛起后，吞柔然之地，成为草原霸主，又西灭嚈哒，与波斯以阿姆河为界分其地，故粟特诸国多在突厥治下，且粟特人往来东西，需突厥人庇护，因此粟特人在图像中表现突厥人也是自然而然的。

而虞弘本人与突厥却渊源不深，最多是外交出使关系，虞弘似无理由要在永生之宅的壁上表现突厥人，那么这位猎狮的披发武士是谁呢？

披发，不但是突厥人的发式，也是柔然人的。

《魏书·西域列传》里记载了一个由发型引发争端的故事，可见柔然风俗。道是有一悦般国，国人非常重视发型，不但剪发齐眉，还要以醍醐涂之，使头发富有光泽。该国与柔然结好，其国王入柔然会见柔然王，但入柔然界百余里，见柔然人"不浣衣，不绊发，不洗手，妇人舌舐器物，王谓其从臣曰：'汝曹诳我入此狗国中！'乃驰还"[68]，从此两国结仇，数相征讨。不绊发即披发，可知柔然人也好将头发披散而不加束缚。

又双峰骆驼主要分布在今中亚、蒙古及我国西北一带，柔然汗国以蒙古高原为中心，势力盛时西及我国新疆，南达我国内蒙古一带，故其境内是出产双峰骆驼的。

虞弘很可能生于柔然，并在草原上度过自己的童年与少年，又受柔然王命出使，因此柔然可谓是虞弘的故乡之一。柔然王阿那瑰曾是虞弘的主公，亦曾是草原上的王者，那么虞弘表现柔然王猎狮的英勇形象以为缅怀和致意，也是顺理成章的。故虞弘石堂浮雕上的披发猎狮者更大可能是柔然王，甚至具体一点，就是阿那瑰。

另一位猎狮者的身份更为扑朔。该武士短发，身着半袖衫，颈上及胸前似饰有

---

68 《魏书》卷一百二《西域列传》，第 2268—2269 页。

图42　柔然王射狮　山西太原王郭隋代虞弘墓石堂浮雕　山西博物院藏

图43　嚈哒王射狮　山西太原王郭隋代虞弘墓石堂浮雕　山西博物院藏

璎珞，骑一单峰骆驼，正弯弓射向狮子。（图43）

　　虞弘在石堂浮雕中表现的王者，应当与其家族经历有关。察虞弘家族从波斯徙往柔然，需经嚈哒，甚至嚈哒就是造成家族东迁的原因。墓志虽未明言，但想来虞弘家族当在嚈哒境内盘桓数年。而嚈哒人"衣服类加以璎珞，头皆翦发"[69]，正与浮雕中人物形象相合。在一枚5—6世纪的嚈哒银币上，王者亦是短发，且衣装上加以连珠状装饰，（图44）可与浮雕人物相印证。

　　单峰骆驼分布在从今印度西部、巴基斯坦至西亚、北非的炎热沙漠中。5世纪中叶，嚈哒南侵，过兴都库什山脉，山南的犍陀罗等北印度小国皆役属之，随即，嚈哒又发动对笈多印度的战争。此期间，嚈哒人势力已达单峰骆驼产地，获取之也是理所当然。

　　69　《魏书》卷一百二《西域列传》，第2279页。

图 44　1 德拉克马银币　嚈哒王国（475—560）

因此，该短发武士大概率是嚈哒王。

除了柔然王和嚈哒王外，与虞弘及其家族关系最密切的两位王者，被郑重地刻画在石堂堂身前壁两侧。

其中一位王者，头戴日月宝冠，身着窄袖袍，肩缠帔巾。（图 45）王者留两撇小胡子，与虞弘的大把长须不同，可知并非虞弘本人。另他的宝冠是萨珊波斯王专属的日月宝冠，屡见于萨珊时期的浮雕和钱币（图 46），由此推断他就是波斯王。波斯王骑在一匹装饰华美的骏马之上，马腿与马尾皆按波斯习俗系上飘带。

身后，有一侍者为其打伞，这不仅是为了遮阳，也是一种代表尊贵的仪仗。此传统在波斯由来已久。在波斯波利斯王宫浮雕中，波斯王身后便有持伞者。（图 47）而花园拱门（Taq-e Bustan）的猎鹿浮雕中，坐在高头大马上的王者也有侍者为其高擎伞盖。[70]（图 48）

70　关于伊朗克里曼沙阿花园拱门狩猎浮雕，也有学者认为其主人公并非萨珊波斯国王，如康马泰（Matteo Compareti）在《〈帝王猎鹿〉：塔克-伊-布斯坦摩崖新发现》一文中指出狩猎浮雕的主人公可能是库思老二世时期的叛将巴斯坦。见〔意〕康马泰著，毛铭译：《唐风吹拂撒马尔罕》，漓江出版社 2016 年版，第 61—69 页。

图45 波斯王出行 山西太原王郭隋代虞弘墓石堂浮雕 山西博物院藏

王者手中持一枚石榴，而他前方，有一果实累累的石榴树，树下有一侍者奉上一枚石榴。石榴原产伊朗等地，传入我国初称"安石榴"，此安即安息。石榴被袄教徒视为一种神圣的植物，有时候石榴汁可以替代胡摩汁以滴于临终者口中，来表示临终者灵魂将永垂不朽。[71] 宁夏固原小马庄唐代史诃耽墓曾出土一枚宝石印章，上刻卧狮，狮后有三枚果实，形如石榴，印章周围有中古波斯文铭文，意为"自由""繁荣""幸福"。[72]（图49）故波斯王持石榴，当具有神圣吉祥的寓意。有意思的是，吉祥的石榴树也出现在佛教场景中，如敦煌莫高窟第322窟（初唐）的壁

71　施安昌：《火坛与祭司鸟神》，紫禁城出版社 2004 年版，第 143 页。

72　同上书，第 146 页。

图 46　1 德拉克马银币　波斯萨珊王朝　卑路斯一世（5 世纪）

图 47　国王出行　波斯阿契美尼德王朝　伊朗法尔斯波斯波利斯浮雕

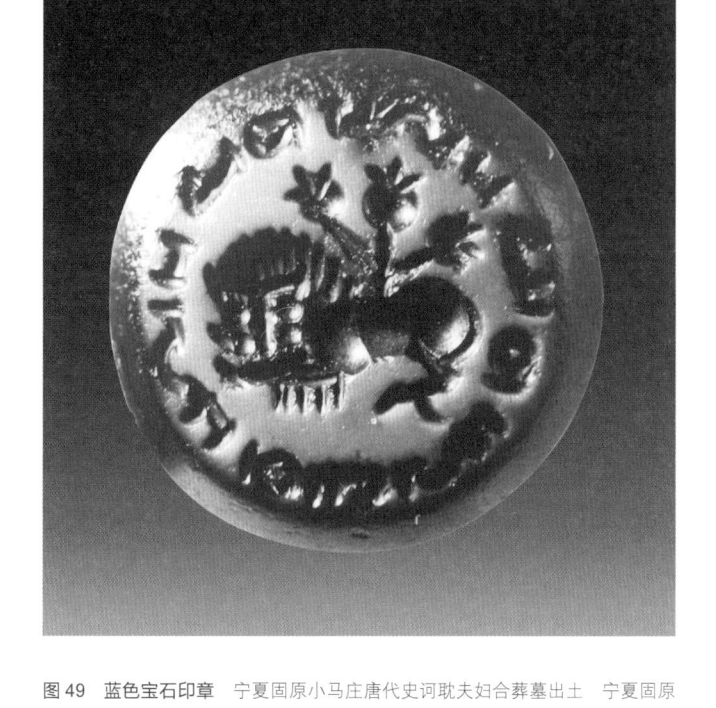

图 48 　国王猎鹿　波斯萨珊王朝　伊朗克里曼沙阿花园拱门浮雕

图 49 　蓝色宝石印章　宁夏固原小马庄唐代史诃耽夫妇合葬墓出土　宁夏固原博物馆藏

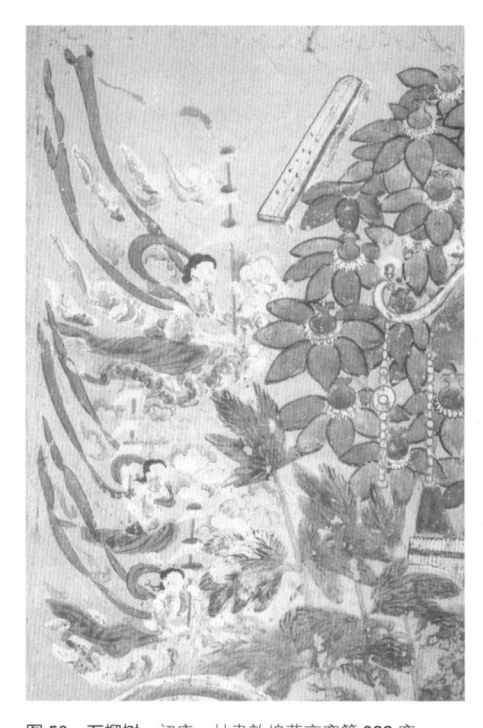

图 50　石榴树　初唐　甘肃敦煌莫高窟第 322 窟

图 51　空鞍马　山西太原王郭隋代虞弘墓石堂浮雕　山西博物院藏

画所描绘的净土佛国里，也生长着繁盛的石榴树。（图 50）

前文已述，虞弘家族或当出自波斯，虞弘即使离波斯日久，图像中表现出的波斯风格依然非常浓郁，可见其对故土之怀念。因此，虞弘将波斯王之形象置于石堂之重要位置，以表达对故主之尊敬。

而虞弘本人大半辈子在华，历北齐、北周、隋三朝，那么中国皇帝的形象是否在石堂浮雕中有所体现呢？

在虞弘石堂堂身前壁，与波斯王图像相对处，有一幅浮雕，展现的是一匹空鞍马，前后有四位侍者。（图 51）因为北朝墓葬壁画中常以鞍马牛车为主人魂灵出行之乘具，故有学者认为此空鞍马亦为此用。但虞弘石堂浮雕中已明确有虞弘乘马出行之图像，此处无必要重复此主题，故空鞍马当另有用意。而揭示此秘密的答案就在侍者的头上。

虞弘石堂浮雕中的侍者皆是短发粟特人形象，而在此图像中，有两位侍者头戴幞头。幞头由鲜卑帽发展而来，鲜卑人为避风御寒而戴帽，帽后垂有裙。入中原日久之后，帽裙已无实际功用，故至北周时，有人将帽裙裁为四条带，两条垂于脑

图52 幞头 陕西礼泉陵光唐代韦贵妃墓壁画

图53 戴幞头男侍俑 山西太原王郭隋代虞弘墓出土 山西博物院藏

后，两条系于头上，是为幞头。[73]（图52）《隋书·礼仪志》将幞头的发明归于周武帝名下，"故事，用全幅皂而向后襆发，俗人谓之襆头。自周武帝裁为四脚，今通于贵贱矣"[74]。在虞弘墓出土的陶俑中，便多有头戴幞头者。（图53）浮雕中侍者戴幞头，表明了此图像表现的就是中国场景，而那匹空鞍马上，原应安坐着一位中国皇帝。

但虞弘在华仕宦经历复杂，前后经三朝十主[75]。虞弘去世时乃在隋朝，画当朝皇帝则犯忌讳，画前朝皇帝则有顾念旧主之嫌。权衡之下，图像中不出现任何一位中国皇帝，而以一匹空鞍马为虞弘心目中的主公留出了位置。

波斯王、嚈哒王、柔然王、中国皇帝，四位王者在虞弘石堂浮雕中的出现，也

73　《梦溪笔谈》卷一《故事一》："幞头一谓之'四脚'，乃四带也，二带系脑后垂之，二带反系头上，令曲折附顶，故亦谓之'折上巾'。"第3页。

74　《隋书》卷十二《礼仪志七》，第272页。

75　三朝十主为：北齐文宣帝高洋、废帝高殷、孝昭帝高演、武成帝高湛、后主高纬、幼主高恒，北周武帝宇文邕、宣帝宇文赟、静帝宇文阐，隋文帝杨坚。

图 54　王者出行　粟特石棺屏浮雕　日本 MIHO
美术馆藏

图 55　王者出行　粟特石棺屏浮雕　日本 MIHO 美
术馆藏

勾勒出虞弘及其家族的跌宕过往。

　　在墓葬图像中表现各国王者，虞弘墓并非特例。日本 MIHO 美术馆藏石棺屏
中也有两幅浮雕展现王者出行。（图 54、图 55）这具石棺屏的主人早已失掉了姓名，
但我们从中可以窥得他曾游于诸国的经历。

　　由是，我们终于可以明了虞弘石堂堂身浮雕图像的结构：以夫妇宴乐图为中
轴，一边主要展示的是以中国皇帝为代表的各国王者，这记录了虞弘家族在亚洲大
陆上的迁徙经历，另一边主要展示的是虞弘对自我形象的呈现和想象，这体现了虞
弘对故土及波斯生活方式的眷念，波斯王形象作为故土之王者，亦归于此部分。

　　经历塑造了个体。虞弘家族纵横万里，翱翔数国，最终立根于中土，仕宦至高位。这样的经历使虞弘成为那个时代具有国际视野的人士。而小小石堂，是他的世界观的缩影。王者据四方，而他游于大地上，时而策马徐行，时而闲坐小憩。人生天地间，忽如远行客。这场远行，伴随他生命的终始。他是客人，亦在时时回望故土的方向。

魏晋南北朝三百余年，一直有客人，行走在大地上。他们的故乡，在遥远的西方。或为时事所迫，或为利欲所驱，或为信念所支，驼铃马蹄声中，他们一路东来。

此时的东方，正敞开胸怀，接纳这些远道而来者。他们定居繁衍，行商从政，传道授业。远客带来的奇货珍宝，乐舞丹青，乃至信仰教诲，都渐渐融于东方土地的丰富色彩中。最终，在这片土地上崛起了绚丽的大唐。

开元极盛，也是胡风吹拂的年代。宫廷里，皇妃舞动胡旋。酒肆中，胡姬频频压酒。从胡食胡酒，到胡服胡曲，人们追求着异域新奇的一切。

渔阳鼙鼓动地来，惊破霓裳羽衣曲。谁知，出身胡人的将军发动了叛乱，八年战火，终结了唐朝最繁华的时代。

劫后的人们开始对胡风进行反思，并将其作为败乱之兆，"开元来……太常乐尚胡曲，贵人御馔，尽供胡食，士女皆竟衣胡服，故有范阳羯胡之乱，兆于好尚远矣"[76]。于是，华夷之辨的论调再起，人们对胡人排斥甚至厌恶，而在华的胡人们纷纷改换姓氏、郡望。

随之而来的，还有唐朝在西域的失势。通往西域的孔道河西走廊被吐蕃占领，安西、北庭都护府接连陷落。丝绸之路上，渐渐罕见西方来客。

中国，逐渐转为内向。

---

76 《旧唐书》卷四十五《舆服志》，第 1958 页。

宫花寂寞红：政治联姻里的名门贵女

初嫁

韦珪不会忘记大业九年 (613) 的那个初秋，那是她生命里的至暗时刻。

突然间，甲兵撞开了府门，家丁欲上前阻拦，却被利刃刺穿。侍女们尖叫着逃窜。她在后室，紧紧抱着襁褓中的女儿，大气也不敢出，直到喧嚣声直往后院来。夫君李友珉拔出剑，挡在她们娘俩的前面。

甲兵冲进了后室，不是强盗，却是铠甲如铁的官军，为首的一个将军喝令李友珉听旨。夫君放下剑，拉着她一同跪下。在将军的宣读声中，她了解到一个可怕的事实：她的公公李子雄参与了杨玄感的叛乱，现叛贼已被剿灭，祸首已经伏诛，作为从逆者的家属，他们将被收系下狱，以待发落。

话音刚落，粗大的铁链已经缠上了夫君的脖颈。她伸出手想要拉住他，而怀中的女儿被惊吓得大哭起来。她手足无措，被两个甲兵拉扯着站起来，推搡着出去。门外，囚车已在等待着他们。

这一年，韦珪才十七岁，刚生下她的第一个女儿未久。

这场几乎淹没韦珪的命运巨浪，源自一个男人膨胀的野心。

杨玄感，他的父亲是杨素，出身于簪缨世族弘农杨氏，当年与杨坚在北周同朝为官。

周宣帝宇文赟去世后，年幼的周静帝宇文阐即位，杨坚，作为宣帝皇后的父亲，被拜为左大丞相执掌朝政。在杨素的协助下，杨坚快刀斩乱麻地铲除了异己，并在次年，通过一场受禅台上的表演，从孤儿寡母手中接过了皇权，建立隋朝。

此后，杨素又为杨坚南征北战，灭陈朝，平叛乱，破突厥，立下了汗马功劳。

杨素被封为越国公、尚书左仆射，其子弟亲属亦为显宦，又受金银玉帛赏赐无算，一时荣耀无二。

杨素并未知足，为家族长久计，他还想操控帝国的未来走向。于是，他协助晋王杨广谋取了太子之位。杨广即位，对杨素投桃报李，加封其为尚书令、太子太师、司徒、楚公。杨素去世后，又被追赠为光禄大夫、太尉、十郡太守。

杨玄感承袭了父亲的爵位，又升任礼部尚书。杨玄感自以为"累世尊显，有盛名于天下，在朝文武多是父之将吏"[1]，而他与杨广，既为同姓[2]，先前出身亦差不多，如今却有君臣之别，心中或有不平。杨广生性猜忌，只因一点意见不合，便将功勋卓著的老臣高颎、宇文弼、贺若弼处死。兔死狐悲，杨玄感亦不自安。于是，一个推翻杨广的计划已在他心中筹谋。

韦珪听过杨玄感的名字。他的叔父韦匡伯在与姊姊的家居闲聊中，偶尔会提到朝堂上的风云。不过，韦珪对此并不太在意。朝堂对于闺阁来说，太过遥远，也太过陌生。作为一个豆蔻年华的少女，她的日常很简单，在闺房中与堂妹们倚窗做做女红，或练几笔书法，或在谈笑中幻想着未来夫婿的样子。

韦珪十五岁了，按照习俗，她已经到了谈婚论嫁的时候了。

对了，韦珪出身于京兆韦氏，这是关中一等一的华贵士族。其先世可以追溯到西汉丞相韦贤、韦玄成。至隋代，家族已绵延了数百年，其间出的将相公卿不计其数，世人有"城南韦杜，去天尺五"[3]之说。韦珪所属是京兆韦氏的郧公房。[4]曾祖父韦孝宽是北周大司空、上柱国、郧国公，曾据玉璧小城击退东魏高欢，威震天下。祖父韦总为北周骠骑大将军、京兆尹，因东征伐齐而战殁，追封河南郡公。父亲韦圆成为陈、沈二州刺史，袭爵郧国公，但遗憾的是，他英年早逝。故韦珪自小常依从叔父韦匡伯。叔父家有三个堂妹，几个女孩儿同住同玩，韦珪的童年也不寂寞。

1　《隋书》卷七十《杨玄感列传》，第 1615 页。

2　杨坚与杨素虽都姓杨，且皆号称出自望族弘农杨氏，但杨坚的宗属却有可疑。陈寅恪以为"隋唐皇室亦依旧自称弘农杨震、陇西李暠之嫡裔，伪冒相传，迄于今日"，见陈寅恪：《唐代政治史述论稿》，上海古籍出版社 1982 年版，第 16 页。

3　〔唐〕杜甫：《赠韦七赞善》："时论同归尺五天。"原注："俚语曰：'城南韦杜，去天尺五。'"载于〔唐〕杜甫撰：《杜工部集》卷十八《近体诗五十七首》，《续古逸丛书》景宋本配毛氏汲古阁本。

4　京兆韦氏在发展过程中分出了许多房支，据《新唐书》卷七十四《宰相世系表四》所记，至唐代，其著名者有西眷、东眷、逍遥公房、郧公房、南皮公房、驸马房、龙门公房、小逍遥公房、京兆韦氏九房。第 3113 页。

听闻韦家有女长成，前来提亲的人便踏破了门槛。韦家门第高贵，又冠冕荣华，还与皇室联姻，韦珪的另一位叔父韦圆照是隋丰宁公主的驸马，从姑母则是隋元德太子妃，而韦珪的嫡母可能与隋文帝皇后独孤氏同族。[5]与这样的豪门大族结亲是许多人梦寐以求的。韦匡伯为侄女的婚事也是斟酌再三。要知道，世家大族能兴盛数百年而不坠，仕宦与婚姻是其法门。宦途通达才能博得利禄，姻娅亲贵才能获取助力，如此，世家大族才如大树般本固枝荣。因此，少男少女的婚姻自然要被家中长辈反复盘算。

与江左士族看重人物风流不同，关中士族对堂皇冠冕更为青睐。[6]因此，择婿时，门第之外，对方父兄的官品爵位也需慎重考量。最终，韦匡伯为韦珪选定的夫婿是李子雄之子李友珉。李家属于陇西李氏的渤海房系，亦是名门，李子雄早年曾从韦孝宽破尉迟迥，与韦家素有交往。现在，他任民部尚书、右武侯大将军，被杨广称赞为有诸葛武侯之才。将门出虎子，李友珉少年英俊，前途正不可量。左看右看，这都是一桩极般配的婚事。于是，韦李两家遂结秦晋之好。

但是，韦匡伯再怎么盘算，也算不过莫测的天威。

韦珪嫁到李家没过多久，公公李子雄因为犯事而被免职除名。

韦珪并未因此而焦虑。当今天子喜怒无常，她也有所耳闻了。上回，公公便因与新罗使臣交谈时言语不当而被革职，但过了不久也便起复了。这次，恐怕也只是一时风波。

公公闲居在家的那段时间，楚公杨玄感倒是多次来访。他们是同僚，彼此交往也属正常，韦珪也没往心里去。

此时，吸引她全部注意力的，是腹中那个小小胎儿。是的，她怀孕了。

除了应付孕期带来的不适外，韦珪全然沉浸在等待新生命降临的喜悦中，而丝毫不知道，噩运的潮头渐进。

在韦珪新婚不久后，大业七年（611），杨广从江都乘坐龙船，沿着新开凿的

5　韦圆成正妻为独孤氏，卒于隋代，见王其祎、周晓薇编著：《隋代墓志铭汇考》第6册，线装书局2007年版，第199页。惜该墓志仅有存目，未见详文。但韦圆成祖父韦孝宽与隋文帝独孤皇后之父独孤信交好，《周书》卷三十一《韦孝宽列传》："时独孤信为新野郡守，（司）〔同〕荆州，与孝宽情好款密，政术俱美，荆部吏人，号为联璧。"（第536页）故韦圆成妻出自独孤信家族的可能性非常大。

6　《新唐书》卷一百九十九《儒学列传中·柳冲》附柳芳论氏族："江左之人文，故尚人物，其智可与也；关中之人雄，故尚冠冕，其达可与也。"第5679页。

大运河北上涿郡，准备东征高句丽。韦珪的叔父韦匡伯为此匆匆离家，以伴圣驾。[7]

大业八年（612）春，大军于涿郡集结。这是一次声势空前的远征，军士人数达一百一十三万三千八百，号称二百万，而为军队运输物资粮草的民夫人数则几乎是这个数字的两倍。大军分十二路，浩荡进发，势在一举击破高句丽。可是，出乎意料的是，如此雄师却在高句丽一败涂地，九军并陷。

这次失败对杨广打击巨大，二十岁就率军灭陈朝的他，不相信自己竟然连小小高句丽都拿不下。于是，不待喘息，大业九年（613），杨广再度征天下兵，集结于涿郡，准备再征高句丽。

公公李子雄接到杨广的诏令，命他从军效命。李子雄不敢怠慢，立即前往东平，与来护儿将军会合，准备渡海奔赴辽东沙场。

来护儿的舟师还未入海，后方，杨玄感在黎阳举起了反叛的大旗。

不知是何等流言传入了杨广的耳中，道是李子雄与杨玄感合谋，于是使者东来，要将李子雄锁了押送至杨广的行在。许是想到老同僚高颎、宇文弼、贺若弼等人的遭遇，李子雄认为此去必不可免，于是，一不做二不休，他杀了使者，回马投奔了杨玄感。

杨玄感大军进逼洛阳，杨广也速调各路兵马集结于东都，双方在洛阳城外几番恶战。而城内则人心惶惶，谣言漫天。李友珉也闻听了，自己的父亲就在叛军之中，为杨玄感出谋划策！但兵荒马乱，未得交通。而就在这个动荡的夏天里，韦珪诞下了自己的第一个女儿。

翻覆的王朝

天牢里的昼夜，只能凭着小小天窗透下的一方光亮来判断。每一次天亮，韦珪就用小石头在墙上画一道杠，如今，墙上已是坎坷如许了。

杨玄感叛乱涉及众多，故天牢里人满为患。不过，每一日都有人被押解出去，命运不知。

韦珪所在的这一间，关押的是逆犯的女眷，她们都曾是贵妇淑女，但因为父亲或丈夫的缘故，沦为囚徒。韦珪甚至在其中发现了一位本家婶婶，逍遥公房韦福

---

7 《郑故大将军舒懿公之墓志铭》："大业七年，陪麾辽左，授朝散大夫。"载于周绍良主编：《唐代墓志汇编》，上海古籍出版社 1992 年版，第 7 页。

嗣[8] 的夫人。当问到叔叔如何时，婶婶哽咽着诉说了不幸，原来韦福嗣跟随刑部尚书卫玄讨伐杨玄感，不料在战场上被俘。杨玄感知道他曾任内史舍人，拟草诏令诰敕，笔力不错，便令他作讨隋檄文。后来，韦福嗣寻得机会逃脱，回到洛阳。谁知那篇檄文传到了御前，皇帝大怒，捉住韦福嗣，将其处以车裂之刑。[9]

"车裂！"韦珪不禁倒吸一口凉气。谁都知道那是一种将人的肢体活活撕裂的残酷刑法。韦福嗣只是为杨玄感写了檄文，便遭受了车裂之刑，那她的公公……韦珪几乎不敢再想。

大业九年的这次叛乱显然深深惹怒了杨广，他对叛逆者实施了最严酷的惩罚，在他看来，"玄感一呼而从者如市，益知天下人不欲多，多则为贼。不尽诛，后无以示劝"，于是，他令御史大夫裴蕴大肆捕捉杨玄感的党羽，诏郡县坑杀之，死者不可胜数。[10] 至于其中那些重犯，"行辕裂枭首之刑，或磔而射之，命公卿已下，脔噉其肉"[11]。韦珪的公公李子雄作为杨玄感的谋主，其家被籍没，自身也遭到屠戮，而韦珪的丈夫李友珉亦不得幸免。作为眷属，韦珪及其女儿也受株连。但她侥幸活下来了，这很有可能是由于叔父韦匡伯的庇护。韦匡伯于大业七年跟随杨广征高丽，其间备受宠信，迁为尚衣奉御，负责皇帝冕服，故时常侍奉杨广左右，所谓"侍从乘舆，密勿帷扆"[12]。韦匡伯若为韦珪求情，或当有效。又韦珪从姑母为杨广儿媳、元德太子妃，杨广亦可能因此而顾念韦家。总之，韦珪躲过了这场血腥屠戮，留得了性命。

我们已无法知晓在接下来几年里韦珪的生活状况，年轻守寡，又身被罪臣家眷的名声，韦珪想必度过了一段非常艰难的时光。

而雪上加霜的是，韦珪身边的世界，开始了天崩地裂。

杨广自即位以来，开运河，建宫观，役使民夫无数，又三征高丽，广募天下之壮丁，送死于辽东。于是，野无农夫，田无禾稼，天下民无生计。杨玄感的野心虽

8　京兆韦氏下分诸多房支，韦孝宽的后裔为郧公房，而韦孝宽之兄韦夐的后裔为逍遥公房，韦福嗣为韦夐之孙，韦世康之子，于韦珪当是叔伯辈。

9　《隋书》卷四十七《韦世康列传》："次子福嗣，仕至内史舍人，后以罪黜。杨玄感之作乱也，以兵逼东都，福嗣从卫玄战于城北，军败，为玄感所擒。令作文檄，辞甚不逊。寻背玄感还东都，帝衔之不已，车裂于高阳。"第1267页。

10　《隋书》卷二十四《食货志》，第688页。

11　《隋书》卷二十五《刑法志》，第717页。

12　《郑故大将军舒懿公之墓志铭》，载于《唐代墓志汇编》，第7页。

然被镇压下去，但各地的造反却如野火蔓延，无法扑灭了。

> （大业）十二年（616）春正月甲午，雁门人翟松柏起兵于灵丘，众至数万，转攻傍县。
> （大业十二年二月）癸亥，东海贼卢公暹率众万余，保于苍山。
> （大业十二年四月）癸亥，魏刁儿所部将甄翟儿复号历山飞，众十万，转寇太原。
> （大业十二年）八月乙巳，贼帅赵万海众数十万，自恒山寇高阳。[13]

这样的记录在大业后几年的史书里，比比皆是。四方盗贼如蚁聚，六合奸雄皆鹰扬，帝国的版图渐渐被啃噬殆尽。大业十四年（618），当杨广在江都被愤怒的士兵逼死之后，在帝国轰然坠地扬起的烟尘中，一个乱世又拉开了帷幕。

韦匡伯已于大业十三年（617）病死于江都。灵枢几经辗转运到洛阳后，却因盗贼横行，道路阻隔，无法归葬关中祖茔。失去了韦匡伯的庇佑，韦珪及几个堂姐妹的命运更如风中之叶。

大业十三年，洛阳再一次被叛军包围，瓦岗寨的翟让、李密猛攻东都，大有黑云压城之势。朝廷派了江都通守王世充率军来援助。王世充入驻洛阳后，与李密在城外大小百余战。次年，杨广被弑的消息传来，洛阳城内的越王杨侗被拥立为帝，王世充辅政。而在江都逼死杨广的宇文化及北上，意欲夺取洛阳。城外血流漂杵，城中的韦氏姊妹也度过了一个又一个担惊受怕的日夜。

内史令元文都施驱虎吞狼之计，让李密去攻打宇文化及。宇文化及败后，王世充又趁李密兵疲时进攻之，李密亦败。于是，王世充接手了李密的地盘，势力大增。

王世充拥兵自重，于是生不臣之心，唐武德二年（619），他废掉杨侗，自立为帝，国号为郑。

洛阳为隋东都，世家贵胄极多，文武卿相多出焉。而王世充却本姓支，原是西域胡人，可谓无根无基。时风重门第，高门贵族们私下里对这位大郑皇帝没少暗暗不齿。

---

13 《隋书》卷四《炀帝纪下》，第90—91页。

王世充或许也意识到了这一点。要提高王氏的门第，融入世家圈子，最直接的方式，就是与高门联姻。但哪怕王世充篡位为帝，在真正世家眼里仍然是低门小户，因此，士族是不愿将女儿嫁与王家的。

那么，失去父亲的韦氏孤女，就成了王世充的目标。

韦匡伯去世时才四十四岁，膝下有三子三女，皆年少。此时，韦匡伯之弟韦圆照尚在世，韦圆照袭封河南郡公，又尚隋丰宁公主，是大隋的驸马爷。但丰宁公主是前太子杨勇之女，杨广即位后，韦圆照实受排斥，故很可能留在故里，并不在杨广的统治中心东都。

那么，为韦氏孤女作伐的大概率是此时在洛阳的韦津了。[14]

韦津是韦孝宽之子，韦匡伯之叔父，也是韦氏孤女的叔祖。在大业末年，杨广游江都时，作为检校民部尚书的韦津和段达、元文都等人留守洛阳。王世充篡位后，他"深被委遇"[15]，因此，当王世充欲娶韦氏孤女时，很可能让这位韦家长辈出面。而失怙的韦氏孤女，身不由己，故只能委曲从之了。

于是，韦匡伯的长女成为王世充太子王玄应的妃子，而次女韦檀特也嫁给了王世充党羽杨汪的儿子杨政本。[16]

韦氏姐妹对这两桩婚事感想如何，恐怕只是冷暖自知了。不过，对于韦珪而言，她终于可以摆脱罪臣家眷的身份，日子稍稍好过了。

韦匡伯也在此时风光下葬，作为亲家，王世充封其为大将军，谥号舒懿公，并在墓志中郑重书写了聘其女为太子妃之事。[17]

正当王世充在洛阳做着千秋大梦时，在长安，大丞相、唐王李渊也逼迫隋恭帝杨侑（即韦珪的从表弟）退位，自立为帝，建立唐朝。武德三年（620）七月，李渊派遣儿子李世民率唐军出关，进攻王世充的郑国。一路上，唐军势如破竹，三个月后，郑国大部分领土落入唐军之手，王世充只剩下一座孤城洛阳。

14　李明：《韦匡伯墓志抉疑》，《文物研究》2017 年第 4 期，第 82 页。

15　《旧唐书》卷九十二《韦安石列传》，第 2955 页。

16　《大唐故幽州范阳县令杨府君夫人韦氏墓志铭》曰："夫人讳檀特，字毗耶梨，京兆杜陵人也。……隋尚衣奉御舒国公之第二女。……年甫十五，归于隋尚书左丞国子祭酒弘农杨汪第五子幽州范阳县令杨政本。"载于《唐代墓志汇编》，第 681 页。又察韦檀特于唐高宗永隆二年（681）去世，时年七十四，若其十五岁出嫁，则当在唐高祖武德五年（622），但此时杨汪已死，杨政本正在守丧期之内，不可能行婚嫁之事。故推测韦檀特实际出嫁年龄要早于十五岁，墓志如此记载，或因韦檀特时在孝期，故隐去。

17　《郑故大将军舒懿公之墓志铭》："自皇郑膺箓，历选德门，作配储后，聘公长女为皇太子妃。"载于《唐代墓志汇编》，第 7 页。

在几番困兽之斗后，次年五月，王世充投降。

接下来，是一场对王世充集团的大清算，党羽杨汪等人被绑赴洛水边斩首示众。王世充作为战俘被李世民带回长安，虽遭赦免，却在流放蜀地的过程中被仇家所杀，王世充之子王玄应在途中谋划叛乱，亦伏诛。

韦匡伯长女就此下落不明，作为王世充的儿媳、王玄应的妻子，她的生命或许就断送在这场成王败寇的戏剧中，以至于在韦匡伯归葬京兆时铭刻下的墓志中，都不再提起这个女儿。韦匡伯次女韦檀特，其公公虽然被杀，但夫君杨政本却保下命来，日后还做了唐朝的范阳县令，看来夫妻俩过上了平静的生活。

两个堂妹的命运似乎就这样了，而韦珪没有想到的是，她看似已经如死水般的人生却将发生翻天覆地的变化。

再嫁

在秦王李世民入洛阳的那一天，韦珪携着女儿，在热闹拥挤的人群中，远远瞥见了马上的那个英俊少年。

那年，他才二十四岁，却已是威震天下的英雄了。人人都在传说秦王的英迈不凡。耳听为虚，当韦珪亲眼看到他时，阳光下的他英姿焕发，而她已经是个孀居了八年的寡妇，早已看透沧桑。

她已经不相信，命运还有什么惊喜，在等待着她。

李渊之族虽号称出自望族陇西李氏，其实颇有可疑，据陈寅恪先生考证，其先世若非赵郡李氏之"破落户"，即是赵郡李氏之"假冒牌"，[18] 故其门第在当时真正的汉族士族眼中，并不太高。李氏多与鲜卑胡姓联姻，如李渊之父李昞之妻为独孤氏，李渊之妻为窦氏，而李世民在大历九年（613）迎娶了自己的结发妻子长孙氏。但李唐王朝既立足关中，承北周关中本位之余续 [19]，欲稳固基础且进取全国，获得关中汉族大姓的支持便显得至关重要。那么，作为关中首族的京兆韦氏将是李世民

18　《唐代政治史述论稿》，第 11 页。

19　关中本位政策乃西魏宇文泰所创，因西魏立足关中，故宇文泰融洽关陇胡汉民族之有武力才智者形成一不可分离之集团，而李唐王朝早期也延续了关中本位政策。陈寅恪称："李唐皇室者唐代三百年统治之中心也，自高祖、太宗创业至高宗统御之前期，其将相文武大臣大抵承西魏、北周及隋以来之世业，即宇文泰'关中本位政策'下所结集团体之后裔也。"见《唐代政治史述论稿》，第 18 页。

争取的目标。

其实，京兆韦氏已参与到李唐王朝中来，但多围绕在太子李建成周围，如逍遥公房的韦挺，"太子遇之甚厚，宫臣罕与为比"[20]，又如东眷阆公房的韦庆俭、韦庆嗣等[21]。可见，在交结京兆韦氏之事上，李世民已落下风。而要占据上风，最直接的方法依然是，与京兆韦氏中最显贵的郧公房联姻。

但李世民已有正妻，名门之女一般不会与人做妾。那么，失怙且寡居的韦珪成为李世民的合适人选。

这一次，作伐的月老依然可能是韦津。

韦津与李渊是旧相识，且其弟韦静之妻便是李渊的再从侄女。[22] 因此，李世民破王世充后，曾被王世充委遇的韦津不但没被严惩，反而受到器重，其中想必也有李世民笼络京兆韦氏的意思。那么，投桃报李，韦津将韦圆成和韦匡伯遗留下的女儿嫁与李世民，也是合情合理的了。

于是，武德四年（621），韦珪黯淡的人生迎来了转机，她和韦匡伯最小的女儿韦尼子一起，以良家子的身份，被选入秦王府。

对韦珪而言，这也许是命运最好的馈赠了。夫君是威震天下的秦王，盖世无双的英雄，她还有什么不满意的呢？但忆起少年时的那段姻缘，新婚燕尔，如胶似漆，眉目里全是怜爱，如今是不可能的了。李世民已有发妻长孙氏，爱妾杨氏，与韦珪差不多时间入府的除了堂妹韦尼子，还有燕氏、阴氏，太多的女人分割了夫君的宠爱，留给韦珪的就只有那么一点了。不过，孀居八年的韦珪，最耐得住的就是寂寞。更多的时候，她就在王府中，教教长女习字读书。三年后，武德七年（624），她生下了第二个女儿。有两个小棉袄陪伴，韦珪的日子简单而甜蜜。

但是，夫君李世民并未满足于做一个王子。武德九年（626）六月四日，玄武门一场刀光剑影，李世民杀死兄弟，上位为太子，不久登基为帝。

长孙氏被封皇后，皇后之下，又有四妃，贵、淑、德、贤，以贵妃最为尊贵。此时，杨氏已生育了三子李恪、六子李愔，阴氏生五子李祐，而韦珪只生育了一个

---

20 《旧唐书》卷七十七《韦挺列传》，第 2669 页。

21 《旧唐书》卷七十五《韦云起列传》："（窦）轨乃疑云起弟庆俭、堂弟庆嗣及亲族并事东宫。……（窦）轨曰：'公，建成党也，今不奉诏，同反明矣。'遂执杀之。"第 2633 页。

22 《唐韦弘谅墓志》："父静，（随）〔隋〕相州洹水令、永安县开国侯。母李，太武皇帝再从侄女。"载于陕西省考古研究所编，李明、刘呆运、李举纲主编：《长安高阳原新出土隋唐墓志》，文物出版社 2016 版，第 59 页。

女儿。但杨氏是隋炀帝的女儿，旧隋势力，不宜张扬，而阴氏之父阴世师为李渊仇人[23]。故相较起来，韦珪年齿最长，门第最尊贵，因此，贞观元年（627），她被封为贵妃，而韦尼子也被封为九嫔之一的昭容。

宝殿高堂，金饰玉妆，宦者拉长调子的宣旨声在柱间回响，在受封为贵妃的那一刻，韦珪感动得几乎要落下泪来。曾经堕入黑暗的她，怎会想到，有生之年，她得以荣升为天朝最高贵的女人，仅次于皇后！

次年，韦珪生下了儿子李慎。有儿有女，她想，她的人生再圆满不过了。

儿女之事

但遗憾还是有的。

转眼，韦珪与前夫所生的长女已经长成亭亭玉立的姑娘了。对于这个甫一出生就失去父亲，幼年又跟随她饱受苦难的孩子，韦珪想让她过得更好些。为她择一个可心的夫婿，一直是韦珪心中所念。

可她没想到，夫君盘算的竟然是将继女嫁与突厥人！

唐朝初年，东突厥强盛于漠北。时颉利可汗在位，以后母隋义成公主为妻，时时侵扰唐朝北境，为唐朝心腹之患。甚至趁玄武门之变后唐朝政局不稳，突厥兵抵渭水，直逼长安，李世民被迫与之结渭水之盟，突厥乃去。

经过三年励精图治，李世民决定反击突厥。贞观三年（629），李世民遣兵部尚书李靖为定襄道行军总管，出征突厥。次年，颉利可汗大败于定襄，仓皇西奔，在途径阿史那苏尼失部落时，被苏尼失之子阿史那忠所擒，并被押送至长安。为了表彰阿史那忠的功劳，并笼络苏尼失部，李世民封阿史那忠为左屯卫将军，且打算与之联姻。

历来中原王朝多以宗室女为公主和亲异族，如汉之解忧公主、隋之义成公主。但李世民并未选择宗室女，而是将韦贵妃之长女封为定襄县主，嫁给阿史那忠。在阿史那忠墓志中，明确记载了其夫人的家世，"夫人渤海李氏，隋户部尚书雄之孙，齐王友珉之女，母京兆韦氏，郧国公孝宽之孙，陈州刺史圆成之女，夫人又纪

---

23 李渊子李智云为阴世师所杀，后阴世师又为李渊所杀。《旧唐书》卷六十四《高祖二十二子列传·楚王智云》："楚王智云，高祖第五也。……因为吏所捕，送于长安，为阴世师所害，年十四。"第2423页。

王慎之同母姊也"[24]，据此，我们才了解到韦珪先前的坎坷命运。其中，"齐王友珉"值得注意，这"齐王"之号很有可能是李世民为抬高定襄县主的地位而加之于李友珉的，唐制，"皇姑为大长公主，正一品；姊妹为长公主，女为公主，皆视一品；皇太子女为郡主，从一品；亲王女为县主，从二品"[25]。在此，李世民玩了个手腕，让也姓李的继女代替真正李家的女儿下嫁。突厥与汉地风俗绝异，言语不通，这段姻缘可谓畏途。韦贵妃虽心痛不已，但在国家大义面前，也无可奈何。

阿史那忠起先居于长安，贞观十三年（639），因出了阿史那结社率袭击李世民寝宫之事，李世民将内迁的突厥降民移至黄河以北的定襄，封阿史那思摩为可汗，阿史那忠为左贤王以统之。由是可知，定襄县主也不得不离开长安，随夫出塞。爱女远赴塞外，韦珪想必是肝肠寸断。出塞后，定襄县主思乡情切，夫君阿史那忠也感受到了，于是，"不乐，见使者必泣，请入侍"[26]，这才获得许可，夫妇俩又回到了长安。

长女的婚事已经让韦珪惆怅了，而次女不得父宠亦令韦珪发愁。女儿已经十岁了，却依然没有被册封为公主。按例，帝女十岁前便会受封，如长孙皇后所生的李丽质八岁被封长乐郡公主，[27]与韦珪次女同年出生的李敬，五岁便被封为清河郡公主，[28]更小的李淑也在九岁时被封兰陵郡公主，[29]但韦珪却迟迟没有等来册封自己女儿的诏书。或许是夫君子女太多，事务太忙，忘记了？

韦珪知道李世民雅好书法，尤喜王羲之书，故平日里让女儿临右军帖不倦。一次，李世民避暑于甘泉宫，韦珪让女儿手书一篇贺表以示眷眷之情。李世民看了女儿的手书，大加赞赏，对长孙无忌说："朕女年小，未多习学，词迹如此，足以慰人。朕闻王羲之女，字孟姜，颇工书艺，慕之为字，庶可齐踪。"[30]于是，李世民为女儿取字为孟姜，并派宫官中擅长书法者为女儿侍书，派女师为侍读，但对于册封

24 《大唐故右骁卫大将军赠荆州大都督上柱国薛国公阿史那贞公墓志之铭》，载于张沛编著：《昭陵碑石》，三秦出版社1993年版，第188页。

25 《新唐书》卷四十六《百官志一》，第1188页。

26 《新唐书》卷一百一十《诸夷蕃将列传·阿史那忠》，第4116页。

27 《大唐故长乐公主墓志》："贞观二年（628），诏封长乐郡公主，食邑三千户。"载于《昭陵碑石》，第109页。

28 《大唐故清河长公主碑》："贞观二年，诏封清河郡公主，食邑三千户。"载于《昭陵碑石》，第156页。

29 《大唐故兰陵长公主碑》："贞观十年（636）乃下诏曰：'第十九女，理识幽闲，质性柔顺，幼娴礼训，凤镜诗文，汤沐之典，抑有恒规，可封兰陵郡公主，食邑三千户。'"载于《昭陵碑石》，第148页。

30 《大唐故临川郡长公主墓志铭并序》，载于陕西省文管会、昭陵文管所：《唐临川公主墓出土的墓志和诏书》，《文物》1977年第10期，第58页。

公主一事，却依然只字未提。

贞观十年（636），长孙皇后去世，年仅三十六岁，李世民悲恸不已。但丧事之余，宫中也在暗自猜测，皇上青春正富，后位应该不会长久空着，那么接下来，谁会是后宫之主呢？

此时，韦珪位分最高，侍奉御前也日久，兼又育有皇子，似乎，她是接替长孙皇后的最佳人选了。

宣旨的宦者来了，当韦珪跪下听旨时，她得到的消息却是：改封她的儿子李慎为纪王，实封八百户，并出藩。

韦珪一时间怀疑自己是否听错了，她的儿子才九岁，却要离开她前往藩国了。要知道，杨妃所生的三子李恪，十五岁时才去封地齐州，而长孙皇后生的四子李泰，如今十七岁了，李世民依然舍不得他去封地。

韦珪明白了，这是一种警告，对她还未点燃的野心的警告。如若韦珪继长孙氏为皇后，那么她的儿子也成了嫡子，拥有和长孙氏的儿子们同样的地位。而早早打发李慎去封地，便是明示了，李慎永远不可能像他的嫡出兄弟一样，而韦珪也永远不可能取代长孙皇后的位置。

李慎牵扯着母亲的衣裙，不愿离开。韦珪狠心将他送上了车。车驶出去许久许久了，韦珪耳畔萦绕着的依然是儿子的哭喊声，声声剜她的心。

别宫

韦珪已经四十一岁了，云鬓中已经夹了不少白发，而眼角的细纹用脂粉也遮不住了。

宫中娇艳的女人就像花儿一样，一拨一拨地盛开。听闻，李世民新召了名动江南的才女徐惠，还有武士彟那美艳的女儿武媚入宫。青春和笑声是她们的，和韦珪，已经没有关系了。

平日里，韦珪便和堂妹韦尼子闲坐，听乐女弹奏新翻的曲子，如此，挨过宫里的一天又一天。

贞观十五年（641），李孟姜终于在十八岁时获封临川郡公主，并下嫁周道务。周道务出身汝南周氏，也算是门庭高贵，作为功臣子，他小时候居住在宫中，韦珪也见过几次。将女儿嫁与他，韦珪算是放心了。

只是孟姜出嫁后，韦珪愈发寂寞了。

有一回，宦者来报，武才人求见。

韦珪很诧异，然后接见了她。

武才人有着名不虚传的美，一种韦珪在士族女子身上没有见过的、不羁放肆的美。对了，武才人出身的文水武氏，不过是个经商起家的小门小户。韦珪想不到武氏竟然能出这么个漂亮女儿。

当问到来意时，武才人表示，她想向韦珪学习书法。因为谁都知道，皇上爱右军之风流。

韦珪明白了，武才人入宫也有好几年了，位分却从未上升，而差不多时间入宫的徐惠都已经是九嫔之一的充容了。想必，她是想投皇上所好罢了。

韦珪苦笑一下，书法只是小技，要在后宫生存，所需要的可远不止这些。

但她还是同意了。

武才人和她的女儿李孟姜一般大，聪慧伶俐。有时候，望着她一笔一笔练字，韦珪又会想起往昔的点滴美好时光。

贞观二十三年（649）四月，李世民起驾前往翠微宫。五月，在服用了王玄策所荐的天竺方士那罗迩娑婆寐所制的丹药后，竟然病转深重，[31] 不久驾崩。

皇帝死了，后宫的嫔妃们统统成了未亡人。韦珪被新帝封为纪国太妃，即将去藩国，依靠自己的儿子李慎。而后宫那些无子的嫔妃，就一律剃度为尼。[32] 韦珪的堂妹昭容韦尼子因为无子，亦要去太宗别庙崇圣宫。[33] 而武才人则将去感业寺。眼见自己的青春年华就要付与青灯古佛了，一时间，后宫泣声一片。旧人就像落叶一样被扫出，宫掖将打扫干净，以迎接新皇。

韦珪回望了这座她居住了二十三年的宫殿，思绪万千。一次次，她曾在这里送别自己挚爱的人，如今，到了送自己出去的时候了。最后，她登车而去，没有再回头。

---

31 《旧唐书》卷一百九十八《西戎列传》："是时，就其国得方士那罗迩娑婆寐，自言寿二百岁，云有长生之术。太宗深加敬礼，馆之于金飚门内，造延年之药。令兵部尚书崔敦礼监主之，发使天下，采诸奇药异石，不可称数。延历岁月，药成，服竟不效。"第5308页。

32 《新唐书》卷七十六《后妃传列上·则天武皇后》："高宗则天顺圣皇后武氏……及帝崩，与嫔御皆为比丘尼。"第3474页。

33 〔宋〕宋敏求：《长安志》卷九《唐京城三》："西南隅，崇圣寺。寺有二门。西门本是济度尼寺，隋秦孝王俊舍宅所立。东门本道德尼寺，隋时立。至贞观二十三年，徙济度寺于安业坊之修善寺。以其所为灵宝寺，尽度太宗嫔御为尼以处之，徙道德寺额于嘉祥坊之太原寺，以其所为崇圣宫，以为太宗别庙。"载于〔宋〕宋敏求、〔元〕李好文撰，辛德勇、郎洁点校：《长安志 长安志图》，三秦出版社2013年版，第318页。

永恒之宫

荣耀、落寞、遗憾与爱，尽管对宫中过往感情复杂，宫廷是韦珪度过大半生的地方，它已与韦珪的生命难舍难分。

离开宫廷后，韦珪又曾数次回到那里。新帝对她礼遇有加，多次邀其回宫，而此时，宫女如花满春殿，又是一番新景象。

韦珪平静地度过晚年，并在六十九岁时去世。死后，她陪葬于昭陵，一座单独的小山为其倚靠，在昭陵陪葬者中有此荣耀的，只有她和魏征了，且她的墓离李世民陵寝最近。以上种种显示了她曾在后宫的尊贵地位。

韦珪的地下宅院仿佛模拟的就是她曾生活的旧日宫廷，一座墓门、一条墓道、四座天井、四条过洞、四座壁龛和两座墓室，依次深入，就似乎步入了重重宫阙，可想象昔人的隐秘生活。

在这座永恒之宫的壁画的最前端，有两只业已残缺的神兽，它们可能是青龙与白虎，传说中这神兽能引导人的魂灵飞升仙境。但是，与汉朝人热衷在墓室中营造仙界景象不同，唐朝人显然对身后的世界抱有一种更务实的想象，生前的生活更令他们念念不忘，以至于要在墓室壁画中精细模拟。

于是，在神兽短暂地激发起人们超现实的幻想后，接下来壁画所描绘的更多是对往昔的记忆，以及对在未来漫长岁月中延续往昔生活的渴望。

威风凛凛的守宫仪卫，像镇守现实中的宫殿一样，依旧守护着韦珪在地下陵寝中的平安。壁画所见仪卫，数人一组，分列道旁。一种为袍服仪卫（图 1），为首者可能是一武官，戴冠，着大袖袍，蹬长靴，手按剑，《新唐书·车服志》称"进贤冠者，文武朝参、三老五更之服也"[34]，可知其为唐代文武官员的通用冠式。其余仪卫则是便服，戴幞头，着圆领袍或翻领袍，系蹀躞带，蹬长靴。幞头、圆领袍、蹀躞带和长靴的样式，沿袭自鲜卑胡服，已成为唐朝最常见的便服装束。

唐墓壁画中多有仪卫图，但大多仪卫武士着袍服，因唐代对甲胄管控甚严，[35]虽高门显宦不得私有，而能以全副武装之甲胄武士为守卫者，非皇族不可了。韦珪墓壁画中出现了甲胄仪卫（图 2），墓主身份高贵，自不待言。武士们俱头戴兜鍪，

34　《新唐书》卷二十四《车服志》，第 520 页。

35　刘俊文：《唐律疏议笺解》卷十六《擅兴》："诸私有禁兵器者徒一年半，弩一张加二等，甲一领及弩三张流二千里，甲三领及弩五张绞。"中华书局 1996 年版，第 1217 页。

图1　袍服仪卫　陕西礼泉陵光唐代韦贵妃墓壁画

图2　甲胄仪卫　陕西礼泉陵光唐代韦贵妃墓壁画

身披铠甲，足蹬皮靴，赳赳之姿，令人凛然。经过魏晋南北朝的征战年代，铠甲发展到唐代，已甚为成熟，有明光、光要、细鳞、山文、锁子等类型[36]，而犹以明光甲最为普遍。壁画中的武士便多着明光甲。此种铠甲由护项、披膊、甲身、甲裙等部分组成，其中胸、背甲为整块甲片，其圆护打磨得铮亮，曜若明光，故名。

韦珪所居为皇宫禁内，故此甲胄仪卫很可能是赫赫有名的北衙禁军的写照。

观唐长安城布局，宫城居城北，皇城在其南，而宿卫军队分两种，一是十六卫府兵，一是禁军，二者分居南北，即《新唐书·兵志》所说的"夫所谓天子禁军者，南、北衙兵也。南衙，诸卫兵是也；北衙者，禁军也"[37]。南衙十六卫府兵主要

36　〔唐〕李林甫等撰，陈仲夫点校：《唐六典》卷十六《卫尉宗正寺》："甲之制十有三：一曰明光甲，二曰光要甲，三曰细鳞甲，四曰山文甲，五曰乌锤甲，六曰白布甲，七曰皂绢甲，八曰布背甲，九曰步兵甲，十曰皮甲，十有一曰木甲，十有二曰锁子甲，十有三曰马甲。"中华书局1992年版，第462页。

37　《新唐书》卷五十《兵志》，第1330页。

负责皇城以及宫城南部即外朝部分的护卫，[38] 而北衙禁军屯驻于宫城之北，以保护皇帝安全为主旨，故在宫城守卫上起到更大作用。自李世民玄武门事变后，宫城北门之重要，自无与伦比，故李世民设北衙七营及玄武门左右屯营（又号"飞骑"），以加强宿卫力量。北衙禁军的取兵原则十分严格，七营需"选材力骁壮"，屯营则"取户二等以上、长六尺阔状者，试弓马四次上、翘关举五、负米五斛行三十步者"[39]，可知禁军乃唐军之翘楚，非形象雄壮、武力卓著者不可当之。而韦珪墓壁画中的甲胄仪卫，皆身材高大，威仪不凡，由此足见唐宫禁军之威武，亦可知宫掖护卫之森严。

仪卫武士们多手持旌旗，似在送往，亦似在迎来。而出入内外之别，则由一道华门区隔开来。

墓道北侧，有二门史，皆戴冠、着大袖袍、踏翘头履、持仪刀，（图3、图4）他们身后，就是绘制于门洞之上的巍峨门楼。（图5）

唐太宗时，帝国之正宫为大兴宫（唐睿宗时改名为太极宫），大兴宫前朝后寝，后寝为皇帝嫔妃所居，韦珪亦当居此。后寝之南，开有甘露门、神龙门、安仁门、日华门、月华门等门，之北，则有玄武门、安礼门等门。作为唐帝国的中心，大兴宫曾经辉煌无比。壁画所绘的宫门，以方位来看，更可能是后寝南面的某座门楼，由此或可一窥唐宫建筑之大气。

建筑学家梁思成将我国汉地现存古建筑分为三个时期，其中"豪劲时期"可远溯至唐朝初年，此时期的特征是比例和结构的壮硕坚实。[40] 而韦珪墓中的这座宫门便体现那个豪劲时期的风貌。门洞之上绘出楼阁两层，第一层具有平座，木栏围之，平座上为五间屋身，三间置板门，两间置唐代流行的直棂窗，立柱之上有铺作以支撑深远的出檐，补间设人字形拱，此类型的拱早在北朝时期的山西大同云冈石窟中便可见到（图6），可知是当时的流行做法。第一层屋檐为四阿式，檐角微微上翘，如翚斯飞，檐下悬有铃，仿佛可听见风过铃动之声。屋檐之上又有铺作，转角铺作可见有明显的下昂，形如劈竹，与山西五台佛光寺相似（图7）。铺作当支撑第二层屋身，惜上部已残。楼阁两侧城墙上各有廊，可为遮阳避雨之用。

宫门壮观，却暗示着威严不可侵犯。按《唐律》，"诸阑入宫门徒二年，殿门

38　参见蒙曼：《唐朝前期北衙禁军制度研究》，中央民族大学出版社 2005 年版，第 37、38 页，表 3，其中列出了十六卫府兵所宿卫的具体地点。

39　《新唐书》卷五十《兵志》，第 1331 页。

40　梁思成：《图像中国建筑史》，生活·读书·新知三联书店 2011 年版，第 38、42 页。

图 3（左） 门 吏
陕西礼泉陵光唐代韦
贵妃墓壁画

图 4（右） 门 吏
陕西礼泉陵光唐代韦
贵妃墓壁画

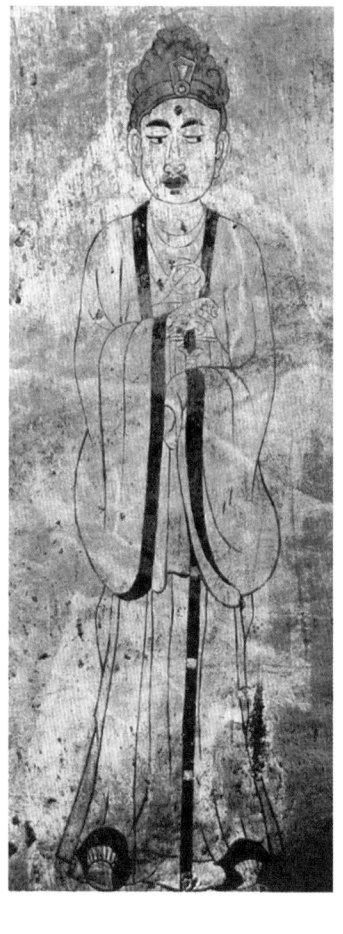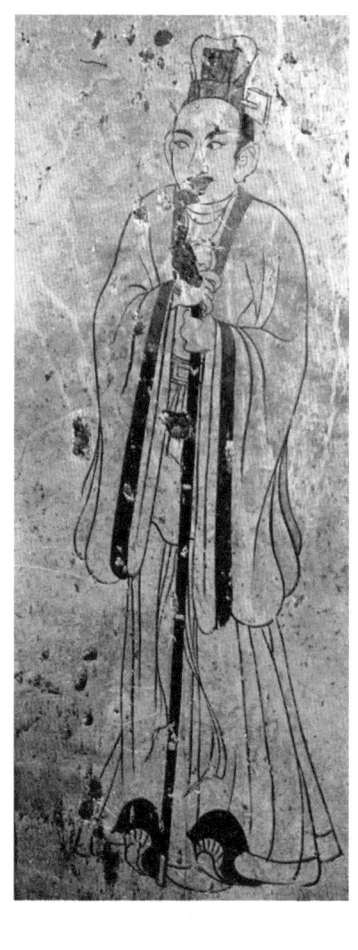

图 5 门楼 陕西礼
泉陵光唐代韦贵妃墓
壁画

图 6　屋形龛的斗拱　北魏　山西大同云冈石窟第 9 窟浮雕

图 7　转角铺作的下昂　山西五台唐代佛光寺

图 8（左） 秉烛男
侍 陕西礼泉陵光唐
代韦贵妃墓壁画

图 9（右） 持笏男
侍 陕西礼泉陵光唐
代韦贵妃墓壁画

徒二年半"[41]。因此，宫门之内，便是天上禁苑，非常人所得窥了。

当我们的目光由此门洞而入，便可见有过洞绵延直至深处。过洞壁上绘出立柱和额枋等建筑构件，似在模拟一道通往深宫的长廊，而额枋上则飘浮着祥云朵朵，又暗示着此地已非凡间。

每一柱间，皆立有一侍者，但除最前头两位佩刀者当为宫中侍卫，还留有髭须外，其余男侍者皆无须，这表明了他们的宦者身份。从第一过洞至第三过洞，壁上共绘了十位宦者，皆戴幞头，着圆领袍，其姿态各异，或秉烛（图8），或持笏（图9），或躬身（图10），或展纸（图11），但无不有畏缩之像，显示出他们在内廷伺候时的谨小慎微。

宫掖为女眷所居，故入侍之男子须去势。寻常人家爱子，必不肯，因此，宦者

---

41 《唐律疏议笺解》卷七《卫禁》，第 544—545 页。

图 10 **躬身男侍** 陕西礼泉陵光唐代韦贵妃墓壁画　　图 11 **展纸男侍** 陕西礼泉陵光唐代韦贵妃墓壁画

多出自闽中、岭南等偏远之地。唐代顾况有《囝》一诗，诉其苦状："囝生闽方，闽吏得之，乃绝其阳。为臧为获，致金满屋。为髡为钳，如视草木。"[42] 宦者承担内廷之各种杂役，兼有守卫之责。因宦者亲近皇帝，又得沾皇权之光，权力渐渐增大，以至于手握王爵，口含天宪，至唐代晚期，宦者甚至能操纵朝政，废立皇帝，此为后话了。

　　在第一天井的东西壁上，引人注目的是胡人献马图（图 12），图中胡人，高鼻深目，曲发虬髯，异族特征非常明显，而所献骏马，则高大雄伟，有千里之姿。此画笔力遒劲，被誉为是昭陵壁画中的翘楚。

　　良马，是每个渴望开疆辟土的帝王所梦寐以求的。汉武帝曾远征大宛以求汗血马，而李世民也是爱马如痴。良马多出自北方草原和西域，故当大唐威名远播时，马成为这些民族进贡的珍贵贡物。史载，唐高祖武德年间（618—626），中亚的康

　　42 〔唐〕顾况：《囝》，载于〔唐〕顾况著，王启兴、张虹注：《顾况诗注》，上海古籍出版社 1994 年版，第 17 页。

图12 胡人献马 陕西礼泉陵光唐代韦贵妃墓壁画

国来献马,"康国马,康居国也,是大宛马种,形容极大。武德中,康国献四千匹,今时官马,犹是其种"[43],这些曾令汉武帝心动不已的大宛马种,极大地改善了唐朝官马的品质。至李世民时代,诸国献马亦史不绝书,如贞观四年(630),龟兹前来献马[44],贞观十六年(642),薛延陀献马[45],而最令李世民兴奋的一次是骨利干遣使所献马中有十匹难得的骐骥,李世民还为之一一命名。[46]

　　胡人献马固然是一桩盛事,但这属于外朝的外交事务,韦珪为深宫女子,且在韦珪墓的格局中,自宫门以内壁上所绘皆是宫廷内事,身为外使的胡人何以被绘于

43 〔宋〕王溥:《唐会要》卷七十二《诸蕃马印》,中华书局1960年版,第1306页。

44 《旧唐书》卷一百九十八《西戎列传》:"贞观四年,(龟兹)又遣使献马,太宗赐以玺书,抚慰甚厚。"第5303页。

45 《旧唐书》卷一百九十九《北狄列传》:"(贞观)十六年,(薛延陀主夷男)遣其叔父沙钵罗泥熟俟斤来请婚,献马三千匹。"第5345页。

46 《唐会要》卷七十二《马》:"骨利干遣使朝贡,献良马百匹,其中十匹尤骏。太宗奇之,各为制名,号曰十骥,其一曰腾云白,二曰皎雪骢,三曰凝露白,四曰元光骢,五曰决波骝,六曰飞霞骠,七曰发电赤,八曰流金㻏,九曰翔麟紫,十曰奔虹赤。"第1302页。

此呢？

　　一个推测是，因女婿阿史那忠的缘故，韦珪可能参与了某一次献马仪式。阿史那忠身为李世民所任命的突厥左贤王，与草原诸部交往密切也在情理之中，或许他为某部献马起了引荐之功，或许这些良马就是他所献。因此，作为阿史那忠的岳母，韦珪罕见地列席了一次外交盛事，这对韦珪而言，是值得纪念的荣耀。因此，久处深宫的她却将胡人与马绘在了永生之宫的壁上。

　　胡人、骏马，那代表着外面广阔世界的符号，只如流星般一瞬。在绝大多数时间里，伴随着韦珪的，是同样锁于深宫的宫女。韦珪墓中，自第四过洞起，再往内表现的就是宫闱深处，而壁上所绘全然是宫娥娇女了。

　　宫廷是时尚的发源地之一，如花的佳人们，竞相修饰，争奇斗艳，韦珪宫中亦不例外。

　　绮窗晓镜前，梳头理鬓是宫女们每日的功课。堆鸦般的云鬓，曾被无数诗人讴歌。（图 13、图 14）在宫中的角色和资历，也决定了宫女以何种发型示人。单刀半翻髻，是高髻的一种，云髻高高耸起，又于顶端一侧向下弯曲，显得雍容端庄

图 15（左）单刀半
翻髻 陕西礼泉陵光
唐代韦贵妃墓壁画

图 16（右）双螺髻
宫女 陕西礼泉陵光
唐代韦贵妃墓壁画

又富有变化，梳此发髻的当为宫女中的资深者。（图 15）此发型在唐朝初年甚是流行，唐《髻鬟品》称"高祖宫中有半翻髻"[47]。而李世民宫中，亦尚高髻。流风之下，宫外女子也发髻入云，以致官员向皇帝上书称"俗尚高髻，宫中所化也"[48]。

而新入宫的小宫女，则喜双螺髻，双髻盘旋如螺，梳于头之两侧，颇能体现少女的娇俏。（图 16）《唐音癸签》有"长安女儿双髻鸦"[49]之句，可知这是属于少女的时尚。

至于乐舞伎，则梳双鬟望仙髻，秀发以丝绦束缚为两环，高耸头上，在轻歌曼舞中，宫娥宛若仙子，宫掖莫非仙界。（图 17）在陕西历史博物馆藏的女舞俑中亦见有双鬟望仙髻，（图 18）可以想见梳此发髻的女子起舞时是何等曼妙多姿。

47 〔唐〕段成式：《髻鬟品》，载于张宇澄编辑：《香艳丛书》第二册第三集卷一，上海书店出版社 1991 年版，第 87 页。
48 《新唐书》卷九十七《魏征列传》，第 3873 页。
49 〔明〕胡震亨：《唐音癸签》卷二十四《诂笺九》，上海古籍出版社 1981 年版，第 258 页。

图 17　舞女　陕西礼泉陵光唐代韦贵妃墓壁画

图 18　彩绘双鬟望仙髻女舞俑　陕西长武郭村
唐代张臣合墓出土　陕西历史博物馆藏

宫女身上衣裳，则又是一番婀娜。

汉式衣裳尚宽博，唐代宫廷中仍可见此风。如乐伎之装，上为交领大袖襦，下为裙，有人在襦外又加半袖衣，色彩相撞，以突出衣装的层次感。

半袖衣由来已久，《事物纪原》称："秦二世诏衫子上朝服加背子，其制袖短于衫，身与衫齐而大袖。"[50] 东汉女俑中已可见带荷叶边的半袖衣。非独女子服此，《宋书》载魏明帝"被缥绫半袖，尝以见直臣杨阜。阜谏曰：'此于礼何法服邪？'"[51] 但此时，半袖还被目为服妖。然时尚之潮不可挡，半袖终将作为一种靓丽

50　《事物纪原》卷三《衣裘带服部》。

51　《宋书》卷三十《五行志一》，第 886 页。

图 19　宫女　陕西礼泉陵光唐代韦贵妃墓壁画

衣裳，在唐代女子身上生姿。

宽衣博带固然翩翩，但承北朝胡风而下，衣裳渐趋紧窄，故此时的唐代女子更中意的时装是，上衣为窄袖短襦，微露酥胸，裙腰高系，下曳间色长裙，臂间缠披帛而下。（图 19）阎立本之《步辇图》中的唐宫人也是此般装束。（图 20）窄袖襦裙，便利臂部活动，在《虢国夫人游春图》中我们可以看到，着此襦裙者骑马亦不在话下。（图 21）更重要的是，它还体现了唐人在审美观上的革命性突破，女性身材之美不再被宽大衣衫所遮掩，而是被巧妙地勾勒和展现出来，这种大胆的艳丽使唐代女子显得格外动人。

还有的女子直接突破了衣装的性别界限，穿上了男装，在韦珪墓壁画中，戴幞头、着窄袖圆领袍、蹬长靴的宫女就有好几位。（图 22、图 23）比起女裙，男式袍

图 22（左） 男 装 宫
女　陕西礼泉陵光唐代
韦贵妃墓壁画

图 23（右） 男 装 宫
女　陕西礼泉陵光唐代
韦贵妃墓壁画

服显得利落精干，很适合宫中前后伺候的宫女们。更多的女子领略到男装的好处，着男装也成为一时之趋势，《旧唐书·舆服志》载："或有着丈夫衣服靴衫，而尊卑内外，斯一贯矣。"[52] 唐高宗的女儿太平公主，也曾着"紫衫、玉带、皂罗折上巾，具纷砺七事，歌舞于帝前"[53]。那个时代的飒爽之美，如在目前。

宫女如花满春殿，但是在宫中，寂寞却是常态。日日望幸而不得见，那么，听乐观舞，将是宫妃们消磨漫长时光的主要娱乐。韦珪墓后甬道两壁上，绘有十位乐女舞姬，有鼓琴者（图 24）、有吹排箫者（图 25）、有击石磬者（图 26）、更有翩然起舞者，然壁画斑驳，有些乐器已不可见，而可见者皆中原传统乐器，乐舞诸伎也着宽博衣裳，故推测韦珪宫中所奏乃华夏旧音。然而在唐代，汉晋旧乐多已丧失，宫中新乐多胡曲，如《西凉伎》《天竺伎》《高丽伎》《龟兹伎》等，胡琵琶、

---

52 《旧唐书》卷四十五《舆服志》，第 1957 页。

53 《新唐书》卷三十四《五行志一》，第 878 页。

图 24　弹琴乐女　陕西礼泉陵光唐代韦贵妃墓壁画

图 25　吹排箫乐女　陕西礼泉陵光唐代韦贵妃墓壁画

图 26　击磬乐女　陕西礼泉陵光唐代韦贵妃墓壁画

图27　啸技乐女　陕西礼泉陵光唐代韦贵妃墓壁画

竖箜篌、羯鼓、觱篥等外来乐器亦大行其道。京兆韦氏是绵延数百年之旧族，或许韦珪沿袭了家族的审美品位，而偏爱这古音雅乐吧。

值得注意的是，有一位乐伎以手掩口，有学者认为这可能是在表演传说中的"啸"。（图27）啸，因魏晋名士的长啸抒怀而闻名，其实它也能与音乐水乳交融。西晋成公绥《啸赋》称"发妙声于丹唇，激哀音于皓齿。响抑扬而潜转，气冲郁而熛起。协黄钟于清角，杂商羽于流徵"[54]，可见啸与宫商相协，因而它也成为乐舞的一部分。在唐代的宴飨之乐中，时常能听见啸音，如唐代张九龄《韦司马别业集序》曰："倚琴相欢，杂以啸歌之韵。"[55] 故韦珪宫中伎乐也包含了啸技，丝竹声中，添此绵长之韵，仙乐如斯，令人陶醉。

赏罢雅乐，至甬道尽头，便是后室，这是永恒之宫的最终点，也是韦珪的安息之所，其石棺便放置于此。后室所模拟的是韦珪的内寝，壁上绘出立柱、额枋，还有斗拱和人字拱，赫然是宫室的模样。而华妆丽服的宫女们三两成群（图28），或

54　〔晋〕成公绥：《啸赋》，载于《文选》卷十八。

55　〔唐〕张九龄：《韦司马别业集序》，载于〔唐〕张九龄撰，熊飞校注：《张九龄集校注》卷十七，中华书局 2008 年版，第 901 页。

图 28　宫女　陕西礼泉陵光唐代韦贵妃墓壁画

捧瓶壶，或擎拂尘，或携胡床，体现着她们不同的司掌。

　　这或许就是韦珪在宫中的日常，深宫之内，万人之上，宦者宫娥，伺候左右，锦衣玉食，似乎无忧矣。至于，韦珪的心情，或许是不足道的吧。在宫里，哪一朵花儿不寂寞呢？

另一个女人的时代

　　以上，是韦珪的故事。目睹过三个王朝，经历过两段婚姻，曾经堕入无边黑暗，亦曾上升至荣耀顶点，她的人生，跌宕如此。

　　高门之女，是她身上长久的标签，而她的故事，或许也可以成为士族漫长生命史上的一个小小注脚。

　　士族，肇始于汉，蓬勃于魏晋，经济和学术上的双重优势使得士族渐渐垄断高官显宦，四世三公、世代簪缨者层出。永嘉之难，虽大批士族南渡，而留北方者，则建坞堡而居，艰难地度过五胡云扰的乱世，并谨慎地开始在胡族政权中出仕。王朝一个个覆灭，而士族高门却久久不坠，作为文武人才的主要供给者，也越来为胡族统治者所重视。山东郡姓，崔、卢、李、郑、王为大，关中高门，韦、裴、柳、薛、杨、杜为首，华贵士族，为世所仰。至于西魏宇文泰据关中，结胡汉精英为一关陇集团，关中大姓自然为此集团之柱石。由北周，至隋，至唐，关陇贵族之优势不堕，虽皇权亦不能彻底撼动之。

关陇贵族内部以婚姻来稳固关系，而出身不佳者，亦希冀与之联姻以抬高地位，高门之女的婚姻往往成为家族的砝码，由韦珪及其堂妹的遭遇，可见一斑。

韦珪初嫁渤海李氏，再嫁李唐皇室，在万千女子中，她已经是足够幸运的了。

困于深宫二十多年，最后，韦珪是在路上仙逝的，那是麟德二年（665），她正要随皇帝李治前往泰山封禅，却在河南敦行里第因病去世。皇帝遣司平大夫窦孝慈监护灵舆还京，还特意给了鼓吹、仪仗，哀荣可谓盛矣。

韦珪终归没有在泰山上见到那个女人献祭东岳的光辉时刻。

她一生的故事，在麟德二年戛然而止了。而那个女人的征途，在麟德二年才展开未久。

武皇后，就是昔日的武才人。在李世民去世后的第二年，她从感业寺回宫，被封昭仪。此后，她铲除了出身山东高门太原王氏的王皇后和江南门阀兰陵萧氏的萧淑妃，成为帝国的皇后，而反对她的勋旧贵族长孙无忌、褚遂良等人被杀被贬。她与李治前往泰山封禅，自己取代公卿成为亚献，向天下昭显了"二圣临朝"的局面。

武皇后并未止步于此，在李治去世后，她陆续废掉自己的两个儿子，登上了皇位，更搅动乾坤，狠狠打击了垄断文武卿相的关陇贵族的权威，将隋朝创建的科举制发扬光大，打通了寒门士子的上升通道，为帝国选拔了大批优秀人才，其遗泽延续到了开元盛世。

经这一番天翻地覆，绵延百余年的关陇贵族时代行将落幕。更长远地看，士族高门的花团锦簇也渐渐将成记忆，未来，属于来自帝国更广大的土地上的那群学而优则仕者，才学，而非血统，成为他们足以自傲和平步青云的资本。

于是，有诗人在夕阳下咏叹："旧时王谢堂前燕，飞入寻常百姓家。"[56]

---

56 〔唐〕刘禹锡：《乌衣巷》，载于〔唐〕刘禹锡撰，陶敏、陶红雨校注：《刘禹锡全集编年校注》卷六《诗（宝历）》，中华书局 2019 年版，第 675 页。

"瓜熟子离离"：太子李贤的人生终点

太子：高危的角色

雨，无穷无尽的雨，在幽冥的天地间，密织成网罗。

在远离长安千里之外的巴山苦雨中，李贤感到，他的大限将至了。

如豆的残灯忽明忽灭，屏息时，李贤明显地听到隔壁屋中刀剑反复出鞘的声响。

那是母亲派来的人，左金吾卫将军丘神勣千里奔波而来，名义上是检校李贤的宅院，但李贤明白，他来的真实目的是索自己的命。

尽管困居于僻壤，长安的风起云涌，李贤还是听说了。父亲、天皇李治刚于去年十二月山陵崩，弟弟，皇太子李显坐上皇位不到两个月，就被母亲、太后武氏罢黜了，最小的弟弟李旦被扶上皇位，而母亲临朝称制，裁决一切政事，天下权柄已尽归母亲了。

此时的李贤已渺如微尘，但是，母亲还是没有放过他，欲除之而后快。

李贤长叹一口气，生于帝王家，权力才是最重要的，至于亲情，则随时可以被践踏。

他想起他的兄长李弘，曾经读《春秋》到楚子商臣弑父事，便耳不忍闻。可在帝王家，子弑父，弟逼兄，母杀子的事，比比皆是，不足为奇罢。

隔壁的刀剑声愈发急促了，李贤知道，那是催促他上路了。

只是作为曾经的帝国太子，他还想给自己留下最后一点尊严，不愿意被母亲的爪牙像屠一条狗似的杀掉。

他取出贴身携带的一把匕首，拔下刀鞘，匕首寒光如雪，仿佛在渴望人血。他闭上眼，将刀尖抵住自己的咽喉，感受着那一丝死亡的冰凉。

李贤死于文明元年（684）的春天里，并被埋葬在流放地巴州。直到武则天去世，弟弟李显重新登位后，神龙二年（706），他才以雍王的身份被迁回长安，陪葬于乾陵。五年后，弟弟李旦追赠其为"章怀太子"。李贤的坟墓被打开，其妃房氏的遗骨被迁来与之合葬。

一千二百多年后，章怀太子墓在 1971 年重见天日，虽已遭盗掘，但那满壁的壁画依然惊艳了时光，从中我们或可领略一位大唐太子曾经的光荣和骄傲。

李贤是在上元二年（675）六月成为太子的，那一年，他 22 岁。

当太子的冠冕戴上头的那一刻，年轻的李贤是兴奋的，作为帝国的储贰，未来的天子，他期待能像祖父那样，励精图治，开创太平盛世，成为万民景仰的圣君。

只是，李贤可能忽略的是，太子，特别是唐朝太子，其实是个高危的角色。

高祖李渊之嫡长子李建成是太子，却在玄武门之变中被二弟李世民所杀；太宗李世民之嫡长子李承乾是太子，却因父亲喜爱四弟魏王泰，李承乾深感地位不保，铤而走险试图逼宫，失败后被废为庶人；高宗李治之庶长子李忠被立为太子，在王皇后被废武皇后上台后，亦遭贬遭废，后被杀；高宗李治之嫡长子李弘继为太子，却猝死于合璧宫。历览唐朝前期几位太子，除李治顺利即位外，竟无善终者。

这个现象引发了后世学者的关注，陈寅恪先生指出"凡唐代之太子实皆是已指定而不牢固之皇位继承者"[1]。然而，"立適以长，不以贤，立子以贵，不以长"[2]的嫡长子继承制早在西周时期便已成为定则，[3]且唐初诸帝亦循此原则，皆先立嫡长子或庶长子为太子，以正名分，但为何又往往风云再起，围绕太子之位纷争不休呢？

实行嫡长子继承制的目的是稳定，出身的优势是任何后天努力都无法弥补的，无论这位嫡长子或愚或贤，他都拥有名正言顺的继承权，而其他兄弟们只能俯首称臣。在一个政治运行平稳的时代，承平之主不需要卓越的天分，而原则的被遵守则更为重要。

随着西晋的崩溃，接下来是一个持续了三百多年的大乱世。礼崩乐坏自不必说，政治局面也重新回到了丛林时代。铁蹄在大地上奔驰，王朝可能在瞬间建立，也可能在瞬间崩塌。江山是靠武力夺之的，那么，是从他人手中，还是从兄弟叔侄手中夺得，似乎皆可。

1　《唐代政治史述论稿》，第 62 页。
2　王维堤、唐书文：《春秋公羊传译注》，上海古籍出版社 2004 年版，第 2 页。
3　王国维：《殷周制度论》，载于王国维：《王国维考古学文辑》，凤凰出版社 2008 年版，第 52 页。

以下兹举几例，以观十六国至北朝继承之混乱。

从中可看出，十六国至北朝诸君，寿终正寝实属不易，被废被杀则比比皆是，而弑君者中，除异姓外族外，叔父、兄弟、堂兄弟、族兄弟占到很大比例。于是乎，先君所立的继承人是可以被推翻的，只要兵强马壮，谁都可以放纵自己的野心，去搏一搏天下。

一直到隋代，太子之位依然是可以谋而夺之的。名正言顺的嫡长子杨勇无法安其位，在弟弟杨广的设计下，杨勇被废黜，而不久隋文帝杨坚亦离奇去世，杨广得以顺利登位。

李唐与杨隋本是亲戚，此风亦传至李唐。作为李渊嫡长子的李建成也受到功劳卓著的李世民的威胁，最后，李世民以一场快刀斩乱麻式的政变，杀死兄弟建成与元吉，逼迫李渊退位。事成之后，已为九五之尊的李世民必须要给玄武门的政变一

国名	汉赵（前赵）	后赵	后凉	后燕	前秦	北齐
一代	刘渊	石勒	吕光	慕容垂	苻健	高洋
二代	刘渊长子刘和，被弟刘聪所杀	石勒太子石弘，被族兄弟石虎所废杀	吕光太子吕绍，被兄吕纂逼自杀	慕容垂太子慕容宝，被兰汗所杀	苻健太子苻生，被苻坚所杀	高洋太子高殷，被叔父高演废杀
三代	刘和之弟刘聪	石弘族兄弟石虎	吕光之子吕纂，被堂兄弟吕超所杀	慕容详，被慕容麟所杀	苻生堂兄弟苻坚，被姚苌所杀	高洋之弟高演，其太子高百年被其弟高湛所杀
四代	刘聪太子刘粲，被靳准所杀	石虎太子石世，被兄石遵所废杀	吕超之兄吕隆，归降后秦后因谋反而被杀	慕容宝之弟慕容麟，被南燕慕容德所杀	苻坚之子苻丕，被东晋冯该所杀	高演之弟高湛，后退位为太上皇以扶持其子高纬登位
五代	刘聪族弟刘曜	石虎之子石遵，被石虎养孙冉闵所杀		慕容宝之子慕容盛，平慕容国等叛乱时中暗器受伤而死	苻坚族孙苻登，被后秦姚兴所杀	高湛之子高纬，降北周后被杀
六代	刘曜太子刘熙，被后赵石虎所杀	石虎之子石鉴，也被石虎养孙冉闵所杀		慕容盛之子慕容熙，被慕容宝养子慕容云所杀	苻登之子苻崇，被西秦乞伏轲弹等所杀	高纬之子高恒，降北周后被杀
七代		石虎之子石祗，被刘显所杀				

个合理化的解释，于是，在政治舆论中，李建成被描述为庸劣不堪者，而杀兄逼父的李世民则是不世出的明君，理应获得大位。"太宗"尚且如此，难怪后世子孙要仿效了。

由于曾经的作为，李世民自己在立储问题上也颇有犹豫，虽已将嫡长子李承乾立为太子，他却又对聪明的魏王李泰青睐有加，甚至"每月给泰料物，有逾于皇太子"[4]。李承乾受威胁而举兵逼宫被废后，仁懦的李治成为储君，但李世民又因为吴王李恪的"英果类我"[5]而举棋不定。尽管大臣们屡屡劝谏，阐明"立嫡必长，所以绝庶孽之窥觎，塞祸乱之源本，有国者之所深慎"[6]的道理，但或许在李世民心目中，己之爱憎要比嫡长的身份更重要。

至高宗李治朝，前两位皇太子皆不得善终，作为第三位太子，李贤能顺利从父亲手中接过皇权，成为一代明君吗？

至少在当时，李贤一度踌躇满志。

监国与注史

李贤成为太子后不久，便得到了监国的重任。监国，是对太子执掌权力、处理政务能力的锻炼和考察，未来储君能否稳定局面、协调上下，皆可由此而观。李贤的兄长李弘便曾在皇帝皇后驾幸东都时，多次留守长安监国。咸亨二年（671）的那一次监国，正值关中大旱，民众饥乏，连守卫士兵的军饷都不能备，以至于有"食榆皮蓬实者"，李弘及时赈济，"各给米使足"[7]，消弭了荒年动乱的隐患，赢得了朝野的赞誉。

而李贤也对此次监国信心满满。其间，他竭智尽力处理政事要务：抚恤贫困伤弱，以显仁慈；审查刑询案宗，以求公正。空暇时间，他也不耽于声色，而是精研坟典，以求学问治理之精进。当高宗銮驾回京时，见太子李贤将朝政打理得井井有条，比乃兄有过之而无不及，不禁大加赞叹，手书敕令以褒奖，"皇太子贤自顷监国，留心政要。抚字之道，既尽于哀矜；刑网所施，务存于审察。加以听览余暇，专精坟典。往圣遗编，咸窥壸奥；先王策府，备讨菁华。好善载彰，作贞斯在，家

---

4 《旧唐书》卷七十六《太宗诸子列传·濮王泰》，第 2654 页。
5 《新唐书》卷八十《太宗子列传·郁林王恪》，第 3566 页。
6 《旧唐书》卷七十一《魏征列传》，第 2559 页。
7 《旧唐书》卷八十六《高宗中宗诸子列传·孝敬皇帝弘》，第 2829 页。

国之寄，深副所怀"⁸，并且还赐物五百段以示鼓励。

监国期结束了，李贤也未懈怠，他召集了一批博学之士，如太子左庶子张大安，太子洗马刘讷言，洛州司户格希元，学士许叔牙、成玄一、史藏诸、周宝宁等人，开始了对南朝范晔所著《后汉书》的注释工作。

著书立说，是唐代皇子研修理政治国之道的重要体现，也是展示学养识见、扩大声誉名望的途径。魏王李泰就曾组织学者修撰《括地志》，这部描述大唐山川风物的地理著作展示了皇子关怀江山天下的胸襟，使得李世民几乎要动易储的念头；前太子李弘也命人于文思殿博采古今文集，摘其英词丽句，以类相从，编成五百卷《瑶山玉彩》，以示弘文博雅之意，得到李治的赞赏。

而李贤所要进行的这番学术事业，甚至要超越乃伯乃兄。

太宗李世民曾言"以古为镜，可以知兴替"⁹，观治乱以明得失，治史向来被为人君者所重视。二十四史中的八部，即《晋书》《梁书》《陈书》《北齐书》《周书》《隋书》《南史》《北史》便撰修于唐太宗、高宗时期，此时可谓是修史的黄金时代。而诸前朝中，汉朝特为唐人所重视，因它是唐以前享国祚最久的大一统朝代，其治理经验最可为唐朝所资，史称太宗朝"是时《汉书》学大兴，其章章者若刘伯庄、秦景通兄弟、刘讷言，皆名家"¹⁰，而李贤少年时曾从刘讷言研习《汉书》。《汉书》已由李承乾邀请颜师古注释完成了，而李贤注《后汉书》，将与之并称。与李承乾不同，李贤亲自以"臣贤案"于字里行间进行注释，体现了他对典籍史事的熟稔。

仪凤元年（676），《后汉书》注成，李贤将其进献给父亲李治，李治从中见识到这个太子的博学广识，兴奋之下，赐物三万段，以示嘉奖。

李贤注《后汉书》以其严谨翔实，成为《后汉书》最流行的注本，千载之后，清人王先谦犹言"详观章怀之注范，不减于颜监之注班"¹¹，足见其不朽。

狩猎与马球

一名优秀的君主，文治武功需兼备。李贤的祖父李世民就是个智勇双全的马

---

8 《旧唐书》卷八十六《高宗中宗诸子列传·章怀太子贤》，第 2832 页。
9 《旧唐书》卷七十一《魏征列传》，第 2561 页。
10 《新唐书》卷一百九十八《儒学列传上·敬播》，第 5656 页。
11 〔南朝宋〕范晔撰，〔清〕王先谦集解：《后汉书集解》，中华书局 1984 年版，第 4 页。

上英雄，父亲李治开疆辟土，平漠北，灭高丽，征突厥，声威远播万里。李贤虽还不需征战沙场，但猛进尚武精神依然是不可缺的，而狩猎和马球，便是他所热衷的运动。

狩猎，于君主而言，不仅是惊险刺激的娱乐，更是显示赫赫武力的军事训练和政治表演。早在周代，田猎便成为一项制度性的活动，《周礼·春官宗伯下·甸祝》称甸祝"掌四时之田（畋）"，而郑玄对"田"的注释是"田者，习兵之礼"[12]。对野兽的搏击可视作对敌作战的演习，而自身武艺卓著，麾下又拥有众多虎贲之士的君主是令人敬畏的。于是，在许多文明中，描绘君主狩猎场面便是对君主武力的一种讴歌，如伊朗克里曼沙阿花园拱门浮雕中便展现了萨珊波斯国王率诸武士狩猎的景象（图1）。[13]

唐朝以武开国，且唐初诸帝皆有"塞外野蛮精悍"之血统，对狩猎之事更是乐此不疲。除了每年仲冬时节举行的具有礼仪性质的田狩之外，唐朝帝王频频在京畿附近的苑囿中围猎。据史料记载，唐高祖李渊在位期间几乎每年都要出猎，[14]而太宗李世民更是个中翘楚，在猎场尽显其英雄本色，据说其勇能引弓射虎，"（贞观）十九年（645）二月，行幸次武德，将飞骑历北山，行遇猛虎，引弓射之，应弦而殂"[15]，又能拔剑断豕，"又在洛阳苑射猛虎，民部尚书唐俭见群豕突出林中，帝引弓四发，毙四豕，有一雄彘突及马镫，俭投马搏之。帝拔剑断豕"[16]。高宗李治在猎场亦不甘示弱，"〔龙朔元年（661）十月〕六日，至飞山顿。高宗亲御弧矢，获四鹿，及雉兔数十头"[17]。

太宗李世民认为狩猎不但可以加强武备[18]，亦可宣扬国威，贞观五年（631）昆明池的一场大狩猎便很能说明李世民的态度。此次狩猎，"蕃夷君长咸从"，而李世民对高昌王麴文泰说："大丈夫在世，乐事有三：天下太平，家给人足，一乐也；草浅兽肥，以礼畋狩，弓不虚发，箭不妄中，二乐也；六合大同，万方咸庆，

12　《周礼》卷六《春官宗伯下》。

13　见《一个老外的宦海浮沉》注 70。

14　《唐代前期帝王出猎记载一览表》，载于陈朝鲜：《唐代前期王室狩猎之风管窥》，《农业考古》2012 年第 4 期，第 144—145 页。

15　〔宋〕王钦若等编纂：《册府元龟》卷四十四《帝王部·神武》，凤凰出版社 2006 年版，第 477 页。

16　同上书，第 477—478 页。

17　《唐会要》卷二十八《蒐狩》，第 527 页。

18　《资治通鉴》卷一百九十五《唐纪十一·太宗文武大圣大广孝皇帝中之上》："〔贞观十一年（637）〕八月，甲子，上谓侍臣曰：'上封事者皆言朕游猎太频。今天下无事，武备不可忘，朕时与左右猎于后苑，无一事烦民，夫亦何伤！'"第 6131 页。

图 1　**国王猎野猪**　波斯萨珊王朝　伊朗克里曼沙阿花园拱门浮雕

张乐高宴，上下欢洽，三乐也。今日王可从禽，明当欢宴耳。"[19] 狩猎与天下太平和六合大同并为三乐，其实暗示了"弓不虚发，箭不妄中"的坚强武力才是太平大同之保障，而目睹了唐朝皇帝纵骑如飞龙、放矢如流星后，在场的蕃夷君长们想必在暗暗胆寒之时不得不恭服于大唐的天威。

乃祖乃父如此，作为帝国的储君，李贤自然也要在狩猎场上显显身手，以示唐之武德后继有人。于是，在章怀太子墓的墓道东壁，一幅狩猎出行长卷，便向我们展示了李贤的雄姿英发。

看，壁上，太子的狩猎队伍正翩翩而来。长安城郊有皇家禁苑，"禁苑在皇城之北。苑城东西二十七里，南北三十里，东至灞水，西连故长安城，南连京城，北枕渭水"[20]，但事实上，皇族的狩猎范围往往不限于禁苑之内，长安附近乃至关中之内，皆有猎场。故我们推测，李贤前往的应该就是一处皇家惯常围猎的佳处。

皇族出猎，需携带大批从猎者。李世民曾"择官户蕃口中少年骁勇者百人，

19　《唐会要》卷二十八《蒐狩》，第 526 页。
20　《旧唐书》卷三十八《地理志一》，第 1394 页。

每出游猎，令持弓矢于御马前射生，令骑豹文鞨，著画兽文衫，谓之'百骑'"[21]，而在盛大的狩猎活动中，皇亲国戚、高级官员、外蕃首领等也要来观礼。李贤的这支狩猎队伍有数十人，阵势并不宏大，衣着也较为统一，故这当是由东宫亲信侍卫等人参与的一次日常狩猎。

队伍最前方，有数名导骑（图 2），策马如飞。有人擎红旗猎猎，还有人则持一种圆首棍，此物名为"棍"，为驯马之物，常在出猎时使用。与章怀太子墓几乎同时的陕西乾县乾陵懿德太子墓的壁画里有一幅《驯豹图》（图 3），其中用来慑服猎豹的也是此物。

导骑之后，大批人马浩荡而来（图 4）。猎手们精神抖擞，为即将到来的狩猎而摩拳擦掌，兴奋不已。其中可见，猎手们普遍头戴幞头，有人在幞头外还包裹头巾，身着圆领或翻领袍服，腰系革带，足蹬长靴，显出赳赳之姿。有一些猎手高鼻深目多髭须，显然是胡人。大唐胸襟开阔，胡汉兼容，不少胡人宦至高位。胡人精擅骑射，因此，李贤的狩猎队伍中有此辈，也不足为奇了。

猎手们多腰挂弯弓及胡禄。胡禄，即梯形束脖式筒状箭囊，其名为突厥语 Qurluq 的音译，它曾伴随突厥武士纵横东西。不过，突厥人并不是它的最早发明者，在新疆拜城克孜尔石窟第 114 窟《智马本生》图（图 5）中，便可见到胡禄的身影，其年代约在公元 3—5 世纪，因此西域很可能是胡禄的起源地。[22] 这种梯形束脖式筒状箭囊（图 6）不但装箭多，能防止箭矢的脱落，还具有收集声波的作用，能让人及时发现敌情，"令人枕空胡禄卧，有人马行三十里外，东西南北皆响见于胡禄中，名曰地听，则先防备"[23]。因其卓越的实用性，胡禄在南北朝后期便已传入中原，而唐朝时，它成为唐军士兵的基本装备之一，贞观十年（636）所规定的府兵必备，就是"人具弓一，矢三十，胡禄、横刀、砺石、大觽、毡帽、毡装、行縢皆一"[24]。强弓利矢，是狩猎的主要武器，那么盛装箭矢的胡禄自然也是猎手身上必不可少的了。

追逐疾奔的猎物，还需要一些好助手。在空中，鹰、雕、鹘、鹞等大型猛禽眼光锐利，能及时发现猎物并猛扑之，所以，有位猎手臂上便立着一只英武的鹰（图 7），正准备在即将到来的狩猎中一展雄姿。最精良的猎鹰来自东北亚，唐玄宗

21　《旧唐书》卷一百六《王毛仲列传》，第 3252 页。

22　王援朝：《胡禄源流考》，《中国历史文物》2009 年第 6 期，第 66—67 页。

23　〔唐〕李靖撰，〔清〕汪宗沂辑：《卫公兵法辑本》卷中《部伍营阵》，清光绪渐西村舍本。

24　《新唐书》卷五十《兵志》，第 1325 页。

图 2 导骑 陕西乾
县乾陵唐代章怀太子
墓壁画

图 3 驯豹 陕西乾
县乾陵唐代懿德太子
墓壁画

图 4　狩猎出行　陕西乾县乾陵唐代章怀太子墓壁画

图 5　智马本生　3—5 世纪　新疆拜城克孜尔石窟第 114 窟壁画

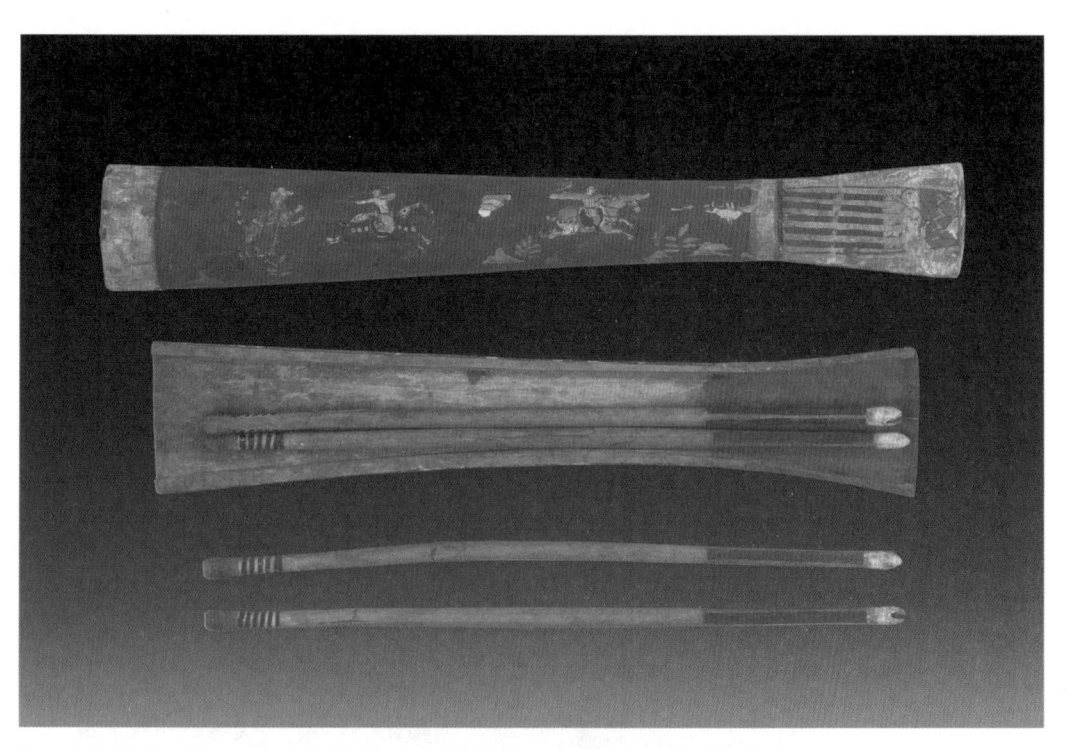

图 6　彩绘木箭箙　唐代　新疆吐鲁番阿斯塔纳墓地 188 号墓出土　新疆维吾尔自治区博物馆藏

图7 狩猎出行 陕西乾县乾陵唐代章怀太子墓壁画

图8 带鹰狩猎俑 陕西西安吕家堡唐代金乡县主墓出土 西安博物院藏

开元三年（715），新罗国曾进献白鹰两只，这勇猛的空中杀手很快成为禁苑猎场上的明星，故窦巩还为之写下了"御马新骑禁苑秋，白鹰来自海东头"[25]的诗句。鹰、雕等必须有专人精心饲养和训练，为此宫中专门设置了闲厩使，管辖五坊，一曰雕坊，二曰鹘坊，三曰鹞坊，四曰鹰坊，五曰狗坊，[26]负责豢养禽兽以供皇家狩猎之用。

而论起地上的捕猎助手，除了猎狗外，中型猫科动物成为贵族们的新宠，它们凭借锋利的爪牙和矫健的身体，能在草丛林间迅速捕捉猎物。猞猁是一种耳尖生有簇毛的猫科动物，具有异常发达的视觉和听觉。而猎豹则是猫科中的顶级捕猎者，具有无与伦比的奔跑速度。壁画中，猞猁和猎豹就蹲在猎手的马后座上（图7），带上它们，猎手便能事半功倍了。猞猁在我国北部和西部有分布，但猎豹则来自异邦，其身价自然不菲。一些国家获取猎豹后，将其作为珍贵的贡品进贡给唐朝，据

25 〔唐〕窦巩：《新罗进白鹰》，载于〔清〕彭定求等编：《全唐诗》卷二百七十一《窦巩》，中华书局1960年版，第3051页。

26 《新唐书》卷四十七《百官志二》，第1218页。

图 9　带豹狩猎俑　陕西
西安吕家堡唐代金乡县主
墓出土　西安博物院藏

记载，安国、康国、史国等皆向唐朝献过猎豹。[27] 在李渊孙女金乡县主的墓葬中，也出土了带鹰（图 8）、猎豹和猞猁狩猎的骑马俑，带猎豹者是一胡人（图 9），因胡人在驯服猎豹上更富经验，而带猞猁者居然是一女子（图 10），可见狩猎在唐代是如此的流行，以至于闺阁女子也在猎场上留下了飒爽英姿。

猎手们皆轻装快马疾驰而前，在队伍的最后，两头骆驼正背负着柴薪和大釜（图 11），撒开四蹄，努力地跟上前面的人马。出猎活动一般要耗时数日，因此，后勤物资也要到位。骆驼以善于负重行远而闻名，它们承担了输运辎重的重任。可以想见，当猎手们在猎场上收获满满后，从骆驼背上取下釜和柴薪，生起火，当即便可炙烤烹煮新鲜的肉食，大快朵颐，人生乐事，莫过于此吧！

　　27 《册府元龟》卷九百七十一《外臣部·朝贡第四》："［开元十四年（726）］二月，安国遣使献豹，雄雌各一……五月，安国王波婆提遣其弟可悉烂达干、拂耽发黎来朝献马及豹……（十一月）康国王遣使献豹及方物……［开元十五年（727）七月］史国王阿忽必多遣使献胡旋女子及豹。"第 11239 页。

图 10　带猞猁狩猎俑　陕西
西安吕家堡唐代金乡县主墓
出土　西安博物院藏

图 11　骆驼　陕西乾县乾
陵唐代章怀太子墓壁画

与狩猎出行图相对，在章怀太子墓的墓道西壁，一场激烈的马球比赛即将上演。

马球，顾名思义，骑马而击球者。马球可能是中古世界最受欢迎的运动之一。关于其缘起尚有疑问，一种说法是马球起源于波斯，在帕提亚王朝和萨珊王朝时期，马球便已在波斯王公贵族中盛行了，并且传至拜占庭帝国以及后来的阿拉伯帝国，成为一项风靡甚广的娱乐。还有一种说法是马球起源于吐蕃，因欧洲人把马球叫做"polo"，而这个词来自藏语。[28] 但欧洲语言中的"polo"一词可能是在非常晚近的殖民时代得之于印度，[29] 故以此来追溯马球的源起恐怕有偏颇。因此，马球源于波斯一说更为可信。无论如何，马球在唐朝初年已东传至长安，以至于李世民都听闻了一群西蕃人在街里打球之事。[30]

渐渐地，马球从西蕃人的游戏成了贵族们的时尚。升平时代，马球运动却能让人感到如战争般的刺激，两军对垒，马上激战，在快速疾驰中，一不小心，球手就可能摔下马背，这是对个人技艺与团体协作的考验，亦是对战争的小型模拟。未经战事的贵族子弟，也能在球场上为尚武精神所洗礼。

有史料表明，李贤的弟弟、日后的唐中宗李显酷好马球，[31] 或许兄弟俩曾切磋球艺。壁画里的马球图，便有助于我们展开对当时的一场球赛的想象。

数位球手，骑在骏马上，正穿过树林和山岩，前往设置在郊外的马球场。（图12）事实上，马球在城内也可以打，比如中宗时，吐蕃使者前来迎亲，唐蕃双方的马球队就是在皇宫内的梨园亭子旁展开激战的。[32] 一些贵族家中也辟有马球场，还非常考究，如驸马武崇训、杨慎交在球场上洒油以保证地面的平整光滑。[33] 李贤的马球队舍近求远，可能是在山野之中更能毫无顾忌，打得酣畅淋漓吧。

马球场需要地平如砥且要打扫干净，所谓"广场惟新，扫除克净，平望若砥，

28　王永平、孙岳：《马球与唐代东西方文化交流》，《学习与探索》2008 年第 3 期，第 221—222 页。

29　苏竞存：《中国古代马球运动的研究》："1869 年波罗球戏才由英国第十轻骑兵团（从印度）带回到英格兰。……由此可见，西洋的马球是从 19 世纪末叶才有的。"载于李金梅主编：《中国马球史研究》，甘肃人民出版社 2002 年版，第 49 页。

30　〔唐〕封演撰，赵贞信校注：《封氏闻见记校注》卷六："太宗常御安福门，谓侍臣曰：'闻西蕃人好为打球，比亦令习，曾一度观之。昨升仙楼有群胡街里打球，欲令朕见。此胡疑朕爱此，骋为之。以此思量，帝王举动，岂宜容易。朕已焚此球以自诫。'"中华书局 2005 年版，第 53 页。

31　《资治通鉴》卷二百九《唐纪二十五·中宗大和大圣大昭孝皇帝下》："上（中宗）好击球。"第 6624 页。

32　《封氏闻见记校注》卷六："景云中，吐蕃遣使迎金城公主，中宗于梨园亭子赐观打球。"第 53 页。

33　《资治通鉴》卷二百九《唐纪二十五·中宗大和大圣大昭孝皇帝下》："驸马武崇训、杨慎交洒油以筑球场。"第 6624 页。

图 12　马球图　陕西乾县乾陵唐代章怀太子墓壁画　　　　图 13　马球图　陕西乾县乾陵唐代章怀太子墓壁画

下看犹镜"[34]，三面筑矮墙以划定范围。[35] 球手分为两队，以展开对决。打球，马是关键，壁画里的马皆矫健雄壮，奋蹄若飞。来自西域、经过系统马球训练的良马最为珍贵，史载，唐玄宗开元五年（717）六月，"于阗国遣使献打球马两匹"[36]。若无有这样的良马，球手也会选择自己熟悉驾驭的马来参与比赛。打球马的马尾会被束起，以防止两马交错时马尾毛被勾住而发生意外。球棍是一根顶端弯如新月的棍子，而球一般以木制，外裹皮。壁画里，四名球手正策马扬棍，追逐场中的小小球（图 13），"珠球忽掷，月仗争击"[37]，是所谓也。按照《金史·礼志》的记载，球场南边立一板，下开一孔为球门，门内有网囊，能击球入网囊者即为胜利，[38] 唐代的

34　〔唐〕阎宽：《温汤御球赋》，载于〔清〕董诰等编：《全唐文》卷三百七十五《阎宽》，中华书局 1983 年版，第 3811 页。

35　〔唐〕韩愈：《汴泗交流赠张仆射》："短垣三面缭逶迤，击鼓腾腾树赤旗。"载于〔唐〕韩愈著，〔清〕方世举编年笺注：《韩昌黎诗集编年笺注》卷一，中华书局 2012 年版，第 41 页。

36　《册府元龟》卷九百七十一《外臣部·朝贡第四》，第 11237 页。

37　〔唐〕阎宽：《温汤御球赋》，载于《全唐文》卷三百七十五《阎宽》，第 3811 页。

38　〔元〕脱脱等撰：《金史》卷三十五《礼志八》："已而击球，各乘所常习马，持鞠杖。杖长数尺，其端如偃月。分其众为两队，共争击一球。先于球场南立双桓，置板，下开一孔为门，而加网为囊，能夺得鞠击入网囊者为胜。"中华书局 1975 年版，第 827 页。

球场规则应该与之差别不大。壁画里有一插二红旗处，可能就是球门，球手正挥舞着球棍，准备把球打入球门内。

有时候，打马球也会成为系关国家颜面的大事。前文曾提到的吐蕃使者迎亲那次，唐蕃双方马球队就较量了一番。起先大唐的马球队屡屡失利，然后临淄王李隆基、嗣虢王邕、驸马杨慎交、武延秀等四人组队对抗吐蕃十人，李隆基"东西驱突，风回电激，所向无前"[39]，大获胜利，为大唐搏回了面子。而唐朝皇子贵戚们的马球水准，也由此可见一斑。

由上可知，狩猎和马球，对一位大唐皇子来说，不仅是游心骋怀的娱乐，也是习练武艺的功课。章怀太子墓中的这两幅壁画，便展示了李贤的勃勃生气。或许，在弯弓射鹿、挥棍击球时，年轻的太子仿佛自己置身沙场。修文德，宣武功，绥万邦，这是帝王的终极愿望，也成为李贤的理想。

客使四方来

唐高宗时，修文德，立武功，以臻至治，大唐疆域达到极广，友邦蕃国皆来朝贡，以瞻天朝。李贤作为太子，必然曾历经数次客使朝贡的大事，而这，也成为李贤珍贵的记忆。

故章怀太子墓中绘有客使图，这两幅表现外使蕃臣等待觐见的壁画在唐墓壁画中是罕见的存在。

客使图原有两幅，分居墓道两侧。今先观东客使图。

东客使图绘六人，其中三人是唐朝官员，另三人则是外邦人士。（图14）唐朝官员的衣冠端庄郑重，三人俱戴武弁大冠，冠内有平巾帻，身着红色广袖衣，皂缘领袖，领口露出白色中单衣的领缘，腰间束宽带，带下悬长蔽膝，腰后则悬一条长及地面的纷，下着白裙，裙下露出翘头履。此冠服应为朝服，《旧唐书·舆服志》记载，"朝服，冠，帻，缨，簪导，绛纱单衣，白纱中单，皂领，襈，裙，白裙襦，革带，钩䚢，假带，曲领方心，绛纱蔽膝，袜，舄，剑，珮，绶"[40]，壁画中官员穿戴与之大体相合，只是无剑、珮、绶，按理，其品级当是五品以下，七品以上的，但令人费解的是，这些官员却佩戴了五品以上官员公服的佩饰——纷，或许

39 《封氏闻见记校注》卷六，第 53 页。
40 《旧唐书》卷四十五《舆服志》，第 1944 页。

图 14　东客使图　陕西乾县乾陵唐代章怀太子墓壁画

是因为唐代官员服制在不同历史时期也有些微变化吧。朝服是官员在参与陪祭、朝觐、拜表等大事时穿着的，可见壁画描绘的是一场隆重的礼仪，结合身后的外使，那么，我们所见的应当是唐代宾礼的场面了。

宾礼是国家的重要外交仪式，据《唐六典》载："二曰宾礼，其仪有六：一曰蕃国王来朝，二曰戎蕃王见，三曰蕃王奉见，四曰受蕃使表及币，五曰燕蕃国王，六曰燕蕃国使。"[41] 从三位外邦人士的衣着仪态看，他们不太像是蕃王，故他们是蕃使的可能性更大。

高宗龙朔三年（663），大明宫建成，此后它成为帝国的政治中心。外使来朝的宾礼，也是在大明宫进行的。客使在唐朝官员引导下进入大明宫正门丹凤门后，再步至正殿含元殿外等待觐见皇帝。所以壁画中，三位唐朝官员交谈而三位客使等待的场景应当就发生在从丹凤门至含元殿之间。

这三位唐朝官员，过去往往被认为是鸿胪寺官员。但事实上，鸿胪寺负责的是

41　《唐六典》卷四《尚书礼部》，第 111 页。

外使的前期接待，"凡四方夷狄君长朝见者，辨其等位，以宾待之"[42]，而并不参与觐见仪典，且壁画中官员的武弁大冠也非鸿胪寺官员之服制。

察唐制，负责朝见引导的当是中书省之通事舍人，"掌朝见引纳及辞谢者，于殿廷通奏……凡四方通表，华夷纳贡，皆受而进之"[43]。且中书省流内九品以上官员可戴武弁大冠[44]，又通事舍人从六品，朝服不带剑、珮、绶，这几点皆与壁画所见相符，故壁画中的唐朝官员很可能就是通事舍人中的几位。

接下来，要紧的问题来了，这三位外使来自哪里呢？

对于外使们的族属，学者们有许多猜测，有东罗马、高丽、日本、新罗、靺鞨、室韦、契丹等说。然而大多数猜测，是基于壁画所绘使者相貌服饰以及该国此时是否与唐朝处于友好交往关系中而做出的。但唐高宗时，与唐朝往来的民族众多，且地域相近之民族，其风俗服饰也相似。那么，要指认出壁画所绘究竟是谁，我们必须要有更确凿的证据。

由昭陵和乾陵蕃臣像，我们可以获得当时人表现外使蕃臣形象的一个基本原则，即所谓蕃臣像，并非是对某一民族的笼统描绘，而是对有名有姓的具体人物的写实表现。依循此现实主义原则，章怀太子墓壁画之客使图也非随意绘之，而是对真实觐见场景的描摹，并且，这几场觐见应该就发生在李贤任太子期间。

因引导官员服饰郑重，故这几场觐见也应是正式且隆重的，且应被史籍所记录。

李贤自上元二年（675）六月成为太子至调露二年（680）八月被废，这五年间，察两《唐书》所载的朝贡事件恰好有三次，与东客使图外使人数相合。让我们来一一观之。

第一次朝贡事件发生在上元二年，朝贡主体是新罗。这一年，因为新罗接纳高丽叛众，又侵占百济故地，所以唐朝发兵征讨之，二月，刘仁轨在七重城大破新罗，又派遣靺鞨兵浮海攻打新罗的南境，斩获甚众。此外，皇帝还任命李谨行为安东镇抚大使，屯买肖城，三战，新罗皆败北。于是，新罗王法敏遣使入朝谢罪。为表达悔罪之意，法敏奉上的贡品甚是丰富，所谓"贡篚相望"。鉴于其诚意，皇帝

---

42 《旧唐书》卷四十四《职官志三》，第 1885 页。

43 《旧唐书》卷四十三《职官志二》，第 1851 页。

44 《旧唐书》卷四十五《舆服志》："武弁，平巾帻，皆武官及门下、中书、殿中、内侍省、天策上将府、诸卫领军武候监门、领左右太子诸坊诸率及镇戍流内九品以上服之。"第 1943 页。

图 15 百济使者 〔南朝梁〕萧绎《职贡图》（宋摹本 局部） 中国国家博物馆藏

宽恕了他的罪过，恢复了他的官爵。[45]

　　新罗使者到达长安的具体时间，史书没有记载。但战争、新罗王决策和使者路途所耗时间，当超过了四个月，故新罗使者来时，李贤应已经成为太子了。于是，他首次以太子身份参与了盛大朝贡仪式，见到新罗使臣恭服于天威的诚惶诚恐，并从中领悟君王恩威并施的驾驭之术。

　　而观东客使图，其中有一戴鸟羽冠者，身着朱缘大袖白袍，系白腰带，下穿大口裤，足蹬黄皮履，按《旧唐书·东夷传》记载，"（高丽）官之贵者，则青罗为冠，次以绯罗，插二鸟羽，及金银为饰，衫筒袖，裤大口，白韦带，黄韦履"[46]，与壁画中人物衣装正好相符。又南朝梁萧绎《职贡图》中的百济使者（图 15）的衣着也与之相似。新罗"衣服，与高丽、百济略同，而朝服尚白"[47]，壁画中使者的白袍与之正契合。学者对此人物，有"高句丽使者说""新罗使者说""渤海使者说"等观点，殆因这几个民族所居地域相近、衣装皆相似之故。而此时，高句丽已亡，虽仪凤二年（677），唐朝封末代高句丽王高藏为辽东都督、朝鲜郡王，令他镇守本藩，但不久后他因与靺鞨沟通谋反，被召还且流放邛州，无遣使朝贡之事。而渤海国迟至武周圣历元年（698）才建国，更与李贤无涉。因此，壁画中的戴鸟羽冠者只能是新罗使者，并且正是上元二年前来朝贡的这一位。

　　第二次朝贡事件发生在上元二年十二月，朝贡主体是龟兹。龟兹王白素稽为唐朝所扶立，且被授

45 《新唐书》卷二百二十《东夷列传》，第 6204 页。

46 同上书，第 5320 页。

47 同上书，第 5334 页。

图16　查士丁尼与廷臣　拜占庭帝国（约547）　意大利拉文纳圣维塔尔（San Vitale）教堂马赛克镶嵌画

右骁卫大将军、龟兹都督府都督，因此，事唐朝甚殷勤，朝贡不断。这一次，他所奉献上的是名马。唐朝皇室尚武，好骏马，龟兹王的贡献必然让龙心大悦。

　　客使图中有一高鼻深目、短发秃顶、着双翻领袍者，有学者认为他是东罗马使者，因其发型与史书记载的东罗马国人相似。然细察之，衣装就对不上了。东罗马时期男子外衣主要有达尔马提卡（dalmatica）和帕鲁达门托姆（paludamentum）。达尔马提卡通常由一块十字形布对折缝合，或由两块 T 字形布缝合而成，中间留领口。而帕鲁达门托姆是一种由长方形织物制作的斗篷，通常披在左肩，而在右肩上用扣固定，《旧唐书》称拂菻国男子"披帔而右袒"[48]，可能就是对帕鲁达门托姆的描述。在一幅马赛克镶嵌画中，查士丁尼大帝所服即为帕鲁达门托姆。（图16）使者出使时当着本族礼服以示庄重。虽唐代阎立本《步辇图》中，吐蕃松赞干布之使者禄东赞所服为波斯锦袍，或许是对其族"衣率毡韦"[49]的习俗有所自惭；但

48　《旧唐书》卷一百九十八《西戎列传》，第 5314 页。

49　《新唐书》卷二百一十六《吐蕃列传》，第 6072 页。

图 17　龟兹供养人　6 世纪　新疆拜城克孜尔
石窟第 189 窟壁画

东罗马帝国立国久远，文明深厚，衣冠华贵，其使者无有着他国衣装之必要，此使者当非来自东罗马。

　　而在龟兹国，翻领袍就是很常见的衣装样式了，克孜尔石窟壁画所表现的龟兹贵族，往往身穿翻领锦袍。（图 17）又龟兹国"俗断发齐顶"[50]，可见短发是其国人的普遍发型，且龟兹作为东西文明交汇地，其国人亦多有欧罗巴人种血统者，高鼻深目是其特征。由此，我们有理由认为客使图中的着翻领袍者更可能是龟兹使者，正是他，牵着千里之马，远道而来。

　　第三次朝贡事件发生在上元三年（676）二月，朝贡主体是坚昆。坚昆，又名黠戛斯，处唐之西北方。贞观二十二年（648），黠戛斯酋长俟利发失钵屈阿栈曾亲来朝贡，唐太宗封其为左屯卫大将军、坚昆都督府都督。其王自称是西汉李陵之后，而李唐亦号称出自陇西李氏，故叙为同宗。唐中宗曾说"而国与我同宗，非

50　《新唐书》卷二百二十一《西域列传》，第 6230 页。

它蕃比"⁵¹，可见亲密。这一次，黠戛斯遣使献上名马，此地马素以壮大出名，可谓雄骏。

客使图中有一着毛帽、披皮斗篷、穿毛裤者，向来被学者视为是东北一带靺鞨、室韦等族人。但好穿貂者并非只有东北人，居西北寒冷地带的黠戛斯人也对皮草情有独钟。史载，黠戛斯"服贵貂、豽"，他们的王冬季戴貂帽，其余下属则戴白毡帽，贫贱者不戴帽，但以皮为衣。⁵² 因此，此使者应当是黠戛斯人，且是一名戴毛帽的贵族，他刚在漫长的旅途中度过了一个冬天，二月才到长安，故还是这般冬装打扮。

经以上一番分析，我们发现，史书记载的三次朝贡来使恰恰与东客使图所绘三位外使衣装样貌符合，由是，我们揭开了东客使图三位使者的身份之谜，他们正是李贤为太子期间来大唐朝贡的使臣。壁画是对李贤所历经的外交盛事的纪实，只不过，画工们将三位不同时间来朝的使臣画在了同一个画面里。

在墓葬中使用外使蕃臣的形象并不是中原的传统。秦汉诸君在地下世界继续统辖千军万马，却不曾将臣属之异族人纳入永生之陵的图像中。而热衷于这么做的，是创造了世界史上第一个大帝国的波斯人。在阿契美尼德王朝都城波斯波利斯的觐见大殿台阶壁上有大幅浮雕，刻画了帝国属下的各族使者携带贡品，在波斯或米底官员的引导下步入大殿以觐见万王之王的场景。（图 18）同样的，在阿契美尼德诸帝的崖墓浮雕中，帝王的狮子宝座也是由各族人共同擎起的。（图 19）波斯由伊朗高原一隅之小小民族瞬间崛起为大帝国，治下部族蕃国无数，为凝聚诸多民族以维系帝国稳定，各族蕃臣自然在帝国的政治图像中占据重要位置。

而当大唐帝国开辟四方、李世民被尊为"天可汗"时，广有四海、万邦归顺必须要成为帝陵呈现的一个主题。于是，唐太宗昭陵前竖立起仿佛真人大小的十四位蕃君长石像，以体现太宗皇帝所受到的广泛拥戴。随着领土的扩大，高宗乾陵前竖立的蕃臣像达六十一尊。（图 20）这些不同种族的蕃臣象征着普天之下皆沐王化的盛况。

由此再反观章怀太子墓中的客使图，其意义恐怕就不只是记录李贤曾参与的外交事件那么简单了。帝王应当心系天下万邦，而作为太子，李贤也拥有了这般的胸怀。故客使图的出现，是对李贤曾经的太子身份的一种强调。这个身份，显然对李

51　《新唐书》卷二百一十七《回鹘列传》，第 6149 页。
52　同上书，第 6147 页。

图 18　各族侍者觐见　波斯阿契美尼德王朝　伊朗法尔斯波斯波利斯觐见大殿浮雕

图 19　各族人托起国王宝座　波斯阿契美尼德王朝　伊朗法尔斯波斯波利斯阿塔薛西斯三世崖墓浮雕

图 20　蕃臣像　唐代　陕西乾县乾陵

贤及其后裔而言，非常重要。

当我们的目光转向西壁时，将见到另一幅客使来朝的场景，与东壁相似，却又有所不同。

西客使图亦绘有六人，三人为唐朝官员，三人为异族人士。（图 21）显而易见，此处唐朝官员的衣冠穿戴显然没有东客使图中那般隆重，他们头戴高顶幞头，上身穿绯色大袖褶，下身着白色大口裤，脚蹬乌皮靴。这一身衣装被称为"袴褶"，是唐朝官员的一种公务常服，甚至连天子和太子也可以服之，"每日入朝，常服袴褶"[53]，与大礼仪时穿的朝服相比，自然是简易许多。褶的颜色标识着品级，《新唐书·车服志》称"袴褶之制，五品以上，细绫及罗为之，六品以下，小绫为之，三品以上紫，五品以上绯，七品以上绿，九品以上碧"[54]，由此可见，这三位官员当是五品以上者。

53　《旧唐书》卷四十五《舆服志》，第 1953 页。

54　《新唐书》卷二十四《车服志》，第 521 页。

图 21　西客使图　陕西乾县乾陵唐代章怀太子墓壁画

又壁画所见的高顶幞头，可能是当时一种具有政治意味的时尚。因唐初的幞头顶较低，即所谓"平头小样"，而武周时，"贵臣内赐高头巾子，呼为'武家诸王样'"[55]，至中宗朝，风俗又为一改，"又赐百官英王踣样巾，其制高而踣，帝在藩时冠也"[56]，即这种幞头不但高顶，且顶还呈扑倒状。幞头样式的变化也体现着权力中心的厮杀争夺。而中宗李显的死亡，使得这种顶高而踣的幞头被视为一种不祥的服妖。[57] 章怀太子墓中的官员所戴高顶幞头，形式更接近"武家诸王样"，或许壁画绘制时中宗尚未提倡英王踣样巾，于是，属于武周朝的时尚印迹就这样留了下来。

在三位异族人士中，第一位披发于脑后，着窄袖圆领袍，腰系革带，带下悬有一把短刀。他被认为是突厥人，因突厥风俗，"被发左衽……佩饰则兼有伏突（短

55 《旧唐书》卷四十五《舆服志》，第 1953—1954 页。
56 《新唐书》卷二十四《车服志》，第 529 页。
57 《新唐书》卷三十四《五行志一》，第 879 页。

图 22　突厥石人　唐代　新疆温
泉阿尔卡特墓地出土　新疆维吾尔
自治区博物馆藏

图 23　突厥武士　7 世纪　乌兹别克斯坦撒马尔罕阿弗拉西阿卜大使厅壁画

刀）"[58]。这种带下平悬短刀的做法，在许多草原突厥石人（图 22），甚至乌兹别克斯
坦撒马尔罕阿弗拉西阿卜大使厅壁画里的突厥武士（图 23）身上都能看到。

　　第二位以带束发，《唐章怀太子墓发掘简报》称其额部、面颊、鼻梁和下颚均
涂有朱色，[59] 因原壁画已毁，现仅存摹本，所见便不分明了。阎立本《步辇图》所
绘吐蕃使臣禄东赞便头系束发带（图 24），又察吐蕃人"以赭涂面为好"[60]，因此，
这应当是一位吐蕃来客。

　　第三位头戴尖顶胡帽，身着双翻领袍。其实，戴尖顶帽、穿翻领袍的胡人俑在
唐朝非常常见（图 25），它们普遍被认为是对活跃于丝绸之路的粟特人的写照。又
诗云"织成蕃帽虚顶尖"[61]，描绘的就是一位跳胡腾舞的石国胡儿。故壁画中的这位，
很可能也是来自中亚的昭武九姓国家的粟特人。

　　虽然构图相似，但西客使图所要表现的并非是同东客使图一样的宾礼场景。其

58　《周书》卷五十《异域列传》，第 909 页。
59　陕西省博物馆、乾县文教局唐墓发掘组：《唐章怀太子墓发掘简报》，《文物》1972 年第 7 期，第 17 页。
60　《新唐书》卷二百一十六《吐蕃列传》，第 6072 页。
61　〔唐〕刘言史：《王中丞宅夜观舞胡腾》，载于《全唐诗》卷四百六十八《刘言史》，第 5324 页。

图24 吐蕃使者及导引官、通译官
（传）〔唐〕阎立本《步辇图》（宋
摹本　局部）　故宫博物院藏

图25 胡商俑　唐代　河南洛阳出
土　洛阳博物馆藏

原因，一是唐朝官员着常服，而非朝服；二是突厥人和粟特人皆持笏板，表明他二人已是大唐所封之官，而非外使。唐朝时，内附突厥人众多，不少在朝廷任官，而粟特人因其通达广识，也在朝中如鱼得水。因此，西客使图更有可能表现的是太子的公务接见，突厥人和粟特人皆是以大唐臣子的身份谒见太子的。

唯有吐蕃人未持笏板，说明他的身份与突厥人和粟特人不同，那么，他出现在此场合中，意欲何为呢？

察史书，李贤在任太子期间，除了前文所述的三次朝贡外，还有一次重要的外交事件。

仪凤四年（679）二月，吐蕃赞普芒松芒赞（即松赞干布之孙）亡故了，唐朝遣使前去吊祭。六月，改仪凤四年为调露元年。十月，文成公主遣其大臣论塞调傍来告丧，并请求和亲，不过没有被允许。但是唐朝派遣郎将宋令文出使吐蕃，去参与赞普的葬仪。

这年五月，李贤再次监国。一般太子监国，发生在高宗李治和武后离开长安、前往东都洛阳的时候，而据《旧唐书·高宗本纪》，直到次年十月，銮驾才回长安，那么，当文成公主的使者来到长安时，正是太子李贤负责了此次外交接待。因此，西客使图中的吐蕃使者应当就是史书中提到的论塞调傍。

论塞调傍可能并非官方使臣，因吐蕃赞普年幼，噶尔氏家族专权，又史书明言，"文成公主遣其大臣论塞调傍"[62]，故论塞调傍的身份应该是"公主的使者"，表达的和亲请求也是公主的意愿。加之此时皇帝皇后皆不在京，使者无法面圣，只能先谒见太子，故此次会见不以蕃使见帝王所用的宾礼，这便解释了为何西客使图中的唐朝官员穿公务常服，而非宾礼所要求的朝服。

论塞调傍远来请求和亲，这让人不禁联想到唐太宗时禄东赞为松赞干布请求和亲一事，而此事件，已由阎立本的生花妙笔，绘成《步辇图》。

对照《步辇图》和西客使图，我们会发现布局上的一个惊人相似之处：《步辇图》中，禄东赞前方站一红袍者，或为引导之官，其人髯须络腮，似为胡人，后方站一白袍者，或为通译之官，二人皆手持笏板，独禄东赞因蕃使身份，不持笏板；西客使图中，论塞调傍前方站一突厥人，后方站一粟特人，二人也皆持笏板，独论塞调傍不持笏板。那么，突厥人和粟特人在吐蕃使者谒见的场景中起到什么作用呢？

---

62 《旧唐书》卷五《高宗本纪下》，第 105 页。

吐蕃来使，习俗不娴，语言不通。为了使谒见顺利进行，唐朝这边也需要安排能与吐蕃使者顺畅交流的官员，来起引导和通译的作用。汉人中，通吐蕃风俗和语言者可能不多。而突厥，此时已与吐蕃地域相接，[63] 故两族人或多有来往。又粟特人行走东西，识多见广。事实上，在唐代，以胡人为通译者并不罕见：如唐太宗时，揭怛然纥曾任直中书译语并出使西域，[64] 观其名，可知其为胡人；而宁夏固原小马庄出土的史诃耽墓志表明，这位出身于昭武九姓的"史国王之苗裔"亦曾担任唐朝中书省翻书译语直官。[65] 因此，此处的突厥人和粟特人很有可能是太子李贤请来协助谒见之仪的。而以此反观《步辇图》，其中那位红袍官员也许也是一位熟悉吐蕃风俗的胡人。

因此，西客使图其实就是李贤时代的《步辇图》，它们拥有着相同的用意，即记录吐蕃使者向大唐请求和亲的事件。

至此，我们还只是揭示出了西客使图的表面意义。命运吊诡，历史将赋予它更多的深意。

李贤有三个儿子，但只有次子李守礼熬过了武周朝的血雨腥风。据李贤墓志的记载，李贤之弟李显即位后，神龙二年（706），李守礼前往巴州迎回父亲李贤的灵柩，使其归葬乾陵。[66] 而他也必然曾对父亲坟墓的修建尽心尽力，客使图壁画可能便是在他的授意下绘制的。

当李守礼目睹着画匠在墓道壁上画下那他幼年曾听闻的吐蕃使者谒见场景时，他不会想到，这次谒见竟然会系关自己女儿日后的命运，犹如风起于青萍之末。

就在李贤归葬乾陵的后一年，神龙三年（707），吐蕃赞普派遣大臣悉董热来进献方物，并且像 28 年前那样，提出了要与大唐结亲的请求。这一次，李显没有拒绝，但是，他也没有派出自己的任何一个女儿，而是将侄孙女，即李守礼的女儿李奴奴封为金城公主，嫁给了吐蕃赞普赤德祖赞。

于是，西客使图壁画，竟然成为谶语。

至于若干年后，大唐盛极而衰，唐代宗广德元年（763），吐蕃趁乱攻入长安，

---

63 《新唐书》卷二百一十六《吐蕃列传》：吐蕃"其地东与松、茂、嶲接，南极婆罗门，西取四镇，北抵突厥，幅圆余万里"。第 6078 页。

64 《册府元龟》卷一千《外臣部·雠怨》，第 11572 页。

65 宁夏回族自治区固原博物馆、罗丰编著：《固原南郊隋唐墓地》，文物出版社 1996 年版，第 71 页。

66 《大唐故雍王赠章怀太子墓志铭》："令胤子守礼往巴州迎柩还京，仍许陪葬乾陵柏城之内。"载于周绍良主编：《全唐文新编》第 2 部第 1 册，吉林文史出版社 2000 年版，第 3076 页。

拥立了李守礼之子、金城公主之兄弟李承宏为帝。这段纷繁也能从西客使图上寻得根源。不过，这都是后话了。

太子的陨落

李贤为太子期间的卓越表现，体现了他作为帝国继承人的合格资质，赢得了父亲李治的赞赏，但是母亲却对此不置可否，甚至，他有时候遇到的是母亲的冷若冰霜。

李贤不知道自己做错了什么。似乎，无论他怎么努力，都无法博得母亲的笑颜。

宫中渐渐有议论，说李贤并非皇后所生，而是皇后之姊韩国夫人的儿子。流言如影如魅，却说在了李贤心上。难道这就是母亲对自己如此苛刻的原因吗？

最近，有一位善役鬼神的明崇俨得了父亲母亲的信任，特别是母亲，对他似乎青睐有加。李贤素不喜这些故弄玄虚之辈，对这位明大人，也没什么好脸色。

有一些秘言在悄然流传，说是明崇俨善看相，在相看了几位王子后，他认为李显状若太宗，而李轮（即李旦）相貌最为尊贵。李贤闻说后，不禁惊出一身冷汗，谁都知道，太宗李世民本是高祖次子，靠弑兄才登太子位，说李显状若太宗，意思不就是他可以取代太子，成为将来的皇帝吗？至于李轮，相貌竟然最为尊贵，那么也有帝王之分啦。李贤为此忐忑不安。他熟读史书，知道前朝旧事，为争夺皇位，父子反目，兄弟相残，史载不绝。至于本朝，太子被废被杀，似成传统。想到这里，李贤愈发如坐针毡。

一切都逃不过母亲那鹰枭般的眼睛，在察觉李贤心态上的异常后，皇后命人送来了《少阳政范》和《孝子传》，还有一封言辞严厉的书信，切责李贤为人臣不安于位，为人子不孝于心。母亲的信，字字如锥。李贤感到，受明崇俨蛊惑，母亲或已起了废立之心。

仪凤四年（679）五月，一个消息如炸雷一般响彻京城，正谏大夫明崇俨为盗贼所杀。光天化日，天子脚下，谁敢刺杀朝廷命官呢？一时间，人心惶惶。甚至有流言将矛头指向了太子，因为太子与明崇俨不和，几乎是个公开的秘密了。

但帝国的顶层似乎保持着平静，皇帝和皇后不久就去东都洛阳了，太子李贤再次留在京师监国，朝政也照常运转着。很快，吏部侍郎裴行俭大败西突厥，擒获十姓可汗阿史那都支的喜讯传来，在胜利的喜悦中，民众的记忆被轻易刷新。

时间匆匆过了一年多，明崇俨之事几乎要被人淡忘了。但突然，有人向皇帝皇后举报，正是太子遣人杀了明崇俨！

严厉的诏令从东都传来，由中书侍郎薛元超、黄门侍郎裴炎、御史大夫高智周与法官来审理此案。很快，士兵包围了东宫，并大肆搜捕，一阵叫嚣嘈突后，在东宫的马坊里发现了数百幅铠甲。在唐朝，私藏武器装备是重罪，[67] 而数百幅铠甲意味着太子有了谋反的企图。接着东宫的人被抓进牢狱，刑讯逼供后，太子的男宠赵道生承认，是他杀死了明崇俨。

事情似乎真相大白了。太子李贤因谋逆罪被废为庶人，被幽禁于长安。缴获的铠甲被烧毁于天津桥边，以昭告天下。亲近太子的大臣，如宰相张大安等遭到流放，朝堂上又是一番大洗牌。一时间，天下皆惊。

永淳二年（683），高宗李治病疴渐沉，为防止李贤伺机而动，皇后将其流放到荒僻的巴州。次年，高宗去世，太子李显即位，不到两个月，李显就被废黜，李轮即位，但已实同傀儡，武太后把控了帝国的最高权力，武氏篡唐之心已昭然若揭。

考虑到接下来的举动会引发李唐势力的反抗，而废太子李贤有可能会成为李唐势力的旗帜，于是，就在武太后临朝的次月，丘神勣奉命到达了巴州。

李贤死后不久，徐敬业假太子李贤之名，起兵于扬州，挑战武太后的权威。武太后庆幸自己的先见之明，很快，扑灭了反抗的野火。

六年后，武太后登上了李贤不曾登上的皇位，成为空前绝后的女皇。

之前数百年的历史证明了，皇位皆可谋而夺之，于是，一个女人的野心也可以被成就。

只是熟读史书的李贤没有想到，自己的母亲有超乎前人的勃勃雄心，而他这个太子越是出色，便越会成为母亲的眼中钉。

高台已筑起了。母亲将登上权力的巅峰。

而在另一座高台上，似乎有游魂仍在悲伤地吟唱：

"种瓜黄台下，瓜熟子离离。

一摘使瓜好，再摘使瓜稀。

三摘犹自可，四摘抱蔓归。"[68]

67　见《宫花寂寞红》注 35。

68　《旧唐书》卷一百一十六《肃宗代宗诸子列传·承天皇帝倓》，第 3385 页。

城头变幻大王旗：五代十国的"墙头草"

帝国的迟暮

四十多年后，当年迈的王处直被软禁在西宅，苦挨着岁月时，他有时会想起当年长安马球场上，那个挥棍击球的少年。

那时，他才 12 岁，获得了人生中的第一匹马，那是在闲厩司任职的兄长王处存送给他的礼物。这匹小马混有西域马的血统，还经过了精心的调教。得到自己的马，他按捺不住激动的心情，约上小伙伴去马球场上一决高下。

那场比赛，谁胜谁负，他已经记不得了。但是回忆每到这里，哭声，如海浪松涛般的哭声便会在他的耳边再次响起。那哭声由远及近，从大明宫的方向次第传来。他从未听过这样的哭声，尚在茫然，而年长些的伙伴都下了马，匍匐于地。很快，这哭声席卷了整个长安城，将这座城市浸没在哀恸之下。

皇帝驾崩了。[1] 前不久刚从法门寺迎来的佛骨——王处直还曾在街上围观过佛骨进京的隆重场面——也无法佑护这位皇帝风烛般的生命，在他 41 岁的时候，他抛下了风雨飘摇的帝国，撒手人寰。

帝国需要新的主宰者，普王李俨立刻被宫中的大宦官推为皇太子，并改名李儇[2]，很快，他在皇帝的灵柩前即位。

但是新皇帝只有 12 岁，与王处直同龄。他能否为这个日渐式微的帝国掌稳舵盘？王处直在家中长辈的私下低语中听到的是无奈的叹息。

不过王处直更感兴趣的是，听说新皇帝爱好打马球，而且球艺精湛，这让技痒

1　此处的皇帝即唐懿宗李漼，驾崩时在唐懿宗咸通十四年（873）。
2　李儇，即唐僖宗。

的王处直甚至幻想着什么时候能和皇帝比拼一场。

显然，马球上的造诣不能帮助治理国家。李儇即位没多久，帝国的统治愈发崩坏，而关东的大旱更是令局面雪上加霜。第二年，也就是乾符元年（874），王仙芝举起了义旗，天下饥民云合影从。不久，一个落第书生黄巢也加入了反叛者的行列。

这几年，带来紧急军报的士兵的马蹄经常踏碎长安清晨的平静。王仙芝、黄巢的叛军在江淮河汉转战厮杀，攻城略地，而唐王朝也调兵遣将，竭力应付。乾符六年（879），任定州已来制置使的兄长王处存被任命为检校刑部尚书、义武军节度使。这一年，王处直 18 岁了，家中长辈为其前途计，希望他能够去兄长处历练历练，于是，他离开了故乡长安，前往河北。

按正史的记载，王处直是王处存的母弟，[3] 但察二人年龄，王处直比王处存小了近三十岁，不太可能是一母所生。又王处存之父为王宗，[4] 此处可以王处存孙王廷胤墓志为证，[5] 而据王处直墓志记载，王处直父为王寮，[6] 王宗与王寮可能是兄弟或从兄弟关系，故王处存和王处直可能是从兄弟或再从兄弟。

墓志称王处直是并州晋阳人，这应当指的是他的祖籍，即王处直可能出自大族太原王氏。王处直初娶妻为博陵崔氏，也可为其出身世族之一证。不过太原王氏繁衍至唐末，支脉早已散布四方了，其荣耀也不复前了。《旧唐书·王处存列传》记王处存为京兆万年县胜业里人，[7] 可知这一支王氏已在京兆扎根。

关于王处直之父王寮，我们所知甚少，而王处存之父王宗，却是一位人物。史载他家世代隶属神策军，为京师富族，财产数百万。神策军为唐朝中后期中央北衙禁军的主力，后多为宦官所操纵以控制皇权，因此，神策军之待遇非同一般。史载唐宪宗元和十五年（820），中尉梁守廉与宦官马进潭、刘承偕、韦元素、王守澄等

---

3 《旧唐书》卷一百八十二《王处直列传》："处直字允明，处存母弟也。"第 4701 页。又〔宋〕欧阳修撰，〔宋〕徐无党注：《新五代史》卷三十九《杂传·王处直》："父宗……子处存、处直。"中华书局 1974 年版，第 419 页。

4 《旧唐书》卷一百八十二《王处存列传》："父宗，自军校累至检校司空、金吾大将军、左街使，遥领兴元节度。"第 4699 页。

5 《王廷胤墓志》："曾祖宗，皇兴元节度使、检校司空、守金吾卫大将军、充街使、赠太傅。"载于周阿根著：《五代墓志汇考》，黄山书社 2011 年版，第 390 页。

6 《王处直墓志》："列考讳寮，神清而华表翘凤，鉴彻而菱花照胆。"载于《五代墓志汇考》，第 153 页。

7 《旧唐书》卷一百八十二《王处存列传》，第 4699 页。

共立太子为帝，即唐穆宗，神策军想必在此间亦有出力，故得赏赐钱每人五十缗，而与之对比，左、右金吾军才得钱每人十五缗。为此，神策军还招致邠宁兵的抱怨："人给五十缗而不识战斗者，彼何人邪！常额衣资不得而前冒白刃者，此何人邪！"[8]可见神策军之特权。并且，在一段时间内，神策军还是升官的绿色通道，其将吏升迁，甚至不需奏告皇帝，直接上报中书省便可覆奏施行。[9]

如此有利可图，工商富豪皆竭力以子弟充任军中，故神策军遂成纨绔之天下。王家世隶神策军而家财数百万，由此可见一斑。

有此身家，王宗则愈发进取了。王宗善于经营贸易，以至于富拟王侯，"侯服玉食，童奴万指"[10]，在仕途上他也春风得意，从军校做起，累官至检校司空、金吾大将军、左街使，遥领兴元节度，可谓是实现了阶级跃升，成为京城新贵。

父辈的积累，使王处存的出仕也颇为顺利，他起家右军镇使，累迁至骁卫将军、左军巡使，又做过内闲厩使、宫苑使等官，值得注意的是，闲厩使、宫苑使皆是与宫廷相关的职务，非亲信者不可担之，《新唐书·百官志》明言，"圣历中，置闲厩使，以殿中监承恩遇者为之"[11]，而唐晚期宫苑使基本上由宦官担任。从王处存的这两处任职，可见其与当时之中枢联系甚密。

当王仙芝、黄巢乱起，朝廷对各地力量进行部署时，时任定州已来制置使的王处存被拔擢为义武军节度使，成为镇守地方的大员。

义武军节度使镇守易定镇，而此时的易定镇包括定、易、祁三州，其战略地位非常重要。自安史乱后，地方多设藩镇，河北幽州（卢龙）、魏博、成德三镇尤为跋扈，此三镇常割据一方，各握强兵，自置将吏，不上租赋，节度使继位亦不由中央委派，遂为朝廷所患。而易定镇恰好居于幽州镇和成德镇之间，扼二镇之咽喉，且该镇臣服于朝廷，是朝廷嵌入河北割据藩镇的一枚楔子。

唐穆宗长庆二年（822），成德镇的王廷凑杀死朝廷委任的成德节度使田弘正，

---

8 《资治通鉴》卷二百四十一《唐纪五十七·宪宗昭文章武大圣至神圣皇帝下》："（元和十五年正月）中尉梁守廉与诸宦官马进潭、刘承偕、韦元素、王守澄等共立太子，杀吐突承璀及沣王恽，赐左、右神策军士钱人五十缗，六军、威远人三十缗，左、右金吾十五缗。……（十月）邠宁兵以神策受赏厚，皆愠曰：'人给五十缗而不识战斗者，彼何人邪！常额衣资不得而前冒白刃者，此何人邪！'"第7777、7785页。

9 《资治通鉴》卷二百四十六《唐纪六十二·文宗元圣昭献孝皇帝下》："开成以来，神策将吏迁官，多不闻奏，直牒中书令覆奏施行，迁改殆无虚日。〔开成三年（838）九月〕癸未，始诏神策将吏改官皆先奏闻，状至中书，然后检勘施行。"第7936页。

10 《旧唐书》卷一百八十二《王处存列传》，第4699页。

11 《新唐书》卷四十七《百官志二》，第1217页。

并伙同幽州镇的朱克融叛乱。此时，东川节度使王涯向唐穆宗指出了易定镇在平定二镇叛乱中的关键性，"臣又闻用兵若斗，先扼其喉。今瀛、谟、易、定，两贼之咽喉也。诚宜假之威柄，戍以重兵。俾其死生不相知，间谍无所入，而以大军先进冀、赵，次下井陉，此百举百全之势也"[12]后事实诚如此言，义武军节度使陈楚击破了朱克融，扭转了局面。易定镇之重，可知矣。

那么，义武军节度使的人选，自然是朝廷所要审慎斟酌的。当此大乱之时，朝廷需派遣亲信之人来镇守此要地。出身神策军又与中枢亲密的王处存便承担了此项重任。而王处直，也就是在易定镇，走上了仕途。

王处直从长安至定州，路上倒还算平安，因为此时黄巢大军正转战荆楚一带。但这几年，关东天灾人祸不断，城池凋敝，人民饥寒，恐怕王处直也一路看饱。生于京城繁华中的他，可能是第一次面对帝国赤裸裸的衰老面容。就如同当年的那场如浪的哭一般，"野哭千家闻战伐"的景象使他感到，一种死亡的气息已在帝国土地上弥漫。

黄巢之乱

王处直到易定镇没多久，朝廷的诏令就接踵而至了。原来黄巢军一路势如破竹，攻占荆楚后，又转攻赣浙，而军队也如滚雪球般壮大，达到二十万众。朝廷震惊，任命淮南节度使高骈为诸道行营都统，又征调昭义、感化、义武诸道军，与高骈军合攻黄巢军。

王处存闻命，立刻率军南下，料想王处直也随兄出征。不久，义武军与昭义、感化等军都到了淮南。而此时的高骈军捷报频传，威望大振。黄巢因军中多疫病，损失惨重，便致信高骈，请求投降。高骈以为破黄巢军之功指日可待，故不愿意赶来协助的诸节度使分他的功劳，便上奏朝廷，称贼军不日可平，不必劳烦诸道了。朝廷便下诏遣归诸道军。就这样，王处存只好折返了。

正当年轻气盛的王处直为错过了一次建功立业的机会而愤愤不平时，噩耗传来，黄巢军又一次崛起，打败了高骈的大将张璘，又连下浙皖数城，兵势甚盛，而高骈却畏怯不敢出兵。黄巢军一路挺进，渡过淮河，横行于河南，并且扬言要入东

---

12 《旧唐书》卷一百六十九《王涯列传》，第 4403 页。

都，攻长安！

战报如雪片般飞向京城，朝中惊惶一片，人们不禁联想到一百二十多年前安禄山的那次动摇河山的反叛，但显然，如今的黄巢比当年的安禄山士卒更多，军威更甚，也更为可怕，而如今的朝廷甚至连守潼关的精兵强将都没有。神策军养尊处优，却不习征战，连皇帝都清楚得很。不久，报闻黄巢军已破东都，正往西来，欲取长安！情急之下，皇帝只能征召神策弩手二千八百人去守潼关。

此时的潼关，关外齐克让军已绝粮，士卒无有斗志，关内张承范所率的神策军，却是一群由军士花钱雇佣的贫人临时拼凑的乌合之众。当黄巢军汹汹而至时，潼关守军就如同海滩上沙筑的堡垒般，很快就土奔瓦解。帝国的都城长安，就这样暴露在黄巢军的面前。

攻克潼关后，黄巢军进了长安城。这一切来得如此猝不及防以至于皇帝仓皇出逃，而百官皆莫之知。得到了长安，黄巢军的士兵们需要放纵他们长久以来的欲望，杀人，劫掠，奸淫，长安成为一座梦魇之城。

当长安陷落的消息传至易定镇时，义武军节度使王处存悲恸不已，号哭数日。王处直明白，兄长此哭，不止为皇帝，长安是他们的故乡，家族、家业皆在彼。想起父母兄弟不知生死，王处直也不禁泪如雨下。于是，还不待诏命相召，王处存就决定举兵勤王，并且他先遣兵二千前往兴元护卫皇帝车驾。

天下藩镇的军队也在向长安集结。王处存军屯渭桥，唐弘夫军屯渭北，王重荣军屯沙苑，拓跋思恭军屯武功，郑畋军屯盩厔，诸道军进薄长安。黄巢以为唐军势众不可挡，便弃城出奔。唐军夺回了长安。

王处存又见到了长安故人。在经历了阴霾之后，以为拨云见日的长安百姓"遮道恸哭，欢呼塞路"[13]，可是没想到，他们迎来的官军却瞬间成了强盗。

诸道兵士从未见过长安繁华，很快，他们将曾誓死夺取的都城当成了自己的战利品，大肆劫掠金帛女子。长安的无赖少年也加入了打劫的行列，城中大乱。而黄巢趁机回马杀来，长安又沦入敌手。

唐军与黄巢军在关中进行了长达两年多的互相拉锯，而无数人命，连同大唐的元气，在这旷日持久的征战中消耗殆尽。

转机要到中和二年（882）才会出现，其代价是两位枭雄的崭露头角。这一年

---

13 《旧唐书》卷一百八十二《王处存列传》，第 4700 页。

九月，黄巢的将领朱温预感到黄巢兵势日蹙，便投降了唐朝。也是在这一年的十一月，在王处存的劝说之下，沙陀人李克用率军南下，准备来长安勤王。

有了朱温和李克用，胜利的天平偏向了唐军这一边。几场战后，黄巢败退出长安，已成强弩之末。

二强相争

喘息未定的唐王朝这才迎来了它真正的终结者。

因为突出的功绩，朱温和李克用在论功行赏时获得了极高的勋爵和荣耀，当他们放眼天下时，将发现满目疮痍的唐王朝已无法遏制他们的野心了。

朱温被任命为汴州节度使，李克用被任命为河东节度使，二人在追缴黄巢余部的同时，不断扩张自己的势力，终成为藩镇中的强梁。

唐朝大厦将倾，已成定局，合久必分的时代即将来临。各地拥兵自重的节度使们打起了自己的算盘，预备在将来的沧海横流中守住自己的一叶扁舟。而义武军的王处存，尽管之前显示过对唐朝的耿耿忠心，如今也不得不考虑自己的未来。

易定镇本就夹于幽州镇和成德镇之间，而新崛起的李克用、朱温亦虎视眈眈，它再次成为强藩中的那枚楔子，加之易定镇地狭民寡，势难独立。那么，抱住一方的大腿，将是不得不的选择。

王处存选择的是李克用。他与李克用早有私交，之前就是他写信劝李克用出兵勤王的。并且，他与李克用结为姻娅，以巩固同盟关系。在李克用征讨其他藩镇时，王处存往往出兵相助，而当他藩欲对易定镇不利时，李克用也予以援助。加之王处存"睦邻以礼，优抚军民，折节下士"[14]，易定镇在强藩环伺中居然生存下来。

这段时间，王处直在王处存手下历练。按照墓志的记载，他先后为易州刺史和祁州牧，颇有政声，又为马步都知兵马使，训兵精干。此外，他还屡经战阵，数克敌军。就这样，王处直也在易定镇播下了声威。

唐昭宗乾宁二年（895），王处存去世了。按例，应该由朝廷来任命下一位节度使。但王处存为节度使十六年，睦外安内，军民多念之，其子其弟也都身居要职，易定镇已成王家天下。于是，义武军兵士不再等待朝廷诏令，却依河北三镇的传

---

14 《旧唐书》卷一百八十二《王处存列传》，第 4700 页。

统，自主拥立王处存之子王郜为留后，而朝廷也只好从而命之。

不知王处直的野心是从何时萌发的。事实上，野心在那个年代就如野草一般，极易被催发。但至少要在五年后，王处直的机会才会到来。

开化三年（900），朱温将矛头指向了易定镇。在此之前，他已获得了郓、齐、曹、棣、兖、沂、密、徐、宿、陈、许、郑、滑、濮诸州，威势大振，又刚打败了卢龙节度使刘仁恭，并迫使成德节度使王镕屈服，一时间，风头无二。而此次，他想将整个河北纳入囊中。

朱温派遣大将张存敬兵临定州，而关于如何御敌，义武军的高层发生了分歧，王处直认为张存敬军士气正盛，义武军应当依托高墙深壑固守，等待其士气衰竭再出击，而王郜却听从孔目官梁汶的鼓动，令王处直出城迎战。错误的决策导致义武军大败，死者过半。愤怒的兵士认为冒进的王郜不是一个好的领导者而发生哗变，王郜弃城逃往李克用的晋阳，而王处直被士兵们推举为留后。看起来，王处直的上台似乎是身不由己，但其背后很有可能存在着谋划和组织。就这样，来到易定镇21年后，王处直成为它的主人。

但此时易定镇的形势依然危如累卵。定州城已被重兵围困，连朱温本人也亲临城下，意欲一举破之。王处直深知，此时的反抗无异于以卵击石。而显然，朱温的实力已远超李克用，为了易定镇和自己的生存，王处直并不介意成为墙头草。于是，他归降了朱温，并以缯帛十万犒师，朱温也投桃报李，不久，朝廷便下发了以王处直为义武军节度使的正式任命。

王处直的选择似乎是对的。在投靠了朱温后，他一路加官晋爵，并且，由于他恭顺的态度和周旋的能力，易定镇竟然一直保持着相当的独立，未被朱温直接兼并。

然而，朱温却愈发露出其勃勃野心，他先是挟天子以令诸侯，天祐元年（904），他竟然杀死唐昭宗，次年又屠杀大臣，朝中清流几尽。天祐四年（907），他干脆废了唐哀宗，自立为帝，建立梁朝（史称后梁）。延续近三百年、曾造就耀眼盛世的唐朝，就这样黯然落幕。

与当年黄巢攻破长安时王处存恸哭勤王不同，当唐王朝星陨于野时，已是一方诸侯的王处直却无动于衷。因为就在唐昭宗被杀这一年，他被加太保，进封太原郡王，世间的富贵已在掌中。而他清楚地知道，这富贵是朱温赐予他的。虚幻的忠节哪里比得上眼前的荣华。长安望不见，他毫不赧颜地向汴州嵩呼万岁。

对于王处直的识时务，朱温似乎很满意，不久又赐予他开府仪同三司、检校太师兼中书令、北平王、食邑五千户的高官厚禄。

但是，高官厚禄并不能买来死心塌地，因为很快，王处直就嗅到了风向的变动。

背梁投晋

开平二年（908），就在朱温建立后梁的次年，他的老对头李克用去世了，其子李存勖继任河东节度使，袭封晋王。李存勖年仅二十四岁，看起来不过是个毛头小子。

但这个英气勃勃的年轻人，很快令所有人大吃一惊。

没过多久，李存勖就快刀斩乱麻般地擒杀了欲图谋不轨的叔父李克宁、养兄李存颢，手段干脆利落。

同一年，李存勖率军援救被梁军围攻的潞州，一战而大败梁军，潞州之围遂解。朱温听说打败自己大军的竟然就是这个年轻人，不无恐惧地赞叹道："生子当如是，李氏不亡矣！吾家诸子乃豚犬尔。"[15]

朱温的恐惧是有理由的，他已经五十七岁了，年齿渐衰，征战杀伐，有些力不从心了。然而他也清楚得很，眼前的世道如群狼环伺，野心勃勃者皆在觊觎着自己的位置，而李存勖就是那匹年轻力壮的野狼。

虽然潞州一役令朱温颜面大失，但年老的兽王还想再振雄风。河北赵国（即原成德镇）的王镕、北平国（即原易定镇）的王处直虽然表面上恭顺臣服，但朱温明白，这只是表面上的，这两地还是半独立王国，且随时可能背弃他而去。因此，他打算要在有生之年将这两个藩镇彻底征服。于是，开平四年（910），他遣大将王景仁、李思安率大军七万，先进攻赵国。

大军压境，王镕知道自己力不能逮，赶紧向李存勖告急。

前方的战报也传到北平国，王处直立刻明白了朱温的用意，这么些年了，朱温终究是不容卧榻之侧有他人鼾睡的。而赵国危亡在即，唇亡齿寒，朱温的下一个目标就是北平国。事不宜迟，王处直当机立断，背弃朱温，投靠李存勖。为了生存，他再次做了墙头草。

---

15 〔宋〕薛居正等：《旧五代史》卷二十七《唐书三·庄宗纪一》，中华书局 1976 年版，第 369 页。

李存勖敏锐地觉知到了，这是一个向河北扩张势力的好机会。尽管王镕和王处直都曾背叛他的父亲，但是他不计前嫌，派军来救赵国，王处直也遣兵五千以从，三支军队联合，在柏乡大败梁军。这一场仗，就算是王处直的投名状了，从此他与朱温及梁朝正式反目为仇，而把自己拴在了李存勖的战车上。

历史证明，王处直这一回又押对了宝。

朱温年迈，诸子谋位，朱友珪弑父篡立，又被朱友贞所杀。宫廷内的腥风血雨也在动摇着梁朝的王业。

而李存勖方却是蒸蒸日上。天祐八年（911）他联合王镕、王处直一同征讨悍然称帝的幽州镇刘守光，并在后年擒刘仁恭、刘守光父子以归。

这次归途，他应王处直、王镕的请求，经由太行山的井陉回山西。途中，李存勖经过定州，次日又到曲阳，和王处直一同谒拜了北岳祠。在北岳祠，李存勖必定会见到其父李克用于唐僖宗中和五年（885）所留下的题名，其中记叙了李克用因幽州镇侵扰中山（即定州），率军前来救援时，与王处存一同在北岳祠祈祷之事。[16]时过境迁，而李、王又成联盟，观此题名，当有感慨系之。

旧日的情分加上今日的利益，使得王处直愈发恭服于李存勖。天祐十一年（914），王处直、王镕遣使推举李存勖为尚书令，于是李存勖开霸府，建行台，俨然与梁朝分庭抗礼。

羽翼日渐丰满的李存勖准备问鼎中原了。他渐次蚕食着梁朝的土地，将一座座州府收入麾下。大局在扭转，河朔几乎尽为李存勖所控，其兵锋已至黄河边。

天祐十五年（918）八月，李存勖在魏州郊外举行了一次规模浩大的阅兵仪式，河东、魏博、幽、沧、镇、定、邢、洺、麟、胜、云、朔诸镇之师，以及奚、契丹、室韦、吐浑之众十余万，皆集结于此，史书描述"部阵严肃，旌甲照曜，师旅之盛，近代为最"[17]，显然，这是李存勖向梁朝的示威与挑战。北平国军（即定州军）亦在其中，王处直虽未必亲至，但其将领观此军威，必然感到凛凛王霸之气。此后，李存勖军数次挑战梁军，双方交战不断，虽互有胜负，但显然，人们日渐相

---

16 《祀岳题名》："河东节度使、检校太保、同中书门下平章事、陇西郡王李克用，以幽镇侵扰中山，领番汉步骑五十万众，亲来救援，与易定司空同申祈祷，翌日过常山问罪。时中和五年二月廿一日，克用记。易定节度使检校司空王处存题。至三月十七日，以幽州请就和断，遂却班师，再谒晬容，兼申赛谢。便取飞狐路归河东。克用重记。"载于李玉明、王雅安主编，陈学锋分册主编：《三晋石刻大全·大同市浑源县卷续编》，三晋出版社2005年版，第328页。

17 《旧五代史》卷二十八《唐书四·庄宗纪二》，第392页。

信，李存勖取代梁朝，当是指日可待。

于是，像历史上无数次表演的那样，代表天命的祥瑞开始出现了。天祐十八年（921）春正月，一件据说是传国宝的宝贝被魏州开元寺的和尚传真进献给李存勖，宝贝上有"受命于天，子孙宝之"的字样，显然，这暗示着拥有它的人是被上天所选中的真命天子。心领神会者已经知道下一步应该做什么了，吴王杨溥、蜀帝王衍皆派遣使臣上书，劝说李存勖称帝。三月，河中节度使朱友谦、昭义节度使李嗣昭、沧州节度使李存审、定州节度使王处直、邢州节度使李嗣源、成德军兵马留后张文礼、遥领天平军节度使阎宝、大同军节度使李存璋、新州节度使王郁、振武节度使李存进、同州节度使朱令德，都遣使劝进。虽然李存勖表示不允，但这显然是礼仪上的谦让，诸镇再三上章劝进，并各自献上货币数十万，以助即位之费。如此殷勤，是因为人人都知道，一旦李存勖登九五之尊，自己便是从龙之众，因此，谁也不愿在这时落了人后。

王处直对自己当年明智地选择李存勖感到幸运，就如同再之前他选择朱温那样。他深刻地明白，在这样一个乱世中，要好好地生存下去，眼光比努力更为重要。如果没有那桩事件的发生，他本来可以继续紧跟李存勖，以求安安稳稳。但是，那桩事件发生了，让王处直又如坐针毡起来。

养虎为患

北平国南边是赵国，赵王王镕和王处直是老相识了。两国都是大国夹缝中的蕞尔小藩，且唇齿相依，故在国际风云的风吹草动中，两人的动向也一致，皆是先归附李克用，再投靠朱温，又臣服于李存勖，可以说是命运与共了。

王镕有一养子，名曰张文礼。事实上，收养假子之风，在唐五代十分盛行。藩镇首领的这种收养，并非是为后嗣计，而是为了培植势力，将看中的健兵骁将，收为养子，便能获取其信任和能力，为己所用。

但是，收养假子也是存在风险的，很重要的问题就是，养子的继承权不清晰。原本的上下级，一经收养，便成父子，那么，养子是否拥有与养父亲子同样的继承权呢？利益之争中，纵然是血脉相连的亲父子兄弟尚能同室操戈，一旦无亲缘的养子再加入角逐，人伦悲剧便时时上演。朱温就是前车之鉴，他因自己的亲子不成器，故想将皇位传给养子朱友文，而这引起了亲子朱友珪的不满，进而导致了弑父惨案。

更何况，张文礼显然并非善类。

张文礼原是卢龙节度使刘仁恭的部下，后跟随刘仁恭长子刘守文，刘守文败于其弟刘守光后，张文礼便投奔了王镕。因为他自言有将才，王镕便收他为养子，并改其名为王德明。

王镕后来将政事委托给自己的儿子王昭祚，而身为养子的张文礼却起了觊觎之心，于是鼓动被王镕所杀的李宏规的部下作乱，王镕全族皆被屠戮，唯有次子王昭诲和王昭祚妻梁普宁公主幸存。

王镕被杀事传至晋阳，当时李存勖正与诸将宴饮，闻讯，不禁涕下，称："赵王与吾把臂同盟，分如金石，何负于人，覆宗绝祀，冤哉！"[18]当时正处多事之时，不便再生事端，李存勖为了笼络张文礼，不得已授予他成德兵马留后之职。

但张文礼弑父作乱的事，令与王镕交情甚好的李存勖深恶痛绝，于是，六个月后，李存勖一腾出手，便任命王镕旧部符习为成德兵马留后，令其率部下去讨伐张文礼，同时还派遣天平节度使阎宝协助之。

李存勖派兵征讨张文礼的行为，看似是为旧友报仇的义举，然而在王处直看来，却别有用意。他不禁想起当年朱温攻赵国的那一场惊心动魄，从而怀疑李存勖乃是借讨伐不义之名行平定割据之实。于是，王处直遣使劝说李存勖不要发兵，但是义愤填膺的李存勖出示了张文礼与梁朝暗自勾结的通信，表示"文礼负我，师不可止"，执意要行征讨。于是，当兵戈大动于镇州城下时，数百里之外的王处直却惶惶不安，担心赵国一破，李存勖必然不会容许小小北平国的独存，正如他与左右密谋时言："镇，定之蔽也，文礼虽有罪，然镇亡定不独存。"[19]

以王处直多年在两大势力间盘桓周旋的经验，他想出的一招就是：借力打力，借某个强大势力来拖住李存勖。但此时，梁朝已自身难保，其余割据势力又过于弱小，真正能对李存勖造成威胁的，只有北方的契丹人了。

王处直自以为得计，便开始谋划起来。王处直本有一庶子名王郁，之前或许父子关系并不和谐，因此当王处存之子王郜投奔李克用时，王郁也随之而去了。李克用待他不错，将女儿嫁给他。后来，王郁被任命为新州防御使。新州地近契丹。因此，王处直悄悄派人与王郁联络，让王郁去北边招契丹人入塞以牵制李存勖，为此，他许诺以王郁作为他的继承人。

王处直万万没有想到的是，李存勖未必要吞并北平国，而他的这一举动，却将

---

18 《旧五代史》卷二十九《唐书五·庄宗纪三》，第397页。
19 《新五代史》卷三十九《杂传·王处直》，第420页。

为自己招来和王镕一样的命运。

王处直也有一养子，名王都。尽管王处直尚有亲子数人，但是他对王都特为喜爱，使王都觉得自己有机会成为王处直的继承人。而王处直将继承人的位子许诺给了王郁，这让王都十分不悦，进而心生怨恨。

王处直引契丹入塞之举，也招到北平国人的反对，被认为无异于引狼入室。人心动摇之时，又有个小吏和昭训相劝，王都打算，一不做二不休，他要效仿张文礼，对养父动手了。

四十多年过去了，王处直早已不是那个在长安马球场上挥棍击球的少年了。

夕阳的余晖透过西窗，铺在青砖地上，又是一日将尽。一日复一日，王处直在这西宅中苦挨了许多时日了。

他不敢闭眼，一闭眼，那日的血光剑影就如鬼魅般纠缠，火把、淌血的刀、妇孺的惨叫声、地上翻滚的人头。一夜之间，他的子孙和亲信将领就在他面前被杀戮殆尽，而他，风烛残年却被囚禁于这深宅之中，孤零零地等待死亡

悔恨吗？悔恨。他后悔收养了王都，这个罗刹转世的恶魔杀起兄弟子侄来竟然毫不手软；他后悔招来了契丹人，这群塞外强盗竟然在他苦心守护的土地上烧杀抢掠；他最后悔，自己一世谨慎，最终还是落了个这般下场。老泪纵横在他满是沟壑的脸上。

岁末天寒了，他听见外面有笙歌，有觥筹交错的声响，那条白眼狼许是坐在他的位置上，大宴宾客，欢度佳节吧。他气恼，紧了紧单薄的衣衫。

有脚步声近了，随着门吱呀一声，一个人影步履踉跄地进来。王处直睥睨一眼，来人正是王都，一手持酒壶，一手持杯，脸红红的，似有七八分醉。

王处直扭过头去，不愿理他。王都径自过来，斟上了酒，又对王处直拜了两拜："父亲，儿子给您拜年啦。"

王处直鼻头一酸，想到往昔贺岁，子子孙孙一大家子人好不热闹，可如今，他们尸骨未寒，这个恶魔还有脸来给他拜年！

王处直怒气填胸，奋起拳头一击，王都踉跄地后退了几步，王处直上前捶打着王都的胸膛，喊道："逆贼！我何曾辜负你！"说着，他便张口要咬王都的鼻子。

但王处直毕竟年老体衰了，王都一躲闪，又用力一推，王处直便倒在地上，但还死死拽着王都的衣袖。王都鼻子里"哼"一声，便掣袖而去了。

几天后，王处直就死了。

图 1　立龙武士　河北曲阳西燕川五代王处直墓浮
雕　中国国家博物馆藏

图 2　栖凤武士　河北曲阳西燕川五代王处直墓浮
雕　中国国家博物馆藏

武士与神兽

　　王处直的丧事是王都料理的，王都将他埋葬在距定州一百来里外的深山里，距离王处存的墓不远。[20] 同时，为体现自己继承权的合法性，王都对王处直墓的营建还是颇用心的，墓地处形胜之地，墓内壁画浮雕亦精美异常。尽管该墓曾多次遭盗掘，文物散失，但遗留下来的武士、散乐、奉侍等彩绘浮雕，堪称国宝。

　　守护王处直永生之宅的是两位全副武装的武士。（图 1、图 2）这两块武士浮雕石板原来应在王处直墓甬道两侧，后被盗至海外，经一番周折，才回归国内，现藏于中国国家博物馆。武士头戴兜鍪，两侧护耳外翻如翼，身着明光甲，肩上加山文甲披膊，下束裙甲，手持宝剑，威风凛凛，一位肩上立一神龙，脚踏麋鹿，另一位

　　20　王处直墓在今河北省曲阳县西燕川村，元好问称："王处存墓在曲阳燕川西北白虎山之青龙碣。己卯八月，完州人劫破之，骨已灰烬。"（〔金〕元好问：《续夷坚志》卷三《王处直墓》，清刻本。）可知王处存墓亦在曲阳燕川，惜在金代已被人盗毁。

图 3　**摩醯首罗天**　北魏　山西大同云冈石窟第 8 窟浮雕　　　　图 4　**鸠摩罗天**　北魏　山西大同云冈石窟第 8 窟浮雕

肩上栖一彩凤，脚踏神牛。

　　古来墓葬中多有守门之士的图像，但大多数都是对现实门吏或武士的描摹。而带神兽的守护者显然并非凡人，而是神祇，他们多出现在佛教图景中。佛教常吸收婆罗门教神祇为其护法神，如摩醯首罗天乃大神湿婆、鸠摩罗天乃战神室建陀、那罗延天乃大神毗湿奴等等，且婆罗门教神祇往往有神兽为其坐骑，该传统也被带入佛教中。山西大同云冈石窟第 8 窟（北魏）门前有两尊护法神像，摩醯首罗天骑神牛（图 3），鸠摩罗天骑孔雀（图 4），即为此类。

　　河南安阳宝山大住圣窟（隋）门前亦有两尊护法神像，一尊题记为那罗延神王（图 5），另一座题记为迦毗罗神王（图 6），神王皆戴鸟翼冠，持剑及三叉戟，分别踏于牛及兽上，且此兽颇似鹿。有意思的是，此二神王所踏神兽恰与王处直墓守护武士相同，故王处直墓之武士图像受佛教影响是不言而喻的。而之所以会如此，很可能是因为人们认为佛教中脚踏神兽的护法神似乎比人间的武士更威武，从而能给亡魂更强有力的保护。

　　有意思的是，信仰祆教的入华粟特人也将佛教护法神移来守护亡魂。陕西西安北周井上史君墓出土的石堂就是一个鲜明的例子，尽管堂身上绘有诸多祆教主题的

图5　那罗延神王　隋代　河南安阳大住圣窟浮雕（朱虹摄影）

图6　迦毗罗神王　隋代　河南安阳大住圣窟浮雕（朱虹摄影）

图像，但是堂门两侧的守护神像具有多臂、脚踩恶鬼（夜叉）这样的婆罗门教神祇特征（图7、图8），尤其是其臂部饰有兽首含臂，胫部饰有象首含胫，类饰的装饰也见于河南洛阳龙门石窟宾阳中洞门道旁的护法神像（图9）以及河南安阳大住圣窟的迦毗罗神王像。或许是因为粟特人信奉之祆教崇尚天葬，故其葬具葬仪原来特为简单，一般仅以纳骨瓮盛遗骸。而入华之后受汉地厚葬之风影响，粟特人开始营造葬具，但因先前无固定传统，故更容易吸收其他文化的因素，所以佛教的护法神形象出现在粟特人的石堂上。

　　而自隋唐以来，以天王神将护门镇墓已成风尚，如陕西三原初唐李寿墓之墓门背面便刻有天王像，其头后有头光，手持三叉戟，脚踩小鬼。除了描绘天王形象的雕刻和壁画外，天王俑也成为此时墓葬中的常见镇墓之具，在幽冥之中忠诚地护卫着亡魂的平安。

　　王处直墓武士像肩上栖立龙凤，也是颇有意思的一个现象。栖凤的传统似乎源自佛教护法神所戴的鸟翼冠。在山西太原云冈石窟中，有多尊守门力士便戴着状如鸟翼的头冠（图10），而类似的鸟形或鸟翼头冠也可以在甘肃敦煌莫高窟第257窟（北魏）、第380窟（隋末唐初）（图11）、第398窟（隋）及河南安阳大住圣窟找到。

图 7　守护神　陕西西安井上北周史君墓石
堂浮雕（复制）　西安博物院藏

图 8　守护神　陕西西安井上北周史君
墓石堂浮雕（复制）　西安博物院藏

图 9　护法神　北魏　河南洛阳龙
门石窟宾阳中洞浮雕

其实，在犍陀罗佛教艺术中，就已经有鸟翼冠形象了，如毗沙门天王和般阇迦有时
便戴着鸟翼冠，且其鸟翼呈 Y 形。[21] 犍陀罗地区是多文明交汇之处，鸟翼冠的出现
可能是受祆教神祇形象的启发。[22] 又玄奘《大唐西域记》记述迦毕试国时，提到有
一座伽蓝佛院，"神王冠中鹦鹉鸟像，乃奋羽惊鸣"[23]，迦毕试属于广义犍陀罗地区
的范围，可见鸟翼冠形象曾在此地流行，且渐次传入中土。

　　值得注意的是，北魏及隋的鸟翼冠上的鸟更为抽象，反之，唐代流行的天王
俑头上的鸟则愈发具体化，通俗地说，就像头上站立了一只鸟。（图 12）这或许是
受佛教中的金翅鸟形象的影响。[24] 金翅鸟在山西太原云冈石窟中也单独出现过（图

21　孙英刚、何平：《犍陀罗文明史》，生活·读书·新知三联书店 2018 年版，第 157 页。

22　日本学者田边胜美认为，祆教法若神的鸟翼被移至佛教的毗沙门天王。见〔日〕田边胜美：《毗沙门
天王的诞生》，吉川弘文馆 1999 年版，第 64—66 页。转引自李淞：《略论中国早期天王图像及其西方来源——
天王图像研究之二》，《麦积山石窟艺术文化论文集》，第 512 页。

23　〔唐〕玄奘口述，辩机笔录，董志翘译注：《大唐西域记》卷一《迦毕试国》，中华书局 2012 年版，第
85 页。

24　杨洁：《唐代镇墓天王俑的佛教世俗化因素考略——兼谈两京地区的差异》，《四川文物》2009 年第 5
期，第 40 页。

图 10　戴鸟翼冠的力士　北魏　山西大同云冈石窟第 10 窟浮雕

图 11　戴鸟翼冠天王　隋末唐初甘肃敦煌莫高窟第 380 窟壁画

图 12　三彩天王俑　唐代　陕西西安中堡出土　陕西历史博物馆藏

13），它被认为是强有力的，并且是护卫佛的天龙八部之一。金翅鸟又有拟人化的形象，如甘肃瓜州榆林窟第 25 窟（中唐）壁画描绘了听法八部众，其中迦楼罗（金翅鸟之名的音译）便被呈现为头上立有鸟的武士。（图 14）大概因金翅鸟和护法神职能相似，又护法神本已有鸟翼冠，由是，金翅鸟与护法神的鸟翼冠渐渐融合，而衍生出鸟立于天王头上的新形象。后来，金翅鸟又被汉地本土的凤凰所取代，才有了王处直墓武士肩上栖凤的模样。

武士肩上立龙亦有渊源。龙本为汉地吉祥之物，在佛教本土化的过程中也渐渐被佛教图像所吸收。河南巩义石窟第 4 窟浮雕中就有神王肩上扛龙的形象（图 15），而榆林窟第 16 窟的听法八部众中，站于迦楼罗之旁的结路吒王头上也立有龙。而汉地向来讲求图像的对称性，龙与凤恰好成对，于是这两种图像结合在一起，共同出现在王处直墓武士像中，为武士增添威严与吉祥。

图13　金翅鸟　北魏
山西大同云冈石窟第
12窟浮雕

图14　听法八部众
五代　甘肃瓜州榆林
窟第16窟壁画

图15 戏龙神王 河南巩义石窟第4窟浮雕 （朱虹摄影）

想象中的园林

王处直之墓志作者为和少微，他此时官衔为"节度掌书记朝请郎检校尚书礼部员外郎柱国赐绯鱼袋"，此人在《宋史·赵上交传》中出现过，确实是王都门下者。[25]

墓志中，王都篡位一事，在和少微的生花妙笔之下，变成了一场彬彬有礼的禅让，墓志云："至（天祐）十八年（921）冬，首谓□次子太傅曰：'吾虽操剸未退，但情神已阑，况当耳顺之年，正好心闲之日。若俟眸昏齿落，方期避位悬车，虑废立之间，安危是患。即五湖之上，范蠡岂遂于遨游；三杰之中，留侯不闻于独步。成其堂构，袭以门风，勉而敬之，斯言不再。'"而王处直隐退后的生活，也被描绘得悠然如仙，"公乃归私第而习南华，爇奇香而醮北极。行吟蒋径，春草生而绿□池塘；坐酌融樽，余花落而香飘户牖。"[26]这固然是和少微对王都罪行的掩饰，但也成为王处直墓室装饰的思路，墓室壁画仿照的就是那片想象中的王处直乐居的私家园林。

武士守护的甬道通往前室。前室南壁两侧各有两位侍者正殷勤接引。（图16、图17）侍者均戴黑色翘脚幞头，着圆领袍，系革带，踏长靴。晚唐至五代，盛行硬裹硬脚幞头，其做法是将布帛等织物固定在巾子上，并在幞头脚中加入铁丝、铜丝、竹丝等作为骨架，这种幞头形状固定，穿戴便利，也显得挺拔有型，故广受喜爱，成为后世幞头的基本款。而幞头脚可以有多种样式，直脚（平脚或展脚）、翘脚、交脚、曲脚等，不一而足。

---

25 〔元〕脱脱等：《宋史》卷二百六十二《赵上交列传》："后唐同光中，尝诣中山干王都。有和少微者亦在都门下，忌之，颇毁訾上交，都遂不为礼。"中华书局1985年版，第9066页。
26 《王处直墓志》，载于《五代墓志汇考》，第154—155页。

图 16　侍者　河北曲阳西燕川五代王处直墓壁画　　　　图 17　侍者　河北曲阳西燕川五代王处直墓壁画

　　从侍者的角度打量前室，将会发现前室被壁画装点得宛若一座远山近水清人眼目、鸟语花香沁人心脾的园林。首先映入眼帘的，是北壁屏风中的一幅水墨山水画（图 18），它也是目前出土年代确切且年代最早的水墨山水画。画中，峻岭重叠，林木扶疏，望之有出世之感。

　　山水画于五代时大兴，名家辈出，如荆浩、关仝、巨然、董源等人。尤其是荆浩，笔墨雄浑大气，为北方山水画派之祖，且荆浩隐居于太行山，近北平国。而王都雅好名画，《旧五代史·王都列传》称其收名画数百，[27] 其中或有荆浩作品。王都府中可能养有画师，画师饱览名家作品，笔力亦不凡。王处直墓的这幅水墨山水，虽绘制匆匆，但一气呵成，气韵生动，由此可窥五代艺术之一斑。

　　前室四壁上部，绘有十二高阁，阁中有仙，宽袍大袖，这是十二生肖拟人之像（图 19、图 20、图 21），而生肖动物亦在仙人之旁。高阁之外，有白鹤翔于云间，

<hr />

　　27　《旧五代史》卷五十四《唐书三十·王都列传》，第 733 页。

图 18　山水屏风　河北曲阳西燕川五代王处直墓壁画

图 19　云鹤与生肖　河北曲阳西燕川五代王处直墓壁画

图20 十二生肖之鼠 河北曲阳西燕川五代王处直墓浮雕 河北博物院藏

图21 十二生肖之龙 河北曲阳西燕川五代王处直墓浮雕 河北博物院藏

图22 云鹤 河北曲阳西燕川五代王处直墓壁画

逍遥容与。(图22)仙人和云鹤暗示着九霄之上的仙界。下部画屏中则绘有如锦繁花、牡丹、月季、牵牛等花枝招展,惹得蝴蝶翩翩其间,又有鸟雀栖止其下,生生有趣。(图23)壁画所表现的就是墓主人优游于花间而心翔太虚、与仙人为伴之景,(图24)可谓是对墓志中"归私第而习南华,蒸奇香而醮北极。行吟蒋径,春草生

图23 花鸟 河北曲阳西燕川五代王处直墓壁画

图24 阁楼、云鹤与花卉 河北曲阳西燕川五代王处直墓壁画

图 25　侍女　河北曲阳西燕川
五代王处直墓壁画

而绿□池塘；坐酌融樽，余花落而香飘户牖"之语的形象注解了。

　　前室左右各有耳室，室门旁有侍女迎候。如西耳室门北侧，有侍女凤眼樱口，着短襦长裙，披帛缠绵而下，仪态雍容。（图 25）前方侍女所捧物，颇似带盏托的酒盏，而后方女子则捧一葵口大碗。这几件器物表面花饰精细优美，推测它们可能是运用錾刻等工艺装饰的金银器。唐代金银工艺已臻出神入化之境，由此可窥一斑。（图 26、图 27）

　　耳室象征着墓主人的储物之所。东耳室之东壁上绘有一屏风，屏风上又绘有水墨山水，制造出画中画的意境。（图 28）西耳室之西壁上亦绘有一屏风，上绘牡丹绽放、鸟舞蝶飞之景。（图 29）两座屏风前皆绘一长案，其中摆设着数件器物，当是墓主人生前所用，如幞头及支架、镜及镜架、枕、盒、瓶、盏等，其中几件无纹或纹饰简洁者可能是瓷器。王处直所据的定州在唐代时已创烧了定窑瓷器，且主要窑址恰恰在王处直墓所在的今河北曲阳一带。五代时，定窑烧造业已繁盛，至宋代

图26 双鱼纹鎏金银盏、托 唐代 河南伊川
鸦岭唐墓出土 洛阳博物馆藏

图27 鹦鹉纹鎏金银碗 唐代 江苏镇江丁
卯桥窖藏出土 镇江博物馆藏

图28 东耳室器物 河北曲阳西燕川五代王
处直墓壁画

图29　西耳室器物　河北曲阳西燕川五代王处直墓壁画

则成为五大名窑之一。定窑瓷器以白瓷为上，其釉色纯白如雪。五代定窑多素面器，好用弦纹，少有刻、印花装饰者，且喜爱模仿金银器造型，（图30、图31）而壁画里的瓷器亦有此特征，故推测其大部分是定州本土所产。

　　而壁画里的花纹繁饰者或为金银器，特为绮丽者，如镜，是在黑底上装饰花纹的，猜想其在制作时可能运用了金银平脱工艺。金银平脱，其做法是将金、银薄片裁制成各种纹样，用胶漆粘贴在器物上，然后髹漆数重，细加研磨，使金银片纹脱露出。唐代段成式《酉阳杂俎》载"安禄山恩宠莫比，锡赉无数，其所赐品目有……金平脱犀头匙箸，金银平脱隔馄饨盘，平脱着足叠子……金平脱大马脑盘，银平脱破方八角花鸟屏风……银瓶平脱掏魁织锦筐……银平脱食台盘……又贵妃赐禄山金平脱装具玉合，金平脱铁面碗"[28]，可见平脱器在盛唐时之风华。陕西西安韩森寨出土的四鸾衔绶纹金银平脱铜镜便是唐代金银平脱器中的翘楚。（图32）不过平脱器制作烦琐，价值不菲，唐中期及以后，在尚节俭的皇帝的禁止下，已渐渐衰落，如唐肃宗就曾下令"禁珠玉、宝钿、平脱、金泥、刺绣"[29]等奢侈玩好之物。而王处直墓壁画里出现平脱器，足可知其豪富了。

28　《酉阳杂俎校笺》卷一《忠志》，第31页。
29　《新唐书》卷六《肃宗本纪》，第159页。

图 30　白釉花口盘　晚唐至五代　定州博物馆藏

图 31　白釉盘口瓶　五代　河北定州
新立街出土　定州博物馆藏

图 32　四鸾衔绶纹金银平脱铜镜　唐代　陕西西安韩森寨出土　陕西历史博物馆藏

图 33　侍女　河北曲阳西燕川五代王处直墓壁画　　　　图 34　侍女　河北曲阳西燕川五代王处直墓壁画

　　长案两侧，皆有侍女童子侍立。成年侍女簪花于髻，眉或作八字，或修长而入鬓，装扮雍容华美。她们着短襦长裙，胸上覆诃子。（图 33、图 34）诃子是一种女性胸衣，传为杨贵妃所制，[30] 裹于胸部，起到保护胸乳、修饰曲线的作用。壁画里，诃子上缘多为弧线形，亦有作花瓣形者，掩着微露的粉胸，特为美艳。

　　而少年侍女则梳髻如蝶，该髻当是以多股辫发盘曲而成。她们穿交领长袍，领口松弛，微微露出诃子，袍下再系石榴红裙。（图 35）至于童子，则以红丝带束发，余发垂于肩，穿圆领袍，下着裤，双手成叉手礼，以示尊重。（图 36）

　　后室当是墓主人棺椁所在，而魂灵栖息之所，亦是一派园林春景。后室北壁画屏，绘有一玲珑之湖石，石旁生长着一株枝繁叶茂的牡丹，此外两边还有两丛花卉，正花开如锦，诱得蜂蝶鸟雀飞来，盘桓流连，花下还有鸟雀觅食。（图 37）一派生机，令人游目其中，爽心而畅怀。

---

30 《事物纪原》卷三："贵妃私安禄山，以后颇无礼，因狂悖，指爪伤贵妃胸乳间，遂作诃子之饰以蔽之。"

图 35　侍女　河北曲阳西燕川五代王处直墓壁画　　　图 36　侍女　河北曲阳西燕川五代王处直墓壁画

图 37　花鸟　河北曲阳西燕川五代王处直墓壁画

图 38　散乐图　河北曲阳西燕川五代王处直墓浮雕　河北博物院藏

　　长伴王处直的，非独有鸟语花香，还有鼓乐齐鸣。在后室西壁，有一块散乐浮雕，可能就是王处直府中乐队的写照。（图 38）

　　乐队之前有一男子，戴翘脚幞头，手持一根系蝴蝶结长带的横杆，他可能是领队一类的人物。男子下方有二人，其高度远远矮于常人，皆伸手前屈，动作统一，推测此二者可能是做戏之傀儡。（图 39）

　　傀儡，乃偶人也，傀儡之戏，唐时风靡，《通典》云："窟礧子，亦曰魁礧子，作偶人以戏，善歌舞，本丧乐也。汉末始用之于嘉会。北齐后主高纬尤所好。高丽之国亦有之。今闾市盛行焉。"[31] 傀儡能作歌舞，亦能演出戏剧，故特为人们所喜爱，以至于"凡戏场，必在俳儿之首也"[32]。（图 40）而观王处直墓浮雕中的二傀儡，衣冠齐整，装扮精致，想其舞之蹈之，必惟妙惟肖也。

　　傀儡之后，十二乐女组成乐队，乐女皆鬟堆如云，着短襦、诃子，系长裙，缠披帛，体态丰腴，延续晚唐之审美。

　　女子所奏之乐器，为笙、方响、羯鼓、筚篥、横笛、竖箜篌、筝、曲颈四弦琵琶、拍板、大鼓，吹管、拨弦，打击乐器皆备。多数乐器常见于古代图像，今仅就少见者略作说明。

31　《通典》卷一百四十六《乐六·散乐》，第 3730 页。

32　〔唐〕段安节撰，吴企明点校：《乐府杂录》，见《教坊记（外三种）》，中华书局 2012 年版，第 148 页。

图 39　散乐图（局部）　河北曲阳西燕川五代王处直墓浮雕　河北博物院藏

图 40　（传）［北宋］苏汉臣《侲童傀儡图》　日本东京国立博物馆藏

图41 乐队 （传）[五代]周文矩《合乐图》（局部） 美国芝加哥美术馆藏

　　上排右起第二位乐女所奏为方响。方响产生于南北朝时，为一打击乐器，通常以十六块铜板或铁板依音高顺序排列，以小锤敲击作声，其形制与磬相似。《旧唐书·音乐志》："梁有铜磬，盖今方响之类。方响，以铁为之，修八寸，广二寸，圆上方下。架如磬而不设业，倚于架上以代钟磬。"[33] 唐代时，此乐器甚流行，牛殳有《方响歌》云："长短参差十六片，敲击宫商无不遍。"[34] 在传为五代周文矩作的《合乐图》中，能更清晰地见到演奏方响的场景。（图41）

　　羯鼓，闻其名可知为外来乐器，在西域很流行。其形貌，《羯鼓录》称"鼓如漆桶，下以小牙床承之，击用两杖"[35]，王处直墓浮雕中，上排右起第三位乐女在击鼓，鼓横放于小架上，乐女持双槌，与羯鼓演奏方法相似，故推测该乐器为羯鼓。

---

33 《旧唐书》卷二十九《音乐志二》，第1078页。

34 〔唐〕牛殳：《方响歌》，载于《全唐诗》卷七百七十六《牛殳》，第8794页。

35 〔唐〕南卓：《羯鼓录》，载于〔唐〕南卓等：《羯鼓录 乐府杂录 碧鸡漫志》，上海古籍出版社1988年版，第3页。

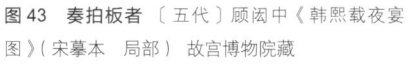

图42　散乐图（局部）　河北曲阳西燕川五代王处直墓浮雕　河北博物院藏

图43　奏拍板者　〔五代〕顾闳中《韩熙载夜宴图》（宋摹本　局部）　故宫博物院藏

羯鼓在唐朝时是十分风靡的乐器，唐玄宗李隆基便是羯鼓发烧友，他称羯鼓是"八音之领袖"[36]，并常于景色明丽之时在小殿内庭击鼓作乐。

　　下排左起第二位乐女所持为拍板。（图42）这种乐器由坚木数片以绳串联而成，可用来击打节拍，浮雕中所见拍板为六片，与五代顾闳中《韩熙载夜宴图》中的拍板一般。（图43）

　　观此浮雕，让我们想象一场五代时的音乐会，笙声动，鼓点促，琵琶弦激，方响板振，横笛清越，筚篥低回，喜怒哀乐皆在那宫商抑扬之间，小小傀儡则闻声起舞，情态毕现，而观看乐舞的王处直，时而会心一笑，时而捧腹不已，时而不由得随着节奏摆动身躯。

　　这样的欢愉时刻，或许是困顿于西宅的王处直为数不多的美妙回忆吧。

36　《新唐书》卷二十二《礼乐志》，第476页。

王处直死后，权力与财富俱为王都所有。王都逢迎讨好李存勖，并与之结为儿女亲家。李存勖灭梁，建唐朝（史称后唐），王都不仅守住了北平国的地盘，还升迁至太尉、侍中，可谓得意。王都好藏书，趁动乱时多搜罗善本，据说藏书至三万卷，名画乐器各数百，皆是四方之精妙者。

但在乱世之中，一切荣华富贵都如梦幻泡影。

李存勖死后，其养子李嗣源即位，为后唐明宗。因王都夺养父之位，李嗣源深深厌恶其为人。后王都自行任命祁、易二州刺史，又不进户口，自留租赋，实际上使北平国成为独立王国。李嗣源自然不能容忍，令大军攻之。王都据孤城苦守近一年，城破，巷战又败，于是奔马回府第，纵火焚烧，府库财物、善本珍玩、妻妾子女，皆一夕俱烬。自王处存起，王家三代经营的家业，就此成烟。

然而李嗣源也不是笑到最后的人。后唐基业又被后晋所夺，此后后汉、后周相继，数十年间，"置君犹易吏，变国若传舍"，野心燃烧时，君臣父子之伦常道德皆成虚言，以至于宋儒评价这段时代时，称其为"不仁之极也"[37]。

王处直去世 37 年后，在开封北边一个叫陈桥的地方，士兵哗变，而把黄袍披在一位将军身上。此情此景，像极了当年王处直被拥戴的场面。

不同的是，这位将军叫赵匡胤，他的目标不是重复走马灯似的王朝更迭，而是要终结这整个混乱不仁的时代。

---

37 〔宋〕陈师锡：《五代史记序》，载于曾枣庄、刘琳主编：《全宋文》第九十三册卷二百三《陈师锡》，上海辞书出版社、安徽教育出版社 2006 年版，第 260 页。

四季行走："浪荡"的契丹王庭

入主中原的幻梦

那是辽圣宗太平二年（1022），是的，天下似乎是太平的。宋辽边界曾经杀人盈野的战事早已随着公元1004年澶渊之盟的缔结而销声匿迹了，东边的高丽、西边的甘州回鹘也在辽国大军的征讨下偃旗息鼓。1021年，当辽圣宗改元太平时，西夏、高丽皆派使臣来朝贡，圣宗大赦天下，百官加官晋爵，一切，仿佛是安定祥和的了。

这一年辽圣宗耶律隆绪五十岁了，到了知天命的年纪。面对百官臣工因醇酒和歌舞而醺醉的脸，他心里似乎还有些难以言传的不安。他感到自己的帝国并非就此万无一失了。

太平二年刚刚到来之际，辽圣宗就忙不迭地踏上了旅程。他一路向着东北方前行，车马在尚被大雪覆盖的草原上碾出深深的辙。行程千里之后，他到达了纳水（嫩江）之畔。

严冬还覆盖着旷野，冰霜封冻了河面。在瑟瑟寒风中，万物都沉默了，蜷缩了。辽圣宗的马蹄踏上了冻实的河面，发出钝钝的嗒嗒声。他极目远望，目光淌过一片平静的雪原，最后，停留在极远处如芥子的几个人马上。

"那是谁？"辽圣宗的马鞭前指。他被告知，那或许是正在狩猎的女真完颜部的武士。

辽圣宗瞪大了眼，直直地望着那群人马在荒寂的旷野中奔驰、射猎，充满了蓬勃的野性。他的眉头开始紧锁。

就像辽圣宗眺望远处的女真武士那样，若干年前，他的先祖耶律阿保机也如此眺望过南方的重重关山。不过不同的是，辽圣宗眼里是忧虑，而阿保机眼里满是热望。

契丹人兴于潢河（今西拉木伦河）、土河（今老哈河）之间，在传说中，契丹人的祖先奇首可汗便已居此。[1]数百年间，契丹人过着游牧生活，"畜牧畋渔以食，皮毛以衣，转徙随时，车马为家"[2]，秋冬违寒，春夏避暑，如此，轮回不断。

数百年时光就在这四季流转中过去了。在契丹人的深远记忆里，或许有过对鲜卑、柔然、突厥等族雄霸草原的印象，或许也对遥远的中原有些念想，他们或许也知晓，草原上的天骄曾策马南下，入主南方那个繁华无数的世界。

在过去的许多个世代，这些只是传说，但是对于耶律阿保机而言，传说成为他的理想。

当时的契丹分为八部，八部首领推举一人为王，建旗鼓，每三年，王要更替一次。[3]到了耶律阿保机为王时，他以雄勇纵横草原，使五姓奚和七姓室韦皆臣服。[4]而中原正处于唐朝覆灭、群雄逐鹿之时，有不堪藩镇暴虐的汉人北逃入契丹，亦有汉人被契丹人俘虏。渐渐，汉人成为草原上的一大群体。

阿保机很快学会了汉语，[5]与汉人，以及南方那个与草原不一样的文明有了更多的接触。在无数次向南方的眺望中，阿保机的野心之火也愈发炽烈。

当部落逐渐崛起，并向帝国迈进时，疆域和野心的膨胀必然会挣破一些古老的习俗。特别是阿保机所企望的是文明高度发达的汉地，早已运行娴熟的汉地制度，一旦进入部落，便是对部落旧俗的强烈威胁。

首先，汉人告诉他，汉人的王是专属一家一姓，而非轮流代立的。于是，阿保机便不愿放弃王位，乃至击灭七部，将契丹统一于自己麾下，并像汉人那样，称皇帝，置百官，建元神册，国号契丹。

这是对契丹原有政治体制的巨大颠覆，世袭的皇帝取代了部落联盟的首领，而

1 〔元〕脱脱等：《辽史》卷三十二《营卫志中》："潢河之西，土河之北，奇首可汗故壤也。"中华书局1974年版，第378页。

2 《辽史》卷三十二《营卫志中》，第373页。

3 《旧五代史》卷一百三十七《外国列传一·契丹》："先是，契丹之先大贺氏有胜兵四万，分为八部，每部皆号大人，内推一人为主，建旗鼓以尊之，每三年第其名以代之。"第1827—1828页。

4 〔宋〕叶隆礼撰，贾敬颜、林荣贵点校：《契丹国志》卷一《太祖大圣皇帝》，上海古籍出版社1985年版，第1页。

5 《旧五代史》卷一百三十七《外国列传一·契丹》："阿保机善汉语，谓（姚）坤曰：'吾解汉语，历口不敢言，惧部人效我，令兵士怯弱故也。'"第1831—1832页。

要令契丹人皆匍匐于其下。这场割裂式的变革也引发了一系列的动荡，最重要的事件就是太祖诸弟之乱，阿保机弟剌葛、迭剌、寅底石、安端等谋反。在阿保机与支持谋反的叔父辖底的对话中，可以瞥见这新生的王权对人的冲击与诱惑。"太祖问曰：'朕初即位，尝以国让，叔父辞之；今反欲立吾弟，何也？'辖底对曰：'始臣不知天子之贵，及陛下即位，卫从甚严，与凡庶不同。臣尝奏事心动，始有窥觎之意。'"[6]原本无意于王位的辖底，在眼见称帝后的阿保机的威严赫赫后，竟心生觎觎，可知阿保机此举之撼动人心。

然而，阿保机要走得更远，他并不满足于称霸草原，他在等待时机，夺取中原膏腴之地。当时中原板荡，藩镇军阀厮杀不断，而有的军阀欲行驱虎吞狼之计，如北平王王处直因担忧晋王李存勖有吞并北平国之意，便遣其子王郁诱惑契丹人入塞。面对这种天赐良机，阿保机自然不会放过。而阿保机的妻子述律平却表达了异见，她说："吾有西楼羊马之富，其乐不可胜穷也，何必劳师远出，以乘危徼利乎？"[7]述律氏的担心并非毫无道理，汉地与塞外风俗迥异，一旦阿保机攫取更多的汉地，势必会改变契丹国的政治格局，动摇契丹人的传统。

阿保机却不以为然，一个幅员辽阔的帝国的宏图已在他的脑海中展开，汉地是其中的一部分。当后唐使者姚坤来契丹告唐庄宗之丧时，阿保机甚至当着使者的面赤裸裸地提出了"若与我大河之北，吾不复南侵矣"[8]的话，对其欲收揽河北的野心毫不忌讳。

阿保机当然明白，随着帝国的疆域不断拓宽，一些契丹旧俗无法应对这前所未有的局势，特别是对于文明繁盛的汉地，必须要以汉地的法度礼俗来统治。为了帝国的将来，他已有准备，那就是一个颇具汉文化修养的继承人——长子耶律倍。

耶律倍自幼聪颖好学，博览群书，能诗会画，并曾劝阿保机祭祀孔子。耶律倍如此，自然有其父的特意培养。阿保机征服渤海国后，以其地为东丹国，任命耶律倍为人皇王及东丹国王。渤海国虽以靺鞨族为主体，但汉化颇深，有"海东盛国"之称。阿保机的这般安排，显然是要耶律倍以东丹国练手，为日后入主中原做准备，故东丹国"一用汉法"[9]。

但帝国伟业尚未实现，阿保机便撒手人寰，此时，谁继承皇位便意味着帝国将

---

6 《辽史》卷一百十二《逆臣列传上·耶律辖底》，第1498页。

7 《契丹国志》卷一《太祖大圣皇帝》，第4页。

8 同上书，第6页。

9 《辽史》卷七十二《宗室列传·义宗倍》，中华书局1974年版，第1210页。

走向哪个方向。而显然皇后述律平和诸酋长对阿保机的宏图所可能带来的对传统的动摇心存忧虑，于是，在耶律倍和耶律德光之间，他们选择了后者，他们希望这个精于骑射、更像个草原汉子的年轻人能延续契丹人的传统，保证他们在天苍苍野茫茫间，自由浪荡。

与汉末晋初五胡纷纷南下不同，契丹酋长们如此流连于塞外，可能是因为此时的塞外正处于一个气候温暖适宜的时期。来自 ^{14}C 测年、花粉分析、历史文献记载、考古调查几方面的研究证明，契丹核心区域即西辽河流域在辽前期处于环境适宜期，温暖湿润且草木丰茂，[10] 所谓有"长松、丰草、珍禽、异兽、野卉"[11]。故述律平的"西楼羊马之富，其乐不可胜穷也"所言非虚。相比较而言，中原对于契丹人来说气候炎热，并非乐土，因此许多契丹人对进取中原意兴阑珊了。

尽管契丹人选择了耶律德光，但当耶律德光坐上皇位后，同样炽烈起来的野心使他无法满足于已有疆域，而将契丹武士送到南方的战场上。中原的丰饶是一位雄心勃勃的统治者难以拒绝的，更何况，此时，一个大好的机会送上门来。

后唐明宗去世后，明宗养子李从珂从明宗亲子李从厚手中夺得皇位，但他猜忌石敬瑭，并杀石敬瑭子弟四人。石敬瑭恐慌，于是向契丹称臣，请求契丹出兵协助其反唐，约定事成之后，以幽云十六州为报偿。耶律德光大喜，幽云十六州位于胡汉分界处，此地关重山峻，常为契丹南下之阻碍，如今唾手可得，中原腹地亦因此而门户洞开，这对契丹来说是大大的利好。于是，耶律德光倾力助石敬瑭灭后唐，石敬瑭登位建国，史称后晋，如约割让十六州，又每年向契丹输送帛三十万匹，并自称儿皇帝，殷勤侍奉契丹。

幽云十六州的并入，大大改变了契丹国的政治格局，耶律德光意识到，如今的契丹国，已不再是纯粹的草原帝国，而应当是一个融合胡汉的辽阔之国，而且他不能忽视汉人在帝国中的政治比重。因此，次年，耶律德光改元会同，改国号为大辽，以表达其和同诸族的愿望。为了适应形势，耶律德光"以国制治契丹，以汉制待汉人"[12]，设南北面官制，其中南面官制便是效仿汉地制度而建，并多任用汉人以管理汉人地区。于是，不管契丹人是否愿意，他们都得与汉人共处一国中了。

耶律德光的野心既然被点燃，便很难餍足。随着石敬瑭的去世，辽晋的蜜月

---

10 韩茂莉：《辽代西辽河流域气候变化及其环境特征》，《地理科学》第 24 卷第 5 期，2004 年 10 月，第 550—551 页。

11 《契丹国志》卷二十五《胡峤陷北记》，第 238 页。

12 《辽史》卷四十五《百官志一》，第 685 页。

期也告结束，新即位的石重贵羞于向契丹称臣，而愤怒的耶律德光也启动了南伐的战车，这一次，他的目标显然更大。双方交战不断，边民涂地，且契丹人也厌倦了战争。为此，太后述律平劝耶律德光罢手，他们有了这么一番对话："太后谓帝曰：'使汉人为胡主，可乎？'曰：'不可。'太后曰：'然则汝何故欲为汉帝？'曰：'石氏负恩，不可容。'后曰：'汝今虽得汉地，不能居也；万一蹉跌，悔所不及。'"[13] 在述律平看来，辽国的根本还是在草原，没有必要为了争夺汉人的土地而征战不已，耶律德光作为契丹人，也不可能成为汉人的皇帝。但是，在耶律德光心中，成为汉人的皇帝，又有何不可呢？况且，那个远在中原的皇位，正离他越来越近。

会同九年（946），耶律德光又一次伐后晋，由于晋军大将杜重威投降，辽军势如破竹，直逼后晋首都开封，石重贵不得已请降。会同十一年（948）的正月，耶律德光进入了他日思夜想的开封。

二月，耶律德光戴通天冠、穿绛纱袍、执大圭，以中国皇帝的形象出现在朝堂上，并下旨，将晋国称为大辽。那个在阿保机梦里曾影影绰绰的入主中原的梦想，终于被耶律德光实现了。

但耶律德光显然无法驾驭这骤然到手的江山，在制度和心态上，他都没有做好准备。一个例证是，当赵延寿提出要给契丹士兵供应食物时，他却说"吾国无此法"，并且纵容契丹士兵四出剽掠，谓之"打草谷"。这种破坏性的统治方式导致"丁壮毙于锋刃，老弱委于沟壑，自东、西两畿及郑、滑、曹、濮数百里间，财畜殆尽"[14]。而汉人的怒火也开始涌动，当刘知远在太原称帝，并恢复石敬瑭天福年号时，后晋旧臣纷纷归附。[15]

于是，才三四月光景，耶律德光已感得燥热难安了，中原日益成为火炉，反叛此起彼伏。此时的他愈发怀念草原上的自由自在，于是，借口回去看望太后，耶律德光北归，但不幸在栾城得病，并于杀狐林病逝。

这是辽国皇帝离中原皇位最近的一次。而虎头蛇尾的黯然收场，似乎证明了述

---

13 《契丹国志》卷三《太宗嗣圣皇帝下》，第 29 页。

14 同上书，第 36 页。

15 《新五代史》卷十《汉本纪·高祖》，第 100—101 页："二月戊辰，河东行军司马张彦威等上笺劝进。辛未，皇帝即位，称天福十二年（947）。磁州贼首梁晖取相州来归。武节都指挥使史弘肇取代州，杀其刺史王晖。晋州将药可俦杀其守将骆从朗及括钱使、谏议大夫赵熙来归。辛巳，陕州留后赵晖、潞州留后王守恩来归。三月丙戌朔，蠲河东杂税。辛卯，延州军乱，逐其节度使周密。壬辰，丹州指挥使高彦询以其州来归。"

律太后的那句"汝今虽得汉地,不能居也"。有此前车之鉴,后世的皇帝愈发熄灭野心,尽管中原仍旧多事,且多有藩镇求援于辽国,但辽国皇帝对这些机会却漠然处之。甚至,当后周世宗柴荣伐辽,克三州三关,并兵指幽州时,急报传来,辽穆宗耶律璟的反应竟然是:"三关本汉地,今已还汉,何失之有?"[16]而述律太后、辽穆宗及当时诸酋长这种立足草原本土、不愿南进的主张,被陈述先生称之为草原本位政策。[17]经过耶律德光的失败尝试后,显然,草原本位政策占了上风。

固守旧俗

事实上,保留契丹本色一直是契丹人所固守的信念,即使是阿保机有心取汉地,甚至培养了一个汉化颇深的继承人,但是他仍然对契丹族的汉化有所警惕。汉化,放弃游荡而定居于城市,放下弓刀而拿起锄犁,这对于游牧民族来说,意味着野蛮勇武之气的丧失,而这种气质,是草原上族群生存的基础。因此,尽管阿保机自己能说汉语,但他却不会对契丹人说,"惧部人效我,令兵士怯弱故也"[18]。并且为了保持族人的悍勇,一些契丹旧俗得到坚定的延续,比如,四时捺钵。

捺钵,是契丹语,意为"行营、行在",这是根植于契丹人逐水草而居的游牧本性的习俗,即使是皇帝,依然要带着臣僚侍从,一年四季行走在路上,前往不同的地方,其间游猎兼处理政事,可以说捺钵就是契丹流动的政治中心。

耶律阿保机在本部落之地建西楼,初"有楼数间而已。后燕人所教,乃为城郭宫室之制。邑屋门皆东向,如东帐之法"[19],后来西楼发展为契丹国的上京。但这并不意味着契丹皇族开始了定居生活,相反,他们继续沿袭着四季游猎的传统,在西楼之外,"于木叶山置楼,谓之南楼;山北置楼,谓之北楼;大部落东千里置楼,谓之东楼",而阿保机则是"四时游猎于四楼之间"。[20]即使是驻扎于某楼之时,阿保机也不住在宫室之中,《契丹国志》引《纪异录》称"阿保机居西楼毡帐中,晨起,见黑龙长十余丈,蜿蜒其上,引弓射之"[21],又《辽史·地理志》"降圣州"

---

16 《契丹国志》卷五《穆宗天顺皇帝》,第 55 页。

17 陈述:《契丹政治史稿》:"太后的主张与穆宗及当时诸酋的主张,前后相映,意旨玄同。这种反南进或保守意见,可拟曰草原本位政策。"人民出版社 1986 年版,第 121 页。

18 《旧五代史》卷一百三十七《外国列传第一·契丹》,第 1831—1832 页。

19 〔宋〕曾公亮:《武经总要》前集卷十六下《东京四面诸州》,清文渊阁《四库全书》本。

20 《武经总要》前集卷十六下《蕃界有名山川》。

21 《契丹国志》卷一《太祖大圣皇帝》,第 7 页。

条"本大部落东楼之地。太祖春月行帐多驻此"[22],可见,契丹人仍热爱传统的毡帐。而四季游猎,车帐以随,看似颠簸不定的生活却能磨砺草原武士的精气神,经阿保机的坚持,它上升为一项制度,而为后世皇帝所恪守。

自然,在草原上长大的皇帝大多对捺钵时的游猎有着深深爱好,策马驰骋,张弓射猎,在体现君主雄风之时,亦能舒展他们不羁的天性。当然,过分游猎到不理政事也不是什么好事,例如辽穆宗耶律璟,"性好游畋,穷冬盛夏,不废驰骋",至于"万机事繁,蕃汉诸臣共莅之,帝不以屑意"[23],便是个反例。一位合格的辽国皇帝,能够适当地发挥捺钵之意,将其与治国理政良好结合。

随着帝国疆域的扩张,辽国皇帝往往以行捺钵之名,前往战略前线,以视察边境。例如阿保机欲向东扩张,于是,在其称皇帝的第九年,"冬十月戊申,钩鱼于鸭渌江",神册三年(918)"冬十二月庚子朔,幸辽阳故城"[24],这两处冬捺钵地便远远超出了四楼的范畴,却靠近渤海国,阿保机来此,显然有为日后征伐做准备之意。

自辽景宗耶律贤起,捺钵常在幽云之地的南京(即今北京)一带进行,这与当时宋辽交战的背景相关。

宋朝自建立后,南征北战,将割据分裂的江山版图一步步拼合起来。太平兴国四年(979),宋太宗赵光义灭北汉,基本完成统一,而他接下来的目标就是夺回被辽国占据的幽云之地了。

于宋朝而言,这是出于国土安全考虑而必须进行的征伐。失去幽云之地,意味着河北近乎无屏障可守,辽军的铁蹄可随时南下,在中原大地上纵情驰骋,并可直逼首都开封。因此,宋朝要拼尽全力夺回幽云,重新以关山为屏障组建北方防御体系,才能保障王朝的安全。而此时的辽国也明白幽云的战略意义,亦要竭力捍卫。于是,一场长达25年的宋辽战争拉开了帷幕。

或许是早已意识到中原发生的变化,辽景宗自保宁三年(971)起,便经常来南京进行捺钵,察《辽史·景宗本纪》,可见保宁三年、四年、五年、六年,辽景宗皆幸南京,而自宋太宗攻辽始,乾亨元年(979)、二年、三年,辽景宗更是常常驻跸南京,以振士气军心。[25]

辽景宗去世后,辽圣宗耶律隆绪尚幼,由太后萧绰执政。统和四年(986),宋

---

22 《辽史》卷三十七《地理志一》,第447页。
23 《契丹国志》卷五《穆宗天顺皇帝》,第54页。
24 《辽史》卷一《太祖本纪上》,第10、13页。
25 《辽史》卷八《景宗本纪上》,第91—94、103—104页。

朝兵分三路，大举北伐，却不意大败。此后，辽国趁宋朝疲虚，采取攻势，往往侵扰宋朝边境州县，而萧太后也携辽圣宗频频莅临南京，坐镇前线。这或许是自辽太宗仓皇离开中原后，辽国战略的又一次大变化，久被封存的野心又如野草蓬勃而起，中原再次成为辽国帝后觊觎的目标。

于是，南京附近成为辽圣宗春捺钵的主要地点。史书中出现的"长春宫""延芳淀""涞水""潞河""台湖""沈子泺""曲水泺""西括折山""马兰淀"等地均位于南京附近，其中以延芳淀最受辽圣宗青睐。此地河沼遍布，禽鸟繁多，"延芳淀方数百里，春时鹅鹜所聚，夏秋多菱芡"，"辽每季春，弋猎于延芳淀"[26]。春天里，辽圣宗率领大批契丹武士在延芳淀内放鹘猎鹅，欢呼声时而随风传出，可以想见，这当令剑拔弩张中的辽军振奋。

尽管辽国看似占了上风，但旷日持久的战争消耗着国力，而宋朝将士的坚持抵抗亦令辽国实际得不到多少战利。这一点，太后萧绰心知肚明，她感到，是时候掐灭不切实际的野心了。

统和二十二年（1004），太后萧绰和辽圣宗又一次大举南侵，宋朝朝野震动，宋真宗甚至一度想要迁都。但在寇准的坚持下，宋真宗御驾亲征，到达澶州。而此时，辽军虽然长驱直入宋地，却面临着腹背受敌的局面，萧太后已生和谈之意。当辽国大将萧挞凛在澶州城下被宋军射杀时，萧太后更感到，这场战争该结束了。于是，她听从降将王继忠的建议，派人赴澶州表达罢兵息战之意。宋朝亦派遣曹利用来辽营谈判，最终双方缔结了"澶渊之盟"。

"澶渊之盟"意味着自阿保机以来辽国企图入主中原的梦想的彻底终结，虽然依旧领有幽云之地，南下的停止使得汉地因素不再会影响辽国的整体政治格局，决定了辽国继续且始终是一个以草原为本位的国家，那么草原的制度和习惯将始终有效并得到保留。于是，尽管辽国先后建立了五座都城，其中有两座就在幽云之地，但血脉里流淌着游牧人的血的辽国皇帝始终没有停下浪荡的脚步，一直到王朝的终结。

新的假想敌

澶渊之盟缔结后，宋辽之间维系了长久的和平。南方已无事，但辽国并未放马

---

26 《辽史》卷四十《地理志四》，第 496 页。

南山，而是东征高丽，西伐甘州回鹘，帝国仍然在扩张势力。捷报虽然频传，但在辽圣宗看来，帝国的隐患并未完全消除。

在草原上，霸主绝非是永恒的，勃然而兴、倏然而落的故事比比皆是。历史表明，新的草原霸主往往起于微弱，突厥、回鹘乃至契丹，莫不如是。

那么，谁有可能会成为下一届的霸主呢？

皇帝的捺钵仍然在大地上游荡，辽圣宗有些心事重重。时值冬日，荒草披靡，山林萧瑟，一场雪落，白茫茫大地似乎全无异状，直到他在纳水边远远地瞥见了女真人。

女真人散布于南起鸭绿江、长白山一带，北至黑龙江中游，东抵日本海的辽阔土地上，部落众多且精于弋猎骑射。早在耶律阿保机时，他便对这个勇悍的族群有所防范，"（阿保机）吞并诸番三十有六，女真其一焉。阿保机虑女真为患，乃诱其强宗大姓数千户移置辽阳之南，以分其势，使不得相通"[27]后来，辽国令居于南部、更靠近辽国的女真入辽籍，称其为熟女真，也叫系辽籍女真，又陆续在熟女真地区设置了南女直国大王府、曷苏馆路女直国大王府、鸭渌江女直大王府、北女直国大王府、黄龙府女直部大王府等属国、属部，并系辽国枢密院所管，由辽国派遣契丹人或渤海人充节度管押，此外辽国还设置兵马司掌管这一地区的军事防务。这部分女真被称为五节度熟女真部族，他们处于辽国较严密的管辖之下，需要承担兵役，"或遇辽主征伐，各量户下差充兵马"[28]。对于除五节度之外的熟女真部族，辽国也设立了长白山女直国大王府、女直国顺化王府、回跋部大王府等属国、属部，但其统辖较为疏松。

而那些未入辽籍的女真，则被称为生女真，他们驰骋于辽国的统治体系之外，这才是真正令辽国皇帝担忧的。

宋辽交战刚刚平息，在战场东北千里之外，生女真也开启了一场变革。

早期的生女真，无大君长，各部落自有首领，又无文字无法律，[29]尚如一盘散沙。生女真完颜部的首领完颜石鲁开始制定条教法度，以约束族民，从而将完颜部凝聚起来，"部落寖强"，"耀武至于青岭、白山，顺者抚之，不从者讨伐之"[30]，隐

27 〔宋〕宇文懋昭撰，崔文印校证：《大金国志校证》附录一《女真传》，中华书局1986年版，第583—584页。

28 《契丹国志》卷二十二《四至邻国地里远近》，第212页。

29 《金史》卷一《世纪·昭祖》："生女直无书契，无约束，不可检制。"第3页。

30 同上书，第4页。

然有称霸之意。

生女真局势的变化或许引起了辽圣宗的注意，敏锐的统治者感到这些蛮荒之中的部族或许蕴含着难以估量的潜力。无论如何，他要一探究竟。于是，太平二年（1022），辽圣宗率领官僚侍从前往一个前所未至的地方行春捺钵。史书记载，"二年春正月，如纳水钩鱼。二月辛丑朔，驻跸鱼儿泺。三月甲戌，如长春州"[31]。纳水，即嫩江，鱼儿泺，据推测是今吉林大安的月亮泡，或吉林乾安的花敖泡，特别值得注意的是长春州，它很有可能是辽圣宗此次专为日后春捺钵设立的，其城址在今吉林白城城四家子古城。这一带已靠近生女真的游猎范围。辽圣宗在此徘徊了三个月，仿佛若无其事地钩鱼猎鹅，但其心思却远系于那些驰骋的女真武士身上。他感到决不能对生女真掉以轻心了。

接下来的几年，辽圣宗几乎每年都来东北方的长春州、混同江（今松花江）附近行春捺钵，以窥女真的动静，太平六年（1026），他开始行动了，下令在混同江和疏木河之间筑城，并允许黄龙府建堡障、烽火台等，这一带恰恰是生女真地界的边缘，辽国防御的对象为谁一目了然。甚至，一支军队直接试探式地进入了生女真的地界，俘获人、马、牛、豕等不可胜计。[32]

太平十一年（1031）的春天，这是辽圣宗第七次来到东北一带。正月，他的马蹄又一次踏上了混同江厚厚的冰面，望见远处那一座座的堡障与烽火台，如铁壁般捍卫着帝国的边界，终于是有些放心了。二月，他到长春河，如以往一般，钩鱼猎鹅。三月，他感到身体不适，六月，他在行宫逝世。

四季浪荡的记忆

叱咤风云的辽圣宗被埋葬在自己生前选定的庆州之永安山[33]（又称庆云山或夜来山）中。《辽史·营卫志》记载，辽圣宗之孙辽道宗每岁行夏捺钵时，先祭拜辽圣宗和辽兴宗的陵墓后，再去子河避暑，[34]似乎，他是要与乃祖乃父分享捺钵的快

---

31 《辽史》卷十六《圣宗本纪七》，第 190 页。
32 《辽史》卷十六《圣宗本纪八》："东京留守八哥奏黄翩领兵入女直界徇地，俘获人、马、牛、豕，不可胜计。"第 199 页。
33 《辽史》卷三十七《地理志一》："庆云山，本黑岭也。圣宗驻跸，爱羡曰：'吾万岁后，当葬此。'兴宗遵遗命，建永庆陵。"第 444 页。
34 《辽史》卷三十二《营卫志中》，第 374 页。

乐。后来，辽道宗亦葬于此山，三座陵寝分别被称为永庆陵、永兴陵和永福陵，合称庆陵。

自 20 世纪 20 年代起，庆陵再次进入世界的视野，法国人牟里（Jos. Mullie，汉名闵宣化）、比利时人凯尔温（E. P. Louis. Kervyn，汉名梅岭蕊）先后到访此地，并向世人介绍了庆陵的情况。特别是以日本学者田村实造、小林行雄为首的调查队又在 30 年代对庆陵进行了调查，并著有翔实的考古学调查报告。遗憾的是，1930 年，庆陵遭盗掘，玄宫内以帝后哀册为代表的随葬品被运走，使得庆陵空空如也。缺乏哀册原来位置的基本信息，使得庆陵三陵具体主人是谁成为谜团，诸家说法纷纭。

田村实造、小林行雄在其调查报告《庆陵：内蒙古辽代帝王陵及其壁画的考古学调查报告》（以下简称"调查报告"）中得出东陵为圣宗陵、中陵为兴宗陵、西陵为道宗陵的结论，其理由主要有三：凯尔温发掘中陵时，绘中陵示意图，又让中国人将墓室内的契丹文哀册抄录下来，并在 1923 年将其发表于《北京天主教公报》上，后经罗福成、王静如先生考释，判断出它们分别是兴宗皇帝和仁懿皇后的契丹文哀册。这证明中陵属于辽兴宗。又日本学者大内健于 1934 年踏查西陵时采集到有"乾三年"朱书纪年款的绿釉筒瓦，辽代以"乾"开头的年号只有辽景宗的"乾亨"和天祚帝的"乾统"，前者与庆陵无涉，而天祚帝为辽道宗之子，故推测西陵为天祚帝所修的道宗陵。又东陵与中陵、西陵在形制上存在诸多不同，东陵的建造年代或早于或晚于另外两座帝陵，而不太可能处于两陵之间的过渡时期。[35] 此论在一段时间内成为主流的观点。

庆陵主人悬案到 1997 年有了新的线索。当年，有两座庆陵陪葬墓被盗，从中出土了墓志，由此可知其一为兴宗子耶律弘世及其妻萧氏的合葬墓，其一为兴宗子耶律弘本及其妻萧氏的合葬墓。耶律弘世的墓志中明确写到"以其年十一月一日附葬于兴陵，礼也"，耶律弘本墓志中也提到"特安兆于兴云山，以附先陵，礼也"，故二墓当属辽兴宗陵的陪葬墓。而耶律弘世墓位于东陵西南 300 米处，耶律弘本墓在耶律弘世墓北 120 米处，故据此推断，东陵当属辽兴宗之永兴陵。[36]

但仍有学者提出异议。他们指出，多角墓是从辽兴宗后期起才大量出现并流行

35 〔日〕田村实造、小林行雄著，李彦朴等译，李俊义等校注：《庆陵：内蒙古辽代帝王陵及其壁画的考古学调查报告》，内蒙古大学出版社 2016 年版，第 551—553 页。

36 巴林右旗博物馆：《辽庆陵又有重要发现》，《内蒙古文物考古》2000 年第 2 期，第 1—16 页。

的，[37] 中陵墓室平面为八角形，将其定为三陵中最早的圣宗陵，似不合辽墓形制演变序列。而与东陵平面形制较为接近的墓葬较早就出现了，从侧面表明东陵年代应较中陵为早。又东、中二陵相距 600 余米，耶律弘世与耶律弘本墓所附葬者未必就是东陵。[38]

虽然庆陵主人问题至今尚未有定论，但综合上述观点，以东陵为圣宗陵，中陵为兴宗陵，西陵为道宗陵，当是更具说服力的。

庆陵经历代盗掘，破损甚剧，陪葬品亦零落无几。所幸东陵壁画经早期调研的日本学者拍摄，部分图像留存至今，使我们得窥那个时代风华之一斑。

东陵玄宫主要由墓道、前室、前室东西耳室、中室、中室东西耳室和后室组成，各墓室之间又有甬道连接。

在墓道壁画的最前端，绘有一匹鞍鞯齐备的马（图 1），这也是现存东陵壁画里唯一的一匹马，它很可能有着特殊的地位，例如就是辽圣宗的坐骑。这匹马背上披有障泥，上安马鞍，下悬马镫，另还装备有络头、胸带、鞦带等马具，马尾扎束，特别是其鞍后踥躞为每侧六条，体现了其不一般的身份。[39]（图 2）契丹人是马上民族，所谓"契丹故俗，便于鞍马"[40]，故对于马感情深厚，或许辽圣宗的魂灵就将骑上这匹生前的坐骑，驰向永生之界。

在墓门过洞、前室、前室东西耳室以及前室和中室的各条甬道周壁皆绘有人物，据日本学者的调查报告称，残存壁画里的人物达七十位以上。这些人物画像与真人等大，胡汉皆有，司掌各异，神态生动，且画像旁有契丹文题记，似乎是表明其名字或职官，那么，它们很有可能是对真实的臣僚侍从的描摹。辽代确实有绘臣僚于陵寝建筑中的做法，《辽史·圣宗本纪》称，"〔统和元年（983）二月〕丙申，皇太后诣陵置奠，命绘近臣于御容殿"[41]，即为一例。不过此处的御容殿当属辽景宗陵的附属建筑，而东陵中，臣僚形象直接被绘于墓室壁上，以示亲近和宠渥。

---

37 刘未先生将辽代契丹大型墓葬的发展史分为四个阶段，第四阶段为辽兴宗后期至天祚帝时期，此阶段大型墓葬形制的显著特点是主室全部采用多角形。刘未：《辽代契丹墓葬研究》，《考古学报》2009 年第 4 期，第 512 页。

38 彭善国：《辽庆陵相关问题刍议》，《考古与文物》2008 年第 4 期，第 77 页。

39 冯恩学：《辽代契丹马具探索》："辽代鞍后踥躞一般是每侧五条。陈国公主墓、库伦 M1 等墓主人身份很高的马具使用五条，且道尔其格的土坑墓墓主人的马鞍翅也有五个透孔，数量与驸马赠卫国王墓的鞍翅包片透孔数相同，说明贵贱通用。也有少于五条的，如宣化张世古墓、韩师训墓等壁画。仅庆陵壁画中的圣宗御马使用了每侧六条。……可能辽金时期每侧设六条，合为十二之数，为帝后之制。"载于刘庆柱主编，考古杂志社编：《考古学集刊》第十四集，文物出版社 2004 年版，第 452 页。

40 《辽史》卷五十五《仪卫志一》，第 900 页。

41 《辽史》卷十六《圣宗本纪一》，第 109 页。

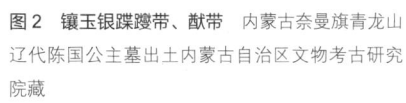

图1 鞍马 内蒙古巴林右旗索博日嘎辽庆陵东陵壁画（小林行雄线描采自《庆陵：内墓古辽代帝王陵及其壁画的考古学调查报告》）

图2 镶玉银蹀躞带、䩞带 内蒙古奈曼旗青龙山辽代陈国公主墓出土内蒙古自治区文物考古研究院藏

在壁画人物中，契丹人占了绝大多数。契丹人多髡发（图3），即剃去颅顶等部位的头发，而留下一部分头发。宋代沈括在其《熙宁使虏图抄》中描述他所见的契丹人便是"其人剪发，妥其两髦"[42]，即剪发而留两鬓之垂发。髡发是东胡系游牧民族的古老习俗，《史记索隐》引《续汉书》中对乌桓人的描述就是"父子男女悉髡头以为轻便也"[43]。不过乌桓人的髡发与契丹人有所不同，从内蒙古和林格尔小板申东汉墓壁画里可以看到，当时的乌桓人主要是剃去头颅四周头发而保留颅顶头发（图4），但求轻便的目的当是一致的。

也有一些契丹人头戴胡帽（图5），相比髡发，胡帽更可以抵风御寒。胡帽帽体高耸，无檐，佩戴时需将头发包入帽中，并使胡帽下缘紧紧套于头部。《辽史·仪卫志》中提到臣僚有戴纱冠，"制如乌纱帽，无檐，不撇双耳"[44]，或与此相类。壁画里另有一类帽体低矮者，颇似裹头之巾，可能即《辽史·仪卫志》中提到的"幅巾"。

契丹人皆着契丹服，外袍为圆领窄袖，衣体垂至膝下，较汉人的袍服为短，显

---

42 〔宋〕沈括：《熙宁使虏图抄》，载于李德辉辑校：《晋唐两宋行记辑校》，辽海出版社 2009 年版，第218 页。

43 《史记》卷一百一十《匈奴列传》索隐引《续汉书》，第 2885 页。

44 《辽史》卷五十六《仪卫志二》，第 906 页。

图 3　**髡发的契丹人**　内蒙古巴林右旗索博日嘎辽庆陵东陵壁画

图 4　**髡发的乌桓鲜卑人**　内蒙古和林格尔小板申东汉墓壁画

图 5　戴帽的契丹人　内蒙古巴林右旗索博日嘎辽庆陵东陵壁画

图 6　汉人　内蒙古巴林右旗索博日嘎辽庆陵东陵壁画

得精悍利索。腰间系带，有革带、布带之分。至于下半身，因壁画漫漶损毁而多不可见，根据尚存全身的人物图像可知当着长裤并蹬长鞠靴。对于契丹人的短衣长靴，宋代沈括曾有描述，道是："短衣、长鞠皆便于涉草。胡人乐茂草，常寝处其间，予使北时皆见之。虽王庭亦在深荐中。予至胡庭日，新雨过，涉草衣袴皆濡，唯胡人都无所沾。"[45] 可见这种衣装非常适合草原生活。

壁画里亦有汉人形象。自耶律阿保机起，汉人官吏已活跃于契丹王庭中，如阿保机谋主燕人韩延徽等。耶律德光得幽云十六州后，"以国制治契丹，以汉制待汉人"，设南北面官制，更是吸收大量汉人进入辽国的官僚体系。而辽圣宗初年，汉人韩德让掌监国之权，甚至被赐姓耶律，跻身皇族，可见汉人已成为辽国重要的政治力量。

不过，汉人形象只占东陵壁画人物的一小部分，且主要分布在前室，可见在皇帝心中，胡汉仍然亲疏有别。

壁画里的汉人头戴幞头、身着汉式圆领窄袖袍。（图 6）这里的幞头有的无脚，

45 《梦溪笔谈》卷一《故事一》，第 3 页。

图 7　供养人　五代　甘肃敦煌莫高窟第 220 窟壁画

但更多的为展脚，幞脚或平直，或稍稍上翘，较宋制为短，而与五代的样式更为接近。（图 7）宋代赵彦卫《云麓漫钞》记载："至刘汉高祖始仕晋为并州衙校，裹幞头，左右长丈余，横直之，不复上翘，迄今不改"[46]，又《宋史·舆服志》称"国朝之制，君臣通服平脚"[47]，可见平直且长的幞脚为宋制。而辽国汉人多为幽云之人，自后晋时便归辽，又辽太宗耶律德光入晋时，"唐、晋文物，辽则用之"[48]，故其汉服之制主要参照了后唐及后晋的服饰制度，此后虽历变迁，但辽国汉人幞头的一些五代特征还是被保留下来了。

又壁画显示汉人束二重革带，其实这是因革带过长导致其一端又绕过腹前而产生的视觉效果。当时，宋朝的王公大臣常如此系带，如在《宋仁宗坐像轴》中便可见宋仁宗之革带亦呈此貌。（图 8）这也算是宋辽共通的一个小小时尚吧。

值得注意的是，前室前半部西壁壁画里，至少有两位汉人手中持有乐器，其一是琵琶（图 9），另一则不详，这似乎表明了他们的乐官身份，因此推测，壁画里

46 〔宋〕赵彦卫：《云麓漫钞》卷三，中华书局 1996 年版，第 39—40 页。

47 《宋史》卷一百五十三《舆服志五》，第 3564 页。

48 《辽史》卷五十五《仪卫志二》，第 907 页。

图 8 〔宋〕佚名《宋仁宗坐像》 台北"故宫博物院"藏

图 9 汉人 内蒙古巴林右旗索博日嘎辽庆陵东陵壁画

的汉人可能并非朝廷重臣，而多是皇帝帐前近臣，且各有司掌。又《辽史·乐志》载："晋天福三年（938），遣刘昫以伶官来归，辽有散乐，盖由此矣。"[49]壁画里的乐官，可为汉地音乐流行于辽国之一证。

东陵玄宫的中室平面为圆形，上有穹隆顶，又从穹隆顶中心放射出八条装饰脊，并与下方的八根装饰柱相对应，尽管装饰柱上绘有普拍枋、斗拱等汉式建筑构件，但中室整体颇类契丹人的庐帐，因此，中室很可能模拟的就是辽帝的王帐。

那么，众多胡汉臣僚簇拥着王帐，他们将流连于何处呢？

在中室之中四望，可见壁上分别绘有春、夏、秋、冬四季风景，这轮回的山水流转于壁间，仿佛四季流转在时光里。

日本学者在调查报告中指出，四季图所展现的风景与东陵所在的庆云山附近的景观类似，因此，画家当是以庆云山等与游猎生活有密切联系的地区为原型来展开创作的。[50]事实上，壁画并非旨在单纯地描绘帝陵周边的怡人风光，鉴于王庭始终徜徉在大地上，那么四季流转更可能暗示的是辽国皇帝一年的捺钵轨迹。

春景图中，丘陵起伏，一条小溪潺湲蜿蜒，春风已经催开了坡上的杏花，枝头春意正闹；坡下，车前草、蒲公英等杂花野草生机盎然；溪边，灌木型的柳树身姿摇曳；水中，天鹅、鸳鸯、野鸭、大雁优哉游哉，享受着旅途中的休憩时光；而天上，大雁等候鸟正振翅北飞，翱翔于云间。（图10）

据《辽史·营卫志》记载，辽国皇帝春捺钵时的活动主要有二，一是钩鱼，二是猎鹅。因此，春捺钵的地点一般都在河沼密布之处。

早春时，河沼尚冰冻，辽帝在冰上搭起大帐，先令人去河流上下游十里处设网，不让河鱼逃逸，又驱赶鱼，使它们聚集到大帐这边来。帐中，在床前凿出四个冰眼，一个冰眼透水，环绕着它的三眼不透水，只是将冰层削薄，以便观察冰下的情况。鱼在冰下久了，遇到透水处便会伸首吐气，这时，辽帝就用带绳索的鱼钩掷鱼。钩中鱼后，并不急着拉绳，而是放长绳索，让鱼游去。等时间久了，鱼疲倦了，便可收绳将鱼拽出。钩得的第一条鱼被称为"头鱼"，得了头鱼后，辽帝就出了冰帐，去别的帐中设宴庆贺。[51]

在东陵前室东甬道南壁上绘有一契丹人物，手中持渔网（图11），而相对的北壁

49 《辽史》卷五十四《乐志》，第 891 页。

50 《庆陵：内蒙古辽代帝王陵及其壁画的考古学调查报告》，第 181 页。

51 〔宋〕程大昌：《演繁露》卷三《契丹于达鲁河钩鱼》，清嘉庆《学津讨原》本。

图 10　春景图　内蒙古巴林右旗索博日嘎辽庆陵东陵壁画（岩周巢线描，采自前引书）

图 11　持渔网契丹人　内蒙古巴林右旗索博日嘎辽庆陵东陵壁画

上有持桨者，此二人当是乘舟划桨至上下游并设网驱鱼者，以便辽帝享钩鱼之乐。

春捺钵所获鱼的种类，因地点变换而不同，在东北可钩得巨大的牛鱼，所谓"达鲁河（今洮儿河，嫩江支流）钩牛鱼，北方盛礼"[52]。明代李时珍《本草纲目》引《一统志》称："牛鱼出女直混同江。大者长丈余，重三百觔。无鳞骨，其肉脂相间，食之味长。"[53] 可以想见，当如此巨大的鱼在辽国皇帝及侍从的努力下被钩上来时，冰帐中当是一片欢腾。

当冰雪融化时，于南方过冬的天鹅等候鸟将陆续飞到北方的河泽湿地，在此处休憩觅食，以期继续旅行。（图 12）这时，侍从们穿上墨绿色的猎装，带上连锤、鹰食和刺鹅锥前去猎天鹅。辽帝着冠巾时服，系着玉带，去上风处观察，看到天鹅的位置就举旗为信，探子骑着马报告着讯息，远处水泊里埋伏着的人便击鼓，天鹅

52　《演繁露》卷三《契丹于达鲁河钩鱼》。

53　〔明〕李时珍撰：《本草纲目》卷四十四《鳞部二》，明万历刊本。

图12　春景图（局部）　内蒙古巴林右旗索博日嘎辽庆陵东陵壁画

被惊吓得飞起了，侍卫便骑马举旗围住天鹅，鹰使带着海东青来了，请示辽帝后，就放海东青前去击杀天鹅，天鹅坠地了，附近的侍卫便以锥子刺鹅，以鹅脑来犒劳海东青。皇帝得了头鹅，举行告祭仪式，群臣都献上美酒果品，乐坊奏起音乐，大家互相祝福，并将鹅毛插在头上以为乐。[54]

　　猎鹅活动中，海东青这种猛禽是非常重要的，其强大的攻击力使得高翔的天鹅也不能逃脱，故它成为辽帝和贵族们的宠儿。这种海东青出自生女真东北方的五国地界，向来由女真负责获取以进贡给辽国，"女真有俊禽，曰海东青，次曰玉爪骏，俊异绝伦，一飞千里，非鹰鹘雕鹗之比"[55]。在辽墓壁画里，海东青的形象常常出现，如内蒙古敖汉旗喇嘛沟辽墓中，有一幅表现春季出猎的壁画，其中一位契丹

54　《辽史》卷三十二《营卫志中》，第374页。
55　〔宋〕王称：《东都事略》卷一百二十四附录二，清文渊阁《四库全书》本。

图13　仪卫　内蒙古敖汉旗喇嘛沟辽墓壁画

侍从便手托着一只海东青（图13）。而擎鹰者需要佩戴臂韝以避免手臂被鹰爪所伤，这样的臂韝（图14），在内蒙古奈曼旗青龙山陈国公主与驸马萧绍矩合葬墓中就被佩戴于驸马左臂的银丝网络之外，同时，该墓中还出土了一件带鞘玉柄银质刺鹅锥（图15）。陈国公主是辽圣宗的侄女，看起来公主驸马生前当是擎鹰猎鹅的爱好者，或曾参与过多次辽圣宗的春捺钵，并在死后的时光里仍希冀能纵鹰于无垠。

　　当然，在钩鱼猎鹅之外，国事亦不可耽误。除了处理日常朝政，辽帝还要会见使臣和诸部酋长，特别是春捺钵行至东北时，生女真酋长按例要前来朝见。[56] 而海东青的猛捷，烈马的迅驰，武士的骁勇，一定会给他们留下深刻印象，甚至使他们不禁胆寒，从而起到威慑的作用，辽帝亦可由此窥其动静，若有不服，以行弹压。

---

56 《辽史》卷二十七《天祚皇帝本纪一》："二月丁酉，如春州，幸混同江钩鱼，界外生女直酋长在千里内者，以故事皆来朝。"第326页。可见春捺钵时，生女真酋长来朝是辽晚期的定制。

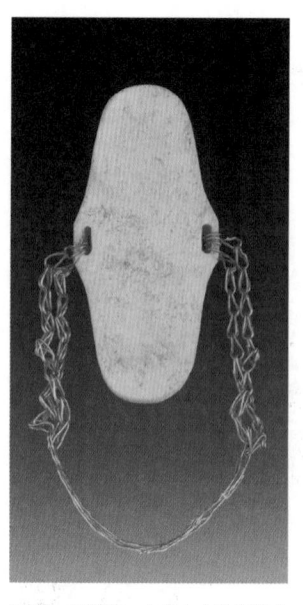

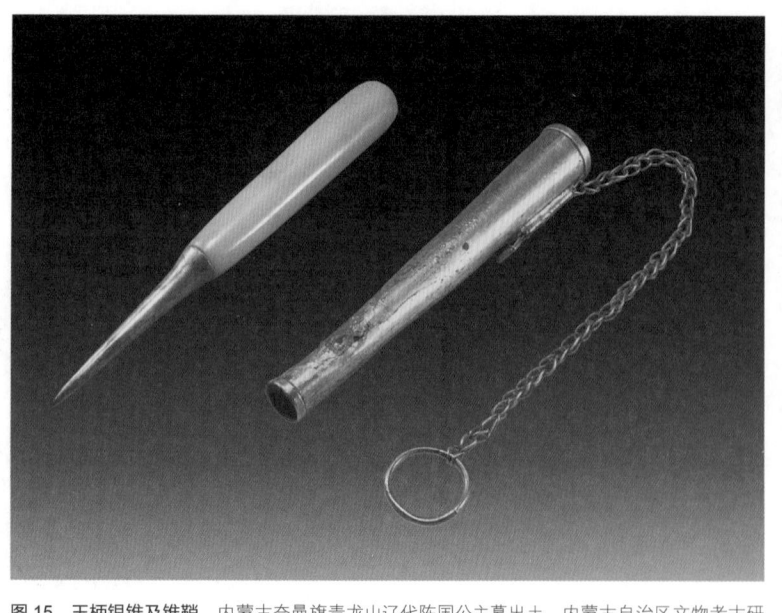

图 14　玉臂鞲　内蒙古奈曼旗青龙
山辽代陈国公主墓出土　内蒙古自
治区文物考古研究院藏

图 15　玉柄银锥及锥鞘　内蒙古奈曼旗青龙山辽代陈国公主墓出土　内蒙古自治区文物考古研
究院藏

　　当山林绿遍，夏季来临，夏景图中，又是一番景象。丘陵间，牡丹丛丛，花朵
绽放，这是草原上最热烈的绚丽时光，哪怕是小小的野花，也在尽力显现自己的鲜
妍。花间，有鹿群，拥有着花枝般大角的雄鹿站在坡顶上，仿佛在侦查远方是否有
敌人临近，而雌鹿和小鹿则在草地上欢快地觅食，尽情咀嚼着汁液饱满的青草。当
然，这片草原不止属于鹿群，野猪也加入了这场夏季的饕餮之宴。（图 16）

　　契丹人喜凉惧热，故每逢夏季，便要北上寻清凉之所以供纳凉消暑，在此期
间，与北、南臣僚议国事，闲暇之时，则游猎于山林，一任率性之狂。

　　东陵壁画里的鹿当属东北马鹿（图 17），这是一种大型鹿，主要分布于内蒙古、
吉林、黑龙江、河北的山林草原。公马鹿拥有雄伟的多枝大角，十分威风。每年秋
季是马鹿交配期，此后经过八月怀胎，母马鹿在次年夏季产下幼崽。壁画里，母马
鹿便是带着幼鹿在草间溪畔食草饮水，有的幼鹿还在吮吸母鹿的乳汁，天伦之情，
溢于壁上。

　　夏季时，众芳喧妍，赏花也是辽帝寄闲情之事，《辽史·营卫志》载辽道宗夏
捺钵时赏金莲，[57] 而东陵壁画里的牡丹，或许是辽圣宗所爱。（图 18）《辽史·圣宗

57　《辽史》卷三十二《营卫志中》，第 374 页。

图 16　夏景图　内蒙古巴林右旗索博日嘎辽庆陵东陵壁画（岩周巢线描，采自前引书）

图 17　夏景图（局部）　内蒙古巴林右旗索博日嘎辽庆陵东陵壁画

图 18　夏景图（局部）　内蒙古巴林右旗索博日嘎辽庆陵东陵壁画

本纪》多次提到圣宗赏牡丹，如"统和五年（987）三月癸亥朔，幸长春宫，赏花钓鱼，以牡丹遍赐群臣，欢宴累日"[58]，"统和十二年（994）三月壬申，如长春宫，观牡丹"[59]。长春宫在辽南京，其地牡丹三月盛开，而东陵壁画所展现的夏捺钵地更偏北，物候更晚，故夏季时，正值牡丹绽放。

夏去秋来，秋景图中，山峦起伏，松柏尚且苍翠，一些灌木则被秋风染红，诱人的果实也挂在了枝头。大雁等候鸟又开始新一轮的迁徙，行行南飞。到了马鹿交配的季节，雄马鹿在山坡上张扬着壮美的角，以吼叫声吸引着雌马鹿，而一只发现目标的雄马鹿则在雌马鹿背后追逐，以期"佳人"回眸。蜿蜒溪边，有野猪来饮水。这是严冬降临前最后的欢愉时光，它们要吃饱喝足，为漫长的冬季储存能量了。（图 19）

夏捺钵时虽然也偶行游猎，但秋季，才是辽国皇帝的狩猎季节。狩猎是契丹人

58　《辽史》卷十六《圣宗本纪三》，第 129 页。

59　《辽史》卷十六《圣宗本纪四》，第 144 页。

图 19 秋景图 内蒙古巴林右旗
索博日嘎辽庆陵东陵壁画（岩周
巢线描，采自前引书）

最热爱的活动之一，策马如飞，弯弓如月，眼疾手快，霹雳弦惊，猎物应声而倒，
不在沙场驰骋时，猎场就是展现武士风采的最佳场合。东陵壁画里，不少契丹人腰
间佩弓囊或箭囊，似乎正要随辽帝去参加一场狩猎。契丹人一般以皮为弓弦，以桦
木为箭杆，[60] 当然，贵族的弓箭亦可十分华美，内蒙古阿鲁科尔沁旗宝山 1 号辽墓
壁画里，便绘有一组武器，其中的弓绘彩涂朱，弓囊描金嵌宝，足可见其主人的身
份尊贵了。（图 20）

　　秋山里的马鹿，皆已膘肥体壮了。（图 21）这是一场模拟战争的伏击战。皇族
以下的武士，皆在泺水两侧埋伏，待至夜半，鹿会来到水边饮盐水，此时，猎人吹
角仿效鹿鸣之声，将更多的鹿吸引入埋伏圈中，然后武士齐弯弓射箭，将鹿群猎
杀，这种狩猎法唤作"舐碱鹿"或"呼鹿"。[61]

60 《契丹国志》卷二十三《衣服制度》："弓以皮为弦，箭削桦为竿。"第 226 页。
61 《辽史》卷三十二《营卫志中》，第 375 页。

拥有壮美多枝角的雄鹿（图22），是由辽国皇帝来射杀的，所谓"辽法，麕歧角者，惟天子得射"[62]。这种美丽的鹿特受重视，以至于王子耶律倍将其绘于画里。[63]在传为耶律倍所作的《获鹿图》（图23）中，一武士策马持弓逐一雄鹿，猎鹿之惊险激烈令人血脉贲张。

狩猎时，除了皇帝的捺钵随从外，一些外族武士也被要求参与，如天祚帝耶律延禧时，女真完颜部首领阿骨打的弟弟吴乞买、粘罕、胡舍等便跟从皇帝狩猎，这几位女真武士善于呼鹿、刺虎、搏熊，天祚帝龙心大悦，给他们加官晋爵。[64]

当严冬降临，冬景图中，万物萧疏，除松柏外，树木大多脱尽叶子，留下光秃秃的枝桠插于阴云四合的天空，枯黄的灌木野草在风中瑟瑟，溪流凝结，仿佛一条灰色的蛇。马鹿们都换上厚厚的冬毛，雄马鹿仍傲立于山坡上，雌马鹿则在坡下寻觅罕见的食物，秋天里它们已经受孕，为了宝宝，它们要挺过这个艰难的冬天。野猪的境遇也不好，它们在冰冻的溪边碰运气，看看能不能找到果腹之物。（图24、图25）

冬季，辽国皇帝一般会迁徙到更靠南且更温暖的地带行冬捺钵，又称坐冬，以避寒。与驻夏一样，坐冬时，辽帝也要与北、南臣僚议国事，有时则去山林狩猎，讲习武事，让契丹武士时时不忘练。当然，这时候，辽帝也会接受宋朝及诸国的礼贡。等待东风有信，辽帝又可以带上臣属去寻找春

图20　武器　内蒙古阿鲁科尔沁旗宝山1号辽墓壁画

62 《辽史》卷七十八《耶律夷腊葛传》，第1265页。

63 〔宋〕佚名：《宣和画谱》卷八《宫室蕃族》："李赞华，北番东丹王，初名突欲，保机之长子。……今御府所藏十有五：……《千角鹿图》一……"明刻《津逮秘书》本。

64 《辽史》卷二十七《天祚皇帝本纪一》，第326页。

图 21　秋景图（局部）　内蒙古巴
林右旗索博日嘎辽庆陵东陵壁画

图 21　秋景图（局部）　内蒙古巴
林右旗索博日嘎辽庆陵东陵壁画

图 22　秋景图（局部）　内蒙古巴
林右旗索博日嘎辽庆陵东陵壁画

图23 （传）〔辽〕耶律倍《获鹿图》 美国大都会艺术博物馆藏

图24 冬景图 内蒙古巴林右旗
索博日嘎辽庆陵东陵壁画（岩周
巢线描，采自前引书）

图25　冬景图（局部）　内蒙古巴林右旗索博日嘎辽庆陵东陵壁画

天，开启新一轮的四季浪荡。

辽圣宗的一生便是在四季轮转的捺钵中度过的。这是辽国皇室恪守了百余年的生活节奏，似乎它已臻于完美，契丹的尚武魂魄会磨砺日新，而巡视江山和治国行政也可以并行不悖了。于是，在无涯的彼生，辽圣宗也希望能继续这四季的节奏，春水秋山，风景如曾谙，等待着那个马上的男儿，再度挥鞭纵横。

只是再完美的制度设计也敌不过人心的惰怠。

辽圣宗后，辽代的帝王们继续来东北一带行春捺钵，渐渐地，渔猎之乐令人沉溺。

辽帝频繁地向生女真索取猎鹅所需的海东青，口含天宪的使者络绎不绝地来到生女真的地界，索要财物美女，一路上蹂躏作害。

又辽国在宁江州开设有榷场，女真人以北珠、人参、生金、松实、白附子、蜜蜡、麻布之类物产与辽国人交易，而辽国人往往压低女真人货物的价值，又拘留侮辱女真人，谓之"打女真"。[65]

仇恨，开始在女真人心中滋生。

而此时的生女真早已今非昔比，完颜部数代首领励精图治，渐渐收服诸部人心，置官署，立纪纲，以组织部众；又多购买铁器，增强武备，兵势愈振，原本野蛮落后的部落有了与辽国抗衡的勇气。

天庆二年（1112），天祚帝又一次来到长春州行春捺钵。生女真各部首领按例来朝。在"头鱼宴"上，酒酣的天祚帝要求各部首领起舞，其他人畏惧天威，唯有完颜部首领阿骨打坚决拒绝了，无论天祚帝再三要求，他都不肯。[66]

两年之后，阿骨打率女真人起兵反辽。两度镇压失败后，天祚帝御驾亲征，从长春州出发，分道攻打女真，却被女真打得大败，一日一夜溃逃五百里。从此，辽国忽喇喇似大厦倾。

天庆九年（1119），女真人攻陷辽上京路，辽国历代帝陵遭浩劫，庆陵亦不得幸免，"祖州则太祖按巴坚（阿保机）之天膳堂，怀州则太宗德光之崇元殿，庆州则望圣、仙神、坤仪三殿，乾州则凝神、宜福殿，显州则安元、安圣殿，木叶山之世祖诸殿并皇妃子弟影堂，焚烧略尽，发掘金银珠玉器物"[67]。被抢掠后，庆陵沉默于荒岭寂寞之中。

六年后，辽国被女真人所灭。而这崛起的霸主不但占有了辽国的大片疆土，还实现了耶律阿保机和耶律德光未竟的梦想。灭辽后，女真人继续南下，夺取了中原的锦绣江山。

---

65 《契丹国志》卷十《天祚皇帝上》，第 102 页。
66 《辽史》卷二十七《天祚皇帝本纪一》，第 326 页。
67 〔宋〕徐梦莘：《三朝北盟会编》卷二十一《政宣上帙》引《亡辽录》，清许涵度校刻本。

变法大时代里小乡绅的"清平乐"

富民的发家史

庭院里，黄灿灿一片，那是刚打下来的麦子，装满了数十个大筐。

管家吆喝着小厮，忙着用斗来称量，而下户们，则低眉顺眼，在一边巴巴地站着。

李守贵踱着步，才到堂屋，下户们便拱着手上来问好，脸上堆着笑。

李守贵用手抓了一把麦子，看了看颗粒。

管家量完了所有的麦子，嚷着："哟，这些麦子还不够借出的本呢！"李守贵听了，眉头皱了一下。

下户们推推搡搡，最后一个老人斗胆开言，请李守贵行行好再宽限半年，道是交完了朝廷催发的税赋，还有青苗钱、免役钱等，留下了种子，家中余粮便无几了，实在完不了去年的债。

李守贵絮叨了几句，这年头谁都不好过，今年轮到他当甲头，被上头逼着征粮征税，也是焦头烂额的。下户们听着，眼神渐渐浑浊。

乡里乡亲的，他也有些不忍了，最后，手一挥，算是应允了。但是他又紧接着一句，这利息还是要继续算的。

下户们顾不了那么多了，磕着头，千恩万谢。

1999 年，在河南登封黑山沟，一座古墓被发掘出来。根据从墓中出土的买地契可知，墓主人名叫李守贵，于宋哲宗绍圣四年（1097）十二月二十九日下葬。又墓室壁画里的墓主人画像显示，他已是一位面多皱纹的老者，当过耳顺之年了，那么我们猜测，李守贵应当生于仁宗朝（1022—1063），并经历了神宗朝（1067—

1085）的跌宕起伏，而在哲宗朝（1085—1100）寿终正寝。

如果把李守贵的生命史放置到更宏大的历史背景之中，我们就会发现，他恰恰见证了北宋从百年无事到风云骤起的大时代，而宋神宗和王安石便是那个时代的搅动风云者。

买地契还告诉我们，李守贵是河南府登封县天中乡人。北宋时，登封县在东、西京之间，离西京洛阳一百多里，离东京开封也才三百里左右，两京的风吹草动亦时时波及此地。

当然，登封的出名，是因为嵩山。嵩山被尊为五岳之中岳，昔汉武帝登嵩山闻嵩呼万岁，武则天登嵩山以宣威天下，宋朝皇帝虽未在嵩山封禅，但中岳的地位依然巍然。宋真宗将嵩山太乙观提升为崇福宫，并大加修茸，据说"离宫殿阁，不无侈靡"[1]。

为管理崇福宫，宋朝设提举崇福宫一职，虽是个虚衔，但在北宋那场变法带来的新旧党争的变幻风云中，司马光、韩维、司马康、吕海、刘安世、范纯仁等人曾先后任此职，而他们皆为反对变法的旧党，所谓"忤时者，悉投闲于此"[2]。嵩山的飒飒风林便与两京政坛的诡谲波澜有了别样的关联。

除了葬年、乡里和相貌，我们对李守贵就所知甚少了。史书上没有关于他的任何只言片语，墓中也没有记述其生平的墓志，宋制，非品官不得用墓志，[3]故他应该并非官身，虽然宋朝又有规定，"若隐纶道素、孝义著闻者，虽无官品，亦得立碣"[4]，但显然李守贵并无甚突出的声名可获得此项荣耀。不过，李守贵墓为一座仿木结构砖砌单室墓，虽然不大，但装饰精致，壁画亦栩栩如生。能营造这样的墓的人，必然颇有资财。因此，我们推测，李守贵可能是那个时代里普普通通的一位富裕地主。

在以往的朝代，能以壁画墓为永生之宅者，非贵族即官宦。但何以在宋朝一位有钱地主也可以享此殊荣呢？

1　〔清〕景日昣：《说嵩》卷四《太室南麓二》，载于沈云龙主编：《中国名山胜迹志丛刊》第三辑，文海出版社 1971 年版，第 249 页。

2　同上书，第 245 页。

3　〔宋〕郑居中等：《政和五礼新仪》卷二百十六《凶礼·品官葬仪中·葬》："陈布吉凶仪仗，方相、志一（九品以下无）。"载于汪潇晨点校：《中华礼藏·礼制卷·总制之属》第四册，浙江大学出版社 2017 年版，第 1254 页。

4　《天圣令》卷二十九《丧葬令》，载于天一阁博物馆、中国社会科学院历史研究所天圣令整理课题组校证：《天一阁藏明钞本天圣令校证（附唐令复原研究）》，中华书局 2006 年版，第 356 页。

汉魏时代崛起的世家大族，在荣耀了数百年后，于晚唐渐渐销声匿迹，特别是晚唐五代频繁的征战，将这个阶层的残余消灭殆尽。相应的，世家大族曾广有的庄园良田，被分割为更小的单元，而被新的主人所占有。

宋朝开国后，并未对全国土地进行统一的再分配，而是承认了自然的田产归属，并且也默许了土地的买卖和流转。在这种宽松的环境下，一些农民发现，勤奋加上妥善的经营，在自己的土地上创造赢余，并由此去购买更多土地，财富不断积累，便能臻于小康。

这样的致富故事，在宋朝是屡见不鲜的。从墓志中我们便可窥得一二。例如焦作人冀闰，"世以务农治生，常足于家"，经过六十余年的努力，"资产大进，家积巨万"[5]。再如东平人陈孝若，也以务农起家，"服勤劳，躬纤啬，始于至微，粟储而缕积之，辟田桑以植本"，"居久之，遂以富称乡里"[6]。而这些先富起来的农民，或者说是地主，构成了宋朝五等户中的上户。他们遍布于州县，所谓"惟州县之间，随其大小皆有富民"[7]。

富民拥有资产，田地可以招徕佃户耕种，从而获得地租；钱粮可以贷给贫民，从而收取利息，利又生利，财富愈发地集中到了富民手中。欧阳修曾描述了富民是如何利用借贷剥削贫民的：贫民家境贫穷且无积蓄，逢春秋神社、婚姻死葬等事，或者不幸遇凶荒之年与公家之事，困乏之时，他们就得向地主借债，而利息可达本钱的两倍甚至三倍。当收成时，留下种子，缴纳税赋后，佃户们便要偿还这三倍之息，但往往尽其所得也还不完。且还债后，佃户家中乏食，不得已又举债。于是冬春时举债而以夏麦偿还，夏秋时举债又以冬禾偿还，如此恶性循环，佃户深陷无尽的债务，而地主家则蒸蒸日上了。[8]

5　焦作市文物工作队：《河南焦作小尚宋冀闰壁画墓发掘简报》，《文物世界》2009年第5期，第18页。

6　〔宋〕刘挚：《陈行先墓志铭》，载于〔宋〕刘挚撰，裴汝诚、陈晓平点校：《忠肃集》卷十四，中华书局2002年版，第299页。

7　〔宋〕苏辙：《诗病五事》，载于〔宋〕苏辙著，陈宏天、高秀芳点校：《苏辙集》卷八《杂说九首》，中华书局1990年版，第1230页。

8　〔宋〕欧阳修：《原弊》："今大率一户之田及百顷者，养客数十家。其间用主牛而出己力者、用己牛而事主田以分利者，不过十余户。其余皆出产租而侨居者，曰'浮客'，而有畲田。夫此数十家者，素非富而畜积之家也，其春秋神社、婚姻死葬之具，又不幸遇凶荒与公家之事，当其乏时，尝举责于主人，而后偿之，息不两倍则三倍。及其成也，出种与税而后分之，偿三倍之息，尽其所得或不能足。其场功朝毕而暮乏食，则又举。故冬春举食则指麦于夏而偿，麦偿尽矣，夏秋则指禾于冬而偿也。似此数十家者，常食三倍之物，而一户常尽取百顷之利也。"载于〔宋〕欧阳修著，洪本健校笺：《欧阳修诗文集校笺·居士外集》卷九，上海古籍出版社2009年版，第1570—1571页。

关于李守贵家族的发家史，我们一无所知，但以当时的一般情况推测，老李家大抵也经历了从勤劳致富到资产生利的过程，数代之后，在天中乡地界，已是一等大户了。

就这样，贫富发生了分化。但在当时的一些士大夫看来，贫富差距并不是亟待解决的社会问题，而只不过是由农夫性格差异所导致的自然现象。司马光就认为，"夫民之所以有贫富者，由其材性愚智不同"，富者之所以能致富，是因为他们"智识差长，忧深远思，宁劳筋苦骨，恶衣菲食，终不肯取债于人，故其家常有赢余"，反之，"贫者呰窳偷生，不为远虑，一醉日富，无复赢余，急则取债于人，积不能偿，至于鬻妻卖子，冻馁填沟壑，而不知自悔也"。[9] 因此，富民不但不会受到质疑，反而获得道德上的优势。

事实上，对富民的支持和鼓励是宋朝的主流态度，所谓"富室连我阡陌，为国守财尔。缓急盗贼窃发，边境扰动，兼并之财，乐于输纳，皆我之物"[10]，即认为富民所拥有的财富说到底还是朝廷的财富，真有要紧之事，从富民手里征收比从广大的贫民手里征收更为方便。显然，统治者发现这个有恒产的阶层比无恒产的群氓更容易管理，并且通过他们，王朝也间接实现了对庞大底层的把控。于是，王朝以富民来承担各种基层管理的劳务，如里正从第一等户中差遣，户长从第二等户中差遣，[11] 而征收赋税这种关系国家根本之事也是由富民来实际完成的，所谓"农夫输于巨室，巨室输于州县，州县输入朝廷，以之禄士，以之饷军"[12]，富民成为宋代社会的中间力量。

那么，饶有资财的富民，生前陈设玩好以娱心目，身后修茸坟茔以安魂灵，属于富民阶层的壁画墓的出现，也便不足为奇了。

值得注意的是，登封县天中乡似乎富民不少。宿白先生曾对河南禹州白沙颍东墓区的三座壁画墓进行了研究，第一号墓（颍东第一一九号墓）中有"元符二年

---

9 〔宋〕司马光：《乞罢条例司常平使疏》，载于〔宋〕司马光：《温国文正公文集》卷四十一，《四部丛刊》景宋绍兴本。

10 〔宋〕王明清撰，田松青校点：《挥麈录·挥麈后录余话》卷一《祖宗兵制名枢廷备检》，上海古籍出版社 2012 年版，第 188 页。

11 〔宋〕陈耆卿：《（嘉定）赤城志》卷十七《吏役门》："里正于第一等差，户长于第二等差，乡书手隶里正，于第四等差。又有耆长，掌盗贼烟火，于第一等第二等差。"清文渊阁《四库全书》本。
《宋史》卷一百七十七《食货志上五》："淳化五年（994），始令诸县以第一等户为里正，第二等户为户长，勿冒名以就役。"第 4296 页。

12 〔宋〕王柏：《赈济利害书》，载于〔宋〕王柏：《鲁斋王文宪公文集》卷七《赈济利害书》，民国《续金华丛书》本。

（1099）赵大翁"题记，可知其主人名叫赵大翁，另两墓（颍东第一三一号墓、第一三二号墓）与之邻近，其主人当是赵大翁的亲属，这三座墓皆装饰精美，故推知老赵家财力不菲。另外，宿白先生同时提到，颍东第一五四号墓所出《宋故河南路君墓志》云"卜葬于登封县天中乡下曲之阜"，颍东第一五八号墓所出地券也称"西京登封县天中乡崛中村祭掌高通奉为故亡祖父高怀宝……宜于当乡本村赵□地内安葬"。[13] 颍东第一五八号墓距三座壁画墓不足百米，其所称"当乡本村赵□地"可能指的就是赵大翁他们老赵家的地。这说明白沙颍东一带在宋时亦属于登封县天中乡，这些宋墓的主人们也与李守贵乡里乡亲。看来天中乡在当时实为富庶之地。

当然，富民拥有的仅仅是财富，想要出人头地，彻底地实现阶层跃升，读书做官几乎是必由之路。因此，一旦富裕起来，为长远计，富民就会关心子女的教育，希冀他们通过科举，成为帝国统治阶层中的一员，"中上之户稍有衣食，即读书应举，或入学校"[14]。而不少士大夫，究其出身，也正是来自富民。经过狭小的科举之门，士大夫阶层与富民阶层在某种意义上血脉相连。

不过，跳过龙门的只是极少数的幸运者，如李守贵这般的才是富民的绝大多数，终其一生，他们都居住在乡里，过着普通得不能再普通的生活。

大变法时代

在李守贵的回忆里，仁宗朝可能是一段久远的美好时光。皇帝垂拱而治，天下太平。西夏的战事遥远得仿佛传说，且不久边境就恢复了平静。庆历三年（1043）的新政也立刻偃旗息鼓。总之，平安无事。那时李守贵还年轻，但已经在父亲的指点下，打理自家的田地和资产，并小有所成。当然，烦恼也是有的，比如作为上户，李家也得轮流承担衙前的差役，如果遇上辇运官物这样的差事，且不幸官物失窃的话，就不得不赔偿，有时候，甚至会倾家荡产。不过，李家运气不错，这样的倒霉事倒也没碰上过。

当富民们的财富日益增殖时，朝廷却愈发捉襟见肘。仁宗朝的太平是建立在日益严重的国家财政危机上的。为革前朝集权之弊，宋朝在制度设计上便尽量多设官

13　宿白：《白沙宋墓》，生活·读书·新知三联书店 2017 年版，第 23 页。

14　〔宋〕张守：《论措置民兵利害札子》，载于〔宋〕张守撰，刘云军点校：《毗陵集》卷三，上海古籍出版社 2018 年版，第 36 页。

职以分权牵制，结果造就了一个异常庞大的官僚系统，且通过科举和恩荫，官僚队伍还在不断扩大，十羊九牧，冗官严重。同时，失去幽云之地后，中原腹地袒露于敌，为此，宋朝又不得不豢养大量士兵以保卫疆土，且士兵为雇佣军，军饷开支惊人。冗官、冗兵加之冗费，几乎吸干了宋朝的财政收入。当年轻气盛的宋神宗上台时，他所面临的便是这个百年无事遗留下的积贫积弱的烂摊子。

偏偏宋神宗又是一位渴望建功立业的皇帝，使宋朝能像汉唐一般疆域广阔、威服远人是他的梦想。征兵扩边自然需要钱，于是，钱，成了宋神宗心头的头等大事。

而当有人提出"民不加赋而国用饶"时，可以想见，宋神宗的眼中闪耀着光。

这是熙宁元年（1068）八月发生在御前的一次论辩，说这话的是王安石，他提出了国用不足，只是未得善于理财之人罢了，而司马光对此颇为不屑，指出"天地所生货财百物，止有此数，不在民间则在公家"[15]，二者是此增彼减的关系，所谓理财不过是多取于民。

司马光忽略了一点，民间和公家之间还有一个富裕的中间阶层，就像许多年后陆游指出的那样，"自古财货不在民又不在官者，何可胜数？或在权臣，或在贵戚近习，或在强藩大将，或在兼并，或在老释"[16]，而王安石所要做的，就是从中间阶层手里抢夺肥肉。

自然，权臣、贵戚、大将是难以染指的，庆历三年的那场新政，当政者便试图裁汰不称职的冗官，限制过于泛滥的恩荫，并均衡官员的职田，以从权贵群体那里夺回一部分利益，但这场改革立刻因权贵群体的强烈反对而终止了。权贵既然动不了，那么，所谓"兼并"之家，即有钱但无权无势的富民们，就是王安石理财的主要对象了。

熙宁二年（1069），宋神宗任命王安石为参知政事，并设立变法的决策机构——制置三司条例司，一场大变法拉开了帷幕。

这一年的九月四日，制置三司条例司发出了变法的第一弹——青苗法。此法针对的就是民间借贷问题，所谓"人之困乏，常在新陈不接之际，兼并之家乘其急

---

15 《八月十一日迩英对问河北灾变》，载于《温国文正公文集》卷三十九。

16 〔宋〕陆游：《书通鉴后》，载于〔宋〕陆游著，马亚中、涂小马校注：《渭南文集校注》第三册卷二十五《书通鉴后》，浙江古籍出版社 2015 年版，第 108 页。

以邀倍息，而贷者常苦于不得"[17]，即农民在青黄不接时不得不向富民借高利贷，而承受高额的利息，这些利息大大肥润了富民阶层。如今，朝廷介入，以各路常平广惠仓所藏钱粮为本钱，每年春夏两次，贷给乡村民户（也可以包括城市坊郭户），并分别于每年的夏秋随两税收还，各收利息二分。显而易见，青苗法便是要以朝廷作为贷款主体，让原本流向富民的利息改为流向朝廷，即王安石所谓的"昔之贫者，举息之于豪民；今之贫者，举息之于官"[18]。青苗法先在河北、京东、淮南三路试点，很快，便向全国各路铺开了。

李守贵所在的河南府收到了实施青苗法的指令。天中乡有消息灵通者也打探到了有关青苗法的更多讯息。富民们或许会懊恼，看起来，他们将失去好一笔利息收入，而贫民则觉得这是天子圣明，官家的利息可要比富民们低多了。当然，更忙碌的是各地的官吏们，久居官场，他们明白这次皇帝是下了决心的，务必要将青苗法落实下去，并且，虽然青苗法打着惠民的旗号，但实质就是敛财，若真的细水长流地等待有需求的民户来借贷的话，如何能迅速地展现出本地厉行新法的政绩？而强行摊派无疑才是更立竿见影的办法。

于是，当官吏来到乡里，叫嚣乎东西、隳突乎南北时，百姓们发现，各家各户，无论是否有需要，哪怕是丰足的上户富民，也被强制贷与青苗钱，[19]实话说，青苗钱的利息便成了一种平白增加的固定赋税。并且，虽然官方规定的利息是二分，但地方官吏为了多谋利，利用价差，将米按高价贷给百姓，而百姓还债时又压低粮价，如"贫民于正二月间请得陈色白米一石，却将来纳着新好小麦一石八斗七升五合"[20]，其利息远高于二成，至于征收过程中那些"减剋升合"[21]之类的伎俩更是难以胜数。这下，百姓才感到苛政猛于虎，这是官家贷钱，哪个敢拖欠不还？监牢威刑足以令人胆战。一时间，天下嗷嗷。

青苗法只是先声，在接下来的数年间，农田水利法、募役法、保甲法、方田

---

17 〔宋〕徐松辑，刘琳、刁忠民、舒大刚、尹波等校点：《宋会要辑稿·食货四·青苗上》，上海古籍出版社 2014 年版，第 6041 页。

18 〔宋〕王安石：《上五事札子》，载于〔宋〕王安石：《临川先生文集》卷四十，《四部丛刊》景明嘉靖本。

19 〔宋〕毕仲游：《青苗议》："故立法则欲济下户，散钱则多与上等。下户贫穷，义当周恤，而势不敢遍。上户自足，无假官钱，而强与之使出息。"载于〔宋〕毕仲游：《西台集》卷五，中华书局 1985 年版，第 62 页。

20 《奏为乞不将米折青苗钱状》，载于《温国文正公文集》卷四十四。

21 〔宋〕吕陶：《奏乞权罢俵散青苗一年以宽民力状》，载于〔宋〕吕陶：《净德集》卷三，清刻《武英殿聚珍版丛书》本。

变法大时代里小乡绅的"清平乐" | 403

均税法、市易法等等，中央的指令纷纷而下，很快，精明者便心领神会了，千法万法，最终落到一个字"钱"上。于是，欲上进的官吏积极地以新法的名义大加搜刮，河南知府李中师便是其中的代表。当募役法出台时，李中师率先在本府推行，力图赶在其他州府前面，以争取树立雷厉风行的勤政形象。

募役法之意，是将原来由民户轮流服的差役改为由官府雇人承担，民户需缴纳免役钱。本来出了钱，民户免了差役之劳，也算两全，但原无差役的女户、单丁户、未成丁户等也要缴纳助役钱，对他们来说便是增加了额外的负担。而李中师显然求政绩心切，不满足于只在民户身上聚敛，便把算盘打到了士大夫身上了。元老重臣富弼告老还乡，当时正在洛阳。按例，品官之家是无需服役的，而李中师却将富家也纳入到户等体系中，让他家和民户一样出钱免役，这让富弼怒不可遏。免役钱之外，本还要收十分之二的宽剩钱，但李中师加征的宽剩钱也比其他州府多，于是，河南府人皆怨声载道。天中乡本就富庶，自然是登封县征收的重点，料想李守贵也没少被接踵而来的官吏们烦扰。

民间怨苦，难达天听，但士大夫却可以发声。在公心私利驱使下，反对新法的奏章如雪片般飞向御前，其中不乏富弼、韩琦、司马光这样的德高年劭的大臣的诤言。众议纷纭之下，宋神宗不免起了动摇之心。但新法所带来的滚滚财富又是如此令人眼热，据载，熙宁三年至五年（1070—1072）平均每年收青苗之利二百九十二万多贯匹石两，[22] 空虚已久的国库又充盈起来。并且，一心想要开疆拓土的宋神宗已经开启了西北战事，志在击败西夏，收复河、陇，且看来势头不错，捷报频传。军队需要源源不断的粮饷支持，一旦停止新法，断了财路，开边之事必然也将不了了之。初尝胜利果实的宋神宗实在不愿放弃。

熙宁七年（1074），大旱数月，赤地千里，各地官吏仍逼征青苗钱利，饥民流离失所。开封安上门吏郑侠将流民惨状绘成《流民图》呈献给宋神宗，神宗反复览图，长吁数四，以至是夕夜不能寐。次日，神宗下令暂停青苗、免役法等，天下欢呼，三日后大雨，仿佛天有感应。

但对天命的敬畏还是比不上现实的利益，不久，新法又恢复了。此后，即使王

---

22 〔宋〕杨仲良编：《续资治通鉴长编纪事本末》卷六十九《青苗法下》："（熙宁）六年正月壬寅户部言：准朝旨，诸路提举官散敛常平钱物，自行法至今，酌三年之中数，取一年立为额，岁终比较增亏。今以钱银谷帛贯匹石两定年额，散一千一百三万七千七百七十二，敛一千三百九十六万五千四百五十九。"北京图书馆出版社 2003 年版，第 2275 页。根据以上数据算出熙宁三年至五年平均每年青苗钱收益为二百九十二万七千七百八十七贯匹石两。

安石离开中枢，在宋神宗的坚持下，新法依然持续。

围绕变法，士大夫们自然地分成了两派，支持者纷纷攫得高位，而反对者则往往归野，而西京洛阳成为旧党的大本营。富弼早在熙宁二年（1069）告老回洛阳，司马光于熙宁四年（1071）亦退居洛阳，文彦博于元丰五年（1082）任西京留守。在洛阳，这帮老臣组了个耆英会，游赏唱和，似乎已经逍遥物外。登封县的嵩山离洛阳不远，如前文所述，司马光等人曾挂提举崇福宫之衔，无聊赖时，亦曾悠游于疏林晚照之间。司马光有"嵩山洛水长相见，秋月春风不失期"[23]之句，寂寥之情，溢于言表。

不愿与世浮沉的反对者业已归山林，天中乡的百姓偶过嵩山时，或许还曾见过带着京华风尘而来的马车，吱呀着碾过坎坷的石板路，渐渐消失在北方那片沉郁的山色之中。

士大夫可以遵夫子教诲，穷则独善其身，但新法依旧压在民众头上，渐渐地，为他们发声的声音也微弱下去了。

日子还是要过的。尤其是富民，他们自诩有更精明的头脑和更灵活的手腕，朝廷对新法的态度短期内是不会改了，那么，在新法之下，如何使自己摆脱窘迫，扭亏为盈呢？无数个月下窗前，嘀咕声没有断歇过。

富民发现，随着新法的推进，来向他们借贷的贫民渐渐多了。事实上，日益繁重的青苗钱、免役钱等等，让贫民难以承受，而又惧怕官府之威，不敢拖欠，于是，只能向富民借贷，以缓一时之危，如王岩叟所言，"一旦期限之逼，督责之严，则不免复哀求于富家大族，增息而取之"[24]。既然如此，有的富民便开始动脑筋，如何让贫民多向自己借贷呢？有时候，官府考虑到贫民还款能力差，便倾向于不将青苗钱借给贫民。于是，有的富民便"诡名冒请"，借贫民的名义领取青苗钱，愣是要让贫民背上债务，"盖欲复行称贷，取过厚之息，以困贫弱"[25]。而借到青苗钱后，有的富民甚至设唱台酒肆，"令娼女坐肆作乐以蛊惑之"[26]，诱惑贫民将青苗钱在一时之快中挥霍殆尽，使他们无钱投入生产，不得不再向富民借贷。若无法偿还，贫民便不得不以田宅相抵。通过如此种种伎俩，富民又从贫民手中抢夺了更大的利益，以弥补官府从他们手中夺去的。而新法之痛，最终还是由社会底层那些懵

23　〔宋〕司马光：《光和尧夫首尾吟》，载于〔宋〕邵雍：《击壤集》卷二十，《四部丛刊》景明成化本。
24　〔宋〕李焘：《续资治通鉴长编》卷三百七十六《哲宗》，清文渊阁《四库全书》本。
25　《宋会要辑稿·食货五·青苗下》，第6067页。
26　〔宋〕王栐：《燕翼贻谋录》卷一，明刻《历代小史》本。

懂无知者默默承受，"民不加赋而国用饶"，成为一句空话。

李守贵经历了整个神宗朝，李中师治下的河南府又是新法严苛之地。神宗去世后，哲宗年幼即位，太皇太后高氏垂帘，一度废除新法，但哲宗亲政，又恢复了新法。那么，我们可以认为，李守贵从继承下田庄和家产起，在大多数的时间里，他都需要与新法周旋。

但从李守贵墓的规格来看，老李家守住了自己的财富。

同是天中乡富民的老赵家，在白沙颍东留下了三座精美的壁画墓，其中一墓的主人赵大翁于宋哲宗元符二年（1099）下葬，另外两座墓时代稍晚，约在宋徽宗时期。故推测赵大翁及其亲属与李守贵的年纪相差并不太大，他们也经历了新法的时代。能在短期之内连建三座壁画墓，老赵家的家底也相当殷实。

看来，在新法的惊涛骇浪中，一些精明的富民还是能驾驭自己的财富之舟冲出暴风雨，不管他们使用了什么卑劣的手段。至于那些舟覆人亡者，他们没有姓名，甚至也组不成数字，只是大时代中搅动风云者掸下的尘埃。

地下的安宅

李守贵去世后，他的家人尽心尽力地为他修筑一座华美的地下居所，使其魂灵可以安详地栖止其中，为此耗费大量钱财也在所不惜。

"事死如事生"向来是中国人丧葬所讲究的原则，历朝历代贵族显宦之墓葬亦往往力求奢华。但到了宋代，理性的士大夫已经意识到死后世界之虚妄，而对丧葬采取更为朴实的原则，薄葬之风兴起。

如曾在哲宗朝任宰相的蔡确，其亡故时间为元祐八年（1093），与李守贵相近。他交代后事时表示，"吾没之后，敛以平日闲居之服，棺但足以周衣衾，作圹不得过楚公。葬特制，棺前设一坐，陈瓦器，以衣衾巾履数事及笔砚置右左，自初敛至于祖载襄葬，悉从简质"，对于死生之大，他的理解就是"夫达人君子，安于性命之际而不忧，穷乎死生之变而不惑，超然自得，与道消息，生以形骸为寓，死奚丘陇之念哉"[27]。更早一些，宋祁也表达了相似的观点，"吾殁后，称家之有无以治丧，敛用濯浣之衣、鹤氅、裘、纱帽、线履。三日棺，三月葬，慎无为流俗阴阳拘

---

27 〔宋〕张邦基：《墨庄漫录》卷六，《四部丛刊》三编景明钞本。

忌也。棺用杂木，漆其四会，三涂即止，使数十年足以厝吾骸、朽衣巾而已"，因为在宋祁看来，"吾之炔然蒿然曒曒有识者还于造物，放之太虚；可腐败者合于黄垆，下付无穷，吾尚何患"[28]。可见当时有见识的士大夫认为，死亡后，魂灵归于太虚，形骸则当腐朽，煞费苦心地为速朽之形骸修筑华丽墓室，并多以珍宝陪葬是毫无意义的。

士大夫们非独以身作则，亦以此来劝谏君王，并且还将薄葬与儒家传统中的孝道联系起来，使之更具有无可辩驳的正当性，如程颐便曾上书宋神宗，建议在处理神宗之父英宗的丧事时，应当"明器所须，皆以瓦木为之，金银铜铁珍宝奇异之物无得入圹，然而昭示遐迩，刊之金石，如是则陛下之孝显于无穷，陛下之明高于旷古"[29]。

虽然君子之德风，但是对于普通民众而言，他们尚未能勘透死生之意，而是希冀死后有更舒适的居所，尤其是富民，既然广有田财，又岂能在丧事上节俭？因此，富民纷纷在墓葬上一掷千金。宋代富民之墓甚至比不少士大夫之墓还要奢华，便是两者观念不同所致。[30]

营造坟茔之前，先要买一块风水宝地。宋代土地流转非常频繁，地权之转移，需立地契为证。富民之家，多行土地兼并，对地契自当非常熟悉。这种熟悉感也被带入到购买地下宅地的行为中，不过卖家不是地主，而是天地神灵。

李守贵墓便出土了石质买地券一方，其中记录了李守贵在"黄天父、后土母、社稷主边买得墓田壹所，周流一顷，用钱玖万玖仟玖佰玖拾玖贯文"，并且还标明了所买墓田的范围，"其地左至青龙，右至白虎，前至朱雀，后至玄武，上至苍天，下至黄泉，陆至分明，各有去处"。此外，买地程序所应当有的一干人等也皆在列，"书契人石功曹，读契人金主簿""一代保人张坚固，一代保人李定度"，一本正经，煞有介事。且墓主人相信，立下了这样一份地契，便算是合法地拥有了墓田，并能保证"万代吉昌"[31] 了。

买地券这种习俗，其实早在汉代就已出现。李守贵的保人张坚固、李定度之

28 〔宋〕宋祁：《治戒》，载于〔宋〕宋祁：《景文集》卷四十八，清刻《武英殿聚珍版丛书》本。

29 〔宋〕程颐：《代太中上皇帝书》，载于〔宋〕程颢、程颐：《二程文集》卷六，清文渊阁《四库全书》本。

30 秦大树：《宋元明考古》："约在北宋中期，这类（仿木结构砖室墓）墓葬开始出现了身份的转变。大型的品官贵胄墓中不再使用仿木构装饰，逐渐变为壁面毫无装饰。同时，仿木构砖室墓开始被平民所使用。"文物出版社 2004 年版，第 142—143 页。

31 吴倩：《登封李守贵墓买地券考释》，《华夏文明》2020 年第 5 期，第 41 页。

名亦曾见于南朝买地券，[32] 为人作保已逾数百年，可见其风流传之远。宋代时，此习俗非常普遍，周密称，当时造墓必用买地券，[33] 可见唯有从皇天后土处买下宅地，主人方能安心长眠。

既然有了宅地，便要盖房起屋。墓室向来被视为是对人间屋舍的模拟，只不过，中国传统民居多以木构，而墓室则以砖石为之，两者材质不同，故以往常常在墓室壁上绘出木构件图像，如柱、枋、斗拱等，作为象征。从晚唐起，特别是到了北宋晚期，砖砌技艺已经炉火纯青，使得人们可以用砖来模仿木构。李守贵墓便是其中的佼佼之作。

李守贵的墓室平面呈八角形，墙壁八角均有抹角倚柱，柱间施阑额和普拍枋，柱头有斗拱，墓室顶部作八角攒尖顶。（图 1）以上结构皆以砖砌出，上彩之后，几乎与木构无异，宋代匠人之技艺足以令人惊叹。而仿木构的做法，使墓室脱离了窈然洞穴式的阴森感，更具家居般的亲切氛围。

李守贵墓室中绘有三层壁画，下层壁画位于柱间，共有六幅。西侧的三幅壁画仿佛呈现的是主人家中的一场欢宴。

西北壁上绘出了幔帐和组绶，营造出温馨的室内环境。帐下，立有两座屏风，标示出厅堂的主要位置，李守贵及其夫人就分坐在屏风之前的高足椅上，共对一张方桌。李守贵头戴无脚幞头，着圆领袍，腰系黑带，面上的皱纹显示他已颇有年纪了。夫人则头梳高髻，裹额帕，身着褙子，两襟间露出红色抹胸，下束百褶裙。（图 2）

女性之审美，至宋代为一变。唐代尚丰美，而宋代尚纤秀。褙子之制，窄袖，贴身，两襟垂直，恰能勾勒出宋代女子修长的身形，故成为宋代最普遍的常服，上至宫廷后妃，下至市井女子，皆服之。（图 3）李守贵墓壁画中的女子也都着褙子。李廌记载了宋哲宗时宫廷中的一场御宴，其中太皇太后高氏与太后向氏衣黄色褙子，而太妃和皇后衣红色褙子，[34] 可见褙子亦可作为一种常礼服而出现在较为正式的场合中。褙子两襟敞开，故其内需束抹胸，抹胸以红色最为常见，一抹鲜红为宋

32　湖北鄂州郭家细湾六朝墓出土南朝宋元嘉十六年（439）买地券，铭文曰："时知者张坚固、李定度，沽酒各半，共为券莂。"载于黄义军、徐劲松、何建萍：《湖北鄂州郭家细湾六朝墓》，《文物》2005年第10期，第43页。

33　〔宋〕周密：《癸辛杂识·别集》卷下《买地券》："今人造墓必用买地券。"清文渊阁《四库全书》本。

34　〔宋〕李廌撰，孔凡礼点校：《师友谈记》："御宴惟五人，上居中，宝慈在东，长乐在西，皆南向，太妃暨中宫皆西向，宝慈暨长乐皆白角团冠，前后惟白玉龙簪而已，衣黄背子衣，衣无华彩。太妃暨中宫皆缕金云月冠，前后亦白玉龙簪，而饰以北珠，珠甚大，衣红背子，皆用珠为饰。"中华书局2002年版，第17页。

图 1　东壁　河南登封黑山沟北
宋李守贵墓壁画

图 2　夫妇对坐　河南登封黑山
沟北宋李守贵墓壁画

代女子平添几多妩媚。

夫妇面前的方桌上，置放着两只带托茶盏，而屏风之间有一女子，手托一带温碗的注壶，似乎要为夫妇的茶盏注水。（图4）而当我们的目光向左移到西南壁，则可知茶饮的来处。此壁画里亦绘有一屏风和方桌，二女子正在备茶。（图5）方桌上有盘，盘中置两只托盏，另有果盘若干，叠放的盏托若干（图6）。一女子手持茶末罐，此罐白地，上有花纹，正与北宋磁州窑系瓷器特征相类。而距李守贵墓不远的登封曲河窑、前庄窑、朱垌窑等窑口均烧造磁州窑系瓷器，如珍珠地划花、剔刻花、镶嵌纹等器，故推测该茶末罐是本地产品。（图7）又这些窑口也烧造白釉器，壁画里的白釉托盏可能也来自此处。女子以一饰凤尾的长状物将茶末轻撮入茶盏中，此物不似茶匙，却像是女子头上的簪钗之属。又女子身后的地上悄悄落着一把镊子，故猜想可能是女子一时疏忽，连茶匙也一并落下了，只得拔头上凤首簪暂时一用。另一女子伸指向前，似在数落着这女子的粗心大意。

宋代点茶，将茶末置于盏中后，需以沸水冲点，故西壁上便有女子烧水的场景。（图8）女子身前有一炉，炉呈方形，四足，绦环板上雕饰壶门和旋花，很是讲究。炉上置二汤瓶。苏轼有诗"银瓶泻汤夸第二"[35]，可见汤瓶是宋代流行的煮水点茶之具。汤瓶材质多样，《茶录》称"黄金为上，人间以银、铁或瓷、石为之"[36]。当水沸如珠时，女子便可为主人注汤点茶了。

茶宴需以音乐为伴。故又有二女子，各持笙和拍板，吹笙如凤鸣，拍板以应之。曲声摇曳心魂，主人怡然其间，乐甚至哉。

图3　着褙子的女子　〔南宋〕佚名《歌乐图》（局部）　上海博物馆藏

35　〔宋〕苏轼：《试院煎茶》，载于〔宋〕苏轼：《苏文忠公全集·东坡集》卷三，明成化本。

36　〔宋〕蔡襄：《茶录》下篇《论茶器》，载于〔宋〕蔡襄等撰，唐晓云整理点校：《茶录（外十种）》，上海书店出版社2015年版，第15页。

图 4　景德镇窑青白釉注壶、温碗　宋代　故宫博物院藏

图 5　备茶　河南登封黑山沟北宋李守贵墓壁画

图 6　定窑白釉划花盏托　北宋　定州博物馆藏

图 7　登封窑白釉剔花牡丹纹罐　北宋　河南郑州东西大街出
土　河南省文物考古研究院藏

图 8　烧水与伎乐
河南登封黑山沟北宋
李守贵墓壁画

　　夫妇共坐，饮茶品酒，女伎作乐，这是宋代墓葬壁画最常见的主题，宿白先生研究了白沙宋墓后，认为此类场景当是表夫妻恩爱的"开芳宴"。[37] 但是随着研究的深入，有些学者提出了不同意见。事实上，一桌二椅才是画面的真正核心，因为在更早期的墓葬图像中，一桌二椅便已出现了，例如唐乾元二年（759）北京何延本夫妇墓南壁两侧分别影塑了衣架和一桌二椅。而一桌二椅可能象征着葬仪中的灵座。[38]

　　古人相信，死者虽逝，但其魂灵或还未散，故设家具以为灵座，请魂灵安坐其上，以接受生者的祭祀。《新唐书·礼乐志》叙唐代丧礼时，便提到"既殡，设灵座于下室西间，东向，施床、几、案、屏、帐、服饰，以时上膳羞及汤沐如平生"。[39] 到了宋代，高足家具已流行，故桌椅成为灵座之象征。与李守贵几乎同时代的司马光在《书仪》中，描述了桌椅在葬仪中的作用，其称"魂帛，结白绢为之，

37　《白沙宋墓》，第 65 页。

38　《宋元明考古》："即使在这种题材最兴盛的北宋末至金代，对坐场景与伎乐或杂剧题材正面相对的墓例也只占较少数。再看桌子上下摆放的器具，很难说是一组宴饮用具，而更接近一组祭祀用具。……这些说明从早期的一桌二椅演变到晚期的墓主人夫妇对坐、并坐的场景，是墓中最重要的装饰，似乎是在墓中设置的墓主人夫妇的灵位。"第 146 页。

39　《新唐书》卷二十《礼乐志》，第 450 页。

图 9　墓主人对坐

河南新安宋村北宋墓
壁画

设椸于尸南，覆以帕，置倚卓其前，置魂帛于倚上，设香炉杯注酒果于卓子上，是为灵座"[40]，即将接引魂灵的魂帛置于椅子上，就意味着邀请魂灵端坐其上，而桌上摆布酒果等物，便是待魂灵享用的祭品。

但桌椅之设可能过于抽象，故民间又有绘死者画像的做法，这样可以使生者睹像思人，以慰眷眷之心。司马光在上文小注中也提到了这种做法，"又世俗皆画影，置于魂帛之后"[41]。

而当祭堂中的灵座被移于墓室之内，死者画像也随之而来，从而在壁画中呈现为夫妇共坐。河南新安宋村北宋墓便是一个有趣的例子，墓壁上以砖砌出一桌二椅，而墓主人图像则绘于墙上，不同的表现方法似乎在暗示着桌椅模拟的是真正的桌椅，而画像确实只是画像。（图 9）当然，在李守贵墓壁画里，这种区分已被消弭了。但是，我们依旧可以推断，李守贵墓壁画反映的或许并不是一场人间的欢宴，而是幽冥世界里的永恒祭奠，备茶与伎乐，皆是为了让魂灵安享愉悦。

40　〔宋〕司马光：《司马氏书仪》卷五《丧仪一》，商务印书馆 1936 年版，第 54 页。

41　同上。

此处，魂灵所饮之茶，也便有了别样意味。事实上，茶，这种神奇的树叶，早已被视作有轻身之用的仙药，南朝陶弘景称"茗茶轻身换骨，丹丘子、黄山君服之"[42]，为此，齐武帝萧赜临终下诏，"我灵上慎勿以牲为祭，唯设饼、茶饮、干饭、酒脯而已。天下贵贱，咸同此制"[43]。于是，为先人奉茶，也渐渐成为祭祀礼仪之一，朱熹《家礼》所述"四时祭"，行"启门"之礼时，便要由"主人主妇奉茶，分进于考妣之前"[44]。李守贵墓壁画详细描绘备茶、奉茶，在体现子孙对先人的孝敬之心时，也表现了希冀通过茶饮，先人能早日飞升仙界的愿望吧。

如果主人对人间还有什么顾念的话，那就是后嗣了。儿孙满堂是传统观念中人生圆满的必然主题之一，即使先人逝世后，有新生儿诞生，主人主妇也应抱来见见，以告慰先人在天之灵。朱熹《家礼》称："主人生嫡长子，则满月而见，如上仪。但不用祝，主人立于香卓之前，告曰：'某之妇某氏，以某月某日生子，名某，敢见。'告毕，立于香桌东南，西向。主妇抱子进，立于两阶之间，再拜，主人乃降复位。"[45]李守贵墓中也缺不了对此的描绘。东北壁上，两个胖娃娃格外引人注目，娃娃戴着项圈和手镯，一位手里捧着鲜桃，另一位则从女子手中接过糕点，而鲜桃和糕点似乎都在预示着他们往后人生的平安顺遂、寿禄双全。（图 10）娃娃的形象出现在壁上，或许就昭示了老李家的后继有人。

有趣的是，与一位胖娃娃共坐在桌上的是一只狸花猫，这只猫大眼圆睁，炯炯有神，口中还衔着一只雀。事实上，宋人中猫奴不少，这种可爱的萌物显然以自己的颜值和捕鼠技巧俘获了人们的欢心，以至于它们的身影常出现在宋画之中。（图 11）不过，墓葬壁画中的猫图像当更有深意。

家猫机敏灵巧，又能降伏鼠类，据说，它们是由唐三藏从西方天竺国带来中土的，[46] 当然，家猫入华远早于此，不过，它确实与佛家有缘。敦煌写卷中有《猫儿题》，称"避成身似虎，留影体如龙。解走过南北，能行西与东。僧繇画壁上，图

---

42 《太平御览》卷八百六十七《饮食部二十五》引陶弘景《新录》。

43 《南齐书》卷三《武帝本纪》，第 62 页。

44 〔宋〕朱熹：《家礼》卷五《四时祭》，载于朱杰人、严佐之、刘永翔主编：《朱子全书》，上海古籍出版社、安徽教育出版社 2002 年版，第 940 页。

45 《家礼》卷一《祠堂》，载于《朱子全书》，第 879 页。

46 〔明〕彭大翼：《山堂肆考》卷二百二十二："猫非中国之种，出西方天竺国。……释氏因鼠咬佛经，故唐三藏往西方带归养之。"清文渊阁《四库全书》本。

图 10　戏儿　河南登封黑山沟北宋李守贵墓壁画　　　　　　　图 11　〔宋〕佚名《戏猫图》　台北"故宫博物院"藏

下镇悬空。伏恶亲三教，降狩近六通"[47]，此处，僧繇所绘之猫显然被佛家赋予了灵性，有了镇恶辟邪之功用。此风流行于民间，宋代就有"每往人家画土神，其家必富，画猫则无鼠"[48] 的传说。而善打洞的鼠类，不仅令生者头痛，也可能会打扰死者的安宁，所以，猫便被寄予了驱鼠镇墓的期望，它的形象便在墓室壁画中频频出现了。

　　而猫衔雀又意味着什么呢？在中国古代，许多动物图像因谐音而被赋予喻意，如马与猴子可喻"马上封侯"。袁泉先生认为猫衔雀也能在音义关联上进行考量。"猫""耄"叠韵，而"雀"又名"窃脂"，"窃脂"自相切，音"耆"，又"脂"与"耆"叠韵，故"猫雀"喻"耄耆"，即长命寿考也。[49] 而衔雀之猫与娃娃同桌，

　　47　钱光胜、王晶波：《猫儿契式·猫画·佛经——俄藏敦煌写卷 IIx00147v〈猫儿题〉蠡测》，《敦煌学集刊》2011 年第 3 期，第 35 页。

　　48　〔宋〕邓椿：《画继》卷五，明《津逮秘书》本。

　　49　袁泉：《宋金墓葬"猫雀"题材考》，《考古与文物》2008 年第 4 期，第 105—106 页。

图 12　**侍洗**　河南登封黑山沟北宋李守贵墓壁画

图 13　**侍寝**　河南登封黑山沟北宋李守贵墓壁画

便预示着李家子孙福泽深厚、长命百岁了。

　　即使在地下宅院中，在一定时间内，主人依然要晨起昏息，昼夜轮回似乎依然往复不已。

　　东南壁上，灯柱耸立，但无有火光，似乎意味着黎明已然降临。一位女子正将木桶中的温水倒入面盆之中。面盆架上，面巾也准备好了，只待主人洗漱，洁面净肤，涤去尘埃，迎接新的清晨。（图 12）

　　而当黄昏降临，主人即将安寝。东壁上，有一张装饰华美的床，床围屏上隐隐绘有群峰，似乎象征着仙人所居的云山。（图 13）宋人雅好山水，而在床围屏上绘山水，以供卧游，也是一种时尚。苏轼在《答吴子野四首》中就提到："近有李明者，画山水新有名，颇用墨不俗，辄求得一横卷，颇长，可用木床绕屏。"[50] 而李守贵以山水画饰床围屏，可见其品味亦不俗。床上，张起床帐，以为主人提供更隐秘

50　《答吴子野四首》，载于《苏文忠公全集·东坡续集》卷五。

的休憩空间，而床帐绣着翩翩蝴蝶，令人不禁想起庄周那场迷幻的梦。床前，头梳双环髻女子正将衾被铺整。待到红烛泪残，夜蛩声声，安睡的时刻就到来了。不过，轮回并不会永无止息，主人不会永远在梦的迷津里徘徊，他们终归要走上一去不返的升仙之旅。

因孝升仙

人生已无遗憾，那么，李守贵便当义无反顾地走向属于他的仙境了。然而，仙境并非人人可登，李守贵凭什么拥有此资格呢？

孝，是诸般德行中最本质的美德。人，莫不有父母，便莫不可以行孝。唯能行孝，推而广之，才能忠君，才能爱人，故所谓"百善孝为先"。

因此，孝子的故事很早就进入墓葬图像中，且主要盛行于三个时期，即汉代、北魏与宋金元。

在汉代，儒学被奉为正统，且朝廷以孝治天下，于是士人也纷纷标榜孝行。内蒙古和林格尔小板申东汉墓壁画便描绘了诸位孝子，如舜、闵子骞、曾子等。（图14）而这种描绘，不单单体现了墓主人对孝子的景仰，也暗示着墓主人自己也有着孝的美德，与壁上的升迁图、庄园图一起，建构起墓主人完美的人生图景。

甚至，在天人感应观念下，孝行被赋予了神秘的力量。《孝经·感应章》称："孝悌之至，通于神明，光于四海，无所不通。"[51]而在孝子故事中也往往有纯孝感天动地的情节。那么，孝行隐隐具有了升仙通行证的意义。

北魏虽为拓跋鲜卑所建，但渐染汉风，亦开始宣扬孝道，如北魏太武帝拓跋焘神䴥三年（430）五月诏令曰："夫士之为行，在家必孝，处朝必忠，然后身荣于时，名扬后世矣。"[52]特别是在文明冯太后和孝文帝主持的汉化改革中，"孝"作为汉文化的根本之道，受到极大的推崇。故孝子图成为这一时期葬具上的常见图像，尤其是"郭巨埋儿""蔡顺伏棺""董永行孝"这类具有孝感神迹色彩的故事。（图15）

而经历了五代十国弑篡盛行的道德沦丧时代后，宋朝统治者意识到，忠孝之道是王朝稳固的精神基础。因此，道德教化再度受到重视，特别是孝，宋太宗甚

---

51 〔唐〕李隆基注：《孝经·感应章》，《四部丛刊》景宋本。
52 《魏书》卷四《世祖纪》，第76页。

图 14　**孝子**　内蒙古和林格尔小板申东汉墓壁画（摹本，采自《和林格尔汉墓壁画孝子传图摹写图辑录》）

图 15　**孝子故事石棺床（局部）**　北魏　北朝艺术博物馆藏

至亲自书写《孝经》，勒于石碑，以彰显王朝的态度。[53] 而为了使孝的观念深入人心，各种带有宗教色彩的感应故事和说教大行其道，《宋史·孝义传序》称"孝义所感，醴泉、甘露、芝草、异木之瑞，史不绝书"[54]，而诸如《文昌孝经》之类的书籍，也在宣扬"孝之所至，地狱沉苦，重重救拔；元祖宗亲，皆得解脱；四生六

53　《续资治通鉴长编》卷三十三《太宗》："[淳化三年（992）]冬十月癸亥，秘书监李至言，愿以上草书《千文》勒石。上谓近臣曰：'《千文》盖梁得钟繇破碑千余字，周兴嗣次韵而成，词理无可取。《孝经》乃百行之本，朕当自为书之，令勒于碑阴。'因赐至诏谕。"

54　《宋史》卷四百五十六《孝义列传序》，第 13386 页。

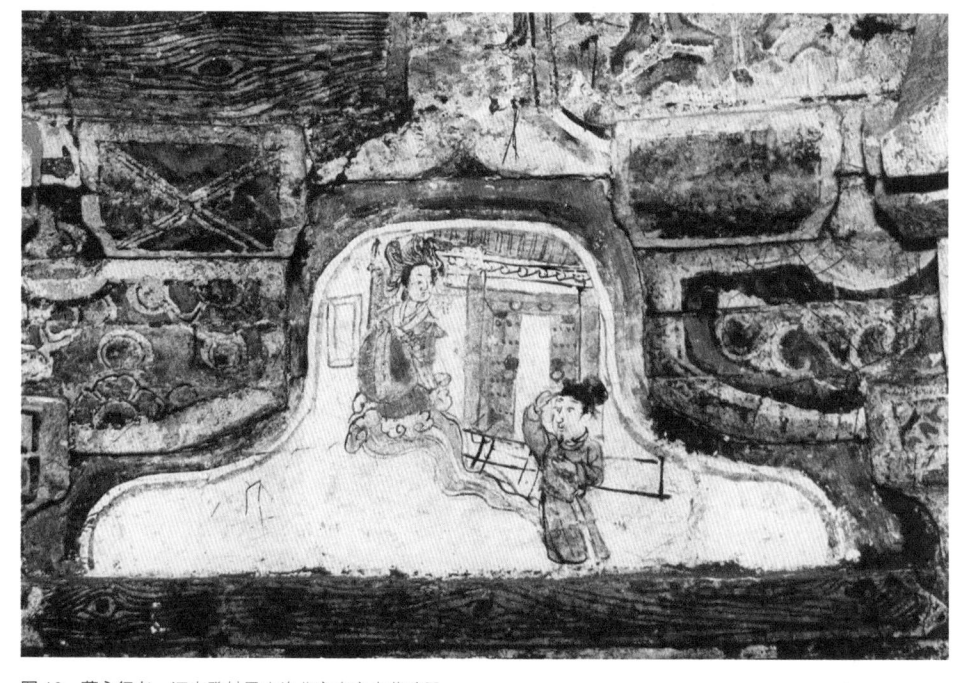

图 16　董永行孝　河南登封黑山沟北宋李守贵墓壁画

道，饿鬼穷魄，皆得超升；父母沉疴，即时痊愈"[55]。甚至，孝行与升仙直接绑定，《真诰》指出了"夫至忠至孝之人，既终，皆受书为地下主者，一百四十年乃得受下仙之教，授以大道。从此渐进，得补仙官，一百四十年，听一试进也"[56]。这就意味着，生前无官无职的平民百姓，只要奉行孝道，死后便可以获得升仙的资格，这样的快捷门径，似乎比寒窗苦读经由科举出人头地更具吸引力。

那么，如何表明自己是孝子呢？在墓室中绘制孝子图就是最直接简明的方法，这些图像就像墓志中以古贤人来比喻墓主人一般，是墓主人孝行的注脚。

李守贵在他的墓室中部的拱眼壁上绘制了八幅孝子图，每幅加以题记，这些图描绘的都是最著名的孝子，包括董永（图 16）、丁兰（图 17）、王武子（图 18）、孟宗（图 19）、王祥、郭巨、曾参、王亦。而当孝子图环绕墓室时，其传达出的讯息就是，在此安息的，也是一个纯孝之人，他理应获得升仙的资格。于是，在孝子图之上的壁间描绘的就是升仙图景，而孝道正是从人间去往仙境的坦途。

55　《文昌孝经·孝感章》，载于胡平生、许颖、徐敏译注：《孝经　地藏经　文昌孝经》，中华书局 2009 年版，第 243 页。

56　〔南朝梁〕陶弘景撰，赵益点校：《真诰》卷十六《阐幽微二》，中华书局 2011 年版，第 290 页。

图 17　丁兰行孝　河南登封黑山沟北宋李守贵墓壁画

图 18　王武子（妻）行孝　河南登封黑山沟北宋李守贵墓壁画

图 19　**孟宗行孝**　河南登封黑山沟北宋李守贵墓壁画

当李守贵和夫人的魂灵缓缓飞升，来到墓室上部的南壁时，他们将见到一座仙桥，两位头梳蝶状髻的仙女，手持招魂幡，将引导魂灵经过沟通天人之界的津梁。（图 20）引魂幡之制，源自佛教。《阿弥陀经通赞疏》云："西域之人，临命终时，皆以幡像前引，亲友知识助念弥陀，令发往生之意。"[57] 即引魂幡有引导魂灵往生净土之意。敦煌地区曾发现不少唐、五代、北宋的引路菩萨图像，表现了菩萨持幡在前引路的场景。（图 21）渐渐地，引魂幡超越了佛教的范畴，成为民间葬礼的仪仗之一。李守贵墓壁画里的仙女便起了和引路菩萨相似的作用，为魂灵引导路径。

过了仙桥，魂灵便正式步入仙境了，此时，又有两位头梳花髻、手持着引魂幡的仙女来引领魂灵继续前行。（图 22）一路上，他们将会见到仙人仙女纷纷前来迎迓，他们皆宽袍广袖，翩然潇洒，或击钹（图 23），或持莲（图 24），显然对扶摇而上的魂灵表示了欢迎。

然后，魂灵绕行至北壁，他们发现自己来到了一座堂皇宅院之前，宅院呈方

---

57 〔唐〕窥基：《阿弥陀经通赞疏》卷下，载于陆宏基总策划，林明珂、中国美编：《净土宗大典（五）》，全国图书馆文献缩微复制中心 2003 年二印，第 632 页。

图 20　导引仙女　河南登封黑山沟北宋李守贵墓壁画

图 21　引路菩萨图　五代　甘肃敦煌莫高窟藏经洞绢画　大英博物馆藏

图22　**持幡仙女**　河南登封黑山沟北宋李守贵墓壁画

图23　**击钹仙人**　河南登封黑山沟北宋李守贵墓壁画

图 24 　持莲仙女　河南登封黑山沟北宋李守贵墓壁画

形，正面有门三座，正堂与厢房皆俨然。（图 25）这座宅院可能就是魂灵在仙境的
居所。

　　魂灵并未止步，他们需要去拜谒位于西壁上的菩萨。菩萨端坐于五彩祥云中，
头戴花冠，衣饰璎珞，头光和背光熠熠生辉。在宋代，佛教净土宗盛行于民间，此
宗崇拜西方三圣。西壁之菩萨位于西方，又为女相，很可能就是西方三圣中的观音
菩萨。观音菩萨与仙人仙女同处仙境，这显然是民间混杂佛道后所产生的想象。

　　而西北壁上有男女二人，均拱手而立，男子着长袍，腰系带，女子着长袖褙
子，束百褶裙，装束与仙人不同，且此图像恰好位于夫妇共坐图之上。他二人应当
就是已成仙的李守贵和夫人。在享用了人间的祭祀供奉，凭借孝行得以飞升，又游
历仙境后，他们终于在观音菩萨面前正式超凡入仙，至此，菩萨慈悲，降下百福，
而蒙此恩泽的魂灵也将在仙境中长乐永享了。

　　李守贵平安地度过了他的一生，但他的子孙就没有这般幸运了。

　　新法并没有造就一个国富兵强的大宋，却导致了朝堂上此起彼伏的党争，党人
碑高高树起，党人互相倾轧，新法成了谋取私利的手段或攻讦政敌的借口。

图 25 仙宅　河南登封黑山沟北宋李守贵墓壁画

　　在李守贵下葬 28 年后，从白山黑水间崛起的女真人灭掉了辽国，又以迅雷不及掩耳之势挥兵南下。宋钦宗靖康二年（1127），两京陷落，而金兵铁蹄肆虐于中原，史载："初，敌纵兵四掠，东至沂、密，西至曹、濮、兖、郓，南至陕、蔡、汝、颍，北至河朔，皆被其害，杀人如刈麻，臭闻数百里，淮、泗之间，亦荡然矣"[58]。荼毒之后，大批民众被掳，"（靖康二年三月二十八日）至是悉驱（士民）而北，舍屋焚爇殆尽，东至柳子，西至西京，南至汉上，北至河朔，皆被其毒……郡县为之一空。"[59] 覆巢之下，安有完卵，西京洛阳附近的登封县天中乡怕不能免。

　　即使在金兵入侵时侥幸得免，此后的中原大地也已沦为鬼蜮世界，城池破败，盗贼横行，饥荒蔓延，甚至人相食，"自靖康丙午岁，金人乱华，六、七年间，山东、京西、淮南等路，荆榛千里，斗米至数十千，且不可得，盗贼官兵以至居民更互相食，人肉价贱于犬豕，肥壮者一枚不过十五千，全躯暴以为腊"[60]。

58　〔宋〕李心传：《建炎以来系年要录》卷四，上海古籍出版社 1992 年版，第 76—77 页。
59　《三朝北盟会编》卷八十七引《宣和录》。
60　〔宋〕庄绰：《鸡肋编》卷中，清文渊阁《四库全书》本。

宿白先生在考察白沙宋墓时提到，白沙宋墓最迟的纪年是宣和六年（1124），比宣和六年墓再晚一期的墓葬，便与白沙宋墓完全不同，形制不同，随葬品不同，人骨的安排也不同，最突出的是仿木建筑构造的砖室墓绝迹了。[61] 这意味着，天中乡的老李家、老赵家等富有财力的乡绅皆在靖康之乱中失去了财富，人命尚且飘摇，更无力去为死者营造华丽的安息之所了。更何况金人扶持的伪齐政权，甚至在河南、汴京设置了专司掘墓的淘沙官，"两京冢墓发掘殆尽"[62]，生人已疾苦如此，死者亦不得安宁。

老李家、老赵家的子孙具体境遇如何，我们已不知。我们只知，至此，清平梦破，胡尘滚滚中，遗民泪尽。

61 《白沙宋墓》，第 128 页。
62 《宋史》卷四百七十五《叛臣列传上·刘豫》，第 13796 页。

家族之树：辽国汉人发迹史

富庶之家

张世卿平生最得意的三件事，一是在荒年献粟给朝廷，使自己脱了白身，得了官籍；二是儿子张恭谦，在北枢密院这样的机要之地当差，相与的都是重臣贵宦；这第三件，就是孙子张伸，娶了王族耶律氏的女儿。

谁都知道，大辽姓耶律，而历来，王族耶律氏只与后族萧氏通婚，偶尔耶律氏的天潢贵女才会下嫁汉人，那也得是汉人中的华族显宦才有此荣耀。而老张家，不过是归化州中的富户，却在短短三代后，跃进了龙门，与王族沾亲带故。

于是，这场婚礼必须大操大办，为此，张世卿不惜一掷千金。珍奇玩好，绫罗绸缎，送彩礼的队伍，蔓延了整条长街，而鼓吹敲打，欢歌乐舞，沸腾了整个归化，至于摆开的美馔，散出的铜钿，更是无数。他就是让全归化的人瞅瞅，如今的老张家，当之无愧是归化汉人的第一豪门，甩邻街的老韩家一大截了，他与韩师训斗了一辈子，这回，胜负立判。

想到韩师训那家伙一定在家里嫉恨得吹胡子瞪眼，张世卿很是愉快。

自 20 世纪 70 年代起，在河北宣化下八里，考古工作者陆续发掘出十多座辽代墓葬，经由墓志，我们了解到大多数墓葬属于张氏家族，少数属于韩氏家族。这些墓葬，多装饰有精美的壁画，可见主人生前的豪奢生活。而通过一块块墓志的记载，一段家族发迹史也渐渐明晰在我们面前。

宣化，唐朝时名为武州，由名称可知，此处乃用武之地。燕山、阴山、太行山三条山脉交结于此，而燕山—阴山一线，正是农牧分界，北越关山，便是游牧者策马纵横的草原了。因为武州地当要冲，故中原王朝和游牧帝国皆欲争夺之。当中原板荡，契丹兴起时，神册元年（916）十一月，耶律阿保机挥师南下，攻克蔚、新、武、妫、儒五州，斩首万四千七百余级，将自代北至河曲逾阴山的大片土地收入囊中，于是，将武州改为归化州，妫州改为可汗州，并置西南面招讨司来管辖。[1]到了后晋时，石敬瑭将幽、蓟、瀛、莫、涿、檀、顺、妫、儒、新、武、云、应、朔、寰、蔚十六州图籍献给耶律德光，在官方层面上承认了契丹国对武州的主权。

张氏家族世居于归化州，[2]作为辽国的臣民已数代了。时光，足以切断这个家族与中原的联系，而使他们建立起新的身份认同。况且，归化州位于草原与汉地之间的要道上，辽国皇帝南下南京（今北京）时，往往驾幸此地，[3]又州境内炭山有凉殿，为承天皇后纳凉所，山东北三十里又有新凉殿，为辽景宗纳凉所。[4]帝后的驻跸，使归化州百姓幸睹天威，这也在无形中增强他们对大辽的归属感。

我们已知的张氏家族最早一辈是张若拙及其妻赵氏，他们生育了三个儿子，分别名为匡正、匡素和匡胤。值得注意的是，"匡胤"恰恰与赵宋的太祖同名，这种毫无避讳自觉的行为恰恰证明，到了这一辈，张氏家族与南方那个后起的王朝毫无关系。

至少在张匡正这一代，张氏家族就已经是归化富户了。《张匡正墓志》并未对张家的财富有明确描述，但提到了张匡正在当地的威望，"坊曲之际，无问长幼，俨然人望而畏之"，又与张家结亲的"皆豪族富戚"，[5]可见张家必然也非同一般。

张家的腾飞，或许是在"文"字辈开始的。张匡正有三子，曰文震、文纪、文藻，文震事迹无闻，而文纪和文藻则分别在两个方面为家族的更上一层楼而努力。文纪在州衙充孔目之职，职掌文书等事务，与州府官长熟络，上头的风吹草动亦可早早知晓。而文藻则专注于家族财富的积累，"孜孜勉勉，勤劳于家，果致财产饶给，方已具万"。[6]

---

1 《辽史》卷一《太祖本纪一》，第 11 页。

2 《张世古墓志》："其先祖世居雄武人也。"载于河北省文物研究所编著：《宣化辽墓：1974—1993 年考古发掘报告》，文物出版社 2001 年版，第 266 页。

3 《辽史》卷四《太宗本纪下》："［会同四年（941）九月］丁丑，幸归化州。"第 50 页。"（会同）五年（942）春正月丙辰朔，上归归化州，御行殿受群臣朝，以诸道贡物进太后及赐宗室百僚。"第 51 页。《辽史》卷八《景宗本纪上》："［保宁三年（971）九月］壬子，幸归化州。甲寅，如南京。"第 91 页。"［保宁五年（973）十二月］是月，如归化州。六年（974）春正月癸未，幸南京。"第 340 页。

4 《辽史》卷四十一《地理志五》："归化州……炭山，又谓之陉头，有凉殿，承天皇后纳凉于此，山东北三十里有新凉殿，景宗纳凉于此。"第 510—511 页。

5 《张匡正墓志》，载于《宣化辽墓：1974—1993 年考古发掘报告》，第 65 页。

6 《张文藻墓志》，载于《宣化辽墓：1974—1993 年考古发掘报告》，第 123 页。

张氏家族的财富主要来自农业。归化州周围虽然山峦环绕，但山间却有一块丰腴的盆地，又有羊河（今洋河）贯穿其间，水源充沛，足以稼穑。又归化州地当孔道，商贸兴盛，同城的韩氏家族便是靠商贾起家的，《韩师训墓志》载韩师训"得商贾之良术。栉风沐雨，贸贱鬻贵，志切经营，不数十载，致家肥厚，改贫成富，变俭为丰，田宅钱谷，咸得殷厚"[7]，可见贸易获利之丰，虽然墓志中未明言，但料想张家也从中获利匪浅。

张文纪和张文藻，一人从仕，一人务本，兄弟的协力合作使张家蒸蒸日上。而这种协作的传统也被下一辈所延续。张文纪有二子，曰世卿、世本，[8]他二人似也有不同的分工。张世本主要经营家业，将家族的田产园圃打理得蒸蒸日上，"少以家事为主，既勤且俭，庶几克家。虽农务之末，亦尝亲之。至于栽植园果，经营藉产，日有所增，信其作室蔔田，公之谓也"[9]。张世卿早年的经历我们不太清楚，但以他的世事通达、长袖善舞，很有可能像乃父一样，作为小吏出入于官府。

小吏终归只是小吏。张世卿明白，张家要飞黄腾达，实现阶层跃升，就必须有人出仕做官。辽国胡汉分治，"以国制治契丹，以汉制待汉人"[10]。契丹旧俗，世选为上，即遴选贵族——特别是出身王族耶律氏和后族萧氏者——为部族官，以此来保证权贵对辽国高官显位的垄断，所谓"秉国钧，握兵柄，节制诸部帐，非宗室、外戚不使"[11]。辽国在取得汉地后，仿汉制，亦设科举，"契丹既有幽、蓟、雁门以北，亦开举选，以收士人"[12]，以吸纳汉族士人为己所用，同时，辽国也给予汉人世族子弟以恩荫补官的机会，故辽国与同时期的宋朝相似，汉人得官主要有两条途径，一是科举，一是恩荫。恩荫是世家大族才有的特权，张家这样的普通富户自然无望，那么，科举这条路，是否能走通呢？

在任何时代，科举之路都是一条坎坷之途。首先，家族需要有足够的财力，可以供养子弟脱离生产而专注读书，并且子弟要做好寒窗数十载的准备。而极低的录取率，决定了只有极少数天资卓越和运气绝佳者才能跃过龙门。辽国的科举，虽

---

7 《韩师训墓志》，载于《宣化辽墓：1974—1993 年考古发掘报告》，第 304 页。

8 《张世本墓志》明确记载"公之父讳文纪"，即张世本为张文纪之子。但《张世卿墓志》却未载其父，有学者认为张世卿父为张文震，该说却无史料支持。又张世本有"昆季六人"，张世卿也有"弟兄六人"，二人兄弟数相同，故此二人很有可能是亲兄弟。

9 《张世本墓志》，载于《宣化辽墓：1974—1993 年考古发掘报告》，第 158—159 页。

10 《辽史》卷四十五《百官志一》，第 685 页。

11 《辽史》卷一百十四《逆臣传下·萧特烈传》，第 1517 页。

12 〔宋〕田况：《儒林公议》卷下，明刻本。

早在太宗会同年间（938—947）便已开设[13]，至圣宗统和初年，似无定期，统和六年（988）起，"诏开贡举"[14]，至太平年末，大抵一两年一次，兴宗重熙年（1032—1055）起至辽亡，大抵数年一次，虽然《契丹国志》称"制限以三岁"[15]，其实举办科举的年份仍不十分固定。在录取人数上，起初每次录进士仅数人，圣宗朝后期渐增加，最多录取不过五十余人，兴宗朝时，每次录五六十人，在张世卿的时代，即道宗朝，每次录进士增至一百多人。进士人数虽然增多，但科举仍然是千军万马过独木桥的难事，对于张家来说，似乎可望而不可即。

尽管科举艰难，但让子弟读书攻举业，仍然是许多富户的选择，因为这也是他们获得官身几乎唯一的选择。例如韩氏家族就选择了这条道路，韩师训在经商致富后，让长子文坦成为州府吏，"充当州客都之任"，而次子文询则"备进士举业"[16]。当然，尽管文询"志慕儒术，好穷经史"，直至韩师训去世，他也未能金榜题名，光耀门楣。

张世卿是否曾在举业上努力，我们不知晓，但极为幸运的是，正汲汲于谋求家族跃升的他，恰恰遇到了一个百年难逢的机会。

跃龙门

辽道宗大安二年（1086）起，辽国境内，饥荒开始此起彼伏。在《辽史·道宗本纪》的记载中，这几年，辽道宗似乎为赈济贫民而焦头烂额，如大安二年七月乙酉，"出粟振辽州贫民"；九月壬申，"发粟振上京、中京贫民"；十一月癸未，"出粟振乾、显、成、懿四州贫民"[17]；大安三年（1087）二月丙戌，"发粟振中京饥。甲辰，以民多流散，除安泊逃户征偿法"；三月己未，"免锦州贫民租一年"；甲戌，"免上京贫民租如锦州"；四月戊子，"赐中京贫民帛，及免诸路贡输之半"；丙申，"赐隈乌古部贫民帛"；乙巳，"诏出户部司粟，振诸路流民及义州之饥"；七月丁巳，"出杂帛赐兴圣宫贫民"；大安四年（1088）正月庚午，"免上京逋逃及贫户税赋"；三月己巳，"振上京及平、锦、来三州饥"；四月己卯，"振

13 《辽史》卷七十九《室昉传》："会同初，登进士第。"第1271页。可知在辽太宗会同年间已开科举。
14 《辽史》卷十二《圣宗本纪三》，第133页。
15 《契丹国志》卷二十三，第226页。
16 《韩师训墓志》，载于《宣化辽墓：1974—1993年考古发掘报告》，第304页。
17 《辽史》卷二十四《道宗本纪四》，第292页。

苏、吉、复、渌、铁五州贫民，并免其租税"；甲申，"振庆州贫民"；乙酉，"减诸路常贡服御物"；五月乙卯"振祖州贫民"；己未，"振春州贫民"。[18]

史不绝书的赈灾记录后面，是赤地千里、流离失所的悲惨。从记录看，这场大饥荒波及的地域非常广阔，上京、中京、东京、南京各道皆遭荼毒，农牧业并受打击。饥荒的具体原因，《辽史》略有言及，如大安二年八月戊子，皇帝因大雪而罢猎，大安三年正月己卯大雪，七月大雨，皇帝罢猎。[19]极端天气的频频出现，很可能对农牧业造成打击。而查阅《宋史》的同时期记载，还会发现更多端倪。

辽道宗大安二年即宋哲宗元祐元年，因为"自冬以来，雨雪不降，亢阳为厉"[20]，导致干旱，正月，宋哲宗驾幸相国寺祈雨，推想这次旱灾主要在京畿河南一带蔓延。而就在二月，河北大名（今河北邯郸大名）却因为雨涝，导致黄河暴涨并决口，淹没民田无数。四月，诸路旱情日益严重，朝廷免除了受灾地租税。但是河北、楚州（今江苏淮安一带）、海州（今江苏连云港一带）等地却洪水肆虐。这年冬天是个异常的暖冬，连雪花都不曾落。元祐二年（1087），情况并未好转，到了四月，因"冬夏旱暵，海内被灾者广"，皇帝不得不下诏避殿减膳，责躬思过，而太皇太后的受册礼也未举行。元祐三年（1088）正月，大雪纷飞，酷寒降临，百姓饥贫，于是朝廷"发京西谷五十余万石，损其直以纾民"。[21]可见，在这几年，宋与辽皆遭遇了气候恶化，导致农牧业受损严重，于是，可怕的饥馑开始流行。

气候学家研究表明，11世纪末至12世纪初，中国东部气候出现了较大变化，整体由暖转冷，在燕北地区，11世纪80年代，气候已经变得比较寒冷了，[22]寒冷的趋势逐渐向南推移，自1110年起，黄淮海平原气候向寒冷方向波动，这个趋势要持续到12世纪末。[23]气候大趋势的转变必然带来一定时期内雨热节奏的紊乱，大安年间的大饥荒，便是这场长达一个多世纪的气候波动所引发的一系列灾难之一。

这场大饥荒波及范围广，持续时间长，朝廷虽积极赈济并减租，但很快，国库便捉襟见肘了。尽管如海云寺这般的大寺院捐钱以济民，却依旧如杯水车薪，以

---

18 《辽史》卷二十五《道宗本纪五》，第295—297页。

19 《辽史》卷二十四《道宗本纪四》，第292页。《辽史》卷二十五《道宗本纪五》，第295页。

20 《续资治通鉴长编》卷三百六十三《哲宗》。

21 《宋史》卷十七《哲宗本纪一》，第324、326页。

22 邓辉：《论燕北地区辽代的气候特点》，《第四纪研究》1998年第1期，第51—52页。

23 满志敏：《黄淮海平原北宋至元中叶的气候冷暖状况》，载于中国地理学会历史地理专业委员会《历史地理》编委会编：《历史地理》第十一辑，上海人民出版社1993年版，第86—87页。

至大安四年正月甲戌，朝廷因上京、南京的饥荒，允许良人自卖为奴。[24] 用了种种方法，饥民仍嗷嗷，于是，大安四年四月丁酉，朝廷发布了一条法令，允许人粟补官，说白了，就是卖官鬻爵，以求解燃眉之急。

上头的法令才达归化州，消息灵通的张世卿立即知晓了，他感到出人头地的时机到来了。尽管这几年各地饥馑肆虐，但归化州却无大碍，张家的田圃收成还不错，加上前些年的积累，仓廪充实。张世卿把兄弟几人叫来，盘算了家底，定下了向朝廷捐粟的计策。次日，他便到州里，宣称愿意进粟二千五百斛，以助国用。

二千五百斛不是个小数目，州长官不敢怠慢，赶紧上报朝廷，正无计可施的皇帝听闻有人愿意捐粟，大喜，不久，诏令下达，张世卿被特授为右班殿直，正式得了官身，跃进了龙门。

殿直之官名，始见于五代后梁开平二年（908）七月敕，辽、宋皆沿用之。辽制官品情况不详，或可以宋制考之，在北宋，右班殿直是武阶名，按元丰官制属正九品。[25] 虽然只是个低阶武官，且无实际职权，但张世卿借此跨越了官民鸿沟，这对张家来说，是破天荒的大成就。

晋升之道

张世卿明白，自己得官是家族数代人努力的共同成果，父祖打下基业，兄弟多相协佐，他的荣耀就是家族的荣耀。当然，家族要维持繁盛，祖宗的佑护很重要。张世卿的祖父张匡正、伯父文震、父亲文纪、叔父文藻，还有兄弟世本皆已去世，之前坟茔显得简陋了，这一回，张世卿决议，要为父祖重筑寿宅，让他们在泉下安居。

归化城外西北方有兴福、七宝二山逶迤，张世卿在山阳选中吉地，此处背靠二山，前眺羊河，风水上佳。接下来，便是筑坟茔，几座墓内皆敷以壁画彩绘，堂皇华美。然后，张世卿延请本地相熟的文士撰写墓志，以昭父祖之德。最后，在大安九年（1093）四月十五日吉时，将父祖已行茶毗之礼[26] 的骨灰置于真容偶像中进行安葬。

现今已发掘的河北宣化下八里辽代墓葬群主要分为三区，其中第一区有五座墓

---

24 《辽史》卷二十五《道宗本纪五》，第 296 页。

25 龚延明编著：《宋代官制辞典》（增补本），中华书局 2017 年版，第 650 页。

26 茶毗，又称荼毗，是梵文 Jhāpita 的音译，意为"焚烧""火葬"。

葬，以 M10 张匡正墓为中心，M7 为张文藻墓，M3 为张世本墓，M6、M9 因遭盗掘无墓志出土而主人不明，但此二墓主人很有可能就是张匡正的另两个儿子文纪与文震。《张匡正墓志》和《张文藻墓志》都明确提到了张世卿在迁葬中所起的主导作用，[27] 且二墓主人下葬时间相同，张世本下葬亦在同年孟夏，故第一区的墓葬很可能是在张世卿的安排下营建并完成迁葬的。

安葬好父祖，张世卿心中有了一种笃定，他相信张家的鸿运才刚刚开始，这个家族还将在他的手中，继续光大。

既然为官，自然想着升迁。但张世卿得的只是个有官阶无职权的区区九品官，他如何才能在官场上上进呢？或许是自小便随乃父出入官府耳濡目染之故，张世卿得出了一个结论，在官场混，人脉比政绩更重要，自己是虚职，没有政绩没关系，与官场中人相与好了，一样可平步青云。颇具创意的是，张世卿结交官宦权贵的平台并非舞榭酒肆，而是梵宫道场。

在辽代，佛教大兴，特别是自辽兴宗以来，佞佛尤盛，兴宗"……酷好沙门，纵情无检"[28]，道宗"好佛法，能自讲其书。每夏季，辄会诸京僧徒及其群臣，执经亲讲，所在修盖寺院，度僧甚众"[29]。上行下效，崇佛论道成为当时的风尚。张家本有信佛的传统，张匡正"好读《法花》、《金刚经》"[30]，张文藻"积功累行，崇敬三宝为业"[31]，但以往张家人礼佛是为求自我解脱，而张世卿却把礼佛做成了一场政治秀。

前文已述，归化州地当要道，往来官员权贵甚多。张世卿在归化城北买下了三顷地，在其中种植奇异花木百余品、四万棵，又引水灌溉，使之繁茂殊绝，这片花园可谓是张世卿的"金谷园"。园中，北置道院佛殿，又备有僧舍，仿佛梵宇伽蓝。途径归化州的达官中，许多人敬信三宝，闻此，则要来张氏园中一览。张世卿在园东置层楼巨堂，以为四方宾客栖息之所，达官来此，不免要盘桓数日。张世卿殷勤接待，完了，还要将宾客的名爵铭于石碣上。于是，园中宴乐不歇，张世卿借此广

27 《张匡正墓志》中撰者称："即日与孙男右班殿直世卿，以心相友，虽翁殊母别，其相待与同气无异，而分义由是于行从之中，齿列在季孙世裔之上，故命予以为辞。"《张文藻墓志》中撰者称："犹子右班殿直世卿，追念其事，与诸同气议于私第：虽室家之事已修，而祖考之茔未遂增广。"载于《宣化辽墓：1974—1993 年考古发掘报告》，第 68、123 页。

28 《契丹国志》卷十三《后妃传·兴宗萧皇后》，第 145 页。

29 〔宋〕苏辙：《二论北朝政事大略》，载于《苏辙集》卷四十二《翰林学士论时事八首》，第 749 页。

30 《张匡正墓志》，载于《宣化辽墓：1974—1993 年考古发掘报告》，第 65 页。

31 《张文藻墓志》，载于《宣化辽墓：1974—1993 年考古发掘报告》，第 123 页。

泛结纳，善名远播。

交结权贵只是第一步，要想官运亨通，张世卿必须要在皇帝心中留下印象。此时，辽国的皇帝是道宗之孙天祚帝，与乃祖父一样，他也崇信佛教。于是，每年天祚帝生辰之天兴节，张世卿虔诚邀请诸僧尼，以及男女邑众，在园中设道场一昼夜，并具香花美馔，供养斋设，此会名曰报答皇上雨露之恩。如此大的排场，加之忠心拳拳，难免会经由与张世卿相熟的权贵上达天听，而使天祚帝龙心大悦。

于是，张世卿从小小的九品右班殿直开始逐步升迁，到他去世时，已累官至银青崇禄大夫、检校国子祭酒兼监察御史、云骑尉。宋制，云骑尉为勋官十二转之第二转，正七品上，为赏勤劳之秩。[32] 监察御使在宋初因唐制，正八品上，元丰改制后，从七品[33]。检校国子祭酒属检校官十九阶之第十八阶，为表恩荣之虚衔。张世卿原任的右班殿直属三班使臣，加恩可带检校国子祭酒。[34] 银青崇禄大夫，即银青光禄大夫，因避太宗耶律德光讳而改名。北宋前期，银青光禄大夫为文散官二十九阶之第五阶，从三品。元丰改制后，为文臣京朝官寄禄官三十阶之第四阶，从二品。[35]可见，张世卿经一番摸爬滚打，虽了无政绩，却跻身高阶文官，可见荣宠甚盛。

当然，为长久计，张世卿要让子孙也跻身上流。张世卿有一子名张恭谦，曾肆北枢密院勒留承应。"勒留承应"职权不详，但北枢密院是辽国最高军事机构，"掌兵机、武铨、群牧之政，凡契丹军马皆属焉"[36]，张恭谦作为非大族出身的汉人，能在如此核心机构供职，实属难得。

婚姻是改变门第最直接的方式，张恭谦子张伸通过婚姻，与契丹王族沾了亲。契丹人与汉人的联姻在辽晚期已颇为常见。如 1998 年在下八里张氏家族墓附近发现的辽晚期契丹家族墓，其中 1 号墓主人为一位契丹男性和他的两位汉族夫人，可见在张世卿的时代，契汉联姻已是司空见惯之事。张伸娶的是耶律氏，虽然到了辽国晚期，王族耶律氏支脉繁衍，人数众多，许多支系离皇室已很遥远了，但王族毕竟是王族，这值得张世卿引以为傲、吹嘘良久了。

通过仕宦、婚姻，张氏家族在张世卿的努力下，成为归化城中数一数二的高贵门第，子孙之事皆已停当，当垂垂老矣的张世卿回首往事时，当心满意足。

---

32 《宋代官制辞典》（增补本），第 666 页。

33 同上书，第 421 页。

34 同上书，第 668 页。

35 同上书，第 616、625 页。

36 《辽史》卷四十五《百官志一》，第 686 页。

想象的星空

张世卿在七十四岁的高龄逝世，并依佛教茶毗礼火葬，得头骨和舌不灭，被认为是一生积善之报应。他的家人用柏木刻制了张世卿的真容偶像，并将茶毗后的骨灰填入其中，然后真容偶像被安放在木棺中，棺板上墨书梵文陀罗尼经咒，如《智炬经》《六字大明咒》，这些经咒被认为具有破地狱、使众生往生极乐之效。

使用真容偶像的葬俗在辽国汉人佛教徒中非常流行，除张氏家族外，下八里契丹家族墓中契丹男子的两位汉族夫人也依此俗下葬。真容偶像生动模拟真人面貌，身体各关节还可灵活转动，因此能摆出各种姿势。这种奇特的葬俗引起许多学者的关注，巫鸿先生认为，"从礼仪的角度来看，偶人的作用因此是在更高的一个层次上'复原'被火化毁灭的身体。这个转化的概念基础不再是由佛教提供的，而是来自于儒家的身体观念和祖先崇拜"[37]，即作为佛教徒的张世卿虽依茶毗礼焚化了尸身，但生活在儒家环境中的家人仍需要一个尸身来完成儒家葬仪，于是他们通过偶人让死者身体"复原"。当然，儒释二教外，真容偶像葬俗中可能还渗透着道教的因素，巫鸿指出用柏木做人型以替代生人的传统由来已久，如《世说新语》就记载了东晋方士郭璞指导王导用柏人代替自己以应天雷之灾的故事，[38]而从江西南昌唐墓和湖北武汉五代墓中出土的柏人也证明了这种观念早已被运用到墓葬之中。[39]

墓志称张世卿"慕道崇儒，敬佛睦族"，其葬仪便是他三教并奉的一个例证，另一个例证是张世卿曾建砖塔一座，塔上除了雕镂《金刚经》《梵行经》《佛顶经》《高王经》、诸杂《陀罗尼经》外，还有《常清净经》《赤松子中诫经》《孙真人福寿论》等道教经典，甚至《灵枢》这样的中医理论著作也在其中，[40]可见张世卿对这些经典并加尊崇。事实上，张世卿像当时的许多人一样对信仰采取一种实用主义的原则，不拘儒释道，凡是于他有用，便可汲取采纳。

张世卿的这种态度也在他对天空的想象中展示出来。张世卿墓后室天顶绘制了星象图（图1），当然这源自一个古老的传统，早在秦始皇时代，这位万古一帝便

37　巫鸿：《黄泉下的美术——宏观中国古代墓葬》，生活·读书·新知三联书店 2010 年版，第 148 页。

38　《世说新语校笺》卷下《术解》："王丞相令郭璞试作一卦。卦成，郭意色甚恶，云：'公有震厄。'王问：'有可消伏理不？'郭曰：'命驾西出数里，得一柏树，截断如公长，置床上常寝处，灾可消矣。'王从其语，数日中，果震柏粉碎。"第 382 页。

39　江西省博物馆：《江西南昌唐墓》，《考古》1977 年第 6 期，第 402 页。湖北省文物考古研究所、武汉市博物馆：《湖北剧场扩建工程中的墓葬和遗迹清理简报》，《江汉考古》2000 年第 4 期，第 6—7 页。

40　《张世卿墓志》，载于《宣化辽墓：1974—1993 年考古发掘报告》，第 237 页。

图1　星象　河北宣化下八里辽代张世卿墓壁画

在自己的陵墓中"上具天文"[41]。陕西西安交通大学西汉晚期墓的壁画（图2）展现了西汉人心目中永生之域的天空，日月高悬于云气缭绕的天上，二十八宿环列于黄道。随着天文观测水平的提高，人们对星象图的描绘愈发精确，浙江杭州玉皇山五代吴越国王钱元瓘墓出土的石刻星象图（图3）便是其中的典范，经研究，它很可能是根据唐玄宗开元年间（713—741）所进行天文观测所得的星图绘制的。[42]这幅星象图标识出了古人所认为最重要的星宿，即天帝所居的紫微垣的一部分和具有天地坐标意义的黄道二十八宿。

　　反观张世卿墓的星象图，显然它将更多的元素糅合进来，而呈现出更丰富的面貌和意义。在穹隆顶的中心，是一面铜镜。在墓室顶部悬铜镜的做法，于辽宋之时是颇为常见的。镜能映物，自古便被人们认为具有神秘力量。汉镜中便有"左龙右虎辟不羊（祥），朱雀玄武顺阴阳"的铭文[43]，即人们认为铜镜有辟邪之效。故道

41　《史记》卷六《秦始皇本纪》，第265页。

42　伊世同：《最古的石刻星图——杭州吴越墓石刻星图评介》，《考古》1975年第3期，第154页。

43　周保平：《汉代吉祥画像研究》，天津人民出版社2012年版，第167页。

图 2 　星象　陕西西安交通大学
西汉墓壁画

图 3 　天文星象　浙江杭州玉皇
山五代钱元瓘墓刻石（拓片）　杭
州孔庙藏

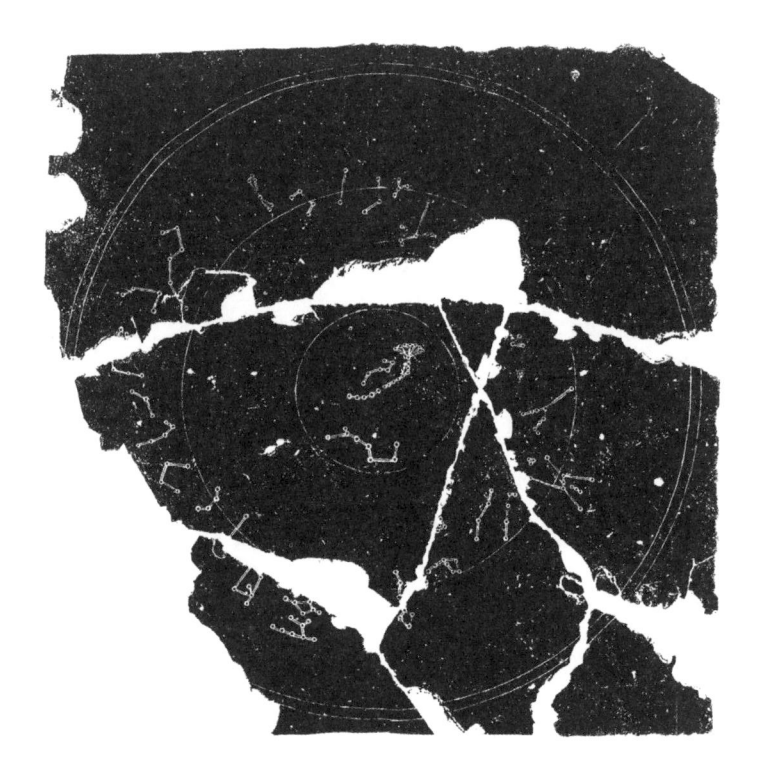

家早就以铜镜作为法器，东晋葛洪《抱朴子》称："是以古之入山道士，皆以明镜径九寸以上，悬于背后，则老魅不敢近人。"[44] 至辽宋时，铜镜成为墓葬装饰的一部分，宋代周密《癸辛杂识》言："今世有大殓而用镜悬之棺盖以照尸者，往往谓取光明破暗之义。"[45] 故天顶之铜镜，被视为光明之源，能破除黑暗邪僻，佑护亡者。

铜镜周围，是一朵绽放的重瓣莲花，这显然来自佛教的传统，在佛教石窟的天顶藻井之中，常雕刻或绘制有莲花。在此，莲花作为天空的中心，众星环绕而拱卫之。最内一圈是九曜，即日、月、五行星加上计都、罗睺二星，这是印度天文学的概念，经由佛教传来，但太阳一星中绘有金乌，又具有明显的汉地特色。九曜间夹着北斗。北斗是汉地天文图景中最重要的星官之一，在道教中甚至被尊奉为神，故张世卿墓星象图中依然保留着它的位置。九曜外一圈是二十八宿，星宿以连线红点来表示。

有趣的是，在二十八宿之外，又有十二小圈，圈中以小画代表黄道十二宫。此图一出，便引起学者的极大关注。黄道十二宫是西方天文学体系的重要因素，起源于古巴比伦，完成于古希腊，并传入古印度。此后，黄道十二宫又随佛教东传而入中土。现已知最早出现十二宫名的汉译著作是耶连提耶舍于隋代初年译出的《大乘大方等日藏经》，此后有唐代不空译出的《文殊师利菩萨及诸仙所说吉凶时日善恶宿曜经》，金俱叱译出的《七曜攘灾诀》等。随着佛教译经的丰富（图4），十二宫

图4 《**大随求陀罗尼**》经咒（梵文本） 北宋　江苏苏州瑞光寺塔内出土　苏州博物馆藏

---

44 《抱朴子内外篇》内篇卷十七《登涉》。
45 《癸辛杂识》续集卷下。

图 5 　炽盛光佛陀罗尼经变图（局部）　西夏　甘肃敦煌莫高窟第 61 窟壁画

进入到中土的星空图景中，并与中国传统的二十八宿共同闪耀夜空。如新疆吐鲁番出土的一个写本残件，其中绘有七宿（轸、角、亢、氐、房、心、尾）和三宫（双女、天秤、天蝎），据夏鼐先生称，其年代可能是初唐。[46] 唐宋时期，密宗炽盛光佛信仰流行，此佛专门镇治日月星宿，《佛说大威德金轮佛顶炽盛光如来消除一切灾难陀罗尼经》中就提到"七曜、十二宫神、二十八星、日月诸宿"[47]。在甘肃敦煌莫高窟第 61 窟甬道壁上，绘有炽盛光佛陀罗尼经变图（图 5）：在炽盛光佛车舆前后有八位星官，如日星、月星、金星、火

46 〔德〕勒可克（Albert von Le Coq）等：《德国吐鲁番研究的语言学成果》第 2 册，附录：汉字写本，图版六，1972 年德文版，第 371—374 页。转引自夏鼐：《从宣化辽墓的星图论二十八宿和黄道十二宫》，载于夏鼐：《夏鼐文集》，社会科学文献出版社 2000 年版，第 411 页。

47 《佛说大威德金轮佛顶炽盛光如来消除一切灾难陀罗尼经》，载于《碛砂大藏经》第一百一十七册，线装书局 2005 年版，第 319 页。

图 6　二十八宿和十二宫　西夏　甘肃敦煌莫高窟第 61 窟壁画

星等，佛上方的祥云之上，绘有人像化的二十八宿，皆头戴高冠、着大袖礼服、双手持笏，而在空隙处则绘黄道十二宫（图 6），其画法与张世卿墓壁画相似，俱是在小圈中绘一小画以代表之。该壁画年代尚有争议，目前认同度较高的说法是西夏，恰与张世卿墓年代接近。又甘肃肃北五个庙石窟第 1 窟东壁也绘有炽盛光佛经变图，炽盛光佛主尊边有星曜侍立，云团上有二十八宿，星宿之上则是十二宫。（图 7、图 8）此壁画亦为西夏时绘。

　　将此二佛窟壁画与张世卿墓星象图比较，会发现三者的星象元素十分相似，皆具备了九曜、二十八宿和十二宫。又张氏家族的佛教信仰有着浓厚的密教色彩，各墓主人棺上多书陀罗尼经，故猜想张世卿墓星象图当是在传统汉地星象图的基础上结合了密教炽盛光佛经变图像的元素，从而呈现为一片星光灿烂。

　　尽管黄道十二宫是舶来之物，但在汉地语境中，其形象也不可避免地发生变化，如人马座原本是半人半马的怪兽，张世卿墓壁画将其表现为人持鞭牵马，双子座和室女座中的人物也穿着汉式衣装。这样的改动，使黄道十二宫图像更能融入汉地文化中，装点一位汉人心目中的星空。

图 7　二十八宿和十二宫　西夏　甘肃肃北五个庙石窟第 1 窟壁画

图 8　二十八宿和十二宫　西夏　甘肃肃北五个庙石窟第 1 窟壁画

升仙的预备

从天上回到人间，让我们来观看张世卿的另一个世界。

张世卿墓由前室和后室组成。前室西壁，为出行图（图 9），一匹漂亮的白马，正等待着主人。马额的鬃毛和马尾俱按当时的时尚以带绑扎，鞍鞯具备外，马项下还悬挂着大红缨子。马后有五位侍者，他们俱是汉式装束，头戴交角幞头或筒状头巾，身着圆领袍，袍服的两肩和前襟大多饰有团状花纹，为便利活动，袍的前裾被撩起并系在腰间。第一人一手牵马，一手持马鞭。第二人扛着一把蓝色大伞，随时准备为主人遮风挡雨。第三人持一顶毡笠，毡笠是契丹人的一种帽子，以毛毡制成，帽檐张开如笠，可以抵御北方之风寒，耶律倍《东丹王出行图》中有一戴毡笠者（图 10）。第四人臂搭一件长袍，以备主人添加衣物。第五人头顶一大盘，盘

图9　出行　河北宣化下八里辽代张世卿墓壁画

图 10　戴毡笠者　（传）〔辽〕耶律倍《东丹王
出行图》（局部）　美国波士顿美术博物馆藏

图 11 耀州窑印花小碗　北宋　故宫博物院藏

图 12 登封窑黑釉梅瓶　北宋　登封窑陶瓷博物馆藏

中有带温碗的瓜棱形注壶、小盏、小碟等物，在主人休憩时，可奉上茶酒，供主人享用。这支小小的出行队伍，虽然人数不多，但职能全面且周到，他们将在主人奔赴永生的路途中，精心伺候，让主人最后的旅行安稳且舒心。

在后室壁上，众侍者正在忙碌，似在为主人的升仙之旅做准备。南壁西侧，有二人，皆戴交角幞头，着圆领袍，系革带，一人持带温碗的注壶，一人持盘，盘中有盏，面前的桌上亦有注子、酒盏诸般物，有一些小盏状若花朵（图 11），十分精美，而桌前小案上则有三梅瓶（图 12），瓶中当储有美酒。（图 13）以酒祭奠，其俗由来已久，《仪礼·士丧礼》便载"缀足用燕几，奠脯醢醴酒。升自阼阶，奠于尸东"[48]，似含有为亡者饯行之义。至宋代，士大夫制定礼仪时，亦颇重视奠酒，如司马光在《书仪》中叙述丧礼之祭祀时，便指出"执事者设玄酒一瓶，酒一瓶于

---

48 《仪礼》卷十二《士丧礼》。

东阶上,西上别以卓子设酒注、酒盏、刀子、拭布"[49]。朱熹《家礼》亦称虞祭时,"酒瓶并架一于灵座东南。置卓子于其东,设注子及盘、盏于其上,火炉、汤瓶于灵座西南"[50]。辽国汉人虽不必循宋人礼制,但在置酒祭奠上,却做法趋同,皆欲以旨酒乐主人之心。

张家经营田圃,粟谷既多,酿为佳醇,自无问题。但要获得另一种饮品,恐怕就得通过远程贸易了。茶本生南方,起先北方人并不多饮,唐代封演《封氏闻见记》称:"开元中,泰山灵岩寺有降魔师大兴禅教,学禅务于不寐,又不夕食,皆许其饮茶。人自怀挟,到处煮饮,从此转相仿效,遂成风俗。"[51]饮茶,被视为能清心明意,于修行大有裨益。可见茶之流行,与佛教禅修有关。又,对于以肉食为主的游牧人来说,茶能解食物之膻腥,因此茶亦风靡至塞外,唐时,回鹘入朝,便要大驱名马,市茶以归。[52]辽国续此风气,与中原贸易以换回茶叶。宋代陆游《南唐书》载:"烈祖升元二年(938),契丹主耶律德光及其弟东丹王各遣使以羊、马入贡,别持羊三万口、马二百匹来鬻,以其价市罗、纨、茶、药。"[53]至于后来,宋辽边境开设榷场,互通有无,茶是辽国进口的主要商品之一。张世卿家族虽居塞下,但好佛,故亦是茶的发烧友。因此,张氏家族的墓室壁画中多有备茶图。张世卿墓后室西壁上绘有二人在为主人备茶。(图14)桌下,有一五足火盆,炭火正旺,盆上置一汤瓶。桌上,有一多层圆盒,可能为置茶具之用,侍者已从圆盒中取出茶盏、盏托、大茶盂诸物,置于桌上了。此大茶盂为点茶之器,当为《大观茶论》中所说的"底必差深而微宽"的盏,因为"底深则茶宜立,而易于取乳;宽则运筅旋彻,不碍击拂"[54],故可在此大茶盂中置茶末,加入沸水,并以茶筅击拂之,点好茶后,再以鱼尾柄杓分至茶盏之中,并奉与主人饮用,欲使主人轻身健体,早赴仙界。

张世卿生前多诵经,因诵经被视为一种功德,墓志云:"诵《法花经》一十万部,读诵《金光明经》二千部,于道院长开此经及菩萨戒讲。"[55]在其永生之宅中,也有备经场面。(图15)后室东壁中部,绘有二人,一人持瓶,一人翘食指欲语,面前桌上,有经函、茶盏、香炉、漆盒等物,又有经书二,一为《金刚般若经》,

49 《司马氏书仪》卷十《丧仪六》,第115页。

50 《家礼》卷四《丧礼》,载于《朱子全书》,第923页。

51 《封氏闻见记校注》卷六,第51页。

52 同上书,第52页。

53 〔宋〕陆游:《南唐书》列传卷十五《契丹传》,《四部丛刊》续编景明钞本。

54 〔宋〕赵佶:《大观茶论》,载于《茶录(外十种)》,第42页。

55 《张世卿墓志》,载于《宣化辽墓:1974—1993年考古发掘报告》,第237页。

图13　备酒　河北宣化
下八里辽代张世卿墓壁画

图14　备茶　河北宣化
下八里辽代张世卿墓壁画

图15　备经　河北宣化
下八里辽代张世卿墓壁画

图 16　黄釉渣斗　辽代　故宫博物院藏

一为《常清净经》。二侍者为主人备茶焚香，以待主人诵读经书，生清净心，得大功德。而佛经、道经兼读，也进一步印证了张世卿佛道兼修的信仰面貌。

　　品酒、饮茶、诵经，主人受到生者的祭奠，又清心静气，即将踏上升仙之旅。侍者们有的持衣、有的持扇，至于渣斗（图 16）、拂尘等，皆要齐备。（图 17）后室东西有二门，侍者进进出出（图 18、图 19），似乎在从虚拟的耳室中取物放物，以为主人打点行装。有意思的是，后室南壁东侧绘有二人，一人髡发，当为契丹人，手捧一大匣，匣上带锁，另一人则捧一大钵，钵中有数个骰子，则推想契丹人所捧匣中可能是双陆棋盘。（图 20）人们认为仙人好博戏，《太平御览》引《神仙传》载："中山卫叔卿，服云母得仙。汉武使其子度世往华山求之。度世望见父，上有紫云，白玉为床，与数人博。"[56] 汉代祭祀西王母时，也常以博戏，"设张博具，歌舞祠西王母"[57]，故博戏便有了娱乐仙人之神圣功能。又围棋、双陆等博具常

　　56　〔宋〕李昉《太平御览》卷七百五十四《工艺部十一》引《神仙传》。

　　57　《汉书》卷二十七《五行志》，第 1476 页。

图20　**捧匣捧钵男侍**　河北宣化下八里辽代张世卿墓壁画

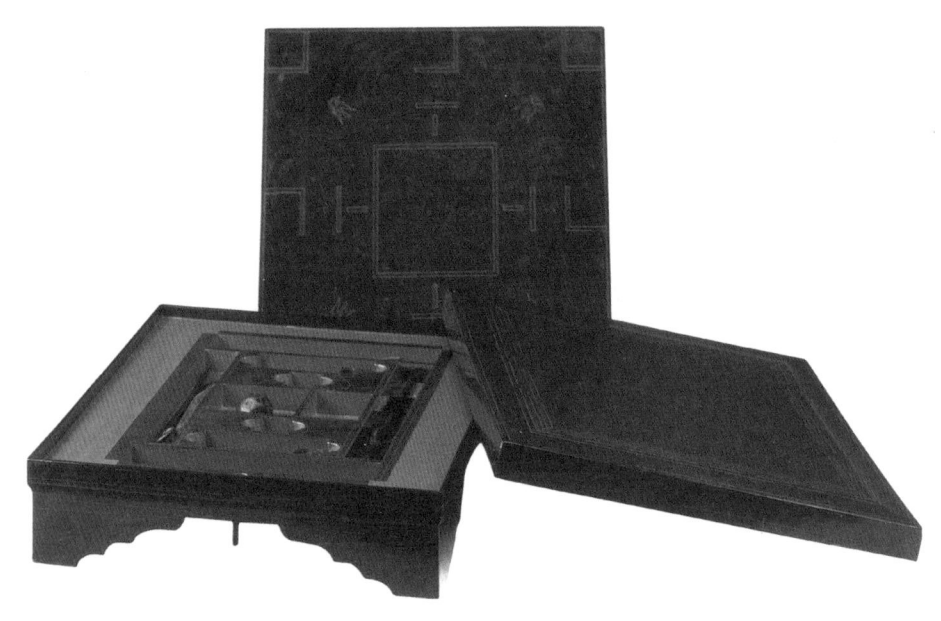

图 21　博具　湖南长沙马王堆 3 号西汉墓出土　湖南省博物馆藏

图 22　漆木双陆　辽宁法库叶茂台 7 号辽墓出土

作为陪葬之具，如湖南长沙马王堆 1 号汉墓中，伴随主人于幽冥世界的就有一套博具（图 21）。在辽代此风仍盛行，辽宁法库叶茂台 7 号辽墓也出土了一副双陆棋具。（图 22）张世卿的男侍捧博具，乃是为了满足主人登无何有之乡后从仙人游的愿望罢。

倾颓

张世卿已从仙人游了，短短数年后，女真崛起于东北，江山动荡。张氏家族这棵大树遭逢乱世，能否保其身家，续其荣光呢？

天祚帝保大二年（1122）即金太祖天辅六年，金兵攻克了辽中京，汹汹南下，归化州危在旦夕。料想张氏家族作为归化州数一数二的大族，没少被惴惴不安的守官邀请去商量对策。最终，这年九月，归化州向金兵打开了城门，戊辰，金太祖完颜旻（即完颜阿骨打）亲临归化州，对识时务者进行了慰问，张氏家族当在其中。归化州的归降，意味着金兵前往辽南京的道路畅通了。十一月，金太祖诏谕南京官民，"王师所至，降者赦其罪，官皆仍旧"[58]，归化州便是榜样。因此，张氏家族在这场改朝换代的大动乱中明哲保身了。

次年，即金太宗完颜晟天会元年（1123）十一月，为了笼络汉人士族，金国开科举。[59] 天会二年（1124）二月，科举再启，张世卿的侄子、张世本的次子张辅，金榜题名，进士及第，成为张氏家族第一位经由举业入仕者。张家的祖坟冒了青烟。此后，张氏家族在金国日益蓬勃，张辅之子张煦、张熙皆习进士业，长女迎銮嫁进士郭楹。又张世本外孙王克温亦登进士第。于是，张氏家族一时间荣耀非常。

我们现已知的关于张氏家族的讯息止于金章宗明昌元年（1190），在张辅之孙张子行的墓志描述中，此时的张家依旧花团锦簇。张子行的父亲张煦官至承务郎，兴中府兴中县令，兄张子文承信校尉，任凤□□军器库使。弟曰子忠，昭信校尉，守□□尉。[60] 这些官职虽然只在七品上下，算是低阶，但在当地，却是足以自矜的了。

但花无百日红，在二十多年后，又一场改朝换代的浪潮汹涌而来。这一回，草原上崛起了蒙古人，此时，归化州已改名为宣德州，作为草原通往金中都要道上的重镇，它成为金国对抗蒙古的前沿阵地，金廷在宣德设行省以御敌。[61] 金卫绍王完颜永济大安三年（1211），蒙古大汗成吉思汗举倾国之力伐金，金廷遣平章政事独

58 《金史》卷二《太祖本纪》，第 39 页。

59 《金史》卷五十一《选举志一》："凡词赋进士，试赋、诗、策论各一道。经义进士，试所治一经义、策论各一道。其设也，始于太宗天会元年十一月。时以急欲得汉士以抚辑新附，初无定数，亦无定期，故二年二月、八月凡再举焉。"第 1134 页。

60 《张子行墓志》，载于《宣化辽墓：1974—1993 年考古发掘报告》，第 361—363 页。

61 《金史》卷十三《卫绍王本纪》：［大安二年（1210）九月］"庚子，遣使慰抚宣德行省军士。"第 292 页。

吉思忠（千家奴）、参知政事完颜承裕（胡沙）行省事备边。独吉思忠在乌沙堡失利，修筑的界壕也成虚设。金廷以完颜承裕主军事。蒙古军进逼野狐岭，金军大败，史载"承裕丧气，不敢拒战，退至宣平县中"，宣平县是宣德州的属县，县中土豪请以土兵为前锋，行省兵为声援，与蒙古军再战，但完颜承裕怯弱不敢，只是想逃往宣德。夜里，承裕率兵南行，被蒙古军追击，第二天，在会河川，金军被蒙古军击溃，承裕仅以身免，逃入宣德。有人将会河川的这次惨败视为是金国灭亡的先兆。[62]此次南侵，德兴府、弘州、昌平、怀来、缙山、丰润、密云、抚宁、集宁，东过平、滦，南至清、沧，由临潢过辽河，西南至忻、代，皆归蒙古，[63]中都屏障尽失。至宁元年（1213）蒙古军再度大举入侵，因中原兵力空虚，蒙古军势如破竹，自贞祐元年（1213）冬十一月至二年（1214）春正月，"凡破九十余郡，所过无不残灭，两河、山东数千里，人民杀戮几尽，金帛子女牛羊马畜皆席卷而去，屋庐焚毁，而城郭邱墟矣"[64]。

在这场地动山摇的浩劫之中，张氏家族恐怕也风雨飘摇，应付前一次江山易色的柔软身段未必每次都能有效，而官爵、财富、声名，原本引以为傲之物却在此时成为累赘与祸端。虽然我们不确知张氏家族的命运如何，但在沧海横流之时，有无数类似的家族如大树被连根拔起。培植一棵大树需要数代人的努力，而摧毁它只在顷刻之间。

梦幻泡影，不过如此。

---

62 《金史》卷九十三《完颜承裕列传》，第 2066 页。

63 《金史》卷十三《卫绍王本纪》，第 294 页。

64 〔宋〕李心传：《建炎以来朝野杂记》乙集卷十九，清《武英殿聚珍版丛书》本。

参考文献

古籍

〔战国〕列御寇撰，〔晋〕张湛注：《列子》，《四部丛刊》景北宋本。

〔战国〕吕不韦撰，〔汉〕高诱注：《吕氏春秋》，《四部丛刊》景明刊本。

〔战国〕屈原等撰，〔汉〕王逸章句，〔宋〕洪兴祖补注：《楚辞》，《四部丛刊》景明翻宋本。

〔汉〕王充撰：《论衡》，《四部丛刊》景通津草堂本。

〔汉〕王符撰：《潜夫论》，《四部丛刊》景述古堂景宋钞本。

〔汉〕毛亨传，〔汉〕郑玄笺，〔唐〕陆德明音义：《毛诗》，《四部丛刊》景宋本。

（传）〔汉〕东方朔撰：《海内十洲记》，明正德嘉靖间《顾氏文房小说》本。

〔汉〕司马迁撰，〔南朝宋〕裴骃集解，〔唐〕司马贞索隐，〔唐〕张守节正义：《史记》，中华书局1982年版。

〔汉〕许慎撰：《说文解字》卷六上，清文渊阁《四库全书》本。

〔汉〕刘向撰：《古列女传》，《四部丛刊》景明本。

〔汉〕刘向撰：《列仙传》，明《正统道藏》本。

〔汉〕刘安撰，〔汉〕许慎注：《淮南鸿烈解》，《四部丛刊》景钞北宋本。

〔汉〕刘珍等撰，吴树平校注：《东观汉记校注》，中华书局2008年版。

〔汉〕刘熙撰：《释名》，《四部丛刊》景明翻宋书棚本。

（传）〔汉〕伶玄撰：《赵飞燕外传》，明正德嘉靖间《顾氏文房小说》本。

〔汉〕应劭撰，王利器校注：《风俗通义校注》，中华书局1981年版。

〔汉〕郑玄注，〔唐〕陆德明音义：《礼记》，南宋刻本。

〔汉〕郑玄注，〔唐〕陆德明音义：《仪礼》，《四部丛刊》景明徐氏翻宋刻本。

〔汉〕郑玄注，〔唐〕陆德明音义：《周礼》，《四部丛刊》景明翻宋岳氏本。

〔汉〕迦叶摩腾、竺法兰译：《四十二章经》，《大正新修大藏经》本。

〔汉〕荀悦、〔晋〕袁宏撰，张烈点校：《两汉纪》，中华书局2002年版。

〔汉〕班固撰，〔唐〕颜师古注：《汉书》，中华书局1962年版。

〔汉〕班固撰集，〔清〕陈立疏证：《白虎通疏证》，中华书局1994年版。

〔汉〕桓宽撰集，王利器校注：《盐铁论校注》，中华书局1992年版。

〔汉〕崔寔、〔汉〕仲长统撰，孙启治校注：《政论校注 昌言校注》，中华书局2012年版。

〔汉〕崔寔撰，石声汉校注：《四民月令校注》，中华书局2013年版。

〔汉〕焦延寿撰，佚名注：《焦氏易林》，《士礼居丛书》景刻陆校宋本。

〔汉〕蔡邕撰：《独断》，《四部丛刊》三编景明弘治本。

〔三国魏〕嵇康著，戴明扬校注：《嵇康集校注》，中华书局 2014 年版。

〔晋〕干宝、〔南朝宋〕陶潜撰，李剑国辑校：《新辑搜神记　新辑搜神后记》，中华书局 2007 年版。

〔晋〕张华著，唐子恒点校：《博物志》，凤凰出版社 2017 年版。

〔晋〕陈寿撰，〔南朝宋〕裴松之注：《三国志》，中华书局 1982 年版。

〔晋〕崔豹撰：《古今注》，《四部丛刊》三编景宋本。

〔晋〕葛洪撰：《抱朴子内外篇》，《四部丛刊》景明本。

〔晋〕葛洪撰：《枕中书》，清乾隆世德堂重刊《龙威秘书》本。

〔晋〕葛洪撰：《神仙传》，清文渊阁《四库全书》本。

〔晋〕释法显撰，章巽校注：《法显传校注》，中华书局 2008 年版。

〔晋〕谢朓著，曹融南校注集说：《谢宣城集校注》，上海古籍出版社 1991 年版。

〔南朝宋〕刘义庆著，〔南朝梁〕刘孝标注，徐震堮校笺：《世说新语校笺》，中华书局 1984 年版。

〔南朝宋〕范晔撰，〔唐〕李贤等注：《后汉书》，中华书局 1965 年版。

〔南朝宋〕范晔撰，〔清〕王先谦集解：《后汉书集解》，中华书局 1984 年版。

〔南朝梁〕沈约注：《竹书纪年》，《四部丛刊》景明天一阁本。

〔南朝梁〕沈约撰：《宋书》，中华书局 1974 年版。

〔南朝梁〕陶弘景撰，赵益点校：《真诰》，中华书局 2011 年版。

〔南朝梁〕萧子显撰：《南齐书》，中华书局 1972 年版。

〔南朝梁〕萧统编，〔唐〕李善等注：《文选》，胡克家刻本。

〔南朝陈〕徐陵编：《玉台新咏》，《四部丛刊》景明活字本。

〔北魏〕杨衒之撰，周祖谟校释：《洛阳伽蓝记校释》，中华书局 2010 年版。

〔北魏〕郦道元著，陈桥驿校证：《水经注校证》，中华书局 2007 年版。

〔北魏〕贾思勰著，石声汉校释：《齐民要术今释》，中华书局 2009 年版。

〔北齐〕魏收撰：《魏书》，中华书局 1974 年版。

〔北周〕庾信撰，〔清〕倪璠注，许逸民校点：《庾子山集注》，中华书局 1980 年。

〔唐〕元稹撰，冀勤点校：《元稹集》（修订本），中华书局 2010 年版。

〔唐〕令狐德棻等撰：《周书》，中华书局 1971 年版。

〔唐〕玄奘口述，辩机笔录，董志翘译注：《大唐西域记》，中华书局 2012 年版。

〔唐〕刘禹锡撰，陶敏、陶红雨校注：《刘禹锡全集编年校注》，中华书局 2019 年版。

〔唐〕杜甫撰：《杜工部集》，《续古逸丛书》景宋本配毛氏汲古阁本。

〔唐〕杜佑撰，王文锦、王永兴、刘俊文、徐庭云、谢方点校：《通典》，中华书局 1988 年版。

〔唐〕李白著，〔清〕王琦注：《李太白全集》，中华书局 1977 年版。

〔唐〕李吉甫撰，贺次君点校：《元和郡县图志》，中华书局 1983 年版。

〔唐〕李百药撰：《北齐书》，中华书局 1972 年版。

〔唐〕李延寿撰：《南史》，中华书局 1975 年版。

〔唐〕李延寿撰：《北史》，中华书局 1974 年版。

〔唐〕李林甫等撰，陈仲夫点校：《唐六典》，中华书局 1992 年版。

〔唐〕李隆基注：《孝经》，《四部丛刊》景宋本。

〔唐〕李靖撰，〔清〕汪宗沂辑：《卫公兵法辑本》，清光绪渐西村舍本。

〔唐〕岑参撰，廖立笺注：《岑参诗笺注》，中华书局 2018 年版。

〔唐〕张九龄撰，熊飞校注：《张九龄集校注》，中华书局 2008 年版。

〔唐〕张彦远撰：《历代名画记》，浙江人民美术出版社 2019 年版。

〔唐〕张鷟撰，赵守俨点校：《朝野佥载》，中华书局 1979 年版。

〔唐〕欧阳询撰：《艺文类聚》，清文渊阁《四库全书》本。

〔唐〕房玄龄等撰：《晋书》，中华书局 1974 年版。

〔唐〕封演撰，赵贞信校注：《封氏闻见记校注》，中华书局 2005 年版。

〔唐〕南卓等撰：《羯鼓录 乐府杂录 碧鸡漫志》，上海古籍出版社 1988 年版。

〔唐〕段成式撰，许逸民校笺：《酉阳杂俎校笺》，中华书局 2015 年版。

〔唐〕姚思廉撰：《梁书》，中华书局 1973 年版。

〔唐〕顾况著，王启兴、张虹注：《顾况诗注》，上海古籍出版社 1994 年版。

〔唐〕韩愈著，〔清〕方世举编年笺注：《韩昌黎诗集编年笺注》，中华书局 2012 年版。

〔唐〕释道世撰：《法苑珠林》，《四部丛刊》景明万历本。

〔唐〕魏征、〔唐〕令狐德棻撰：《隋书》，中华书局 1973 年版。

〔五代〕王定保撰：《唐摭言》，清嘉庆《学津讨原》本。

〔后晋〕刘昫等撰：《旧唐书》，中华书局 1975 年版。

〔宋〕王安石撰：《临川先生文集》，《四部丛刊》景明嘉靖本。

〔宋〕王明清撰，田松青校点：《挥麈录》，上海古籍出版社 2012 年版。

〔宋〕王柏撰：《鲁斋王文宪公文集》，民国《续金华丛书》本。

〔宋〕王栐撰：《燕翼贻谋录》，明刻《历代小史》本。

〔宋〕王钦若等编纂：《册府元龟》，凤凰出版社 2006 年版。

〔宋〕王称撰：《东都事略》，清文渊阁《四库全书》本。

〔宋〕王溥撰：《唐会要》，中华书局 1960 年版。

〔宋〕邓椿撰：《画继》，明《津逮秘书》本。

〔宋〕叶隆礼撰，贾敬颜、林荣贵点校：《契丹国志》，上海古籍出版社 1985 年版。

〔宋〕田况：《儒林公议》，明刻本。

〔宋〕司马光编著，〔元〕胡三省音注：《资治通鉴》，中华书局 1956 年版。

〔宋〕司马光撰：《温国文正公文集》，《四部丛刊》景宋绍兴本。

〔宋〕司马光著：《司马氏书仪》，商务印书馆 1936 年版。

〔宋〕毕仲游撰：《西台集》，中华书局 1985 年版。

〔宋〕吕陶撰：《净德集》，清刻《武英殿聚珍版丛书》本。

〔宋〕庄绰撰：《鸡肋编》，清文渊阁《四库全书》本。

〔宋〕刘挚撰，裴汝诚、陈晓平点校：《忠肃集》，中华书局 2002 年版。

〔宋〕宇文懋昭撰，崔文印校证：《大金国志校证》，中华书局 1986 年版。

〔宋〕苏轼撰：《苏文忠公全集》，明成化本。

〔宋〕苏辙著，陈宏天、高秀芳点校：《苏辙集》，中华书局 1990 年版。

〔宋〕李心传撰：《建炎以来系年要录》，上海古籍出版社 1992 年版。

〔宋〕李心传撰：《建炎以来朝野杂记》，清刻《武英殿聚珍版丛书》本。

〔宋〕李昉撰：《太平御览》，《四部丛刊》三编景宋本。

〔宋〕李昉撰：《太平广记》，民国景印明嘉靖谈恺刻本。

〔宋〕李焘撰：《续资治通鉴长编》，清文渊阁《四库全书》本。

〔宋〕李廌撰，孔凡礼点校：《师友谈记》，中华书局 2002 年版。

〔宋〕杨仲良编：《续资治通鉴长编纪事本末》，北京图书馆出版社 2003 年版。

〔宋〕佚名撰:《宣和画谱》,明刻《津逮秘书》本。

〔宋〕宋祁撰:《景文集》,清刻《武英殿聚珍版丛书》本。

〔宋〕宋敏求、〔元〕李好文撰,辛德勇、郎洁点校:《长安志 长安志图》,三秦出版社 2013 年版。

〔宋〕沈括撰,金良年点校:《梦溪笔谈》,中华书局 2015 年版。

〔宋〕张守撰,刘云军点校:《毗陵集》,上海古籍出版社 2018 年版。

〔宋〕张邦基撰:《墨庄漫录》,《四部丛刊》三编景明钞本。

〔宋〕陆游著,马亚中、涂小马校注:《渭南文集校注》,浙江古籍出版社 2015 年版。

〔宋〕陆游撰:《南唐书》,《四部丛刊》续编景明钞本。

〔宋〕陈耆卿撰:《(嘉定)赤城志》,清文渊阁《四库全书》本。

〔宋〕邵雍撰:《击壤集》,《四部丛刊》景明成化本。

〔宋〕欧阳修、〔宋〕宋祁撰:《新唐书》,中华书局 1975 年版。

〔宋〕欧阳修撰,〔宋〕徐无党注:《新五代史》,中华书局 1974 年版。

〔宋〕欧阳修著,洪本健校笺:《欧阳修诗文集校笺》,上海古籍出版社 2009 年版。

〔宋〕周密撰:《癸辛杂识》,清文渊阁《四库全书》本。

〔宋〕赵彦卫撰:《云麓漫钞》,中华书局 1996 年版。

〔宋〕徐松辑,刘琳、刁忠民、舒大刚、尹波等校点:《宋会要辑稿》,上海古籍出版社 2014 年版。

〔宋〕徐梦莘撰:《三朝北盟会编》,清许涵度校刻本。

〔宋〕高承撰:《事物纪原》,明弘治十八年魏氏仁实堂重刻正统本。

〔宋〕郭茂倩辑:《乐府诗集》,《四部丛刊》景汲古阁本。

〔宋〕程大昌撰:《演繁露》,清嘉庆《学津讨原》本。

〔宋〕程颢、程颐撰:《二程文集》,清文渊阁《四库全书》本。

〔宋〕曾公亮撰:《武经总要》,清文渊阁《四库全书》本。

〔宋〕蔡襄等撰,唐晓云整理点校:《茶录(外十种)》,上海书店出版社 2015 年版。

〔宋〕薛居正等撰:《旧五代史》,中华书局 1976 年版。

〔金〕元好问撰:《续夷坚志》,清刻本。

〔元〕马端临撰,上海师范大学古籍研究所、华东师范大学古籍研究所点校:《文献通考》,中华书局 2011 年版。

〔元〕脱脱等撰:《宋史》,中华书局 1985 年版。

〔元〕脱脱等撰:《辽史》,中华书局 1974 年版。

〔元〕脱脱等撰:《金史》,中华书局 1975 年版。

〔明〕李时珍撰:《本草纲目》,明万历刊本。

〔明〕胡震亨著:《唐音癸签》,上海古籍出版社 1981 年版。

〔明〕彭大翼撰:《山堂肆考》,清文渊阁《四库全书》本。

〔清〕孙星衍等辑,周天游点校:《汉官六种》,中华书局 1990 年版。

〔清〕严可均辑:《全上古三代秦汉三国六朝文》,中华书局 1958 年版。

〔清〕张潮撰,方文编注:《幽梦影》,崇文书局 2017 年版。

〔清〕赵翼著,王树民校证:《廿二史札记校证》,中华书局 2013 年版。

〔清〕彭定求等编:《全唐诗》,中华书局 1960 年版。

〔清〕董诰等编:《全唐文》,中华书局 1983 年版。

《密县志》,清嘉庆二十二年本。

〔古希腊〕希罗多德著,王以铸译:《希罗多德历史》,商务印书馆 1997 年版。

〔伊朗〕贾利尔·杜斯特哈赫选编：《阿维斯塔》，商务印书馆 2017 年版。

王其祎、周晓薇编著：《隋代墓志铭汇考》，线装书局 2007 年版。

王维堤、唐书文撰：《春秋公羊传译注》，上海古籍出版社 2004 年版。

天一阁博物馆、中国社会科学院历史研究所天圣令整理课题组校证：《天一阁藏明钞本天圣令校证（附唐令复原研究）》，中华书局 2006 年版。

朱红林著：《张家山汉简〈二年律令〉集释》，社会科学文献出版社 2005 年版。

朱杰人、严佐之、刘永翔主编：《朱子全书》，上海古籍出版社、安徽教育出版社 2002 年版。

刘大钧总主编：《百年易学菁华集成初编·出土易学文献》，上海科学技术文献出版社 2010 年版。

刘俊文撰：《唐律疏议笺解》，中华书局 1996 年版。

李玉明、王雅安主编，陈学锋分册主编：《三晋石刻大全·大同市浑源县卷续编》，三晋出版社 2005 年版。

李德辉辑校：《晋唐两宋行记辑校》，辽海出版社 2009 年版。

汪小洋著：《汉墓壁画宗教思想研究》，上海古籍出版社 2011 年版。

汪潇晨点校：《中华礼藏·礼制卷·总制之属》第四册，浙江大学出版社 2017 年版。

沈云龙主编：《中国名山胜迹志丛刊》第三辑，文海出版社 1971 年版。

张宇澄编辑：《香艳丛书》，上海书店出版社 1991 年版。

张沛编著：《昭陵碑石》，三秦出版社 1993 年版。

张星烺编注：《中西交通史料汇编》，华文出版社 2018 年版。

陈直著：《居延汉简研究》，中华书局 2009 年版。

陈鼓应注释：《庄子今注今译》，中华书局 2009 年版。

周绍良主编：《唐代墓志汇编》，上海古籍出版社 1992 年版。

周绍良主编：《全唐文新编》，吉林文史出版社 2000 年版。

周阿根著：《五代墓志汇考》，黄山书社 2011 年版。

郑杰文著：《穆天子传通解》，山东文艺出版社 1992 年版。

陕西省考古研究所编，李明、刘呆运、李举纲主编：《长安高阳原新出土隋唐墓志》，文物出版社 2016 版。

胡平生、许颖、徐敏译注：《孝经　地藏经　文昌孝经》，中华书局 2009 年版。

袁珂校注：《山海经校注》，北京联合出版公司 2014 年版。

黄怀信著：《逸周书校补注译》，三秦出版社 2006 年版。

韩理洲等辑校编年：《全北齐北周文补遗》，三秦出版社 2008 年版。

曾枣庄主编：《宋代序跋全编》，齐鲁书社 2015 年版。

曾枣庄、刘琳主编：《全宋文》，上海辞书出版社、安徽教育出版社 2006 年版。

荆门市博物馆编：《郭店楚墓竹简》，文物出版社 1998 年版。

《碛砂大藏经》，线装书局 2005 年版。

专著

山西省考古研究所、太原市文物考古研究所、太原市晋源区文物旅游局编著：《太原隋虞弘墓》，文物出版社 2005 年版。

马健著：《草原霸主：欧亚草原早期游牧民族的兴衰史》，商务印书馆 2014 年版。

王仲殊著：《汉代考古学概说》，中华书局 1984 年版。

王国维著：《王国维考古学文辑》，凤凰出版社 2008 年版。

韦正著：《将毋同——魏晋南北朝图像与历史》，上海古籍出版社 2019 年版。

〔日〕田村实造、小林行雄著，李彦朴等译，李俊义等校注：《庆陵：内蒙古辽代帝王陵及其壁画的考古学调查报告》，内蒙古大学出版社 2016 年版。

宁夏回族自治区固原博物馆、罗丰编著：《固原南郊隋唐墓地》，文物出版社 1996 年版。

田余庆著：《东晋门阀政治》，北京大学出版社 1989 年版。

吕子方著：《读山海经杂记》，浙江人民美术出版社 2018 年版。

吕春盛著：《北齐政治史研究——北齐衰亡原因之考察》，台湾大学出版中心 1987 年版。

吕思勉著：《吕思勉文集·读史札记》，译林出版社 2016 年版。

〔美〕伊恩·塔特索尔（Ian Tattersall），〔美〕罗布·德萨勒（Rob DeSalle）著，乐艳娜译：《葡萄酒的自然史》，重庆大学出版社 2018 年版。

〔意〕马里奥·布萨格里（Mario Bussagli）等著，许建英、何汉民编译，贾应逸审校：《中亚佛教艺术》，新疆美术摄影出版社 1992 年版。

孙英刚、何平著：《犍陀罗文明史》，生活·读书·新知三联书店 2018 年版。

〔美〕劳费尔（Berthold Laufer）著，林筠因译：《中国伊朗编——中国对古代伊朗文明史的贡献》，商务印书馆 2001 年版。

巫鸿著：《黄泉下的美术——宏观中国古代墓葬》，生活·读书·新知三联书店 2010 年版。

李金梅主编：《中国马球史研究》，甘肃人民出版社 2002 年版。

李清泉著：《宣化辽墓——墓葬艺术与辽代社会》，文物出版社 2008 年版。

李新宇、周海婴主编：《鲁迅大全集》，长江文艺出版社 2011 年版。

余太山著：《嚈哒史研究》，齐鲁书社 1986 年版。

余英时：《士与中国文化》，上海人民出版社 2003 年版。

张丕远主编：《中国历史气候变化》，山东科技出版社 1996 年版。

张全超著：《内蒙古和林格尔县新店子墓地人骨研究》，科学出版社 2010 年版。

张庆捷著：《解读虞弘墓——北朝定居中国的粟特人》，三晋出版社 2020 年版。

张鹏著：《辽墓壁画研究》，天津人民美术出版社 2008 年版。

陈述著：《契丹政治史稿》，人民出版社 1986 年版。

陈寅恪著：《唐代政治史述论稿》，上海古籍出版社 1982 年版。

林梅村编：《楼兰尼雅出土文书》，文物出版社 1985 年版。

林梅村著：《沙海古卷——中国所出佉卢文书（初集）》，文物出版社 1988 年版。

林梅村著：《西域文明——考古、语言、民族和宗教新论》，东方出版社 1995 年版。

林梅村著：《世界历史》第 16 册《中亚民族与宗教》，江西人民出版社 2012 年版。

〔美〕罗伯特·K.G. 坦普尔（Robert K. G. Temple）著，陈养正、陈小慧、李耕耕等译：《中国：发明与发现的国度——中国科学技术史精华》，21 世纪出版社 1995 年版。

〔美〕凯尔·哈珀（Kyle Harper）著，李一帆译：《罗马的命运——气候：疾病和帝国的终结》，北京联合出版公司 2019 年版。

〔英〕彼得·弗兰科潘（Peter Frankopan）著，邵旭东、孙芳译：《丝绸之路：一部全新的世界史》，浙江大学出版社 2016 年版。

周保平著：《汉代吉祥画像研究》，天津人民出版社 2012 年版。

郑岩著：《魏晋南北朝壁画墓研究》，文物出版社 2002 年版。

河北省文物研究所编著：《宣化辽墓：1974—1993 年考古发掘报告》，文物出版社 2001 年版。

河南省文物研究所编：《密县打虎亭汉墓》，文物出版社 1993 年版。

荣新江等主编：《粟特人在中国——历史、考古、语言的新探索》，中华书局 2005 年版。

荣新江著：《中古中国与粟特文明》，生活·读书·新知三联书店 2014 年版。

施安昌著：《火坛与祭司鸟神》，紫禁城出版社 2004 年版。

秦大树著：《宋元明考古》，文物出版社 2004 年版。

贾小军、武鑫著：《魏晋十六国河西镇墓文、墓券整理研究》，中国社会科学出版社 2017 年版。

夏鼐著：《夏鼐文集》，社会科学文献出版社 2000 年版。

唐长孺著：《魏晋南北朝史论丛》，商务印书馆 2017 年版。

龚延明编著：《宋代官制辞典》（增补本），中华书局 2017 年版。

〔意〕康马泰（Matteo Compareti）著，毛铭译：《唐风吹拂撒马尔罕》，漓江出版社 2016 年版。

盖山林著：《和林格尔汉墓壁画》，内蒙古人民出版社 1977 年版。

宿白著：《白沙宋墓》，生活·读书·新知三联书店 2017 年版。

梁思成著：《图像中国建筑史》，生活·读书·新知三联书店 2011 年版。

湖南省博物馆、中国科学院考古研究所编：《长沙马王堆一号汉墓》，文物出版社 1973 年版。

蒙曼著：《唐朝前期北衙禁军制度研究》，中央民族大学出版社 2005 年版。

缪钺著：《读史存稿》，北京大学出版社 2017 年版。

颜济、杨俊良编著：《小麦族生物系统学》，中国农业出版社 1999 年版。

论文

马怡：《西汉末年"行西王母诏筹"事件考——兼论早期的西王母形象及其演变》，载于中国社会科学院历史研究所文化史研究室编：《形象史学研究·2016 年／上半年》，人民出版社 2016 年版。

王雪：《马王堆一号墓漆棺神怪图像研究》，湖北美术学院硕士学位论文，2019 年 6 月。

王煜：《也论汉代壁画和画像中的鱼车出行》，《考古与文物》2013 年第 3 期。

王煜：《汉代太一信仰的图像考古》，《中国社会科学》2014 年第 3 期。

王煜、唐熙阳：《汉代西王母图像与西方女神像之关系及其背景》，《考古与文物》2015 年第 5 期。

冯振琦：《汉代巫舞的基本类型和形式》，《南都学坛（人文社会科学学报）》第 31 卷第 6 期，2011 年 11 月。

吕智荣：《郝滩东汉壁画墓升天图考释》，《中原文物》2014 年第 2 期。

刘早：《飞腾的格里芬》，山东大学硕士学位论文，2018 年 5 月。

刘宗迪：《西王母神话地域渊源考》，《民俗研究》2005 年第 2 期。

刘辉：《从汉画看汉代的升仙愿望》，《商丘师范学院学报》第 25 卷第 1 期，2009 年 1 月。

杨巨平：《娜娜女神的传播与演变》，《世界历史》2010 年第 5 期。

杨岸：《升仙的灵魂——汉代画像石浅析》，《长江师范学院学报》第 29 卷第 4 期，2013 年 8 月。

余太山：《条支、黎轩、大秦和有关的西域地理》，《中国史研究》1985 年第 2 期。

张启彬：《仙化之境——马王堆 1 号墓漆棺的图像与文化》，湖北美术学院硕士学位论文，2011 年 6 月。

张绪山：《汉唐时代华夏族人对希腊罗马世界的认知——以西王母神话为中心的探讨》，《世界历史》2017 年第 5 期。

金立江：《女神文明与城邦——苏美尔女神伊南娜的图像神话与叙事》，《贵州大学学报（艺术版）》第 28 卷第 3 期，2014 年 6 月。

陕西省考古研究所、榆林市文物管理委员会：《陕西定边县郝滩发现东汉壁画墓》，《考古与文物》2004

年第 5 期。

郝利荣：《汉代石椁画像与民间宗教信仰研究——从汉代墓葬建筑的"象生环境"和"死而不亡"的理想境界谈起》，《文物世界》2013 年第 5 期。

饶宗颐：《塞种与 Soma——不死药的来源探索》，《中国学术》2002 年第 4 期。

贺西林：《云崖仙使——汉代艺术中的羽人及其象征意义》，载于华东师范大学艺术研究所编，阮荣春主编，顾平、汪小洋副主编：《中国美术研究（第 1、2 合辑）：美术考古与宗教美术专题》，东南大学出版社 2012 年版。

高莉芬：《九尾狐：汉画像西王母配属动物图像及其象征考察》，《政大中文学报》第 15 期，2011 年 6 月。

黄诗荣：《仪式中的飨宴：以郝滩东汉墓中的西王母壁画为例》，《中极学刊》第 9 辑，2015 年 6 月。

曾庆硕、高旋、王丽黎：《浅议汉画中升仙辟邪的汉代谶纬思想》，《南阳理工学院学报》第 4 卷第 1 期，2012 年 1 月。

戴璐：《汉代艺术中的九尾狐形象研究》，《民族艺术》2013 年第 3 期。

于宁：《汉代的帷帐研究》，北京林业大学硕士学位论文，2012 年 6 月。

牛天伟：《试论汉画像石砖中的车》，载于中国汉画学会、河南博物院编：《中国汉画学会第十三届年会论文集》，中州古籍出版社 2011 年。

卢兆荫：《略论两汉魏晋的帷帐》，《考古》1984 年第 5 期。

史美燕：《浅析外来文化对汉代"百戏"的影响》，中国秦汉史研究会、咸阳师范学院编，梁安和、徐卫民主编：《秦汉研究》第 10 辑，陕西人民出版社 2016 年版。

包启安：《汉代的酿酒及其技术》，《中国酿造》1991 年第 2 期。

冯振奇：《汉代宴饮助乐习俗》，《南都学坛（人文社会科学学报）》第 29 卷第 6 期，2009 年 11 月。

孙晓飞：《场景与图像——浅析汉代墓室壁画宴饮题材起源》，中央美术学院硕士学位论文，2011 年 5 月。

李宗寅：《打虎亭汉墓墓主人考》，《寻根》1998 年第 1 期。

张仁浩：《西汉的常侍》，延安大学硕士学位论文，2014 年 6 月。

张亚娜：《河南密县打虎亭汉墓及相关问题研究》，郑州大学硕士学位论文，2005 年 5 月。

南京市博物馆：《南京市东汉建安二十四年龙桃杖墓》，《考古》2009 年第 1 期。

侯晓红：《浅谈密县汉墓的〈舞乐百戏〉壁画》，《中原文物》1987 年第 2 期。

郑莉、杨静：《汉代百戏的兴盛和禁毁》，《西安文理学院学报（社会科学版）》第 11 卷第 2 期，2008 年 5 月。

济南市博物馆：《试谈济南无影山出土的西汉乐舞、杂技、宴饮陶俑》，《文物》1972 年第 5 期。

谭燕：《汉代夫妻合葬习俗的思想史解读》，《重庆师范大学学报（哲学社会科学版）》2009 年第 3 期。

王燕、王书兵、赵志中、秦义、马寅生、孙继民、孙红艳、田明中：《内蒙古克什克腾旗地区距今 16000a 以来的孢粉组合特征与环境变迁》，《地球学报》第 26 卷第 5 期，2005 年 10 月。

刘达：《汉代车马出行图的构图与造型研究——以和林格尔壁画墓车马出行图为例》，中央民族大学硕士学位论文，2016 年 5 月。

刘静、殷淑燕：《中国历史时期重大疫灾时空分布规律及其与气候变化关系》，《自然灾害学报》第 25 卷第 1 期，2016 年 2 月。

李淑芬：《从和林格尔汉墓壁画看东汉北方地主庄园》，内蒙古大学硕士学位论文，2012 年 5 月。

杨泓：《读〈史记·李将军列传〉兼谈两汉"莫府"图像和模型》，《故宫博物院院刊》2019 年第 2 期。

杨保，康兴成，施雅风：《近 2000 年都兰树轮 10 年尺度的气候变化及其与中国其他地区温度代用资料的比较》，《地理科学》第 20 卷第 5 期，2000 年 10 月。

吴荣曾：《和林格尔汉墓壁画中反映的东汉社会生活》，《文物》1974 年第 1 期。

张振克等:《近 2600 年来内蒙古居延海湖泊沉积记录的环境变迁》,《湖泊科学》1998 年第 2 期。

陈昌文:《汉代城市的布局及其发展趋势》,《江西师范大学学报（哲学社会科学版）》第 31 卷第 1 期,
1998 年 2 月。

冷雪、王昕梅、曹向明、彭学敏、王野乔:《气候环境驱动下的中国北方早期社会历史时空演进及其机
制》,《地理学报》第 72 卷第 9 期, 2017 年 9 月。

罗哲文:《和林格尔汉墓壁画中所见的一些古建筑》,《文物》1974 年第 1 期。

金维诺:《和林格尔东汉壁画墓年代的探索》,《文物》1974 年第 1 期。

施雅风，姚檀栋，杨保:《近 2000a 古里雅冰芯 10a 尺度的气候变化及其与中国东部文献记录的比较》,
《中国科学（D 辑）》第 29 卷增刊 1, 1999 年 6 月。

贾敬颜:《汉属国与属国都尉考》,《史学集刊》1982 年第 4 期。

夏超雄:《和林格尔汉墓壁画庄园图和属吏图探讨》,《北京大学学报（哲学社会科学版）》1980 年第 2 期。

黄盛璋:《和林格尔汉墓壁画与历史地理问题》,《文物》1974 年第 1 期。

黄盛璋:《再论和林格尔汉墓壁画的地理与年代问题——兼评〈和林格尔汉墓壁画〉》,《考古与文物》
1982 年第 1 期。

符奎:《秦汉农业聚落的形态与耕作技术——以三杨庄遗址为中心的探讨》, 郑州大学博士学位论文,
2013 年 5 月。

符奎:《三杨庄遗址汉代聚落的形态》,《中国农史》2019 年第 5 期。

楼嘉军:《气候演变与民族迁徙——东汉、魏晋时期北方少数民族内迁新探》,《历史教学问题》1992
年第 4 期。

丁柏峰:《西晋末年人口大迁徙对"五凉"政权的影响》,《青海师范大学学报（哲学社会科学版）》
2000 年第 4 期。

马强、邹飞:《河西地区的魏晋坞壁图像》,《中华文化论坛》2016 年第 12 期。

王刚:《嘉峪关魏晋墓砖壁画反映的男性服饰》,《卷宗》2017 年第 26 期。

刘汉东:《从西凉户籍残卷谈五凉时期的人口》,《史学月刊》1988 年第 4 期。

刘汉东:《五凉时期河西人口研究》,《甘肃社会科学》1989 年第 4 期。

刘利:《嘉峪关新城墓室壁画图像研究》, 湖南师范大学硕士学位论文, 2015 年 5 月。

〔美〕安妮特·L. 朱丽安娜（Annette L. Juliano）、朱迪思·A. 莱莉（Judith A. Lerner）著, 苏银梅译:《古
粟特文信札（Ⅱ号）》,《考古与文物》2003 年第 5 期。

许序雅:《粟特、粟特人与九姓胡考》,《西域研究》2007 年第 2 期。

孙占鳌:《论河西魏晋墓画所反映的经济社会生活》,《丝绸之路》2015 年第 8 期。

孙占鳌:《魏晋时期河西饮食文化发展的特征》,《丝绸之路》2015 年第 16 期。

李并成:《三国时期河西走廊的开发》,《开发研究》1990 年第 2 期。

李欣:《考古资料所见汉代"烧烤"风俗》,《四川文物》2016 年第 1 期。

肖亢达:《河西壁画墓中所见的农业生产概况》,《农业考古》1985 年第 2 期。

余太山:《大宛和康居综考》,《西北民族研究》1991 年第 1 期。

张掖地区文物管理办公室、高台县博物馆:《甘肃高台骆驼城画像砖墓调查》,《文物》1997 年第 12 期。

陈寅恪:《桃花源记旁证》,《清华学报》1936 年第 1 期。

贾小军:《文字、图像与信仰:墓葬所见魏晋十六国河西社会》, 西北师范大学历史文化学院、甘肃简
牍博物馆、河西学院河西史地与文化研究中心、兰州城市学院简牍研究所编《简牍学研究（第六辑）》,
甘肃人民出版社 2016 年版。

高荣:《魏晋十六国时期河西与西域间的商业贸易》,《西域研究》2013 年第 2 期。

黄兆宏、张相鹏：《内迁与整合——魏晋时期入迁河西地区移民的历史考察》，《石河子大学学报（哲学社会科学版）》第 30 卷第 1 期，2016 年 2 月。

嘉峪关长城博物馆：《嘉峪关新城魏晋砖墓发掘报告》，《陇右文博》2003 年第 1 期。

嘉峪关市文物管理所：《嘉峪关新城十二、十三号画像砖墓发掘简报》，《文物》1982 年第 8 期。

瞿萍：《五凉河西蚕桑业考》，《敦煌学辑刊》2021 年第 1 期。

于志勇：《西汉时期楼兰"伊循城"地望考》，载于文化遗产研究与保护技术教育部重点实验室西北大学丝绸之路文化遗产保护与考古学研究中心、西北大学唐仲英文化遗产研究与保护技术实验室编：《西部考古（第七辑）》，三秦出版社 2014 年版。

王立恒：《鄯善国丝织业与丝路贸易》，西北民族大学硕士学位论文，2011 年 5 月。

王守春：《塔里木盆地三大遗址群的兴衰与环境变化》，《第四纪研究》1998 年第 1 期。

王红梅：《汉代独角镇墓兽造型中的民族文化元素探研》，《丝绸之路》2016 年第 16 期。

王希隆：《魏、晋、前凉西域屯田述论》，《西域研究》2013 年第 3 期。

王炳华：《孔雀河古墓沟发掘及其初步研究》，《新疆社会科学》1983 年第 1 期。

方英楷：《魏晋楼兰屯田考》，《新疆农垦科技》1991 年第 1 期。

丘进：《关于汉代丝绸国际贸易的几个问题》，《新疆社会科学》1987 年第 2 期。

宁夏回族自治区博物馆：《宁夏盐池唐墓发掘简报》，《文物》1988 年第 9 期。

西北大学中亚考古队、乌兹别克斯坦科学院考古研究所：《乌兹别克斯坦拜松市拉巴特墓地 2017 年发掘简报》，《文物》2018 年第 7 期。

朱己祥：《鄯善和于阗古国佛寺壁画花纲人物图像分析》，《敦煌研究》2018 年第 4 期。

刘文锁：《新疆考古发现麻黄与大麻的有关问题》，载于朱玉麒主编：《西域文史（第十二辑）》，科学出版社 2018 年版。

刘宁：《新疆地区古代居民的人种结构研究——以楼兰、乌孙、车师、回鹘为例》，吉林大学博士学位论文，2010 年 4 月。

刘松柏、郭慧林：《库车发现的银颇罗考》，《西域研究》1999 年第 1 期。

刘源：《佉卢文书所见鄯善国与周边纺织品贸易》，西北民族大学硕士学位论文，2017 年 5 月。

安令雨等：《新疆罗布泊地区石器遗存 2014 年调查报告》，载于董为主编：《第十六届中国古脊椎动物学学术年会论文集》，海洋出版社 2018 年版。

苏治光：《东汉后期至北魏对西域的管辖》，《中国史研究》1984 年第 2 期。

李青：《罗布泊雅丹壁画墓考察》，《艺术探索》第 28 卷第 2 期，2014 年 4 月。

李青：《米兰壁画与东西方艺术关系考论》，载于周伟洲主编：《西北民族论丛（第十一辑）》，社会科学文献出版社 2015 年版。

李青：《楼兰 03LE 壁画墓再讨论》，载于周伟洲主编：《西北民族论丛（第十三辑）》，社会科学文献出版社 2016 年版。

李春香、周慧：《小河墓地出土人类遗骸的母系遗传多样性研究》，《西域研究》2016 年第 1 期。

李康康等：《新疆罗布泊地区晚更新世末期人类活动新证据》，《中国科学：地球科学》第 49 卷第 2 期，2019 年 2 月。

邱陵：《新疆米兰佛寺壁画："有翼天使"》，《西域研究》1995 年第 3 期。

余太山：《贵霜王朝的终结》，《西域研究》2014 年第 3 期。

张全超、朱泓：《新疆古墓沟墓地人骨的稳定同位素分析——早期罗布泊先民饮食结构初探》，《西域研究》2011 年第 3 期。

张弛：《读饶宗颐〈塞种与 Soma〉》，《中国社会科学报》2019 年 3 月 27 日版。

张荣芳：《论汉晋时期楼兰（鄯善）王国的丝绸贸易》，《中国史研究》1992 年第 1 期。

张健波：《米兰壁画的年代及风格学特征综考》，《新疆艺术学院学报》第 15 卷第 1 期，2017 年 3 月。

邵学成、戴怡添：《犍陀罗考古新发现的壁画：飞翔在丝绸之路上的天使影像》，"澎湃私家历史" 2021 年 2 月 5 日。

陈晓露：《楼兰壁画墓所见贵霜文化因素》，《考古与文物》2012 年第 2 期。

陈晓露：《塔里木盆地的贵霜大月氏人》，载于教育部人文社会科学重点研究基地吉林大学边疆考古研究中心、边疆考古与中国文化认同协同创新中心编：《边疆考古研究（第 19 辑）》，科学出版社 2016 年版。

林立：《米兰佛寺考》，《考古与文物》2003 年第 3 期。

林梅村：《新疆尼雅发现的佉卢文契约考释》，《考古学报》1989 年第 1 期。

罗超、彭子成、杨东、刘卫国、贺剑峰、刘桂建：《新疆罗布泊地区的环境演化》，《自然杂志》第 28 卷第 1 期，2006 年 2 月。

孟凡人：《魏晋楼兰屯田概况》，《农业考古》1985 年第 1 期。

侯灿：《魏晋西域长史治楼兰实证——楼兰问题驳难之一》，《敦煌研究》2001 年第 4 期。

袁国映、袁磊：《罗布泊历史环境变化探讨》，《地理学报》第 53 卷增刊，1998 年 12 月。

贾红娟、刘嘉麒、秦小光：《全新世早期罗布泊气候变化和耕作活动的孢粉证据》，《吉林大学学报（地球科学版）》第 41 卷，2011 年 9 月。

贾红娟、汪敬忠、秦小光、陈丽红：《罗布泊地区晚冰期至中全新世气候特征及气候波动事件》，《第四纪研究》2017 年第 3 期。

夏侠：《从楼兰出土文物看魏晋时期的西域服饰》，《新疆艺术学院学报》第 7 卷第 3 期，2009 年 9 月。

唐尚书：《汉唐间罗布泊地区的环境演变研究》，兰州大学博士学位论文，2019 年 5 月。

海滨：《郁金·琥珀·叵罗·胡姬——李白饮酒诗中西域元素考释》，《西域研究》2011 年第 2 期。

韩康信：《新疆孔雀河古墓沟墓地人骨研究》，《考古学报》1986 年第 3 期。

谢连文、黄思静、李锋、张建永：《罗布泊盐湖过去 2000a 气候变化曲线的全球对比》，《中国岩溶》第 23 卷第 4 期，2004 年 12 月。

新疆文物考古研究所：《2002 年小河墓地考古调查与发掘报告》，教育部人文社会科学重点研究基地吉林大学边疆考古研究中心编：《边疆考古研究（第 3 辑）》，科学出版社 2005 年版。

新疆文物考古研究所：《新疆罗布泊小河墓地 2003 年发掘简报》，《文物》2007 年第 10 期。

魏乐乐：《两汉迄唐徙居内地月氏人研究》，西北大学硕士学位论文，2010 年 6 月。

魏坚、任冠：《楼兰 LE 古城建置考》，《文物》2016 年第 4 期。

马鹏翔：《"竹林七贤"名号之流传与东晋中前期政局》，《中国哲学史》2008 年第 2 期。

王汉：《林下与南朝竹林七贤砖画为何无竹》，载于中国社会科学院历史研究所文化史研究室主办，刘中玉主编：《形象史学·2017 年下半年（总第十辑）》，社会科学文献出版社 2018 年版。

王晓毅：《"竹林七贤"考》，《历史研究》2001 年第 5 期。

左骏、张长东：《模印拼砌砖画与南朝帝陵墓室空间营造——以丹阳鹤仙坳大墓为中心》，《故宫博物院院刊 2019 年第 7 期。

李若晴：《从"七贤"砖画谈东晋南朝人物画的艺术面貌》，《美术学报》2010 年第 1 期。

李若晴：《升仙之路：试谈"竹林七贤与荣启期"画像砖的图像内涵》，《美术学报》2006 年第 1 期。

李若晴：《再谈"竹林七贤与荣启期"画像砖成因——以刘宋初期陵寝制度与立国形势为中心》，《艺术探索》第 31 卷第 1 期，2017 年 1 月。

杨柳：《北朝墓葬壁画中竹林七贤形象的文化解析》，载于华东师范大学艺术研究所编：《中国美术研究

（第 32 辑）：艺术设计研究》，上海书画出版社 2019 年版。

吴京霓：《〈竹林七贤与荣启期〉图像初探——以江苏南京西善桥南朝墓为例》，《美术文献》2019 年第 5 期。

汪珂欣：《从〈羽人戏龙〉到〈竹林七贤与荣启期〉——南朝墓砖印壁画母本作者考略》，《荣宝斋》2017 年第 5 期。

邵玉健：《丹阳两座南朝失名墓墓主考》，《东南文化》1989 年第 2 期。

范子烨：《六朝文化中的"如意"与清谈》，《文史知识》2016 年第 5 期。

罗宗真：《南京西善桥油坊村南朝大墓的发掘》，《考古》1963 年第 6 期。

周弘杨：《图像证史——对话南京西善桥"竹林七贤与荣启期"画像砖》，沈阳师范大学硕士学位论文，2016 年 3 月。

孟庆雷、孙易君：《神仙道教视域下的南朝帝陵画像砖内容解读》，《宗教学研究》2019 年第 2 期。

赵俊杰、崔雅博：《南朝"竹林七贤与荣启期"砖印壁画墓的年代与等级——以南京石子冈 M5 与西善桥宫山墓为中心》，《美术研究》2019 年第 6 期。

赵曦：《浅析魏晋清谈与竹林七贤画像砖构图形式之关系》，《中原文物》2016 年第 3 期。

胡俊：《（南朝）画像砖〈竹林七贤与荣启期〉何以无竹？》，《南京艺术学院学报（美术与设计版）》2007 年第 3 期。

南京市考古研究所：《南京栖霞狮子冲南朝大墓发掘简报》，《东南文化》2015 年第 4 期。

南京市博物馆：《南京市雨花台区铁心桥小村南朝墓发掘简报》，《东南文化》2015 年第 2 期。

南京博物院：《江苏丹阳县胡桥、建山两座南朝墓葬》，《文物》1980 年第 2 期。

南京博物院、南京市文物保管委员会：《南京西善桥南朝墓及其砖刻壁画》，《文物》1960 年第 Z1 期。

郭慧琼：《"世路艰难"与隐逸山林——再论竹林七贤与荣启期画像砖的出现》，载于广州市文化广电新闻出版局、广州市文物博物馆学会编：《广州文博（十二）》，文物出版社 2018 年版。

山西省考古研究所、太原市文物管理委员会：《太原市北齐娄睿墓发掘简报》，《文物》1983 年第 10 期。

王去非：《从娄睿墓谈娄氏家族及北齐绘画》，《文物》1983 年第 10 期。

王霄凡：《南北朝出行仪仗图像研究——以墓葬材料为中心》，南京大学硕士学位论文，2017 年 5 月。

严昊：《北齐文宣帝高洋失德乱政精神病说》，《青年文学家》2009 年第 17 期。

李瑞哲：《魏晋南北朝隋唐时期陆路丝绸之路上的胡商》，四川大学博士学位论文，2007 年 4 月。

杨泓：《从娄睿墓谈北齐物质文化的几个问题》，《文物》1983 年第 10 期。

杨泓：《冯素弗墓马镫和中国马具装铠的发展》，载于《辽宁省博物馆馆刊（2010）》，辽海出版社 2010 年版。

吴作人：《北齐东安王墓壁画》，《文物》1983 年第 10 期。

宋丙玲：《北朝带具考》，《服饰导刊》第 5 卷第 5 期，2016 年 10 月。

宋丙玲：《北朝文物中的裲裆》，《文物春秋》2014 年第 2 期。

张朝阳：《南北朝时期北方游牧民族服饰的融入与影响》，《兰台世界》2014 年 11 月上旬。

陈志伟：《北朝社会风尚诸问题研究》，吉林大学博士学位论文，2009 年 4 月。

陈思源：《试论西晋至北朝墓葬中的牛车鞍马组合》，载于西安碑林博物馆编：《碑林论丛（总第二十三辑）》，三秦出版社 2018 年版。

金申：《从杨子华的绘画和墓室壁画考证北齐皇室的生活》，《考古与文物》2005 年第 3 期。

钱梦舒、张竞琼：《魏晋南北朝时期铠甲的类型及特征》，《艺术设计研究》2016 年第 3 期。

徐苹芳：《娄睿墓及娄睿世系》，《文物》1983 年第 10 期。

徐岩红：《太原北齐娄睿墓葬艺术中祆教图像解析》，《文艺研究》2012 年第 4 期。

高敏：《跋〈北齐娄睿墓志〉》，《史学月刊》1991 年第 1 期。

宿白：《太原北齐娄睿墓参观记》，《文物》1983 年第 10 期。

黄良莹：《北齐服饰文化研究——以山西太原壁画墓为案例》，苏州大学硕士学位论文，2005 年 9 月。

韩海涛：《从娄睿墓看太原在北齐时期的民族融合》，《太原师范学院学报（社会科学版）》第 16 卷第 5 期，2017 年 9 月。

臧卓美：《试论魏晋南北朝隋唐墓葬出土的牛车》，《南京晓庄学院学报》2016 年第 3 期。

山西省考古研究所、太原市考古研究所、太原市晋源区文物旅游局：《太原隋代虞弘墓清理简报》，《文物》2001 年第 1 期。

王雅婕：《丝绸之路上的粟特音乐研究——以隋代虞弘墓出土音乐图像考释为例》，《广播电视大学学报（哲学社会科学版）》2019 年第 1 期。

闫艳：《"筚篥"源流考辨》，《首都师范大学学报（社会科学版）》2019 年第 6 期。

冯培红：《廿年虞弘夫妇合葬墓研究回顾与展望——以虞弘族属与鱼国地望为中心》，《西域研究》2020 年第 2 期。

毕波：《虞弘墓所谓"夫妇宴饮图"辨析》，《故宫博物院院刊》2006 年第 1 期。

师艳明：《隋虞弘墓石椁图像的多元文化因素分析》，山东大学硕士学位论文，2019 年 5 月。

芮传明：《葡萄与葡萄酒传入中国考》，《史林》1991 年第 3 期。

李宁民：《天水出土屏风石棺床再探讨》，《中原文物》2013 年第 3 期。

杨巨平：《虞弘墓祆教文化内涵试探》，《世界宗教研究》2006 年第 3 期。

杨晓春：《隋〈虞弘墓志〉所见史事系年考证》，《文物》2004 年第 9 期。

余太山：《鱼国渊源臆说》，《史林》2002 年第 3 期。

张庆捷：《〈虞弘墓志〉中的几个问题》，《文物》2001 年第 1 期。

陈海涛：《胡旋舞、胡腾舞与柘枝舞——对安伽墓与虞弘墓中舞蹈归属的浅析》，《考古与文物》2003 年第 3 期。

尚永琪：《曹操猎狮传说的历史学考察》，《光明日报》2012 年 12 月 6 日。

罗丰：《一份关于柔然民族的重要史料——隋〈虞弘墓志〉考》，《文物》2002 年第 6 期。

陕西省考古研究院、陕西历史博物馆、长安区旅游民族宗教文物局：《陕西西安西魏吐谷浑公主与茹茹大将军合葬墓发掘简报》，《考古与文物》2019 年第 4 期。

施安昌：《北齐徐显秀、娄睿墓中的火坛和礼器》，《故宫博物院院刊》2004 年第 6 期。

高世华：《天水棺床墓、墓主人及石棺床屏风画相关问题新论》，《敦煌研究》2021 年第 1 期。

梁秋丽、周菁葆：《丝绸之路上的"筚篥"乐器（一）》，《乐器》2015 年第 11 期。

韩志刚：《宁夏盐池唐墓石刻所反映的胡旋舞》，《文博》1994 年第 3 期。

童超：《关于"五胡"内迁的几个问题》，《山西大学学报（哲学社会科学版）》1979 年第 4 期。

谢承志：《新疆塔里木盆地周边地区古代人群及山西虞弘墓主人 DNA 分析》，吉林大学博士论文，2007 年 4 月。

樊晓静：《唐代并州经济研究》，山西师范大学硕士学位论文，2018 年 6 月。

王伟：《〈韦匡伯墓志〉及其婚姻关系考论》，《求索》2010 年第 10 期。

王伟：《唐代京兆韦氏与皇室婚姻关系及其影响》，《北方论丛》2012 年第 1 期。

王伟：《唐代京兆韦氏家族士族圈内婚姻研究》，《兰州学刊》2016 年第 6 期。

李明：《韦匡伯墓志抉疑》，《文物研究》2017 年第 4 期。

李睿：《唐代韦氏家族婚姻关系研究》，载于樊英峰主编：《乾陵文化研究（三）》，三秦出版社 2007 年版。

杨泓：《中国古代的甲胄（下篇）》，《考古学报》1976 年第 2 期。

宋艳梅：《北朝政权中的京兆韦氏》，《兰州学刊》2009 年第 11 期。

陈扬：《唐太极宫与大明宫布局研究》，陕西师范大学硕士学位论文，2010 年 5 月。

陕西省文管会、昭陵文管所：《唐临川公主墓出土的墓志和诏书》，《文物》1977 年第 10 期。

赵志坚：《北朝妇女再婚考述》，《民俗研究》1995 年第 1 期。

胡元超：《唐初盛世雄风的体现——韦贵妃墓出土的〈献马图〉》，《历史月刊》2002 年 4 月号。

董临渊：《唐韦贵妃墓志著录补阙》，载于樊英峰主编：《乾陵文化研究（七）》，三秦出版社 2012 年版。

乜小红：《略论唐代统治者的畋猎》，《武汉大学学报（人文科学版）》第 62 卷第 3 期，2009 年 5 月。

万芳：《唐代胡俑"袍"的领型》，载于樊英峰主编：《乾陵文化研究（四）》，三秦出版社 2008 年版。

王永平、孙岳：《马球与唐代东西方文化交流》，《学习与探索》2008 年第 3 期。

王维坤：《唐章怀太子墓壁画"客使图"辨析》，《考古》1996 年第 1 期。

王维坤：《唐章怀太子墓壁画"东客使图"》，《大众考古》2014 年第 12 期。

王维坤：《丝路来使图为证——读唐章怀太子墓"西客使图"壁画》，《大众考古》2015 年第 2 期。

王维坤：《关于唐章怀太子墓壁画"东客使图"中的"新罗使臣"研究始末》，《梧州学院学报》第 27 卷第 4 期，2017 年 8 月。

王超：《唐朝皇帝制度的发展与完备》，《南京大学学报（哲学社会科学）》1985 年第 4 期。

王援朝：《胡禄源流考》，《中国历史文物》2009 年第 6 期。

王滨生：《关于拓跋氏继统制的几个问题》，《晋阳学刊》1991 年第 3 期。

王毅：《唐前期皇位继承制度不稳定原因再探》，《文教资料》2020 年第 7 期。

田卫丽：《从陕西历史博物馆藏唐代狩猎文物看中西文化交流》，《文物天地》2018 年第 8 期。

田卫丽、张红玲：《从陕西历史博物馆藏唐墓壁画看唐代狩猎之风》，《文物天地》2019 年第 10 期。

宁永娟：《唐前期皇位传承观念及皇位继承不稳定原因再探讨》，《晋阳学刊》2009 年第 2 期。

冯贺军：《唐代狩猎与狩猎俑》，《紫禁城》1993 年第 3 期。

毕德广：《唐章怀太子墓"东客使图"新论》，《考古与文物》2020 年第 5 期。

刘江英：《〈客使图〉大食使者质疑——兼论唐与粟特之关系》，《文博》2011 年第 3 期。

许鼎杰、李万康：《五代王处直墓"散乐浮雕仕女图"乐器研究》，《信阳师范学院学报（哲学社会科学版）》第 40 卷第 2 期，2020 年 3 月。

孙云峰：《从唐朝王室狩猎活动看唐代文化》，《兰台世界》2014 年 8 月下旬。

苏盈：《唐章怀太子墓志铭文》，《陕西档案》1994 年第 3 期。

李西兴：《唐李贤墓壁画〈客使图〉疏证》，载于陕西历史博物馆编：《陕西历史博物馆馆刊（第 24 辑）》，三秦出版社 2017 年版。

李求是：《论章怀、懿德两墓的形制等问题》，《文物》1972 年第 7 期。

李青峰、丁辉：《〈狩猎出行图〉与唐代帝王大型狩猎活动琐议》，载于樊英峰主编：《乾陵文化研究（十一）》，三秦出版社 2017 年版。

李锦绣：《唐代的翻书译语直官：从史诃耽墓志谈起》，《晋阳学刊》2016 年第 6 期。

杨瑾：《唐章怀太子李贤墓〈客使图〉戴鸟羽冠使者之渊源》，《中国国家博物馆馆刊》2018 年第 7 期。

张红娟：《章怀太子墓东西〈客使图〉场景分析——论接待朝官非鸿胪寺官员》，《文博》2014 年第 2 期。

张泓杰：《乾陵"六十一藩臣像"衔名订补》，《咸阳师范学院学报》第 18 卷第 3 期，2003 年 6 月。

陈朝鲜：《唐代前期王室狩猎之风管窥》，《农业考古》2012 年第 4 期。

林思桐：《对章怀太子墓壁画〈马球图〉的初步研究》，《体育文史》1983 年第 2 期。

陕西省博物馆、乾县文教局唐墓发掘组：《唐章怀太子墓发掘简报》，《文物》1972 年第 7 期。

赵超：《唐章怀太子墓壁画〈客使图〉补考》，《考古》2020 年第 6 期。

洪海安：《章怀太子李贤事略》，载于樊英峰主编：《乾陵文化研究（二）》，三秦出版社 2006 年版。

梁予、张鑫：《唐李贤、李显流放地考察略记》，载于樊英峰主编：《乾陵文化研究（九）》，三秦出版社 2015 年版。

顾成瑞：《新出房先忠墓志所涉唐章怀太子史事发微》，载于樊英峰主编：《乾陵文化研究（九）》，三秦出版社 2015 年版。

高文文：《从唐墓壁画看唐代狩猎习俗》，载于樊英峰主编：《乾陵文化研究（三）》，三秦出版社 2007 年版。

高文文：《章怀太子李贤死因质疑与揣测》，载于杜文玉主编：《唐史论丛（第二十三辑）》，三秦出版社 2016 年版。

梁予、张鑫、程云霞：《唐章怀太子李贤真相》，载于樊英峰主编：《乾陵文化研究（九）》，三秦出版社 2015 年版。

程旭：《章怀太子墓西壁客使图高昌使者说质疑》，《人文杂志》2011 年第 6 期。

谢元鲁：《隋唐的太子亲王与皇位继承制度》，《天府新论》1996 年第 2 期。

樊英峰：《乾陵 61 蕃臣像补考》，《文博》2003 年第 3 期。

冯金忠：《唐代河北藩镇与地域社会》，《唐都学刊》第 26 卷第 5 期，2010 年 9 月。

刘喆：《唐末义武军节度使王处存家世考略》，《西部学刊》2018 年第 1 期。

杜志华：《唐代易定镇研究》，陕西师范大学硕士学位论文，2011 年 5 月。

李淞：《略论中国早期天王图像及其西方来源——天王图像研究之二》，载于兰州大学敦煌学研究所、麦积山石窟艺术研究所编，郑炳林、花平宁主编：《麦积山石窟艺术文化论文集》，兰州大学出版社 2004 年版。

李静杰、李秋红：《兽首含臂守护神像系谱》，载于中山大学艺术学研究中心编：《艺术史研究》第 18 辑，中山大学出版社 2016 年版。

杨洁：《唐代镇墓天王俑的佛教世俗化因素考略——兼谈两京地区的差异》，《四川文物》2009 年第 5 期。

金滢坤：《论中晚唐河朔藩镇割据与联姻的关系——以义武军节度使陈君赏墓志铭为中心》，《学术月刊》第 38 卷 12 月号，2006 年 12 月。

郑以墨：《王处直墓十二生肖浮雕初探》，《文物春秋》2006 年第 3 期。

赵永：《从王处直墓看中国古代墓葬中"门神"形象的流变》，《中国国家博物馆馆刊》2020 年第 2 期。

胡耀飞：《黄巢起义对晚唐藩镇格局的影响》，《文史哲》2017 年第 4 期。

黄兆宏、拓天梅：《唐五代藩镇割据政权中的养父子关系及其影响》，《河北北方学院学报（社会科学版）》第 31 卷第 5 期，2015 年 10 月。

廖靖靖：《李克用与五代"双中心"局面》，《华中学刊》2019 年春之卷。

巴林右旗博物馆：《辽庆陵又有重要发现》，《内蒙古文物考古》2000 年第 2 期。

史前龙：《辽代壁画中鹰猎题材研究》，《艺术评鉴》2018 年第 13 期。

冯恩学：《辽代契丹马具探索》，载于考古杂志社编辑，刘庆柱主编：《考古学集刊（第 14 集）》，文物出版社 2004 年版。

任爱君：《阿保机时代之契丹四楼考辨》，《昭乌达蒙族师专学报（汉文哲学社会科学版）》，1990 年第 1 期。

刘未：《辽代契丹墓葬研究》，《考古学报》2009 年第 4 期。

刘肃勇：《浅议辽代生女真的习俗》，《黑河学刊（地方历史版）》1986 年第 1 期。

〔日〕牟田口章人、古松崇志著，李彦朴译注：《围绕辽庆陵（东陵）之计算机影像复原的考察》，《赤峰学院学报（汉文哲学社会科学版）》第 38 卷第 10 期，2017 年 10 月。

孙伟祥：《辽朝帝王陵寝组成问题初探》，《黑龙江民族丛刊》2015 年第 1 期。

杨军：《契丹"四楼"别议》，《历史研究》2010 年第 4 期。

杨军、王成名：《辽代捺钵考》，《安徽史学》2017 年第 2 期。

张国庆：《生态环境对辽代契丹习俗文化的影响》，《文史哲》2003 年第 5 期。

张国庆、刘艳敏：《气候环境对辽代契丹骑兵及骑战的影响》，《辽宁大学学报（哲学社会科学版）》第 35 卷第 4 期，2007 年 7 月。

张敏：《辽代捺钵研究中图像资料的价值与局限性》，《保定学院学报》第 31 卷第 3 期，2018 年 5 月。

陆骐：《移动中的牙帐：以四季山水图为中心再议辽庆东陵壁画》，载于华东师范大学艺术研究所编：《中国美术研究（第 29 辑）：陶瓷艺术研究》，上海书画出版社 2019 年版。

陈程程：《辽代契丹人汉化问题研究——以风俗文化为中心》，辽宁大学硕士学位论文，2014 年 5 月。

罗世平：《辽墓壁画试读》，《文物》1999 年第 1 期。

郑毅：《契丹王朝东北边政述论——以辽与女真关系为中心》，载于辽宁省博物馆、辽宁省辽金契丹女真史研究会编：《辽金历史与考古（第九辑）》，科学出版社 2018 年版。

侯妍文：《小议辽代髡发——以辽墓壁画为线索》，《工业设计》2016 年第 6 期。

夏宇旭：《辽代的气候特点与契丹人文化习俗》，《兰台世界》2012 年 2 月下旬。

郭晓东：《契丹古老政治礼俗在辽代长期留存原因》，《辽宁工程技术大学学报（社会科学版）》第 18 卷第 5 期，2016 年 9 月。

陶莎：《澶渊之盟后辽朝战略布局的演变》，《社会科学战线》2020 年第 6 期。

梁维：《辽代春捺钵路线考论》，《史学集刊》2019 年第 3 期。

梁维：《辽代春捺钵研究》，吉林大学博士学位论文，2020 年 6 月。

彭善国：《辽墓鹰猎题材壁画及相关文物初识》，载于教育部人文社会科学重点研究基地吉林大学边疆考古研究中心编：《边疆考古研究（第 3 辑）》，科学出版社 2005 年版。

彭善国：《辽庆陵相关问题刍议》，《考古与文物》2008 年第 4 期。

葛华廷：《浅探辽代捺钵制度及其形成与层次》，载于辽宁省博物馆、辽宁省辽金契丹女真史研究会编：《辽金历史与考古（第十辑）》，科学出版社 2019 年版。

董新林：《辽墓壁画所反映的辽代社会生活》，载于中考古杂志社编辑，刘庆柱主编：《考古学集刊（第 18 集）》，科学出版社 2010 年版。

韩茂莉：《辽代西辽河流域气候变化及其环境特征》，《地理科学》第 24 卷第 5 期，2004 年 10 月。

程尼娜：《辽代女真属国、属部研究》，《史学集刊》2004 年第 2 期。

程妮娜：《女真与辽朝的朝贡关系》，《社会科学辑刊》2015 年第 4 期。

谢曼：《辽朝对女真族的控驭演变述论》，《报刊荟萃》2017 年第 12 期。

路辰：《考古学视阈下的辽代捺钵制度研究》，《山东理工大学学报（社会科学版）》第 34 卷第 4 期，2018 年 7 月。

蔡美彪：《蕃汉并行的辽朝官制》，《文史知识》1986 年第 9 期。

潘晓暾：《由辽墓壁画看辽代契丹人与汉人服饰的融合》，《东北史地》2015 年第 4 期。

丁雨：《从"门窗"到"桌椅"——兼议宋金墓葬中"空的空间"》，载于中国人民大学北方民族考古研究所、中国人民大学历史学院考古文博系编：《北方民族考古（第 4 辑）》，科学出版社 2017 年版。

丁雨：《从空间形式看晋东南地区宋金仿木构墓葬中的孝子图》，《装饰》2019 年第 9 期。

王铭：《菩萨引路：唐宋时期丧葬仪式中的引魂幡》，《敦煌研究》2014 年第 1 期。

邓菲：《图像的多重寓意——再论宋金墓葬中的孝子故事图》，《艺术探索》第 31 卷第 6 期，2017 年

11 月。

田书其：《由出土茶具看宋人的饮茶风尚》，《艺术品鉴》2020 年第 11 期。

田娜：《宋代墓志的考古学研究》，吉林大学硕士学位论文，2018 年 6 月。

刘未：《门窗、桌椅及其他——宋元砖雕壁画墓的模式与传统》，载于巫鸿、朱青生、郑岩主编：《古代墓葬美术研究（第三辑）》，湖南美术出版社 2015 年版。

刘涛：《河南宋代墓室壁画吉祥寓意研究》，河南大学硕士学位论文，2013 年 5 月。

孙雅婷、宋明岳：《宋代屏障之美之屏风种类分析》，《鸭绿江》2020 年第 6 期（下）。

李会：《从宋代墓葬壁画看女性的地位与作用》，《中国国家博物馆刊》2011 年第 5 期。

杨远：《河南北宋壁画墓的分期研究》，《考古与文物》2007 年第 3 期。

杨涛：《宋墓狸影——宋墓壁画中猫的形象》，《大众考古》2019 年第 6 期。

杨朝云：《王安石变法失败原因探讨及其当代思考》，《曲靖师范学院学报》第 20 卷第 4 期，2001 年 7 月。

吴倩：《登封李守贵墓买地券考释》，《华夏文明》2020 年第 5 期。

张鹏：《劝世与娱情——宋金墓葬壁画中的一桌二椅到夫妇共坐》，《美术研究》2010 年第 4 期。

陈云飞：《宋代茶文化与点茶用具》，《收藏》2014 年第 4 期。

陈文利：《北宋时期中原地区富民阶层生活探究——以出土的宋代富民墓志为例》，《黄河·黄土·黄种人：华夏文明》2017 年第 5 期（中）。

易晴：《天道左旋，地道右旋——河南登封黑山沟北宋砖雕壁画墓图像构成》，《中原文物》2009 年第 4 期。

罗泓韵：《从王安石青苗法制度设计本身看青苗法之得失》，《青年与社会》2013 年第 8 期。

金元明：《宋代土地契约研究》，青海师范大学硕士学位论文，2018 年 6 月。

郑州市文物考古研究所、登封市文物局：《河南登封黑山沟宋代壁画墓》，《文物》2001 年第 10 期。

赵丹坤：《狸奴小影——试论宋代墓葬壁画中的猫》，《美术学报》2016 年第 1 期。

赵诗琪：《宋代女子褙子的着装形态与审美意蕴》，《服装设计师》2019 年第 4 期。

赵建、华冰：《儒学影响下宋代墓葬壁画主题探析》，《兰台世界》2013 年 10 月下旬。

袁泉：《宋金墓葬"猫雀"题材考》，《考古与文物》2008 年第 4 期。

钱光胜、王晶波：《猫儿契式·猫画·佛经——俄藏敦煌写卷 Hx00147v〈猫儿题〉蠡测》，《敦煌学集刊》2011 年第 3 期。

徐吉军：《论宋代厚葬》，《浙江学刊》1992 年第 6 期。

黄义军、徐劲松、何建萍：《湖北鄂州郭家细湾六朝墓》，《文物》2005 年第 10 期。

黄启昌：《富民阶层与宋代社会》，《求索》1995 年第 3 期。

黄亮：《河南北宋壁画墓世俗题材研究》，兰州大学硕士学位论文，2013 年 5 月。

程义：《宋墓壁画夫妻对坐图的再研究》，载于周天游主编：《色·物象·变与辩——首届"曲江壁画论坛"论文集》，文物出版社 2014 年版。

程义：《宋代墓室壁画研究综述》，载于陕西历史博物馆编：《陕西历史博物馆馆刊（第 22 辑）》，三秦出版社 2015 年版。

焦作市文物工作队：《河南焦作小尚宋冀间壁画墓发掘简报》，《文物世界》2009 年第 5 期。

樊睿：《礼仪与情感：宋金墓葬中的共坐图像再探讨》，《民族艺术》2019 年第 4 期。

魏文思：《宋元时期壁画墓中茶酒题材研究》，南京大学硕士学位论文，2018 年 5 月。

王兴也：《辽代佛教与墓室壁画艺术研究》，沈阳师范大学硕士学位论文，2016 年 3 月。

尤李：《辽代佛教研究述评》，《中国史研究动态》2009 年第 2 期。

邓辉：《论燕北地区辽代的气候特点》，《第四纪研究》1998 年第 1 期。

乔微：《宣化辽墓壁画特征及其文化成因探究》，东北师范大学硕士学位论文，2007 年 5 月。

伊世同：《最古老的时刻星图——杭州吴越墓石刻星图评介》，《考古》1975 年第 3 期。

伊世同：《河北宣化辽金墓天文图简析——兼及邢台铁钟黄道十二宫图象》，《文物》1990 年第 10 期。

关剑平：《以宣化辽墓壁画为中心的分茶研究》，《上海交通大学学报（哲学社会科学版）》2004 年第 1 期。

江西省博物馆：《江西南昌唐墓》，《考古》1977 年第 6 期。

李孟彧：《图式的形成——河北宣化下八里辽代壁画墓群中一组特殊形象的研究》，中央美术学院硕士学位论文，2018 年 6 月。

张永娜：《辽代佛教与社会生活》，《兰台世界》2012 年 2 月下旬。

张家口市文物事业管理所、张家口市宣化区文物保管所：《河北宣化下八里辽金壁画墓》，《文物》1990 年第 10 期。

张家口市宣化区文物保管所：《河北宣化辽代壁画墓》，《文物》1995 年第 2 期。

张家口市宣化区文物保管所：《河北张家口宣化辽金壁画墓发掘简报》，《文物》2015 年第 3 期。

张楚翘：《辽代汉人墓葬兼容并包的艺术特征——以河北宣化辽墓壁画为中心》，沈阳师范大学硕士学位论文，2014 年 5 月。

陈程程：《浅论辽代科举制度》，《金田》2012 年第 8 期。

郑轶：《宣化下八里辽墓彩绘星象图研究》，苏州大学硕士学位论文，2011 年 3 月。

河北省文物研究所、张家口市文物管理处、宣化区文物管理所：《宣化辽代壁画墓群》，《文物春秋》1995 年第 2 期。

河北省文物研究所、张家口市文物管理处、宣化区文物管理所：《河北宣化辽张文藻壁画墓发掘简报》，《文物》1996 年第 9 期。

河南省文物研究所编：《中国石窟·巩县石窟寺》，文物出版社 2012 年版。

顾春军：《〈大辽归化州故殿直张公墓志铭〉考释》，《文物天地》2020 年第 12 期。

高晶晶：《试论辽代真容偶像葬俗》，《文化遗产》2015 年第 2 期。

黄凤岐、燕煦：《辽代的教育与科举》，载于辽宁省博物馆、辽宁省辽金契丹女真史研究会编《辽金历史与考古（第五辑）》，辽宁教育出版社 2014 年版。

黄震云：《论辽代宗教文化》，《民族研究》1996 年第 2 期。

宿白：《关于河北四处古墓的札记》，《文物》1996 年第 9 期。

宿白：《宣化考古三题——宣化古建筑·宣化城沿革·下八里辽墓群》，《文物》1998 年第 1 期。

蒋金玲：《辽代汉人的入仕与迁转》，《中国史研究》2013 年第 3 期。

辜凯锐：《辽代粮仓初探》，渤海大学硕士学位论文，2017 年 6 月。

湖北省文物考古研究所、武汉市博物馆：《湖北剧场扩建工程中的墓葬和遗迹清理简报》，《江汉考古》2000 年第 4 期。

满志敏：《黄淮海平原北宋至元中叶的气候冷暖状况》，载于中国地理学会历史地理专业委员会《历史地理》编委会编：《历史地理》第十一辑，上海人民出版社 1993 年版。

魏道儒：《辽代佛教的基本情况和特点》，《佛学研究》2008 年。

图片来源

山东省文物考古研究所、临淄区文物管理局、韩伟东、魏成敏、王会田编著：《临淄山王村汉代兵马俑》，文物出版社 2017 年版。

山东省沂南汉墓博物馆编，崔忠清主编：《山东沂南汉墓画像石》，齐鲁书社 2001 年版。

山西省考古研究所、太原市文物考古研究所编：《北齐东安王娄睿墓》，文物出版社 2006 年版。

山西博物院、山西省考古研究所编：《壁上乾坤——山西北朝墓葬壁画艺术》，山西人民出版社 2019 年版。

王春法主编：《汉世雄风——纪念满城汉墓考古发掘 50 周年特展》，北京时代华文书局 2019 年版。

王秋华著：《惊世叶茂台》，百花文艺出版社 2002 年版。

王绣主编：《洛阳文物精粹》，河南美术出版社 2001 年版。

太原市文物考古研究所编：《隋代虞弘墓》，文物出版社 2005 年版。

太原市文物考古研究所编：《北齐徐显秀墓》，文物出版社 2005 年版。

中国历史博物馆、新疆维吾尔自治区文物局编辑：《天山·古道·东西风——新疆丝绸之路文物特辑》，中国社会科学出版社，2002 年版。

中国内蒙古自治区文物考古研究所、日本幼学会、中国内蒙古博物院编著，陈永志、黑田彰、傅宁主编：《和林格尔汉墓壁画孝子传图摹写图辑录》，文物出版社 2015 年版。

中国画像石全集编辑委员会编：《中国画像石全集 2·山东汉画像石》，山东美术出版社、河南美术出版社 2000 年版。

中国画像砖全集编辑委员会编：《中国画像砖全集·全国其他地区画像砖》，四川出版集团，四川美术出版社 2006 年版。

中国国家博物馆编：《古代希腊：人与神》，中国社会科学出版社 2003 年版。

中国美术全集编辑委员会编：《中国美术全集·绘画编 1·原始社会至南北朝绘画》，人民美术出版社 1986 年版。

中国陶瓷编辑委员会编：《中国陶瓷·定窑》，上海人民美术出版社 1983 年版。

中国敦煌壁画全集编辑委员会编：《中国敦煌壁画全集·敦煌五代·宋》，辽宁美术出版社、天津人民美术出版社 2006 年版。

中国墓室壁画全集编辑委员会编：《中国墓室壁画全集 3·宋辽金元》，河北教育出版社 2011 年版。

中国壁画全集编辑委员会编：《中国壁画全集 8·克孜尔 1》，天津人民美术出版社 1992 年版。

中国壁画全集编辑委员会编：《中国新疆壁画全集·克孜尔 3》，新疆美术摄影出版社、天津人民美术出版社 1995 年版。

中国壁画全集编辑委员会编、段文杰主编：《中国敦煌壁画·隋》，天津人民美术出版社 2010 年版。

内蒙古自治区文物考古研究所编：《和林格尔汉墓壁画》，文物出版社 2007 年版。

内蒙古自治区文物考古研究所编，塔拉、陈永志、曹建恩主编：《文物华章——内蒙古自治区文物考古研究所 60 年重要出土文物》，文物出版社 2014 年版。

甘肃省文物局编：《甘肃文物菁华》，文物出版社 2006 年版。

北京艺术博物馆编：《中国古瓷窑大系·中国定窑》，中国华侨出版社 2012 年版。

北京艺术博物馆编：《中国古瓷窑大系·中国登封窑》，中国华侨出版社 2014 年版。

申秦雁主编：《陕西历史博物馆珍藏·金银器》，陕西人民美术出版社 2003 年版。

冯骥才主编：《中国大同雕塑全集·云冈石窟雕刻卷》，中华书局 2010 年版。

台湾历史博物馆编辑委员会编辑：《中国古代陶俑研究特展图录》，台湾历史博物馆 1998 年版。

辽宁省博物馆编著：《北燕冯素弗墓》，文物出版社 2015 年版。

西安市文物保护考古所王自力、孙福喜编著：《唐金乡县主墓》，文物出版社 2002 年版。

刘景龙编著：《宾阳洞：龙门石窟第 104、140、159 窟》，文物出版社 2010 年版。

苏州博物馆编：《黄金为尚：历史·交流·工艺》，江苏凤凰美术出版社 2020 年版。

杜正贤主编：《杭州孔庙》，西泠印社出版社 2009 年版。

李辉柄主编：《故宫博物院藏文物珍品大系·两宋瓷器》，上海科学技术出版社、商务印书馆（香港）2002年版。

武威市文体广电和旅游局编，陈晓峰主编：《武威文物精品图集》，读者出版社2019年版。

河北省文物研究所编《宣化辽墓壁画》，文物出版社2001年版。

河北博物院编：《北朝壁画 曲阳石雕》，文物出版社2014年版。

杭州市园林文物局、杭州市文物考古研究所编：《最忆是杭州——新中国成立70周年杭州出土文物选编》，浙江人民美术出版社2021年版。

陕西省考古研究院编著：《西安北周安伽墓》，文物出版社2003年版。

陕西省考古研究院编著：《壁上丹青——陕西出土壁画集》，科学出版社2009年版。

陕西省考古研究院、昭陵博物馆编著：《唐昭陵韦贵妃墓发掘报告》，科学出版社2017年版。

故宫博物院编：《定窑瓷器》，故宫出版社2016年版。

胡之主编，张宝玺摄：《甘肃嘉峪关魏晋五号墓彩绘砖》，重庆出版社2001年版。

洛阳市文物管理局、洛阳古代艺术博物馆编：《洛阳古代墓葬壁画》，中州古籍出版社2010年版。

徐光冀主编：《中国出土壁画全集》，科学出版社2012年版。

徐州博物馆编，李银德主编：《古彭遗珍——徐州博物馆馆藏文物精选》，国家图书馆出版社2011年版。

浙江省博物馆编：《丝绸之路——大西北遗珍》，中国文化艺术出版社2012年版。

敦煌研究院、江苏美术出版社编：《敦煌石窟艺术·莫高窟第六十一窟（五代）》，江苏美术出版社1995年版。

敦煌研究院、江苏美术出版社编：《敦煌石窟艺术·莫高窟第五七窟、第三二二窟（初唐）》，江苏美术出版社1996年版。

湖北省博物馆编：《曾侯乙》，文物出版社2018年版。

湖南省博物馆编：《长沙马王堆汉墓陈列》，中华书局2017年版。

冀东山主编，晏新志分卷主编：《神韵与辉煌——陕西历史博物馆国宝鉴赏·陶俑卷》，三秦出版社2006年版。

冀东山主编，梁彦民分卷主编：《神韵与辉煌——陕西历史博物馆国宝鉴赏·青铜器卷》，三秦出版社2006年版。

《来自阿富汗的国宝》（内部资料）

Aurel Stein: *Serindia: Detailed Report of Explorations in Central Asia and Westernmost China*（《西域考古图记》），Oxford at the Clarendon Press, 1921.

Davood Vakilzadeh: *A Journey to Ancient Iran*（《漫游古代伊朗》），Shahrivar Printing House, Tehran, Iran, 2017.

Ernst Herzfeld: *Am Tor von Asien: Felse denkmale aus Irans Heldenzeit*（《通往亚洲的门户：伊朗英雄时期的岩壁雕塑》），Dietrich Reimer/Ernst /A.-G. Verlag, Berlin, Germany, 1920.

Heidemarie Kokh: Persepolis and Its Surroundings（《波斯波利斯及其周边古迹》），Yassavoli Publications, Tehran, Iran, 2006.

后 记

当人生的中途，我迷失在一个黑暗的森林之中。

——但丁《神曲》

人到中年的恓惶，或许是每个人都要经历的。吾生有涯，既已半渡，忽而回望，少年时代的壮志已成虚妄，继而前瞻，江湖秋水茫茫，一身若苇，莫知所如。

我就遭遇了这样的迷惘。身被时光的洪流裹挟而前，但心却不甘且不愿。最终，我离开职场，开始了作为无业游民的浪荡。

生计还是要谋的，不过谋生之余，我还是会给自己留一点自由时光，继而想完成一个夙愿，这个夙愿源自一个曾经的历史系学生的小小野心——写一部历史书。毕竟，在司马迁和希罗多德等前贤的感召下，究天人之际或保存人类的功业的使命感，足以令人血脉贲张。某虽不才，对成一家之言，还有一点小小的奢望。

在硕士阶段，我曾遭遇一个严重的瓶颈，即过于单纯的阅历，使我对史事有种大而化之和非黑即白的简单判断。于是，我决定离开校园，去社会的海洋中沉浮一番。十年之后，虽不敢说历经沧桑，世事洞察，但是当我再回顾那些久远的前尘往事时，对曾经的人心多了一份体量。

所以，可能是时候作一个小结了。

那么我要写一部怎样的历史书呢？毕竟无数前贤巨作珠玉在前，从宏大叙事到微细体察，从将相纵横到百姓日常，琳琳琅琅，几乎不容置喙。

踟蹰之后，我觉得，我的这部历史书，还是要回到人本身上来。

我最喜欢的一个关于历史的定义，来自苏联作家帕斯捷尔纳克，他曾说："历史就是人们想要克服死亡而对死亡之谜所作的有系统的探索。"那么，我就以一个度过半生的人的身份去看待昔人一生的故事，并去理解他们为克服死亡而作的种种探索吧。

一生的故事，或铭于碑碣，或记于青史，这些皆以文字为载体，往往已为史家所关注。但另有一种载体，其上也描绘了昔人的日常与希冀，那就是他们墓葬中的种种图像，包括壁画、画像砖、浮雕。这是由线条和色彩绘就的传记，有时候，它比文字书写的传记，细节更清晰，情境更生动。

帝王后妃、皇裔贵胄、达官显宦、富翁乡绅、高人名士、游子羁人，形形色色的人物都可以是传记的主人公。从昆仑仙境到人间乐国，从春播秋收到南来北往，从觥筹交错的盛宴到车马喧阗的出行，旧日的时光被悄无声息地保留至今，然后，它们想要诉说。

而每个人的生命故事就像一枚贝壳，其上有辽阔海洋潮汐的纹理，经由这枚贝壳，我们可以听到更宏大时空里的潮鸣。

我所要做的，就是在历史的沙滩上捡拾这些贝壳，将其编缀为一串项链，如此，我的历史书便渐渐成型。从汉至辽宋，十四个故事，千年时光。

我将其名为《观我生》，该名源自《周易·观》，又北朝颜之推有《观我生赋》，不过，在此我可能用的就是其字面意思："观看我的一生。"

在一生的故事结束后，那个永恒的死亡之谜，或许在心中已有答案。

而在浮世度过半生的我，如何前行，或许在心中已有答案。

《观我生》是我的系列"壁画上的中国史"的第一本，如果有可能，下一本历史书将聚焦于另一种图像——石窟寺观图像，去观照无量世界之浩博精深，那么，它的名字可以是《观无量》。

苗子兮于画里山房

2021 年 7 月